教师教育系列教材

主 编 曾 毅
余德英

XUEKE JIAOXUE LUN

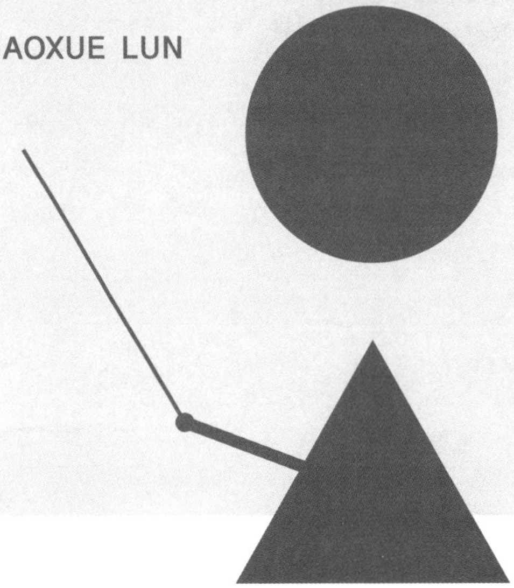

学科教学论

中国教育出版传媒集团
高等教育出版社·北京

内容提要

本书是教师教育系列教材之一。

本书分为十章，主要内容包括绪论、学科教学目标、学科教学过程、学科教学规律与教学原则、学科教学模式、学科学习主体与学习方式、学科教学主体与教学方法、学科课程资源、学科教学评价、学科教学技能。本书注重教学过程中学生的实践体验，培养师范生发现问题、分析问题、解决问题的能力，促进师范生高阶思维能力发展，旨在更好地培养适应基础教育课程改革的优秀教师。

本书适合作为高校师范生相关课程的教材，也可作为教师资格考试的辅导用书。

图书在版编目（CIP）数据

学科教学论 / 曾毅，余德英主编. —北京：高等教育出版社，2023.6（2025.9 重印）

ISBN 978-7-04-059856-8

Ⅰ. ①学… Ⅱ. ①曾… ②余… Ⅲ. ①教学研究 Ⅳ. ①G420

中国国家版本馆 CIP 数据核字（2023）第 021929 号

策划编辑 朱争争 **责任编辑** 朱争争 **封面设计** 张文豪 **责任印制** 高忠富

出版发行	高等教育出版社	**网　　址**	http://www.hep.edu.cn
社　　址	北京市西城区德外大街 4 号		http://www.hep.com.cn
邮政编码	100120	**网上订购**	http://www.hepmall.com.cn
印　　刷	上海叶大印务发展有限公司		http://www.hepmall.com
开　　本	787mm×1092mm 1/16		http://www.hepmall.cn
印　　张	18		
字　　数	460 千字	**版　　次**	2023 年 6 月第 1 版
购书热线	010-58581118	**印　　次**	2025 年 9 月第 2 次印刷
咨询电话	400-810-0598	**定　　价**	38.00 元

物 料 号 59856-00

总　　序

教师教育事关中华民族伟大复兴与中国梦的实现。国家出台了一系列的政策，成为教师教育工作全面改革的重要依据，也成为教师教育工作全面发展的重要保障。

2017 年 1 月，国务院出台了《国家教育事业发展“十三五”规划》，明确了教育强国的教师教育近期目标；2017 年 10 月，教育部印发《普通高等学校师范类专业认证实施办法（暂行）》，全面推动高等学校师范类专业的建设与发展；2018 年 1 月中共中央、国务院颁布《全面深化新时代教师队伍建设改革的意见》，着眼于五年目标任务，放眼于 2035 年长远发展，就全面加强师德师风建设、大力提升教师专业素质能力、深化教师管理综合改革、不断提高教师地位待遇、切实加强党对教师工作的领导等重要工作做出总体部署。同时，教育部在 2018 年启动“教师教育振兴行动计划”，推动教师教育在历史交汇期实现全面振兴，推进卓越教师培养计划、启动教师教育在线开放课程建设计划，提倡教师磨炼“三字一话”，强化教学基本功训练，示范引领高素质教师培养。国家继续出台若干领域中小学教师校长培训课程指导标准，实施名师名校长领航工程与中小学幼儿园教师校长、职教教师、高校教师国培计划，引领带动各地教师全员培训。2019 年 2 月，中共中央、国务院印发了教育发展中长期规划《中国教育现代化 2035》，提出了“以德为先、全面发展、面向人人、终身学习、因材施教、知行合一、融合发展、共建共享”等教育现代化基本理念，同时提出到 2035 年，总体实现教育现代化，迈入教育强国行列。

当前，教师教育类院校的人才培养遇到了瓶颈，教师教育改革需要有突破性的探索。

师范类院校与非师范类院校在教师教育工作领域基于原有的体制与教师教育的理念，存在许多的人才培养的局限性。一是培养方案较为保守，在人才培养方案中教师教育的权重偏低，存在重学科、轻能力，重专业、轻职业，重教学、轻实践等倾向，教师教育的课程体系、实训体系、实践体系远不能适应现代教育的需要。二是人才培养目标职业性不强，在人才培养定位上对职业导向、职业目标、职业精神、职业素养不够重视，导致培养出来的专业人才很难具备教师职业的素养。三是在人才培养过程中也存在忽略教师职业能力、轻视师德养成、不注重教师职业规范的训练等问题，导致大量的师范生难以适应管理的需要。四是师范类院校存在“关门”办学的问题，主要表现为教师教育的师资队伍、教师教育的课程体系仍然呈现封闭化、学科化，没有与中小学教育实际联系起来。教学过程也是封闭化，没有与基础教育融合起来，导致培养的学生不了解基础教育现状，也很难适应基础教育的现实需要。五是教师教育普遍存在职前与职后严重脱节现象，职前教育与职后教育在教育资源、发展目标、培养内涵上没有统一规划，导致职前培养半成品，职后信息很难反馈到职前教育之中，职前教育的学科优势又很难与职后发展结合起来，导致职后培训效果难以保障。

中小学教育的发展对教师教育工作提出了新的需求。在教育现实中，城乡之间、区域之间、学校之间都出现了教育的不均衡现象，总体上是乡村教师队伍不仅素质薄弱，而且结构性短缺问题突出，教师能力难以适应教育需要，高素质与领军式的人才短缺。广大中小学在发展中都对师资提出了新要求：要加强师德教育，要加强师范生的职业态度引导，要加强师范生职业情感的培养和职业能力的提升，要加强师范生的职业规范与职业意识，要加强新一代教师的职业精神与职业信仰的培养。广大中小学校长与教育行政部门也提出了具体的要求，希望教师教育类院校能培养高水平、高素质的教师。在中小学教育的发展与改革中，高素质教师缺乏的问题也日益凸显，无论是素质教育的推进，还是新课程的改革，以及教学质量的提升和现代教育技术融入，都对高素质教师提出强烈的需求。

在这些政策背景下和教育现实需求中，肇庆学院的教师教育工作做出了积极的探索：形成了“做优师范”的办学理念，创造了比较良好的工作环境，实现了职前职后教育的一体化。肇庆学院教师教育改革取得了丰富的成果和积极的社会影响，广东省“新师范”建设总结大会和全国乡村教师专业发展论坛先后在肇庆学院召开，逐步形成了教育界广泛认可的教师教育“肇庆模式”。

一是肇庆学院在办学理念上全面对接实践的需要，进行了人才培养方案的改革。学校就人才培养方案改革进行了深入的一线调研，收集了大量用人单位和学生的意见，进行了人才培养方案设计，请学科专家与实践专家参与论证，形成了符合新师范建设和卓越教师培养目标的人才培养方案。

二是肇庆学院进行了机制体制的创新。在省内率先成立教师教育学院，统筹全校教师教育资源，突出教师教育地位，负责教师职前与职后教育，实现了教师教育一体化，很大程度提升了教师教育职前与职后的系统化、互馈化、互促化和特色化。

三是肇庆学院在省内率先创建了以县为单位的教师教育改革创新试验区。学校为了提升服务山区教育，为地方基础输送优秀毕业生，同时为师范生的教育实践打造综合实践平台，学校先后在怀集、封开、广宁、德庆四县创建了教师教育改革创新试验区。在试验区的建设过程中，县人民政府与肇庆学院签订协议，共建、共管、共享，肇庆学院则在试验区设立若干基地学校、教师专业发展学校、专家工作室，派出优秀教师驻地指导基础教育与中小学的教学改革，派出优秀师范生到试验区进行顶岗支教，同时肇庆学院聘请一批中小学优秀教师作为实践指导教师，对师范生进行业务指导。除此之外，肇庆学院还组织试验区置换出来的教师参与各类培训。试验区工作取得令人瞩目的成就。

四是肇庆学院建设了国内一流的中小学教师发展中心。肇庆学院通过充分论证与调研，在省教育厅的支持下，在省内率先投资3 000万元，建设了一个拥有36个功能室，具有先进管理平台与资源平台，设施一流的中小学教师发展中心。重点在于全面提升中小学教师的师德、基本能力、教学能力、教育能力、创新研究能力、自我发展能力，促进中小学教师职业素养全面发展。中小学教师发展中心运行以来，获得了全国各地领导、专家、中小学教师的好评。

五是肇庆学院创办了品牌化的未来卓越教师砚园班。砚园班创办于2014年，通过不断努力与完善，已成为广东省教师教育和新师范建设的一个重要亮点，培养模式具有系统性与超前性，培养目标具有示范性与引领性。

六是肇庆学院对教师教育课程进行全面改革，建立了新课程体系与教学体系。肇庆学院在全面理解国家《教师教育课程标准（试行）》《中小学和幼儿园教师资格考试标准（试行）》与中小学教师专业标准精神的基础上，于2013年通过充分论证，建设了“教育基础理论”“心理健康与发展”“教师职业道德与法规”“教育技术与应用”“中小学教育与管理”“学科教学设计与研究”“汉字书写技法与板书设计”“普通话与教师语言”8门课程，形成了独具特色的课程体系。同时通过课程标准、教学工作规程、师范技能测试标准的建设，形成了教师教育的教学体系。

在教学工作中，没有自己的教材体系成为一个突出的问题，导致课程教学目标难以全面实现。为此，我们教学团队非常重视教学过程中问题收集、案例分析、知识体系化、能力目标化、学生需求等教材建设元素建设，通过每四年一个培养周期的积累，形成了比较成熟的教材建设条件。在教学团队的共同努力下，形成了教材编写纲要和具体行动方案，使这套教材编写具有专业性、开放性、针对性、系统性、应用性等几个特点，保证了质量与水平。

我们相信，这套教材将有利于我校教师教育工作的进一步发展；将有利于广大师范生的学习、参考与教育知识的掌握，以及职业能力的形成。我们也相信，这套教材将在更多高校产生深刻的影响，为更多的师范生服务。

肖起清

前　言

进入 21 世纪以来，随着我国基础教育课程改革不断深入发展，国家对中小学教师人才培养越来越重视。习近平总书记强调“国家繁荣、民族振兴、教育发展，需要我们大力培养造就一支师德高尚、业务精湛、结构合理、充满活力的高素质专业化教师队伍，需要涌现一大批好老师”①，并且提出了“四有”好教师的标准。党的二十大报告指出，“教育是国之大计、党之大计”。为了更好地培养适应基础教育课程改革的好教师，教育部先后颁布了《教师教育课程标准（试行）》（2011 年）、《中学教师专业标准（试行）》（2012 年）、《小学教师专业标准（试行）》、《关于实施卓越教师培养计划 2.0 的意见》（2018 年）、《中学教育专业师范生教师职业能力标准（试行）》（2021 年）等文件，指导高等师范院校开展师范生的人才培养。

教师教育课程标准（试行）

从当前许多高等师范院校的教师教育课程设置看，传统的“老三门”（教育学、心理学、学科教学法）为主体的课程格局已经被打破，新的教师教育课程不断被纳入师范生的人才培养方案必修或选修课程模块，它们在一定程度上拓展和更新了“老三门”的内容。然而，在实际的教学中，我们发现不少教师教育课程存在偏重理论知识，内容陈旧且脱离新课改需求，中小学一线课堂教学案例不足，忽视教师技能训练等问题，由此导致师范生在教育实习中产生“所学非所用”的痛感。针对这些问题，需要认真学习近年来教育部颁布的一系列教师教育改革和基础教育课程改革的政策文件，深刻领会相关政策文件的精神，不断去更新教师教育课程的知识体系，更好地发挥教师教育课程的育人功能。

学科教学论是一门与基础教育课程改革关系最为紧密的课程，也是高校教师教育课程的核心课程之一，对师范生的人才培养至关重要。因此，随着基础教育课程改革不断发展，课改新理念新要求驱动着高校教师教育课程与教学的改革，学科教学论更需要与时俱进，不断更新、充实与完善教材自身的知识内容，才能够有效地培养适应基础教育课程改革的师资。

本书是编者根据多年的教师教育课程教学与研究经验，在借鉴与反思国内外同行研究成果，吸纳 21 世纪以来我国教师教育政策文件与新课标的精神的基础上编写而成的。与同类书比较，本书具有三个鲜明特点：

一是注重问题导向。本书致力于引导师范生学会关注、思考基础教育课程改革的诸多教学问题与现象，使之能够运用学科教学论的相关理论知识去分析、解决这些教学问题。因此，书中每一章都注重选择中小学的真实教学案例，以“问题导入”或“案例研讨”的

---

① 习近平：《做党和人民满意的好老师——同北京师范大学师生代表座谈时的讲话》，人民出版社 2014 年版，第 4 页。

方式，让师范生带着问题思考开展理论知识的学习，培养师范生发现问题、分析问题、解决问题的能力，促进师范生高阶思维能力发展。

二是注重能力导向。从近年来教育部颁布的一系列教师教育的政策文件看，师范生职业能力培养越来越受到重视，教师教育课程逐渐实现从传统的知识本位向能力本位的转变。因此，本书在内容建构上没有追求系统性的理论知识体系，而是更加关注如何有效地培养师范生的教育教学能力。书中每一章都设计有“技能训练”模块，最后一章还专门向师范生介绍了教师如何备课、说课、上课、评课等知识，并提供相关的教学案例与训练材料，让师范生去学习和训练，从而切实提高自身的教育教学能力。

三是注重实践导向。有的研究者指出：“我国教师教育课程的突出问题是理论与实践割裂。”① 高师院校实际的教学情况往往也是教师理论知识讲得多，学生实践实训练得少。我们认为，教师教育课程的理论知识学习是不可或缺的，然而，理论知识的学习如果脱离实际的教学实践体验，就会陷入空洞抽象，难以发挥理论知识对教学实践的指导作用，也不利于师范生的教师职业能力的形成。因此，本书注重教学过程中学生的实践体验，无论是对教学案例的反思，还是教学技能的训练，都需要师范生的积极主动参与，在不断地实践、体验、反思中培养良好的教师实践性知识与能力。

此外，本书在吸纳相关学科理论知识基础上，特别注重将我国基础教育课程改革最新的知识与教学案例融入教材之中，有助于师范生掌握新课改所需的学科教学知识与技能，也有助于促进中小学教师专业化发展。

本书凝聚着我们教师教育课程教学团队的专业情感与实践智慧。作者分别是曾毅（第一章，第五章和焦少珍合撰）、余德英（第二章，第四章，第九章和付兰合撰，第十章）、王赵志（第三章）、肖康舒（第六章）、代莉（第七章）、方拥香（第八章）。全书最后由曾毅统稿与文字润色。

本书参考了众多研究者的学术观点与研究成果，在此对本书所涉及的相关研究者表示衷心感谢！同时，由于能力所限、时间仓促，书中难免有不足之处，恳请广大读者批评指正。

编者

2023 年 5 月

① 王艳玲：《教师教育课程论》，华东师范大学出版社 2011 年版，第 2 页。

目　　录

第一章　绪　　论

学习目标

1. 明确教学、学科教学、学科教学论的含义。
2. 熟悉学科教学论的对象和任务。
3. 理解学科教学论的理论基础。
4. 掌握学科教学论的学习方法。

问题导入

根据一份对云南某两所高校师范生教育实习现状的调查，36.3%的师范生认为自己最缺乏的知识是教与学的心理知识，有师范生坦言不知道现在的学生心里想些什么，不了解学生；38.8%的师范生认为大学的课程设置与中小学教学内容之间联系不紧密；68.4%的师范生认为师范教育课程内容安排得不合理、不适用；34.8%的师范生认为大学期间所学专业课程与教师职业特点的联系不太紧密；42.9%的师范生认为现在的学校课程设置对于毕业求职有不利影响。①

针对师范生教育实习反映出来的问题，你对作为师范教育核心课程的学科教学论有什么想法？你希望从课程学习中获得哪些收获？

学科教学论是高等师范院校开设的教育学诸多分支学科中的一门，在我国师范教育中已有百余年的历史。早在1904年，清政府颁布的《奏定优级师范学堂章程》明文规定，在师范学堂中，针对中小学各门学科分别设置相应的教授法课程，其目的是使师范生了解、掌握学科教学的教学过程和教学方法。这种教授法课程可谓我国学科教学论早期的雏形。1909年上海商务印书馆出版的《各科教授法精义》被认为是中国出版较早的分科教学法专著。此后，这门学科在命名上先后出现“学科教授法”“学科教学法”“分科教材教法”“学科教学论”和“学科教育学”等变化。这些不同表述的学科名称反映出人们对该学科认识不断深化，同时也鲜明地揭示出该学科百年来发展的历史轨迹。随着当前我国教师教育改革与基础教育课程改革不断深化，学科教学论在师范生人才培养中更加凸显其价值与作用。

① 杨林、刘六生、张春梅：《师范生教育实习现状调查》，《教育与职业》2009年第7期，第40页。

第一节　学科教学论的概述

一、教学与学科教学的含义

（一）教学的含义

在我国，早在殷商时期的甲骨文就已经出现了“教”与“学”二字。古代“教”与“学”是两个不同的概念，大都是分开来讲。“教学”二字连接为一体，最早出现于《尚书·兑命》：“斅学半”（斅 xiào，同“教”）。宋朝的蔡沈这样注释“斅学半”：“斅，教也……始之自学，学也；终之教人，亦学也。”其意为：一开始自学，这自然是学；学了以后去教人，这也是学。这里的“教”与“学”实际上都是指教师的个体行为，是说教师的“教”与“学”是辩证的、对立统一的，是相互依赖、相互促进的。《礼记·学记》云“建国君民，教学为先”。这里的“教学”含义极广，基本等同于“教育”或“教化”。可见，《学记》中的“教学”并非现代汉语的一个独立的复音名词，其内涵解释与现代教育语境中的“教学”也不一样。真正指教师的“教”和学生的“学”的“教学”一词，出现在宋代欧阳修的文献中。欧阳修在为胡瑗先生作墓表时所写的“先生之徒最盛，其在湖州学，弟子来去常数百人，各以其经相传相授，其教学之法最备，行之数年，东南之士，莫不以仁义礼乐为学。”这里的“教学之法”中的“教学”，与现代教育语境中的“教学”含义比较接近。

近现代以来，人们对“教”与“学”的关系理解不断深入，“教学”一词在内涵解读上不断多样化。概括起来，主流观点有三种：

1. 传递说

韩愈《师说》篇中提到“师者，所以传道受业解惑也”，就是典型的传递说。这种观点认为教学本质上是教师向学生传授知识的过程，或者是传授知识与培养能力的过程。它强调主动权在教育的执行者手中，学习者处于被动接受状态。周德昌、江月孙主编的《简明教育辞典》将“教学”解释为“教师有目的、有计划地引导学生积极、主动地掌握系统的文化科学基础知识和基本技能，发展学生的智力、能力、体力，并形成一定的思想品德”，阮智富、郭忠新主编的《现代汉语大词典》（下册）直接将“教学”定义为“教师把知识、技能传授给学生的过程”，在这样的教育理念指导下，教学过程往往是以教师活动为主，教学活动的基本形式大多是教师讲、学生听，教师说、学生记。“填鸭”式、“灌输”式课堂教学就是在这种观点基础上产生的。人们耳熟能详的教育名言“要想给学生一碗水，教师要先有一桶水”也是这样产生的。然而，严格地说，这种只看到“教”，看不到“学”对于“教学”之意义的教学，忽视了学生在教学过程中的主观能动性，不可能是完整的教学。

2. 共同活动说

共同活动说认为教学本质上是师生双方的共同活动，是由教师的教与学生的学组合起来的共同活动过程。如果没有学生的学，教师的教只算独白而非教学；没有教师的教，学生的学只能算自学而非教学中的学。苏联教育学家凯洛夫是这种观点的代表，他在主编的《教育学》中对“教学”所下的定义是：“教学过程一方面包括教师的活动（教），同时也包括学生的活动（学）。教和学是同一过程的两个方面，彼此不可分割地联系着。”受凯洛夫教育思想的影响，我国的教育学或教学论教科书以及教育方面的辞典大多数是沿用这样的解释。例如，王策三在《教学论稿》中认为，“所谓教学，乃是教师教、学生学的统一活动；在这个活动中，学生掌握一定的知识和技能，身心获得一定的发展，形成一定的思想品德”。张焕庭、李放等人主编的《教育辞典》将“教学”解释为“由教师的教和学生的学所组成的双边活动。在教师有目的、有计划、有组织的指导下，学生掌握系统的文化科学基础知识和基本技能，并在此基础上发展能力，增强体质，形成一定社会所期望的道德品质”。在这种理论指导下，出现了教师讲解启发、学生自学答疑的启发式教学或教师问、学生答的“问答式”教学方法。和传递说相比，共同活动说是一种很大的进步，它注意到了学生学的地位和作用，有助于促进学生学习方式的转变。

3. 交往活动说

后现代教育观强调教学本质上是对话、交流、沟通，认为教学实际上是师生以教学资源为中介的相互影响的过程，是一种特殊的人际交往活动的过程。叶澜教授认为，“教学活动是教师的教和学生的学组成的双边活动，是发生在师生之间的一种特殊的交往活动”。钟启泉教授也强调，“从教学活动的现实存在形态来看，沟通实践是教学活动存在的根本特征。没有人际沟通的实践，教学就不可能存在”①。这种认识以实践理论为依据，强调人与人的交往实践活动对人生存与发展的决定性影响，主张教师通过对话、交流与学生实现共同活动，学生在交往活动中学到知识、掌握能力，学生是这种交往活动中的最大受益者，而教师作为交往活动的另一方，他们更多的却是责任，是想方设法地给予学生交往的环境与机会，让学生在交往中获得有效的、有意义的学习与发展的责任。因此，交流、交往、沟通，在一定意义上反映了后现代教学的本质特点，体现了教师和学生都是教学过程的主体，都是具有独立人格价值的人，两者在人格上完全平等，师生关系是一种平等、理解、双向的人与人的关系。

三种学说不是孤立存在的，它们之间存在一定程度的意义交叉，是人们对教学内涵理解上的传承发展，区别之处只是以哪个特质为主而已。从新课改课堂教学发展的趋势看，把教学本质定位为交往、对话，暗含着对新时代人本主义观念下师生平等、民主的人际关系和个体开放心态的倡导，以及对个体差异、独特性、个性、主体性的尊重和鼓励，是对教学过程的师生教与学关系的正本清源，它不仅在理论上超越历史上的“教师中心论”和“学生中心论”，以及现实中的“学生特殊客体论”和“主导主体论”，而且在实践上具有极其重要的现实意义。

鉴于此，教学的含义界定为：教师与学生以课堂为活动空间，以教学资源（主要是教科书）为互动中介，以促进人与文化意义双重建构为核心，以完成预定教学任务为目的的师生交往活动。

---

① 钟启泉：《课程的逻辑》，华东师范大学出版社2008年版，第202页。

（二）学科教学的含义

中小学校普遍实施的是语文、数学、英语等分科教学，不同的学科有各自的教学任务、教学方法与教学规律。从“教学”的含义去分析“学科教学”的内涵，所谓的“学科教学”（也称“分科教学”），指的是师生在课堂上以具体学科为教学内容，遵循学科自身特点和学生身心发展规律，为完成预定教学任务而展开的师生交往活动。这里的预定的教学任务，主要指向学生的知识、技能、情感态度价值观等方面的综合发展。

学科教学是在人类社会分工、科学分化、社会需求以及学校教育对人才培养和对科学知识不懈追求的背景下产生的，具有系统性、逻辑性、独立性、简约性等特点。一般认为，古希腊的“七艺”教学（文法、修辞、辩证法、算术、几何、天文、音乐）和中国西周时期的“六艺”教学（礼、乐、射、御、书、数）是学科教学发展的最初源头。近现代以来，借鉴西方的学校教育制度与教学模式，我国的学校开设了语文、数学、英语、历史、地理、物理、化学等学科，注重对学生进行学科知识、技能和智力的培养。相应地，以中小学各科教学为研究对象的“教授法”“教学法”专著也出现了，为学科教学论的发展奠定了良好的基础。

二、学科教学论的内涵与性质

（一）学科教学论的内涵

在教育学诸多分支学科中，学科教学论是一门重要的分支学科，在我国师范教育课程体系中占据重要的地位。然而，从近百年学科教学论发展史来看，由于近现代以来社会文化观念、教育思想和教学实践等不断发生深刻的变化，不同时期人们对该学科的内涵理解也是不断变化的，因此，先后出现了“学科教授法”“学科教学法”“分科教材教法”“学科教学论”和“学科教育学”等名称的变化。从这些学科名称的变化中，大体上可以管窥到该学科内涵演变的过程。

在“学科教授法”时期，人们多从具体学科教学经验描述的角度来探讨教学方法，缺乏对教学方法与教学内容以及教学目标的统一性和关联性的相关思考与研究。正如民国时期林砺儒等人说的，“中国自有学校教育，其教授法即通用演讲式之注入主义，非惟中学然也。大抵文学、历史、地理等科，专赖教师之取材与说明，即理科之实验，亦由教师行之，作为说明之一种，学生旁观而已。学生之作业，除作文、演算外，惟图画、手工、体操，则非诉诸学生之动作不可。然亦不过模拟的作业而已，其教授之良否则纯视教师准备教材之是否丰富，说明之是否透辟为断。总之，学生所得，殆出自教授之授与”①。由此导致这门学科在构建初期缺乏其应有的理论厚重感。

在“学科教学法”时期，受美国教育家杜威教育思想的影响，陶行知先生在 1919 年发表的《论教学合一》一文中，首次明确提出了改“教授法”为“教学法”的主张，反对教学过程中教和学的脱节现象，强调教学过程要重视学生的学习兴趣和学习经验等。1922

① 萧承慎：《教学法三讲》，福建教育出版社 2006 年版，第 74—75 页。

年，北洋政府教育部正式确立该学科名称为“学科教学法”，并将它规定为师范生专业训练科目，内容包括教材的选择、教科书的评价、课程标准的研究、课程组织和教具设置等。由此“学科教授法”的名称逐渐改称为“学科教学法”，研究的侧重点从“怎样教学”走向“怎样教和怎样学”，这是学科教学论发展史上一次有重要意义的变革。

在“分科教材教法”时期，解放初期我国学习苏联学校教育模式，在师范院校开设教育学、心理学、教材教法。其中，教材教法是一门实践性很强的课程，不仅要向师范生分析中学所设学科的教材，传授教学方法，还要指导学生到中学去实习。因为当时全国是统一的教学计划、统一的教育大纲，各学科的教科书也是一个本子，全都是一致的。师范院校的教材教法课程只研究当时的教育大纲和教材，教授分析课文、备课讲课的方法，研究范围过于狭窄，水平确实有待提高。而且，教材教法研究不像一门学科，它缺乏理论的支撑。

在“学科教学论”与“学科教育学”时期，20 世纪 80 年代中期以来，伴随着现代教学论、课程论、心理学、教育测量学等相关学科的发展，人们拓宽了学科研究视野，注重对学科教学规律的研究，学科理论体系的科学性和内容的完备性都有很大的进步。但是，分科教材教法在其发展过程中与基础教育的发展相脱节，致使高等师范院校的毕业生对基础教育现状知之甚少，学生教育教学管理能力欠缺，教材分析能力不足，教学设计盲目以及教育研究能力薄弱等。因此，教育界迫切想建构新的能够更好培养高师院校师范生的课程体系。以“学科教学论”“学科教育学”为取向的学科发展思潮逐渐走向前台，学科的发展发生了重要转向，关注点从“具体学科教学”转向“教师专业成长全程”。这一时期出现了“学科教学论”与“学科教育学”并存的现象。然而，这一时期学科体系比较混乱，学科教学法、分科教学法、学科教学论、分科教学论、学科教育学、分科教育学等相互介入，学科名称各异，概念不明确，学科体系庞杂。因此，明确学科内涵，构建系统的、科学的、彰显学科特点的理论体系，是学科教学论学科建设亟须解决的课题。

作为高师院校师范专业重要的一门必修课程，学科教学论应该有自身明确的学科内涵，这是学科理论体系建设非常重要的前提条件。学科教学论既不同于以理论研究为主要任务的教育学与心理学，又有别于以实践为旨趣的某种具体教学法，对它的表述应该既要体现对学科教学的理论、原理的概括，又要体现理论指导下积极有效地解决学科教学问题的实践过程与方法。因此，该学科在内涵上可以理解为：它是一门研究教育学、心理学等相关学科理论如何与基础教育学科教学相结合，旨在有效指导基础教育学科教学活动，培养师范生的教师专业知识、专业技能与实践能力的应用理论型课程。

（二）学科教学论的性质

从上述内涵界定出发，显然，学科教学论中的理论是由相关学科理论以及学科教学论自身对相关学科理论的吸收、转化、补充组成的，其中的相关学科理论不是原封不动搬来的，而是经过了学科教学论的整合、加工和发展。要求学科教学论具有自己跟其他学科完全不同的独立的理论是不合理的，也是不可能实现的。其实，一般要以特殊为基础，没有特殊就没有一般。教育学、心理学、课程论等学科提供的一般理论是对各种学科教学实践进行理论概括的结果，其中也包含着学科教学论的贡献。没有学科教学论对学科教学特殊规律的探索，教育学、心理学中有关的一般理论也难以得到深入的、进一步的发展。

学科内涵与学科性质是密切相关的，而学科性质又往往取决于学科所属的分类情况。田慧生教授在谈到教育研究分类时，根据研究的目的将教育研究分为基础理论研究、外推的理论研究和应用研究三类①：基础理论研究有时又称为纯粹研究或根本研究，它的主要目的是揭示、描述、解释事物的现象、过程和活动机制，探寻事物的本质和规律，在基本原理和原则方面增加科学知识，提示新的方法论，它回答“是什么”和“为什么”的问题，但回答不了“怎么办”的问题。外推的理论研究仍属理论研究的范畴，它也担负着揭示本质、总结规律、发展和验证理论的任务。但它与基础理论研究的区别在于，它具有更强的实践目的性，它不仅要揭示规律，还要研究把已经认识的规律运用于实践活动的方法，即既要回答“是什么”和“为什么”的问题，也要在一定程度上回答“怎么办”的问题。应用研究的主要目的则是根据实际需要，为具体领域或情境提供特定的策略、建议、方案，增加以研究为基础的知识，发展特定的研究方法。

由此，学科教学论应该属于外推的理论研究，因此，从学科性质上讲，学科教学论是一门应用理论型学科。一方面，它是理论型学科，其理论源自教育学、心理学、课程论等相关学科的理论，是依据自身学科特点和发展需要对相关学科理论的不断选择、吸收和消化，从而构建起自己的理论体系；另一方面，学科教学论又是应用型学科，它要求师范生在教学实践过程中不断应用相关理论知识，从而培养良好的教学技能和实践能力。有关学科的一般理论如何跟学科教学实际全面结合，发挥一般理论指导教学实践的作用，防止教学上理论与实践“两张皮”脱节现象，这是教师教授该学科时必须认真思考的问题。

三、学科教学论的研究对象和任务

（一）学科教学论的研究对象

对于一门学科的创建所应具备的前提条件问题，许多学者做了深入的探讨，形成了基本的共识。一般地，学科教学论应该具备以下几个条件：一是具有特定的研究对象；二是具有明确的研究范围；三是具有一整套研究方法；四是具有较完整的符合逻辑的理论体系。这里，将学科特定的研究对象摆在前提条件的首位，表明了学科的研究对象是学科产生、存在与发展的根据和前提，明确一门学科的研究对象，对于一个学科的形成、发展和成熟，具有重要意义。

毛泽东在《矛盾论》中指出，“科学研究的区分，就是根据科学对象所具有的特殊的矛盾性。因此，对于某一现象的领域所特有的某一种矛盾的研究，就构成某一门科学的对象”。学科教学论作为一门科学，就是根据科学对象“所特有的某一种矛盾”的研究来确定自己的研究对象的。

那么，如何揭示学科教学论的研究对象？美国社会学家英格尔斯在《社会学是什么》一书中，指出给社会学下定义的三条途径：第一，历史的途径——创始人说了什么；第

---

① 田慧生：《对教学论学科性质、地位与研究对象的再认识》，《教育研究》1997 年第 8 期，第 54 页。

二，经验主义的途径——当代社会学家在做些什么；第三，分析的途径——理性的指示是什么。英格尔斯提出的三条途径，对于考察学科教学论的研究对象具有很大的启发作用：

（1）看以往学科教学论研究者对于学科教学论的研究对象说了些什么，有什么主张，发生过哪些具体的争论。

（2）看当代学科教学论的研究者在从事学科教学论研究时实际是怎么做的，哪些方面有利于揭示学科教学论的研究对象。

（3）从理性分析的角度看学科教学论的研究对象问题到底应该如何解决。

认真思考好这三个问题，有助于我们更好地把握学科教学论的研究对象。

纵观不同时期研究者对学科教学论研究对象的表述，归纳起来，主要有以下几种代表性的说法：

1. 规律说

规律说对学科教学论研究对象的表述为：研究学科教学现象、教学规律的一门教育学科。例如，有的研究者认为，“学科教学论是一门研究学科教学现象，以揭示学科教学过程的客观内在规律及其具体运用为研究对象的科学”①。这种观点几乎将学科教学论的研究对象等同于教学论的研究对象，是对教学论的理论简单地套用，只是在前面加了“学科”二字加以区别。

2. 结构说

结构说对学科教学论研究对象的表述为：研究学科教学的各个要素，即教材、教师、教法及学生等主要要素。这种观点注意到了学科教学论内容要素的特殊性，在民国时期至新中国成立初期出版的“各科教材教法”教材大多数是主张这种观点。

3. 过程说

过程说对学科教学论研究对象的表述为：研究各门学科的全部教育过程，包括研究学科教育目标、课程、学习、教学评价等。例如，有的研究者认为，“学科教育学的研究对象是各门学科的全部教育过程，即在学科范围内研究人的全面发展，研究学科教育现象、教育功能、教育本质和规律”②。这种观点在 20 世纪八九十年代比较具有代表性。毕竟这一时期西方的教育著作被大量介绍到中国，这些包括教育学、教学论和课程论的西方教育论著拓宽了研究者们的学术视野，深化了他们对学科教学论的理解。对于学科教学论研究对象的认识，人们已经不限于学科教育的各个要素，而是从人的全面发展的高度来理解学科教育的问题。

4. 问题说

问题说对学科教学论研究对象的表述为：主要研究以人类的基本活动经验为教育内容的学科教育活动中产生的隐含着事实与价值的基本的教育问题。

我们认为，从“教学”和“学科教学”的内涵出发，根据学科教学论与教学论、课程论等相关学科存在的联系与差异性，结合本课程在师范生培养过程中的独特作用与价值，

---

① 张熊飞：《诱思探究学科教学论的辩证逻辑——试论学科教学论的性质、范畴、理论体系》，《陕西师范大学学报（哲学社会科学版）》1997 年第 3 期，第 163 页。

② 周发增：《学科教育学的研究对象及其性质论析》，《首都师范大学学报（社会科学版）》1995 年第 6 期，第 62 页。

可将学科教学论的研究对象理解为：它主要是运用教育学、心理学等相关学科理论，研究基础教育学科教学过程的各个要素及其在教学活动中的应用，培养师范生良好的教师专业知识、专业技能和实践能力。

（二）学科教学论的任务

与其课程性质与研究对象相对应，学科教学论的根本任务主要表现在以下四个方面：

（1）研究教育学、心理学等相关学科理论如何与基础教育学科教学相结合，并指导学科教学活动。

（2）研究学科教学过程各个要素的本质、功能和如何在教学中应用。

（3）通过研究丰富的学科教学活动，提炼新的理论，补充、发展、丰富一般教学理论。

（4）培养师范生从事基础教育学科教学的教师专业知识、技能和能力，促进师范生的教师专业成长。

四、学科教学论与课程论、教学论的关系

从学科教学论的发展历史看，它先后出现了“学科教授法”“学科教学法”“分科教材教法”和“学科教育学”等名称的变化。这些学科名称的变化反映出该学科在发展的过程中不断吸收相关学科的研究成果，丰富和扩充自身的理论体系。其中，课程论、教学论的相关理论对学科教学论的发展影响非常大，彼此之间的关系也很密切。

（一）学科教学论与课程论的关系

课程论作为教育学的一门分支学科，其研究领域主要涉及学校课程设计、编制、实施和课程评价等的理论与实践。美国课程专家古德莱德认为，课程研究应关注三类现象：实质性现象——指的是目标、学科内容、材料等课程的基本范畴，探究它们的实质和价值；政治-社会现象——关注课程发展的政治和社会过程；技术-专业现象——着重探讨那些使课程得以改良、配置和取代的个人和团体过程。前两个范畴主要关注课程的基本原理问题，最后一个范畴主要关注课程的实践问题。课程论相关内容的研究对学科教学论发展的影响是多方面的，学科教学论需要从课程论中不断吸取广泛而丰富的营养，以完善自身的理论体系。

从学科教学论的发展看，多年来，学科教学论将内容重点放在“如何教”的基点上，把“教学论”中“教学”二字作为教师的单一活动，“教学”即“教”。从这个角度出发，学科教学论的基本内容可以概括为“教什么”“怎么教”和“‘教’者怎样自我提高”三部分。“教什么”主要阐述教材的编写、教学目的的确定、教材的使用等。“怎么教”主要讲述教学的方法、课堂的类型以及课外活动的组织等。“‘教’者怎样自我提高”主要体现为教师的进修、学习和科研等。在当前新基础教育课程改革理念观照下，学科教学论迫切需要更新教学内容，主要包括以下三个方面：一是渗透和增加现代课程的基本理论，以弥补现有学科教学论中课程理论几乎空白的缺陷；二是改变现有学科教学论内容所反映的陈旧的传统课程观念，以确立与时代相适应的新的现代课程观念；三是普及课程（教材）组织的一般原理，以纠正单一学科课程的“教材中心”的倾向。

实际上，课程论的相关理论与学科教学论的理论是密切相关的。以课程观念为例，在现代课程的历史发展进程中，新的课程观念往往是在变革和改造传统课程观念的基础上逐渐形成和发展的。20 世纪 90 年代以来，全球课程观的转变主要体现在以下几个方面：① 从强调教学内容向强调学习过程转变；② 从恪守学科界限编制教学内容向打破学科界限转变，即课程不是预先规定好教育目的的凝固不变的东西，而是不断变动不断更新的教学媒体；③ 从以教科书为中心向利用多种媒体组成的教学媒体转变，即教材不是由教师一手操办、提供的，它不过是多种媒体的一种而已；④ 从突出教师感兴趣的教学内容向突出学生感兴趣的内容转变；⑤ 从强调累积知识向强调发现、创造知识转变。这些新的课程观念对学科教学论涉及的学科教学目标设计、学科教学内容选择、学科教学模式与方法运用、课程资源开发等方面都有积极的指导意义。

（二）学科教学论与教学论的关系

教学论也是教育学的一门分支学科，它是从动态的教学整体出发，综合研究教学活动和教学关系，探索教学最一般规律的一门学科。教学论研究的基本任务是发展和完善教学理论，对教学实践及其发展做出科学的论证。从发展历史看，教学论是从学科教学的经验中剥离出来，形成具有一般意义的理论之后，就产生了回过头来指导各科教学实践的功能。从传统到现代，教学论在指导各科教学改革和实践中，起到了不可低估的作用。

学科教学论是教育科学家族中的一个成员，与教学论有着复杂的关系。二者之间有共同研究、探讨的领域，但各自又有不同的学科性质、研究视角、研究内容和研究任务。

学科教学论与教学论的关系属于特殊与一般的关系。这就决定二者有以下共同点：① 二者拥有共同的研究对象——教学过程和教学规律；② 二者各自的性质反映出某些相同特征，如学科的理论性、实践性和师范性；③ 二者的内容都是以教学为主题展开阐述，围绕教学规律构建内容体系；④ 二者肩负着共同的任务，即研究教学过程，揭示教学规律，阐明教学工作原理，确定教学工作内容、方法和组织形式；⑤ 二者在研究方法上都以马克思主义唯物辩证法作为方法论基础，用联系的观点、发展变化的观点来构建自身的方法论体系，都运用了观察实验、调查研究、总结移植、比较分析等研究方法及讲授、讨论、实践等教学方法。

然而，二者也存在根本性的差异。一是研究的视角不同。学科教学论研究视点落在学科教学过程中的各个要素的本质、功能和如何在教学中应用，以及教师课堂教学的各种教学技能上；教学论是以教与学的共同过程、共同规律为研究对象，它所揭示的是基本教学规律和普遍性原理。二是学科性质不同。① 学科教学论是一门交叉边缘学科，教学论是一门单一主干学科。学科教学论横跨教育学、心理学以及相关学科，其体系是一个由诸学科知识有机结合且又区别于诸学科的跨学科体系。学科教学论的交叉边缘性质，恰恰是教学论所不具备的。② 学科教学论在研究对象、研究内容、研究方法和培养任务等方面都有自己的独特性，并成为学科教学论的重要特征，离开这一特征，学科教学论就沦为教学论。③ 研究任务不同。学科教学论的任务是从理论与实践相结合上来研究学科教学过程中的特殊矛盾及其规律，指导学科教学实践；而教学论的任务是从大量的、普遍的教学现象中揭示教学的本质和规律，科学地概括教学实践经验，归纳出教学原理和方法，为低等次的学科提供理论武器。

第二节　学科教学论的理论基础与内容体系

一、学科教学论的理论基础

学科教学论在发展过程中，不断借鉴、移植和吸收相关学科的理论素养，从而构建自身的理论体系。除了教育学对学科教学论的发展有直接影响外，哲学、心理学、社会学和现代信息技术学也为该学科发展提供了坚实的理论基础。

（一）学科教学论的哲学基础

哲学是人文科学领域内的基础学科，它是人们在综合各种知识的基础上形成的一种抽象化知识。它揭示了自然、社会和人的发展的普遍规律，是人们对客观物质世界和主观精神世界的一种概括性认识。同时，它反过来又影响、制约着各门学科的发展。不同的哲学观指导会产生不同的教学论思想、教学论流派，从而对学科教学论的发展产生重大的影响。哲学不仅通过左右观念的变化影响学科教学论的产生和发展，更通过方法论对学科教学论产生直接的作用。在不同的方法论指导下，人们采用不同的方法进行学科教学，可以获得不同的学科教学论知识，形成不同的学科教学流派。从学科教学论发展史来看，哲学及其方法论对学科教学论的影响和制约是直接的、明显的，某种方法论指导下的研究方法更新，往往是学科教学论内容更新、学科发展的条件。

从学科教学论的理论内容看，对于教学本质、教学过程、教学方法、师生关系等问题的认识，均离不开哲学方法论的解释。例如，对于教学过程与教学方法的认识，我们可以追溯到古人对人性的不同解释上，从人性的深层次去理解教学方法的选择。“性善论”强调人性天生就是善的，教学过程是对这些“善端”的发现和充实，教学方法重视学生个体的自我内省与自我学习。“性恶论”强调人性天生就是恶的，教学过程是依靠外界力量逐渐消除这些“恶端”，教学方法注重教师外在的严格控制与制度约束。由此，在教育发展史上自古而今形成了两种截然不同的教学思想观。在师生关系问题上，教育界也存在“双主体论”“主体客体论”和“主导主体论”等认识的分歧，对这些问题的理解，也需要借助哲学关于主客体的理论去分析。因此，哲学可以为学科教学论的发展提供方法论支撑。

（二）学科教学论的心理学基础

心理学的发展与学科教学论的产生与发展密切相关。随着科学的心理学建立和发展，其许多分支学科诸如儿童心理学、教育心理学、社会心理学、认知心理学等获得迅速发展，这些学科在儿童认识与发展、语言发展与情绪发展、教育过程师生心理、儿童社会与道德发展等领域的研究，为学科教学论提供了思想和心理产生及其变化规律的钥匙，提供了学科教与学的心理原则和方法。

学科教学论与心理学分支学科中的教育心理学关系最为密切。学科教学论与教育心理学在研究对象上有学科交叉点，二者都以教与学为研究对象，但二者的研究侧重点不同。学科教学论侧重研究教与学的过程及其规律，它所揭示的是学科教学活动的根本问题；而教育心理学侧重研究教与学过程中的个体在不同发展阶段的学习活动的心理机制，它所揭示的是个体在教学中的心理问题。二者的研究方向与角度有明显的区别。但必须承认，学科教学论与教育心理学的关系是互为补充的。教育心理学对个体社会化和学习理论的研究，使学科教学论借助这一研究建立起学科学习论；教育心理学提出的教学中学生心理个别差异原理，是学科教学论的因材施教原则的理论依据。可见，教育心理学的研究成果对学科教学论的研究具有极其重要的意义。反过来，学科教学论的研究成果也必然会大大丰富教育心理学的内容，尤其是二者交叉部分的研究成果将促进教育心理学的学科发展。因此，二者是相辅相成、相互促进的关系，一学科的发展必然促进另一学科的向前发展。

（三）学科教学论的社会学基础

社会学是系统地研究社会行为与人类群体的学科。它从社会哲学中演化出来，具有多种研究方式，较为典型的是科学主义的实证论的定量方法和人文主义的理解方法，它们相互对立、相互联系，发展出一套有关人类社会结构及活动的知识体系并日益完善，运用这些知识去寻求或改善社会福利，便是社会学的主要目标。

学科教学论与社会学分支学科中的教育社会学关系较为密切。教育社会学研究内容主要包括以下四个方面。① 教育与社会结构的关系，包括教育与经济发展、教育与政治统一、教育与社会阶层化、教育与社会变迁、教育与文化的关系。② 教育与社会化过程的关系，教育可分为家庭教育、学校教育和社会教育。教育社会学研究各类教育在个人社会化过程中的功能，并对有关的角色结构进行分析。③ 学校与社会的关系，即学校与外界环境的关系，如校方与家长的关系等。④ 学校自身的结构和组织。教育社会学把学校作为一个正规组织，把班级作为一种社会系统，对学校内的等级结构和各类教育群体的相互作用及功能、校内亚文化、课程设置和课堂上的师生行为等进行研究。这些内容的研究为学科教学论的理论建构奠定了良好的基础。

当前也有不少的研究者从社会学角度对学科教学论的内容进行研究，形成了新的理论观点和研究范式。例如，有的研究者认为，教学活动是在与其他社会实践活动的互动中主动生成的，因而社会性是教学活动的根本属性。教学活动中的社会性具体表现为：① 教学活动最终是在社会实践中生成的。教学活动既不可能人为地从逻辑中推演出来，也不可能凭主观理想来规定，它的发生和发展都与现实的社会实践活动息息相关，既受现实社会实践活动的制约，也从那里获得发展的动力。② 教学交往是教学活动社会性的外在呈现。教学活动中丰富复杂的人际交往，是教学活动社会性的感性表达。师生关系、生生关系不仅是教学活动得以进行的前提，其本身也是教学这种社会活动的载体。合理的教学交往关系的构建，不仅需要良好的教学环境，也需要良好的社会环境。③ 课程是教学活动社会性的内隐表达。课程设计的理念、课程内容的选择与加工以及教师对课程的解读、学生对课程的理解，不单是一个客观的科学过程，更是一个复杂的社会过程。它隐含着社会发展对教学的要求，反映着课程编制者及教师的利益，同时也折射出现实的教学生活样式。从某种意义上讲，这些研究教学活动的新视角为学科教学论提供了一种新的研究范式。

（四）学科教学论的现代信息技术学基础

21世纪是一个全球化的信息社会，数字化、智能化、网络化和多媒体化的信息技术的发展给教育带来了深刻的影响。信息技术与当代教育融合是一场全面、深刻的创新变革。一方面，信息技术改变了教学活动的各项要素，引发了教学方法、教学工具、教学内容等各环节的深刻变革；另一方面，信息技术推动了教育模式和学习环境等领域的全面创新。受现代信息技术的影响，学科教学论从内容到形式、从理论到实践都发生了巨大的变化。

例如，就学科教学论的核心内容“教与学”而言，现代多媒体技术改变了传统的课堂教学组织方式，“慕课”“翻转课堂”等新的教学方式不断出现，教师利用交互式操作，将学生主动引入教学过程中，同时，多媒体技术的声、光、电也有利于教学直观性和情境化，增强学生对教学内容的记忆、理解和体验。网络技术不仅为教学提供了更多的教学素材和资料，如国家精品课程资源、电子书包或“一师一优课”等，也拓展了师生的交流渠道，如电子邮件、聊天室、BBS、QQ、微信、视频点播、视频会议等，实现师生线上线下学习交流相结合。网络教学空间可以作为课堂教学的有益补充，让学生可以随时随地回顾课堂教学。利用计算机进行教学管理，具有高效、便捷的特点，可以实现面向学习过程的评价的目标。现代信息技术改变了传统的教学模式，对教育教学产生了促进作用。因此，传统意义上的“教与学”在信息技术影响下发生了根本性的变化，课程的内容及其教学方式也需要及时更新。

二、学科教学论的内容体系

遵循教育部颁布的《教师教育课程标准（试行）》和《中小学教师专业发展标准及指导》等相关文件精神，从指导学科教学与师范生教师专业发展的需要出发，同时，尽量避免传统师范教育课程理论知识之间存在的简单重复与交叉现象，以提高课程的教学效率与效果，新编的《学科教学论》注重问题导向、能力导向和实践导向，注重理论知识的“少而精”，不刻意追求理论知识体系的系统性与完整性，因此，本课程的内容体系主要包括如下的十个章节：

第一章是“绪论”。绪论部分主要介绍学科教学论的内涵、性质、研究对象和教学任务，分析该学科的理论基础和课程的内容体系，明确课程学习意义与方法，使师范生对该课程有初步的了解，增强学生的学习兴趣和信心。

第二章是“学科教学目标”。主要明确学科教学目标的内涵与功能，介绍国内外关于教学目标分类的典型理论，结合新课改的目标设计维度，指导师范生开展教学目标的设计与表述，特别是要重点掌握新课改背景下三维教学目标与学科核心素养教学目标的设计。

第三章是“学科教学过程”。主要揭示教学过程的内涵与本质、教学过程要素和基本阶段，明确教学设计的内容、方法和原则，熟悉中小学课标关于教学过程的要求，正确把握好教学过程的几对基本关系。同时，结合新课改课标对学科教学过程的建议，阐明其对学科教学的启示。

第四章是“学科教学规律与教学原则”。主要理解学科教学规律的内涵、心理学依据和基本规律，掌握学科教学原则的内涵、理论依据，了解中小学常用的教学原则及其实际教学运用。

第五章是“学科教学模式”。主要是分析教学模式的内涵、结构和作用，介绍现代国内外中小学课堂教学有代表性或影响力的教学模式，特别是介绍新课改背景下出现的课堂教学模式，最后阐明学科教学模式选择与运用的原则和策略。

第六章是“学科学习主体与学习方式”。主要介绍学科学习主体（学生）的本质特点、认知发展规律和学情分析基础方法，学会掌握学科学习基本方法，特别是新课改倡导的学习方式，懂得指导学生运用不同的学习方式开展学习活动。

第七章是“学科教学主体与教学方法”。主要介绍学科教学主体（教师）的角色内涵、教师专业素养及其发展，理解现代师生关系类型与教学意义，掌握中小学课堂常用的教学方法，并能够运用现代教育技术对教学方法进行创新。

第八章是“学科课程资源”。主要介绍学科课程资源内涵、内容分类和课程标准关于课程资源的表述，掌握课程资源开发与利用的理念、原则和策略。重点介绍新课改学科教科书的编写理念与使用策略。

第九章是“学科教学评价”。主要介绍课堂教学评价的内涵、定位和功能，了解课堂教学评价的类型和内容，初步掌握新课改课堂教学评价的基本方法与原则。

第十章是“学科教学技能”。主要是围绕学科教学活动介绍备课与说课、上课与评课、教学反思等核心技能内容，在教师指导下，通过严格的微格教学训练，初步培养学生具备扎实的课堂教学技能。

为了凸显本课程教学的问题导向、能力导向和实践导向，本书在每一章的前后设计了“学习目标”“问题导入”“案例研讨”“技能训练”“资源链接”五个内容，要求教师引导学生明确学习项目，带着问题进入教学情境，增强课程理论学习的情境化和体验性，提高学生运用所学理论去分析、反思教学案例的能力。“资源链接”部分包含参考书目或课程教学资源链接等内容，有助于学生课外学习，拓宽学生的学习视野。

第三节　学习学科教学论的意义与方法

学科教学论是一门应用理论型学科，是高师院校师范生一门重要的必修课程，对培养师范生的教师专业知识、专业技能和实践能力，促进师范生的教师专业成长具有重要的意义。学科教学论的学习方法既要注重理论学习的科学性、逻辑性和学术性，又要注重教学实践活动的情境性、体验性和反思性。灵活运用该课程的学习方法，能有效促进师范生理论知识学习与教学实践能力的发展。

一、学习学科教学论的意义

（一）学习教育新理论，树立学科教学新理念

新课改以来，新的教育教学理论诸如建构主义学习理论、多元智能学习理论、解释学

理论、有效教学理论等成为指导学科课堂教学改革的重要理论。如何将这些新理论运用到学科教学活动中，提高学科课堂教学效率与教学质量，这是学科教学论需要认真研究的问题。这种研究实际上是将这些一般化的理论知识与实际的学科教学结合起来，通过理论的转化与重构，形成具有可操作性的学科教学新理论，能够真正用于指导学科课堂教学。例如，建构主义理论强调知识不是通过教师讲授而获得的，而是学生主动积极去建构知识才真正获得。这种理论知识反映到学科教学上，学科教学如何提供适当的教学情境，更好地去引导学生进行知识的自主建构，这是需要教师去思考去探索的。这种思考探索的过程，会对改变教师原有的教学观念，促进新的教学理念生成产生积极的影响。因此，学习学科教学论，有助于师范生学习学科教育新理论，树立学科教学新理念。

（二）培养教师教学技能，促进教师专业化发展

学科教学论是一门应用理论型学科，是师范生向一名准教师转变的定型课，其内容涉及教学目标的设计、学科教材的处理、学生学习方式创新、教师教学方法的运用和教学评价的实施等，这些知识和技能是师范生在四年的课程学习过程中必须具备的，也是一名合格教师最基本的教学知识与技能。本课程在第十章专门安排了学科教学技能的学习和训练，教师通过组织学生进行微格教学技能训练，从备课、说课、上课、评课和教学反思等教学环节去不断训练、观摩、研讨、再训练，使学生熟练掌握课堂教学的流程和主要环节，培养扎实的教学基本功，为今后从事教师工作奠定基础，促进自身教师专业化发展。

（三）提高课堂教学质量，推动基础教育改革创新

学科教学论是高师院校与基础教育课程改革结合最为密切的一门教师教育课程。21世纪以来的基础教育课程改革的新理念、新方法、新诉求往往反映到学科教学论课程及其教学上。为适应基础教育课程改革的需要，学科教学论需要从课程内容、教学方法等方面进行及时的调整，以便师范生毕业以后能够更快更好地适应基础教育课堂教学的要求。实际上，高校教师在教学过程中经常引入新课改中小学课堂优秀的教学案例进行分析，或组织学生到中小学课堂去观摩学习，开展听课评课活动。从这个意义上讲，通过学习学科教学论，师范生能够及早了解基础教育课程改革的发展动态，熟悉中小学课堂教学的流程与方法，这有助于师范生毕业后尽快转变为教师角色，适应中小学课堂教学，从而不断提高课堂教学质量，推动基础教育改革创新。

二、学习学科教学论的方法

（一）文献研究法

文献研究法是指搜集、鉴别、整理文献，并通过对文献的研究形成对事实的科学认识的一种方法。文献法是一种古老而又富有生命力的科学研究方法，具有如下优点。① 运用广泛。文献研究法超越了时间、空间限制，通过对古今中外文献进行调查可以研究极其广泛的社会情况。② 准确度高。文献研究法主要是书面调查，如果搜集的文献是真实的，那么它就能够获得比口头调查更准确、更可靠的信息，避免了口头调查可能出现的种种记

录误差。③ 它是一种间接的、非介入性调查。文献研究法只对各种文献进行调查和研究，而不与被调查者接触，不介入被调查者的任何反应，这就避免了直接调查中经常发生的调查者与被调查者互动过程中可能产生的种种反应性误差。④ 它是一种非常方便、自由、安全的调查方法。文献研究受外界制约较少，只要找到了必要文献就可以随时随地进行研究；即使出现了错误，还可通过再次研究进行修正，因而其安全系数较高。⑤ 省时间、费用低、效率高。文献研究是在前人和他人劳动成果基础上进行的调查，是获取知识的捷径，它不需要大量研究人员，不需要特殊设备，可以用比较少的人力、经费和时间，获得比其他研究方法更多的信息，因而是一种高效率的研究方法。

运用文献研究法，一般过程包括五个基本环节：提出课题或假设、研究设计、搜集文献、整理文献和进行文献综述。学科教学论的研究也经常运用到文献研究法。例如，对于学科教学方法较为典型的启发式教学的研究，古今中外的教育家在长期的教学实践中总结了许多行之有效的教学方法，无论是教育家孔子的“不愤不启，不悱不发”的启发式教学法，还是苏格拉底的追问式的“产婆术”，在其后的演变过程中，前人不断加以研究并总结，形成了关于启发式教学的丰富的研究成果。要在新课改背景下更好地继承和发扬启发式教学，就需要查阅相关的历史文献史料，借鉴和吸纳前人的实践经验。

（二）案例分析法

案例分析法又称个案研究法，是由哈佛大学于 1880 年开发完成的。这种方法开始时只是作为一种教育技法用于高级经理人及商业政策的相关教育实践中，后来逐渐被应用在教育教学领域中，用来促进课堂教学互动，提高学生在课堂学习中的主动性和创造性。案例分析法的优点主要表现为：① 可以开拓学生的思维、培养学生的兴趣；② 可以积累实践经验，锻炼学生的表达能力；③ 有利于促进教育理论联系实际，深化对理论知识的学习。这些优点使得案例分析法越来越为教师所重视，并且运用于课堂教学之中。

案例分析法教学步骤一般包括案例选择、案例编制、案例分析和案例评价四个步骤。① 案例是案例分析教学法的核心，案例选择质量的好坏直接影响着课堂教学的效果，因此要求案例要尽量多蕴含教材的概念和原理，并且案例是来自真实的事件。② 案例的编制即运用某一案例组织课堂教学的实施计划，其内容包括课堂教学目的、案例说明、问题设计、处理案例的方法、相关专业知识与经验的参照和比较、提出案例分析的要求、小结。③ 案例分析是案例分析法中最重要的一环，教师针对课文内容，结合案例，设置一系列问题，引导学生通过对案例的分析，剥离案例中非本质的细节，揭示出隐藏其中的本质特征和内在联系。④ 教师可根据学生的讨论和答案，结合课文内容，指出学生分析案例的成绩与不足，进行归纳总结和补充性讲授。对案例的点评，应做到因势利导、合情合理、层次清晰、结论准确。

学科教学论非常重视运用案例分析法来培养师范生的教育教学能力。教育部颁布的《中学教育专业认证标准（二级）》文件明确要求：“课程内容注重基础性、科学性、实践性，把社会主义核心价值观、师德教育有机融入课程教学中。选用优秀教材，吸收学科前沿知识，引入课程改革和教育研究最新成果、优秀中学教育教学案例，并能够结合师范生学习状况及时更新、完善课程内容。”因此，高师院校教师将中小学一线优秀的教育教学案例引入高校课堂教学，引导师范生通过观摩名师的课堂教学，结合教材的相关理论知识去分析教学案例，不但可以深化理论知识的学习理解，也有助于学生获得关于“如何教”的策略性知识，促进师范生的教师专业化成长。

（三）微格教学法

微格教学又称微型教学，它是一种利用现代化教学技术手段来培训师范生和在职教师教学技能的系统方法。微格教学实际上是提供一个练习环境，使日常复杂的课堂教学得以精简，并能使练习者获得大量的反馈意见。微格教学以少数学生为对象，在较短的时间内（一般是5～20分钟），尝试小型的课堂教学，可以把这种教学过程摄制成录像，供课后进行再分析。因此微格教学也可以称为“微观教学”或“小型教学”。

微格教学的特点用一句话概括就是“训练课题微型化，技能动作规范化，记录过程声像化，观摩评价及时化”。其中，“微”，是微型、片段及小步的意思；“格”取自“格物致知”，是推究、探讨及变革的意思，又可理解为定格或规格，它还限制着“微”的量级标准（即每“格”都要限制在可观察、可操作、可描述的最小范围内）。微格教学是把复杂的教学过程分解为许多容易掌握的单一教学技能，如导入、应变、提问、媒体使用、学习策略辅导、学生学业成就评价等，对每项教学技能进行逐一研讨，并借助先进音像设备、信息技术，对师范生或在职教师进行教学技能系统培训的微型、小步教学。

本课程的一项重要教学任务就是培养师范生的教师教学技能，包括如何备课与说课、上课与评课、教学反思等。而上课技能又涉及导入、提问、小组讨论、板书等具体环节。这些教学技能，光靠教师课堂上的理论讲授是无法获得的，必须由师范生在教师指导下进行一次又一次的微格教学训练，学生通过一次又一次的自我观摩、体悟、评价与反思才能够真正实现。因此，微格教学法也是学科教学论重要的学习方法。

（四）现场教学法

现场教学法是指组织学生到生产现场或教学现场学习有关知识和技能或接受思想品德教育的教学方法。教师通过引导学生现场观察、调查或实际操作，丰富学生的感性认识，促进学生对书本知识的进一步理解和掌握，培养学生将知识用于实践的能力。现场教学法的作用或优点主要体现在：① 利于学生获得直接经验，深刻理解理论知识；② 可以增强教学的趣味性，使教学更为生动丰富；③ 可以让学生在轻松、愉快的环境下掌握知识、技能，感受真实的教学情境，丰富学生的情感空间；④ 有助于提高学生解决实际问题的能力。

现场教学法在教学过程中主要包括三个阶段。① 准备阶段。教师认真选好现场，确定主题，设计方案，明确要求。② 实施阶段。教师指导学生走进现场观看，听取现场活动介绍，进行现场问答，开展现场讨论交流，主持教师对活动进行点评。③ 总结阶段，教师指导学员总结，最后是教师进行总结。这三个阶段都需要教师去精心组织，确保现场教学的顺利实施，取得良好成效。

当前，高校、地方政府和中小学的UGS协同育人成为教师教育改革的主要趋势之一，这种共建共享共赢的合作模式，有利于实现各自优势资源的高效利用，为开展现场教学提供了非常好的条件。高校教师可以依据教学的计划，带领师范生深入中小学一线的课堂去观摩名师的教学或班级管理，或到工厂车间、实验室去进行现场教学，让学生身临其境，在真实的场景中去学习、反思与体悟，促进理论学习与实践体验相联系，不断培养学生解决实际问题的能力。

本章小结

1. 关于教学内涵的主流观点有三种，分别为传递说、共同活动说和交往活动说。

2. 学科教学指的是师生在课堂上以具体学科为教学内容，遵循学科自身的特点和学生身心发展规律，为完成预定教学任务为目的而展开的师生交往活动。

3. 学科教学论是一门研究教育学、心理学等相关学科理论如何与基础教育学科教学相结合，旨在有效指导基础教育学科教学活动，培养师范生的教师专业知识、专业技能与实践能力的应用理论型课程。

4. 关于学科教学论的研究对象，主要有规律说、结构说、过程说、问题说等说法。

5. 学科教学论的理论基础主要有哲学、心理学、社会学和现代信息技术学。

6. 学习学科教学论的方法主要有文献研究法、案例分析法、微格教学法、现场教学法。

案例研讨

到某初中去听七年级的一节思品课，我诧异于教师课堂教学的“满堂灌”。下课后，我与老师交流，我说七年级的思品课贴近社会现实，贴近学生的生活实际，应该设计一些话题让学生充分参与到教学活动中来。老师说，学生一讨论就收不住了，会说一些与教学无关的话，他们的习惯和纪律性太差，我决不能组织他们进行讨论活动。这位教师这样的理由让我张口结舌，看来这仍然是教育观念的问题，观念指导教学行为，这真是千真万确的事实。

结合所学的知识，谈谈你对案例中授课教师做法的评价。

技能训练

有位英语教师在教学 Lesson 20“**Hamburgers and hot dogs**”一课中表示食物的单词 donut、hamburger、hot dog、ice-cream 时，她设计了如下课堂操练活动：

1. 游戏：What’s missing? 授课教师让学生看四种食物的图片，然后呈现其中三种，让学生说出图中少了哪种食物。

2. 歌曲：教师指导学生改编《两只老虎》，把所学的四个单词填充进去，并用新歌词唱这首歌。改编后的歌词为：

Donut and hamburger, donut and hamburger, yummy ...

Hot dog and ice-cream ...

3. 歌谣：Donut, donut, brown, brown, brown.

Hamburger, hamburger, big, big, big ...

从表面上看，案例中的三个活动紧密相连，形式多样。但是活动的设计有两个问题：一是由于学生经常吃这四种食物，所以即使在此环节不花费这么久的时间，大部分学生也能掌握本课的新单词。二是从课堂气氛来看，教师精心设计的三个活动虽然充分调动了学生学习的参与度，但都停留在同一个层面上，活动的有效性并不高。

针对上述教学活动设计存在的问题，请你认真思考并提出解决问题的策略。

资源链接

1. 裴娣娜：《现代教学论基础》，人民教育出版社2015年版。

2. 杨小微、张天宝：《教学论》，人民教育出版社2019年版。

3. 李森、陈晓端：《课程与教学论》，北京师范大学出版社2015年版。

4. 陈琦、刘儒德：《当代教育心理学》，北京师范大学出版社2019年版。

5. 张楚廷：《教育哲学》，教育科学出版社2006年版。

6. 佐藤正夫：《教学原理》，钟启泉译，教育科学出版社2001年版。

7. 华东师范大学教育学编写组：《基于教师资格考试的教育学》，华东师范大学出版社2016年版。

8. 熊明安：《中国近现代教学改革史》，重庆出版社1999年版。

第二章　学科教学目标

学习目标

1. 明确学科教学目标的内涵与功能。
2. 理解学科教学目标的分类理论。
3. 掌握学科教学目标的设计与表达。

问题导入

到初中去听一节学生基础较差班级的语文课，教师按教参的步骤完整地进行了教学。可是，我发现，一开始有 4 名学生伏在桌面上，后来是 6 名，再就是 8 名、12 名……下课前我数了数，这个 45 人的教学班级，居然有 17 名学生趴桌睡倒了！下课时，我就问该授课老师，这节课要达到的教学目标是什么？他说了很多，但如何解释教学过程学生越睡越多的事实？他只一味强调这些学生纪律如何如何差，如何如何不认真。我问这位教师，针对这样的“差生”，你设计了什么样的教学目标？如果没有达到你设计的教学目标，这节课它会有效吗？该教师抱怨说，自己每天都在进行这样无效的教学。

你同意该授课教师关于学生上课睡觉原因的解释吗？请谈谈你的看法。

教学是一种有目的、有计划的活动。教学目标是课堂教学的核心和灵魂，是一切教学活动的出发点和归宿。在教学过程中，师生的教学活动要以教学目标为导向，且始终围绕教学目标而进行。美国心理学家布鲁姆强调：“有效的教学始于准确地知道期望达到的目标。”反映到中小学各学科的教学上，教师能否设计科学合理的学科教学目标，将关乎整个课堂教学的成败。因此，学科教学目标成为学科教学论研究的主要对象之一。

第一节　学科教学目标的内涵与功能

课堂教学是学校落实立德树人的教育根本任务的主阵地，分科教学是中小学课堂教学的最为常见教学形态。为了有效开展各学科课堂教学活动，教师要对各学科课堂教学活动所要达到的预期结果即教学目标进行认真研究和科学设计，发挥教学目标在教学活动过程的导向作用，提高学科课堂教学效率与教学质量。

一、学科教学目标的内涵

中小学校开展的是语文、数学、英语等分科教学，不同学科的课程性质、内容体系和教学要求存在着一定差异性，因此不同学科的教学目标有所不同，教师要对学科教学目标做深入细致的学习和钻研，才能够更好地设计科学合理的学科教学目标。

要想正确理解学科教学目标的内涵，需要理解教育目的、培养目标、课程目标、教学目标这几个重要概念及其关系，在此基础上形成对学科教学目标的清晰认识。

教育目的反映的是一定社会培养人的总要求，是根据不同社会的政治、经济、文化、科学发展的要求和受教育者身心健康发展的状况确定的。它反映了国家对一定社会受教育者的要求，是教育工作的出发点和最终目标，也是制订教育目标、确定教学内容、选择教育方法、评价教学效果的依据。教育目的为教育活动指明了方向，体现着普遍的、总体的、终极的价值。例如，我国的教育目的就是培养德智体美劳全面发展的社会主义事业接班人。

培养目标是指各级各类学校或各个学段具体应该达到的目标，是根据国家的教育目的和各个学校的性质和任务，对培养对象提出的特殊要求，是教育目的的具体化。培养目标必须通过课程目标和教学目标才能实现。教育目的与培养目标是抽象性与具体性的关系，只有明确了教育目的，各级各类学校才有可能制订出符合一定社会要求的培养目标。

课程目标是学校培养目标在教学过程中的具体化，是指导整个课程编制过程最为关键的准则，它从课程的角度规定了人才培养的具体规格和质量要求，是课程设置的直接目标，是课程计划的重要组成部分，只有确定了课程目标才能确定课程方案，才能确定教学目标。

教学目标是关于教学将使学生发生何种变化的明确表述，是指在教学活动中所期待得到的学生的学习结果。教学目标是课程目标的进一步具体化，是指导和评价教学的基本依据，它是具体的教学过程和学生行为的准则，也是学科课程目标与具体教学内容的结合与具体化。教学目标在每个单元或每节课的教学过程中得到明确体现。

从上述几个重要概念的内涵及其逻辑关系可以得知，学科教学目标是教学目标在具体学科教学上的反映，教学目标在逻辑关系上是学科教学目标的上位概念。同时，新课改倡导“以学定教”，有效教学理论强调的是以学生有无得到进步或发展作为评价教学活动是否有效的唯一标准，表明教学目标指向的是学生的进步或发展。因此，顾名思义，可以将学科教学目标的内涵界定为：学科教学目标是指师生对学科课堂教学活动所预期达到的标准要求，或者是指在学科教学活动中所期待促进学生进步或发展的学习结果。

学科教学目标是一个多层次的目标体系，一般包括课程教学目标、单元教学目标、课时教学目标。不同层次的学科教学目标在内容与要求上存在着差异性。

二、学科教学目标的功能

学科教学目标是一切学科课堂教学活动的出发点和归宿，它对教学活动的作用主要表现为以下几个方面。

（一）导向功能

学科教学目标能够引导学科教学活动的方向，其导向的作用表现为：一是学科教学目标能够指导教师教的方向和学生学的方向，使教学活动不至于陷入盲目的状态，有助于教学活动自觉有序地进行；二是学科教学目标能够使教学活动集中于有意义的方向，避开无意义或不符合预定方向的事物，有助于有意义的结果的达成；三是学科教学目标能够提高课堂教学活动的效率，使教学活动事半功倍。

（二）激励功能

学科教学目标是引发学生个体学习行为的一个外部诱因，能给学生带来为实现某个目标全神贯注、克服困难、抵制诱惑的力量，在教学活动中对学生产生激励作用。从学生的角度看，教学目标在激发学生学习动力方面的功能是十分明显的。首先，当教学目标与学生的内部需要相一致时，学生为了满足内部需要，就会为达到目标而努力；其次，当教学目标与学生的兴趣相一致时，这种教学目标就能够激发学生的学习欲望；最后，当教学目标的难度适中时，这种教学目标能够较明显地起到激励学习活动的作用。从教师的角度看，由于教学目标是清晰而具体的，因此教师的每一次教学工作之后，都能够及时地了解目标达成的情况，看到学生的发展变化和不断进步，这有助于教师及时地肯定自我，提高自我效能感，增强前进的信心。

（三）标准功能

学科教学目标能够为教学评价提供标准。教学评价的对象是多方面的，涉及教师的教、学生的学等，因此教学评价的标准也是具体的、有针对性的。但教学评价的核心部分，主要是看学生的进步或发展变化是否符合预期的目标要求。由于教学目标的表述通常是围绕学生的进步或发展变化来进行的，对教学效果的评价，可以以教学目标为依据，根据教学目标的达成度来判断教学效果的好坏，教学质量的高低，因此，教学目标具有提供评价标准的作用。

（四）调控功能

学科教学目标能够对师生教学活动过程起到调节和控制的作用。学科教学目标往往是一种具体的表现性目标，例如，“通过这堂英语课的学习，使学生能够正确书写 5 个英文单词”，这种表现性目标能够对预期结果的标准和要求做出具体描述，用教学目标可以观察学生的学习行为，检测教学的效果，及时发现问题，并对教学过程进行有针对性地调控，从而保证教学活动顺利开展，取得实际的教学成效。

第二节　学科教学目标的分类理论与启示

为了更好地在教学活动中实现预期的教学目标，教师必须将教学目标进一步具体化和序列化，使之成为一套可测的、可操作的、便于理解和运用的目标体系。不同的研究者从不同视角出发，提出了关于教学目标分类的理论，为学科教学目标的设计提供了有益的启示。

一、布卢姆的教学目标分类理论

美国教育心理学家布卢姆1956年出版了《教育目标分类学》一书，首次运用分类学方法分析学生在课堂中做出的各种学习行为，提出了教育目标分类理论。布卢姆将教育目标划分为认知领域、情感领域和动作技能领域三个领域，每个领域又分为由低级向高级的若干个不同层次和水平目标，共同构成教育目标体系。

（一）认知领域的教学目标

认知领域的教学目标主要是要求学生掌握大量的科学文化知识，并在掌握知识的过程中，进行思维训练，形成发现问题、分析问题、解决问题的能力。认知领域的教学目标可以从低到高分为六个层次：知道（知识）—领会（理解）—应用—分析—综合—评价。六个层次，表明学习者对知识的学习程度是逐步加深的，后一个水平必须以前一个水平的获得为基础。

1. 知道（知识）

知道是指认识并记忆。这一层次所涉及的是具体知识或抽象知识的辨认，用一种非常接近于学生当初遇到的某种观念和现象时的形式，回想起这种观念或现象。这种知识是特定知识，例如，术语和事实；处理特殊问题的方法或途径的知识，包括序列、分类、标准、方法等；一般或抽象的知识，包括原理、理论、知识框架等。

在教学活动中，与这一层次目标相关的行为动词概念包括回忆、记忆、识别、列表、定义、陈述、呈现等。

2. 领会（理解）

领会是指对事物的领会，但不要求深刻的领会，而是初步的，甚至可能是肤浅的。它包括：

（1）转换：用自己的话或用与原先的表达方式不同的方式表达自己的思想。

（2）解释：对一项信息加以说明或概述。

（3）推断：估计将来的趋势或后果。

与此目标相关的行为动词概念包括说明、识别、描述、解释、区别、重述、归纳、比较等。

3. 应用

应用是指对所学习的概念、法则、原理的运用。它要求在没有说明问题解决模式的情况下，学会正确地把抽象概念运用于适当的情况。这里所说的应用是初步的直接应用，而不是通过分析全面地、综合地运用知识。

与此目标相关的行为动词概念有应用、论证、操作、实践、分类、举例说明、解决等。

4. 分析

分析是指把材料分解成它的组成要素部分，明确各部分的相互关系和构成的方式，从而使各概念间的相互关系更加明确，材料的组织结构更为清晰，详细地阐明基础理论和基本原理。

与此目标相关的概念有分析、检查、实验、组织、对比、比较、辨别、区别等。

5. 综合

综合是指以分析为基础，全面加工已分解的各要素，并再次把它们按要求重新加以组合成整体，以便综合地、创造性地解决问题。它涉及独特的表达，制订合理的计划和可实施的行动步骤，根据基本材料推出某种规律等活动，强调特性与首创性，是高层次的目标要求。

与此目标相关的行为动词概念包括组成、建立、设计、开发、计划、支持、系统化等。

6. 评价

评价是指根据一定的标准对所学的内容做出价值判断，这是认知领域里教学目标的最高层次。这个层次的要求不是凭借直观的感受或观察的现象做出评判，而是理性地、深刻地对事物本质的价值做出有说服力的判断，它综合内在与外在的资料、信息，做出符合客观事实的推断。

（二）情感领域的教学目标

情感教育是学校教育的重要内容之一，主要关注学生的态度、情绪、情感以及信念，以促进学生个体心理发展和社会的健康发展。情感领域的教学目标主要包括以下五个层次。

1. 接受或注意

接受或注意是指学习者愿意注意某种特定的现象或刺激（选择性注意）。它分为三个亚类：

（1）觉察：学习者意识到某一情境、现象、对象或事态。与“知识”不同的是，这种意识不一定能用语言来表达。例如，形成对服装、陈设、建筑物、城市设计、美好的艺术品等事物中的美感因素的意识。

（2）愿意接受：学习者愿意承受某种特定刺激而不是去回避。例如，增强对人类需求和社会紧迫问题的敏感性。

（3）有控制地或有选择地注意：自觉地或半自觉地从给定的各种刺激中选择一种作为注意的对象而排除其他的无关的刺激。例如，注意文学作品中记载的人类价值和对生活的判断。

2. 反应

反应是指学习者主动参与，积极反应，表现出较高的兴趣。它包括三个亚类：

（1）默认的反应：学习者对某种外在要求、刺激做出反应，但是还存在一定的被动性。例如，小孩在游戏活动中愿意遵守游戏的规则。

（2）愿意的反应：学习者对于某项行为有了相当充分的责任感并自愿去做。例如，学生对自己的健康和保护他人健康承担责任。

（3）满意的反应：学习者不仅自愿做某件事，而且在做了之后产生一种满意感。例如，学生从消遣性阅读中获得乐趣。

3. 评价或价值化

价值评价是指学习者确认某种事物、现象或行为是有价值的，学习者将外在价值变为他自己的价值标准，形成了某种价值观、信念，并以此来指引他的行为。它包括三个亚类：

（1）价值的接受：接受某种价值。例如，学生始终渴望形成良好的演讲和写作的能力。

（2）对某一价值的偏好：不仅学习者接受某种价值，而且这种价值驱使着、指引着学习者的行为，同时，这种价值被学习者追求，被学习者作为奋斗目标。例如，学生积极参与展示当代艺术成就的准备工作。

（3）信奉：个体坚定不移地相信某种观念或事业，全力以赴地去实现他自认为有价值的观念或事业，并且力图使别人信服其观念，参与这项事业。例如，献身于实现中华民族伟大复兴的观念和思想。

4. 组织

组织是指学习者在遇到多种价值观念呈现的复杂情境时，将价值观组织成一个体系，对各种价值观加以比较，确定它们的相互关系及它们的相对重要性，接受自己认为重要的价值观，形成个人的价值观体系。这包括两个亚类：

（1）价值的概念化：通过使价值特征化，使各种价值能够联系在一起。例如，学生试图识别所欣赏的某一艺术客体的特征。

（2）价值体系的组织：学习者把各种价值（可能是毫无联系的价值）组成一个价值复合体，并使这些价值形成有序的关系。例如，学习者制订一个根据活动的要求来调节自己作息的计划。

5. 价值与价值体系的性格化

价值与价值体系的性格化是指学习者通过对价值观体系的组织，逐渐形成个人的品性。各种价值被置于一个内在和谐的构架之中，并形成一定的体系。个人言行受该价值体系的支配；观念、信仰和态度等融为一体，最终的表现是个人世界观的形成。达到这一阶段以后，行为是一致的和可以预测的。这个领域也包括两个亚类：

（1）泛化心向：一种在任何特定的时候都对态度和价值体系有一种内在一致的倾向性。例如，根据事实随时准备修正判断和改变行为。

（2）性格化：外在价值已经内化为学习者的最深层的、整体的性格，包括他的世界观、人生观等。例如，形成一种始终如一的生活哲学。

（三）动作技能领域的教学目标

动作技能涉及学生个体的骨骼和肌肉的运用、发展与协调。1956 年布卢姆等人在创立教育目标分类理论时，仅意识到这一领域的存在，但未能制订出具体的目标体系。后来，辛普森（E. J. Simpson）等人提出了几种不同的分类方法，但目前在动作技能领域尚无公认的最好的教学目标分类。这里仅将最常用的辛普森分类法做简单介绍。

（1）感知：运用感官获得信息以指导动作，主要了解某动作技能的有关知识、性质、功用等。

（2）准备：对固定动作的准备，包括心理定向、生理定向和情绪准备（愿意活动）。感知是其先决条件，在我国，人们将感知和准备阶段统称为动作技能学习的认知阶段。

（3）有指导的反应：复杂动作技能学习的早期阶段，包括模仿和尝试错误。通过教师评价或一套适当的标准可判断操作的适当性。

（4）机械动作：学习者的反应已成习惯，能以某种熟练和自信水平完成动作。这一阶段的学习结果涉及各种形式的操作技能，但动作模式并不复杂。

（5）复杂的外显反应：包含复杂动作模式的熟练操作。操作的熟练性以精确、迅速、连贯协调和轻松稳定为指标。

（6）适应：技能的高度发展水平，学习者能修正自己的动作模式以适应特殊的设施或满足具体情境的需要。

（7）创新：创造新的动作模式以适合具体情境。要有高度发展的技能为基础才能进行创新。

（四）布卢姆教学目标分类法的启示——认知领域分层次提出问题

布卢姆认为："有效的教学始于准确地知道希望达到的目标是什么，教师所期望的学生的变化，便是教学目标；教学目标具体而言，就是用某种特殊方式，描述在教与学双边活动实践后，学生应当能做些什么，或学生应具备哪些特征。"他提出的教学目标分类法对学科教学目标的设计具有积极的指导意义。特别是对认知领域的教学目标而言，前三类是属于初级层次的认知问题，它一般有直接的、明确的、无歧义的答案；而后三类问题属于高级认知问题，通常没有唯一的正确答案，从不同的角度有不同的回答。在问题设计中，当前学科核心素养导向的教学提倡课堂教学不能仅仅局限于初级认知的问题，在适当的时机，高级认知问题更能够激发学生的高阶思维，从而培养学生的思维能力、观念和自我评价体系。因此，教师依据教学的要求，对认知领域的教学目标进行科学的设计，引导学生学习。认知领域六层次教学目标与分层次问题设计表如表 2.1 所示。

表 2.1　认知领域六层次教学目标与分层次问题设计表

技能	定　　义	关 键 词	学生行为范例	问题设计
知道	对具体事实的记忆 学生是否已经记牢？能否进行识别、鉴别？	识别、描述、命名、列出、辨认、重现、遵循	说出一起交通事故中的受伤人数	这次交通事故中谁受伤了

续　表

技能	定　　义	关键词	学生行为范例	问题设计
领会	把握知识材料的意义，对事实进行组织，从而搞清事物的意思 学生能否解释？能否转换？能否推断？能否对比？能否讨论？能否鉴别？	总结、转换、论证、解释、说明、举例	描述这起交通事故的经过	你能描述发生了什么事情吗？
应用	应用信息和规则去解决问题或理解事物的本质 学生如何解决问题？如何进行计算？如何分类？如何展示？	建造、制造、构造、建模、预测、预备	运用交通法的规定解释这起交通事故的性质	它是一件大的交通事故吗？
分析	把复杂的知识整体分解，并理解各部分之间联系，解释因果关系，理解事物的本质 学生如何分析？如何比较？如何讨论？如何选择？如何检验？	比较/对比、拆分、区分、选择、分离	分析发生这起交通事故的各种原因	为什么会发生这起交通事故？
综合	发现事物之间的相互关系和联系，从而创建新的思想和预测可能的结果 需要制订怎样的计划？学生创造什么？发明什么？管理什么？设计什么？	分类、归纳、重构	假设要避免这起交通事故	怎样才能避免这起交通事故？
评价	根据标准评判或选择其他办法 学生如何评价？如何比较？如何估计？如何判断？如何排列？学生推荐什么？如何估价？如何进行辩护？	评价、批评、判断、证明、争论、立论	评判现行交通法规与实际防止交通事故发生之间存在的差距	我们的交通法规能帮助我们预防这样的交通事故吗？

二、加涅的教学目标分类理论

美国心理学家加涅被认为是认知心理学派的折中者，他主要从事学习心理学的研究，是继布卢姆之后又一位对教学目标分类理论有重大影响的心理学家。加涅在《学习的条件》一书中提出，并非所有的学习均相近，他把学习分为八个层次，以代表不同种类的认知能力。为了能够使学习层次的原则在教学上应用，加涅提出了五种学习结果，使教师能根据学习结果的表述设计最佳的学习条件。这五种学习结果分别为：言语信息、智力技能、认知策略、动作技能和态度。

（一）言语信息

作为一种学习结果，言语信息是指学习者通过学习以后，能记忆诸如事物的名称、符号、地点、时间、定义、对事物的具体描述等具体的事实，能够在需要时将这些事实表述出来。信息在知识体系中是最基本的“建材”或“基本词汇”，这是进一步学习的先决条件，是培养智力技能的基础。

（二）智力技能

智力技能是指学习者通过学习获得了使用符号与环境相互作用的能力。例如，使用语汇和数字这两种最基本的符号，进行阅读、写作和计算。言语信息是回答“是什么”的知识，而智力技能则与知道“怎么办”有关。它对学生能力的要求主要是理解、运用概念和规则的能力，进行逻辑推理的能力。智力技能由简单到复杂，由低级到高级又可分为辨别、概念、规则、高级规则这四个亚类。

其中，“辨别”是区分两个不同的刺激对象。学会辨别是形成概念的基础，因为只有辨别事物间的特征，才能发现事物的共性。“概念”就是根据某些共同的属性将事物和观点进行分类。例如，把蝙蝠识别为哺乳动物；在一组词汇中，将同义词、反义词归类。概念的学习是规则学习的基础，概念一般以词或符号来表示，“规则”以言语命题或句子来表达，揭示两个或更多的概念之间的关系。加涅所谓的规则可以是一条定律、一条原理，或一条已确定的程序。“高级规则”是由一些相对简单的规则所组成的复杂规则，适合于解决不同内容范围的问题或是更复杂的问题，因而具有更广泛的应用性，对人的思维能力要求更高。作为一种学习结果，高级规则是学习者在解决问题过程中的思维产物。加涅说：“学习者在试图解决一个问题时，可能把属于不同内容范围的两条或更多的规则结合在一起组成一条能解决问题的高级规则。”

（三）认知策略

认知策略的学习结果与解决问题学习层次有关，是学习者借以调节他们自己的注意、学习、记忆和思维等内部过程的技能。学习者的认知策略指挥他们对环境中的刺激物予以一定的注意，对学习的事物进行选择和编码，对学习习得进行检索。作为认知策略学习的结果，学习者能根据过去所习得的规则，经过内在思维过程而创造新的或更高层次的规则，提出解决问题的方案。总之，认知策略是学习者操纵管理自己学习过程的方式，是学生学会如何学习的核心成分。

（四）动作技能

动作技能实际上有两种成分：一是如何描述进行动作的规则，即动作的程序；二是因练习与反馈逐渐变得精确和连贯的实际肌肉运动。因此动作技能是一种习得能力，如能写字母、做体操、跑步等。

（五）态度

态度是通过学习形成的影响个体行为选择的内部状态。态度有三类：第一类态度可看作期望达到的教育目标，如希望儿童友好待人、为他人着想等；第二类态度包括对某类活动的积极偏爱，如听音乐、阅读等；第三类是有关公民身份的态度，如爱国、愿意承担公民义务等。

加涅将学生的学习结果或教学目标分为五类，这五类知识被看成一个整体，各种知识之间既有区别又互相联系、辩证统一、不可分割。学生认知策略、智力技能、动作技能的获取，态度的形成，都建立在言语信息学习的基础上，同时又对言语信息的学习起到促进作用。因此，加涅以学习结果确定教学目标对学科课堂教学有积极的启示：

（1）可以改变现行教学中以能力增长为教学目标的错误，而只针对人类习得的性能制订目标，同时也使纷繁复杂的教学目标得以简化。

（2）可以简化教师的教学计划，因为每类学习都有其有效学习的内外部条件。教师可以根据教学内容所属的学习结果类型以及使其有效学习的内外部条件进行教学设计，这样尽管学科的性质不同，但只要教学内容属于同一类学习结果，其运用的内外部学习条件也是相同的，那么教师就可按同一种模式进行备课，还可清楚地知道学习者获得的是哪类知识。

（3）运用加涅提出的“五层分目标法”设计教学目标，对每门课程或每一堂课都有一个详细的目标系列表，教学过程得以精确化。这些明确的目标可使学生在学习过程中清楚达到目标的途径，教师则可根据目标评估学生的学习过程，确认学习结果的发生，并可将目标陈述作为教师自编测验的基础。

三、新课程三维教学目标分类

教育部 2001 年 6 月颁布《基础教育课程改革纲要（试行）》，开启了我国第八轮基础教育课程改革的序幕。这次课程改革从课程理念、课程内容到课程实践、课程评价等，都与以往的课程改革有很大的变化。其中，新课改提出了课程教学的三维目标：知识与技能，过程与方法，情感态度与价值观。

（一）知识与技能

知识，是人们在改造世界的实践中所获得的认识和经验的总和，是指学生要学习的学科知识，包括事实、概念、原理、规律等。技能是指通过练习而形成的对完成某种任务所必需的活动方式，一般包括智力技能和动作技能。知识与技能是辩证统一的，知识是技能的基础，技能是知识的升华；没有知识就谈不上技能，没有技能，知识也无用武之地。因此，在教学中既要“授之以鱼”，又要“授之以渔”，既要加强基础知识的教育，又要在学习知识的过程中培养学生的能力，二者不能偏颇。知识与技能是通过一定时间的教学，学生学习行为变化要达到的结果，即学生在知识方面要获取多少，在技能上要提高到何种程度，要取得何种结果，这是知识目标和技能目标都具有的共性特征，所以，知识与技能目标又叫结果性目标。

（二）过程与方法

过程与方法是新课程基础教育改革中的创新点。

过程，是指为达到教学目的而必须经历的活动程序。方法是指师生为实现教学目标和完成教学任务在共同活动中所采用的行为或操作体系，这里主要是学生的学习方法。与过程、方法相对应的就是结论，结论是指教学所要达到的目的或所须获得的结果，二者相互作用、相互转化，共同结合体现一门学科的整体内涵和思想。

过程与方法目标最重要的特征就是学生亲历体验。体验是知识的升华，体验的信息可以成为日后解决类似问题的经验。学生在过程中可以获得知识与技能，并最终内化为个性化特征。传统教学也重视过程与方法，但是传统教学仅仅把过程与方法作为服务于结论的手段，学习的目的还是掌握结论。虽然理解并掌握正确的结论是教学的重要目的，但如果学生没有经过一系列的质疑、判断、比较、选择，以及相应的分析、综合等思维活动和认识活动，结论很难获得，也难以真正理解和巩固。基于此，新课程改革把过程与方法本身作为目标的重要组成部分，让学生经历过程和探索方法，给学生带来探索的体验、创新的尝试、实践的机会和发现的能力，这些都比具体的结论更重要。

（三）情感态度与价值观

情感态度与价值观，是指人对亲身经历过事实的体验性认识及由此产生的态度、行为和习惯。其中，情感是人对客观现实的对象和现象的刺激所产生的心理反应，它分为积极情感和消极情感；态度是社会心理学基本概念之一，是指在一定情境下，个体对人、物或事件，以特定方式进行反应的一种心理倾向；价值观是指对某一知识、事物的价值判断，是对某一知识、事物有用无用，有多大用处等认识的价值取向。

情感决定并形成态度，而态度体现情感，积极的情感形成正确的态度，消极的情感形成错误的态度。教师的责任就是要指导学生用积极的情感战胜消极的情感，用科学的态度去克服消极的态度，并逐步形成良好的行为习惯。

情感和态度是价值观形成的基础，没有积极的情感和正确的态度就不会有科学的价值观，价值观是情感和态度的升华，并决定了人们的情感态度。价值观一旦形成，就会影响人对事物的态度和情感。情感、态度、价值观三者不仅有着密切的内在联系，而且都有一种共同的功能，就是对师生教学过程与方法的优劣有极其重要的影响和制约作用，对知识与技能目标的达成有巨大的调控作用。因此，把三者放在一起，称为体验性目标。

知识与技能、过程与方法、情感态度与价值观是新课程目标的三个维度，而不是相互割裂的三个板块、三种类型。不是要在原来知识与技能的基础上，再加上过程与方法、情感态度与价值观。实际上，新课程目标的三个维度是一个有机的整体，是同一事物的三个方面：学生学习任何知识和技能都要运用一定的方法，不管是好方法还是不好的方法；都要经历一个过程，不管是主动探究还是消极接受；在这个学习过程中，学生总会伴随一定的情感和态度，不管是积极的情感还是消极的情感，不管是敷衍的态度还是认真的态度；总会有一定的价值取向，不管是正确的还是不正确的。所以说，三维的课程目标是一个问题的三个方面，而不是独立的三个目标。在课堂教学中，不能完成了一维目标再落实另一维目标，它们是联系在一起的，就像每个立方体都有长、宽、高三个维度，拿一个立方体，不可能只拿起“高”而不拿起“长”和“宽”一样。在研究层面，可以把新课程目标的三个维度拆开，但在实践层面必须三位一体，因为实践层面面对的是完整的人，绝对不能人为地把一节课分成三大环节，分别完成三个目标。

新课改提出的知识与技能维度的目标立足于让学生“学会”，过程与方法维度的目标立足于让学生“会学”，情感态度与价值观维度的目标立足于让学生“乐学”。因此，任何割裂知识与技能、过程与方法、情感态度与价值观三维目标的教学，都不利于促进学生的健全发展。

第三节　学科教学目标设计的依据、原则与表述

新课改强调“以学定教”的教学设计理念。作为学科教学活动的首要前提和关键环节，学科教学目标的设计决定着整个学科教学活动的方向、过程和结果的评价，直接影响着教学的效果和学生的发展。因此，教师必须认真研究学科教学目标，设计科学合理的教学目标，以便有效指导学科课堂教学活动。

一、学科教学目标设计的依据

从中小学各科课堂教学实践上看，教师在制订学科教学目标时，往往从以下四个方面寻找确立目标的依据。

（一）以学科课程标准为依据

课程标准规定了学科教学的目的、任务、内容与基本要求，它是编写教材、进行教学、评价教学质量的重要依据，也是制订学科教学目标的依据。一方面，教师编制的所有目标不应当超标，课程标准对每个学段每个模块内容都有明确的规定，例如，《义务教育数学课程标准（2022 年版）》在第三阶段（7—9 年级）的“数与代数”模块，安排有“数与式”（有理数、实数、代数式、整体与分式），“方程与不等式”（方程与方程组、不等式与不等式组），“函数”（函数、一次函数、反比例函数、二次函数）等课程目标与教学内容，教师在进行数学学科教学目标的设计时，应遵循课程标准对每个学段的要求。另一方面，各学段教学目标的总和，也不能低于课程标准的总体要求。

（二）以学科教材教学内容为依据

不同学科教材有不同的特点，不同的教学内容也有不同的教学要求。教师要认真吃透教材，把握编者意图，顺着编者思路去设计教学目标，要根据教学内容的实际情况去考虑教学目标的侧重点。比如初中语文教材是按单元编排的，每个单元都有“单元提示”，在其简短的文字中，已将学习该单元的要求作了明确交代。在教参课文的课题下面，印有该课的“训练重点”，在其他课文中也作了类似的说明。这些材料都不是闲言废语，它们是编者的意图。在编写教学目标时，要紧扣这些说明性文字，用具体的目标来落实其要求，并把它们当作中心目标或重点目标来对待。

（三）以学生学情实际为依据

学生是学习的主体，也是发展的主体，脱离学生实际的教学目标没有任何实用价值。新课改注重“以学定教”，倡导以学生进步或发展为最重要评价标准的“有效教学”，因此

在进行教学设计时，教师必须对学生的年龄特点、心理认知水平和实际学习能力等学情予以充分考虑，既要把握“面”，也要抓住“点”，在重视保护学生学习积极性的同时，还要适当照顾“两头”，即对学得较快与学得较慢的学生因材施教。

（四）以社会发展需要为依据

学科课程标准和教材都是相对静态的，每次课程标准颁布或教材编制出版使用，往往会几年不变。而社会发展却是动态的，特别是在当前信息化、数字化技术迅猛发展的知识经济时代，社会变化可谓日新月异，相较社会和时代的进步，教材内容未免显得滞后。因此，教师在制订教学目标时应当考虑到这一点，要善于适当地根据社会发展需要设计教学目标，引入必要的新鲜知识充实教学内容。

二、学科教学目标设计的原则

学科教学目标设计对整个课堂教学活动起到“牵一发而动全身”的作用，教师设计教学目标时应遵循以下原则：

（一）整体性原则

整体性原则是基于三维目标的关系思考的。新课标要求知识与技能、过程与方法、情感态度与价值观三个维度有机结合，尽管课程目标是从三个维度来陈述，其实质是相互渗透、相互交融的有机整体。“过程与方法”是“情感态度与价值观”和“知识与技能”目标的桥梁、纽带，是学生获取“知识与技能”，形成正确的“情感态度与价值观”的主渠道，是掌握科学的学习方法的途径。“知识与技能”是基础性目标，是“过程与方法”和“情感态度与价值观”的物质载体；“情感态度与价值观”是终结性目标，是实现“知识与技能”的掌握、形成实效性过程和科学方法的动力，在探索知识和科学方法的过程中起到推动作用，是实现教书育人的基本功能。但它不能独立或直接进行，只有与知识、技能、过程、方法融为一体，才是有生命力的，才能发挥学科教学综合的育人效果。

（二）可行性原则

可行性原则强调学科教学目标要适度、恰当，符合学生学习实际。苏联教育家维果茨基提出，教学应着眼于学生的“最近发展区”，为学生提供带有难度的内容，调动学生的积极性，发挥其潜能，超越其最近发展区而达到下一发展阶段的水平，然后在此基础上进行下一个发展区的发展。遵循这种指导思想，学科教学目标设计既要考虑“面”，又要考虑“点”，即“面”上的普通性目标全体学生都能达到，“点”上的发展性目标优生能“吃饱”。目标制订过高，大多数同学会“吃不下”；目标过低，又会有很多学生“吃不饱”。

（三）可操作性原则

学科教学目标往往是表现性目标，是学生经过课堂教学活动后达到的能知、能会的结果。因此，教学目标要简明、具体、易操作、易检测。教师在设置教学目标的时候，要尽可能使之便于落实操作，尽量使用可观测、可评价的行为动词，如“背诵”“解释”“写出”“辨别”等，这些行为可以使教师很容易观察到目标行为是否实现以及何时实现。同时，课时教学目标主干要鲜明，数量不能过多，每次课堂教学一般设计 2～3 个教学目标即可，否则难以落实。

（四）阶段性原则

学生个体身心发展是有阶段性的，课程标准在课程内容安排与目标要求上也充分考虑到了这一点。因此，教师在设计学科教学目标时，要明确学生认知能力发展的阶段性，遵循课标的课程内容和教学要求，在不同的学习阶段有不同的侧重。例如，七年级主要培养学生良好的学习习惯和学习兴趣，重视衔接，打好基础；八年级以培养思维能力和学习态度为核心，发展学生思维的广阔性与创造性；九年级着重培养学生的综合分析与应用能力，提高个性素养，促进整体优化等。

（五）科学性原则

科学性原则强调学科教学目标的表述要正确、规范。例如，对于“知识与能力”的维度目标，学科知识包括陈述性知识、程序性知识和策略性知识等不同的知识类别，学科能力也包括认知、理解、应用、分析、评价、创造等不同层次的能力，因此，对不同层次、不同类别的知识与能力，教师需要用不同的行为动词做出具体而恰当的描述，严格把握分类的准确性和描述的严密性。

三、学科教学目标设计的表述

加涅在《教学设计原理》一书中指出：“当目标向学生传递了在教学之后他们应该能做什么时，目标就是有用的。如果这些目标陈述模糊，那么它们就不大有用。”① 因此，学科教学目标的语言表述要力求正确、规范。学科教学目标往往是一种表现性的行为目标，加涅认为陈述能传递期望的目标具有五种成分：情境，所进行的学习类型，行为表现的内容或对象，可观察的行为，适用于行为表现的工具、限制或条件。马杰于 1962 年根据行为主义心理学提出“行为目标”，将它视为对学习者通过教学以后将能做什么的一种明确的、具体的表述。他认为，一种优良的行为目标表述方式，一般包含四个要素，这四个要素正体现了教学目标导学、教、导测量的功能：

（1）对象，写明教学对象——导教；

（2）行为，通过学习后，学习者应能做什么——导学；

（3）条件，上述行为在什么条件下产生——导教；

（4）程度，规定上述行为是否合格的标准和程度——导测量。

新课改《基础教育课程改革纲要（试行）解读》一书，将表述教学目标的四个要素称

---

① 加涅、韦杰、戈勒斯等：《教学设计原理（第五版）》，王小明、庞维国、陈保华等译，华东师范大学出版社 2013 年版，第 121 页。

为行为主体、行为动词、行为条件和表现程度。

（一）行为主体

行为主体是指实现教学目标时学习行为的执行者，它应该是学生而不是教师。在表述目标时，有时可能省略行为主体，但目标指向的必须是学生。如“观察磁体之间的相互作用”，虽然省略了主体，但教学目标指向的对象是学生这一点是明确的。若将教学目标写成“教给学生……”或“培养学生……”等，都是不妥的，因为这样的表述，行为的主体就变成了教师，而教师的行为不是教学目标加以描述的对象。教师的行为应放在具体的教学流程中。

（二）行为动词

行为动词是指描述学生在实现教学目标时的确定行为，它可以分为含义明确的动词和含义含糊的动词两种。含义明确的动词如“描述”“说出”“辨别”“观察”等，具有可操作、可观察、可检测的特点；含义含糊的动词如“知道”“了解”“理解”“喜欢”等，较前者难于操作和评价。例如，有位教师将《船长》情感朗读板块的目标定位为：“通过情感朗读进一步感受哈尔威船长的英雄形象，并将这一形象植入学生的内心，同时进一步领略小说语言的艺术魅力。”这一目标中，“感受”“植入”“领略”等词语就无从检测。为了有效提高教学目标的客观性和可操作性，建议教师应尽可能选用那些意义明确、易于观察的行为动词，避免使用“领会”“了解”等难以观察的行为动词。例如《全日制义务教育物理课程标准（实验稿）》第 50 页在“《标准》中部分行为动词界定”中，列出了一些常用的知识技能目标及体验性要求的目标动词，可作为初中物理教师制订教学目标时的参考。《义务教育生物课程标准（2022 年版）》第 44 页在“学习目标的说明”中列出了一些常用的知识性目标动词、技能性目标动词与情感性目标动词，可作为生物教师备课时的参考。

在实际的教学目标表述中，通常在行为动词后面加上宾语形成一个动宾结构的短语，例如“探究通电螺线管外部磁场的方向”。在这样的动宾结构描述中，宾语部分是与学科内容相关的，可以从教学内容中加以把握。学科教学目标设计中经常使用的行为动词如表 2.2 所示。

表 2.2　各类学科教学目标相应行为动词表

目标类型	目标层次	常用行为动词
知识	了解	说出、背诵、辨认、回忆、选出、举例、复述、描述、识别、会写等
	理解	解释、说明、阐明、比较、分类、归纳、概述、概括、判断、区别、提供、猜测、估计、推断、收集、整理等
	应用	应用、使用、质疑、辩护、设计、解决、撰写、拟订、检验、计划、总结、推广、证明、评价等

续　表

目标类型	目标层次	常用行为动词
技　能	技　能	模拟、重复、再现、例证、临摹、扩展、缩写等
	独立操作	完成、表现、制订、解决、拟订、安装、绘制、测量、尝试、试验等
	迁　移	联系、转换、灵活运用、举一反三、触类旁通、调查、提取、修改等
过程与方法		经历、感受、参加、参与、尝试、寻找、讨论、交流、合作、分享、参观、访问、考察、接触、体验、探讨、沟通、组织、发现、探索、交换意见等
情感态度与价值观	反　应	遵守、拒绝、认可、认同、承认、接受、同意、反对、愿意、欣赏、称赞、喜欢、讨厌、感兴趣、关心、关注、重视、采用、采纳、支持、尊重、爱护、珍惜、蔑视、怀疑、摒弃、抵制、克服、拥护等
	领　悟	形成、养成、具有、热爱、树立、建立、坚持、保持、确立、追求、品味、领悟等

（三）行为条件

行为条件是指影响学生产生学习结果的特定的限制或范围。条件一般包括环境、设备、时间、信息以及同学或老师等有关人的因素。对行为条件的表述有四种类型：一是允许或不允许使用手册与辅助手段，如“可以（或不可以）使用物理手册”；二是提供信息或提示，如“根据密度表，说出……”；三是时间的限制，如“在 5 分钟内，能做完……”；四是完成行为的情景，如“在课堂讨论时，能叙述……要点”。

（四）表现程度

表现程度也叫行为标准，是指预期的学生课堂表现和学习结果所要达到的标准。标准的说明可以定量或定性，也可以二者都有。行为标准通常可以采用以下三种方式：

（1）用完成行为的时间来衡量行为的质量，例如“三分钟内完成”。

（2）用完成行为的准确率来衡量行为的质量，例如“准确无误”。

（3）用完成行为的成功特征来衡量行为的质量，例如“90%的学生”。

掌握了上述学科教学目标设计的四个要素及其要求，教师在进行学科教学目标设计时，就能比较好地开展学科的教学目标设计。学科教学目标的常见表达形式如表 2.3 所示：

表 2.3　学科教学目标的常见表达形式

学科教学目标表述方法	举　例
1. 主体 + 预期学习结果	学生口头复述平行线的性质
2. 主体 + 学习行为 + 预期学习结果	学生阅读讨论，解释有理数的含义

续　表

学科教学目标表述方法	举　　例
3. 主体＋学习条件＋学习行为＋预期结果	学生通过阅读课外补充材料，思考、讨论和交流，概述新航路开辟的必要性、可能性及影响
4. 一般教学目标＋具体学习结果	一般教学目标：理解辛亥革命的意义 具体学习结果：① 用自己的话解释；② 从史实中推导结论；③ 举史实证明

第四节　新课标学科教学目标设计与案例

从我国基础教育课程改革的历史发展看，学科教学目标经历了从注重“双基”目标转向新课改强调“三维”目标，进而发展到当前的“学科核心素养”目标的过程。这三个不同概念表明了学科教学目标每个发展阶段都蕴含不同的教育思想与实践品质。余文森教授认为，“从‘双基’到三维目标再到核心素养，其变迁体现了从学科知识到学科本质再到学科育人价值的转变，从而使学校教育教学不断地回归人，走向人，关注人，进而实现真正的以人为本，人成为教育教学真正的对象和目的。这是教育领域最深刻的变革”①。因此，新课改学科教学目标设计也发生深刻变化。

一、新课标三维教学目标设计

新课改以来，在教学实践中还存在着教师由于缺乏教学目标设计理论与方法的指导，造成教学目标设计不合理的现象。主要表现在以下几个方面②：

1. 对教学目标的设计不重视，教学目标设计形式化、模式化

教学时照搬参考书现成教案上的教学目标，使得不同地区不同学校的教师，设计的教学目标千篇一律，在编写中为了体现新课程三维目标，只是形式化地将教学目标分为知识与技能、过程与方法、情感态度与价值观三段论。教学目标设计缺乏对实际教学的导向调节作用。

2. 对教学目标的定位不清楚

教师或把一节课的教学目标设置得太笼统，与教育目的、课程目标混为一谈；或设置得过于精细，将教学目标与教学任务混为一谈。

3. 对教学目标的本质把握不清

教师将知识、技能、能力目标分割理解，将过程方法目标理解为教学方法手段，认为是探究教学过程教学。将教学目标设计为学生的活动过程或活动内容，而不是活动结果。

---

① 余文森：《从“双基”到三维目标再到核心素养——改革开放 40 年我国课程教学改革的三个阶段》，《课程・教材・教法》2019 年第 9 期，第 40 页。

② 黄梅、宋乃庆：《基于三维目标的教学目标设计》，《电化教育研究》2009 年第 5 期，第 99 页。

4. 对教学情况缺乏分析

教师对教学目标的知识类型、学习认知过程和学生情况缺乏必要的分析，目标内容没有起到对教学以及评价的指导作用。

5. 对教学目标如何编写缺乏方法论指导

教学目标用词过于抽象概括，目标表述含糊空洞，与内容脱节，在实际中很难操作。教学目标的表述主语是教师或暗指教师，缺乏对行为条件和行为程度进行限制的词，致使教学目标缺乏可检测性，难以评估。

因此，要想设计出一个科学合理的三维学科教学目标，教师既要深入研究教学目标设计的理论，特别是正确把握三维目标彼此之间的逻辑关系，又要深入研究课标、教材、学生等各方面因素，获得对学科教学目标的全面理解。

一个体现三维目标的教学目标设计应该具有如下特点：

1. 教学目标的设计应该由知识维度、认知维度和情感态度维度三个维度构成

借鉴广义知识分类理论、安德森对布卢姆教育目标分类学的修订、加涅的学习结果分类以及奥苏贝多尔的有意义与机械学习分类等理论，知识维度由概念、命题、规则和策略构成，知识的分类更能代表知识的属性，认知维度可分为识记（模仿）、理解、运用、创新四个层次，情感态度维度可分为接受、反应、爱好、个性化四个方面。这样，知识、认知和情感态度这三个维度构成了一个三维教学目标的完整结构。

2. 教学目标的设计应更加准确

教学目标应反映出知识类型、认知过程和情感态度之间的关系，既要体现知识的结构类型、学习的认知过程，又要体现学习的条件和动力，还要为学生通过学习活动认知水平和心理机制发生了什么变化提供标准。

3. 教学目标要具有参考性

教学目标应能指导教学设计实践，能为教学方法、教学媒体的选择和教学评价提供依据。

在新课改的教学实践中，有的研究者也初步探索了学科三维教学目标的设计模式①，为教师进行学科教学目标设计提供了参考。下面就以“金属的防护与回收”为教学内容，说明如何进行新课程三维教学目标的设计，如表 2.4 所示。

表 2.4　基于三维目标的教学目标设计模型

教学内容	知识点	知识与技能				过程与方法				情感态度			
		概念	原理	规则	策略	识记	理解	运用	创新	接受	反应	爱好	个性化
金属的防护与回收	1. 冶炼生铁和钢的原理和方法		√				√			√			

① 黄梅、宋乃庆：《基于三维目标的教学目标设计》，《电化教育研究》2009 年第 5 期，第 102 页。

续　表

教学内容	知识点	知识与技能				过程与方法				情感态度			
		概念	原理	规则	策略	识记	理解	运用	创新	接受	反应	爱好	个性化
金属的防护与回收	2. 铁生锈的原因和防止铁生锈的办法		√		√			√				√	
	3. 废金属的回收利用			√				√					√
教学目标	1. 复习和巩固工业上冶炼生铁和钢的原理和方法，引发学生学习注意 2. 通过实验探究掌握铁生锈的原因和防止铁生锈的办法，使学生在合作学习中获得探索新知的经历，接受科学方法的训练，体验探究的乐趣 3. 掌握废金属的回收利用，使学生认识到金属生锈给国家带来的损失，自觉养成保护环境的习惯												

从表2.4可以看出，三维目标的教学目标设计模型从知识内容、学习认知行为与情感态度三个维度，体现了知识与技能、过程与方法、情感态度与价值观的三维课程目标的有机融合。在编写教学目标时，不仅要体现对学生学习结果的要求，还要体现对学习认知行为、学习态度的要求。在一个教学目标中同时体现了行为目标、内部过程与外显行为相结合的目标、表现性目标相结合的综合效应，使目标编写能以学生为主体，目标明确具体，避免了目标编写的空洞与无效。同时，知识与技能、过程与方法、情感态度与价值观相融合的目标编写方式，能反映出学生的学习行为产生的学习结果以及引起的学生内在心理情感态度的变化。

同时，这个设计模式通过对知识技能类型的分析将教学内容还原为知识本质，将知识还原为最基本的单位，将知识的基本单位与学习方法进行对应，为教师选择教学过程、教学方法和教学媒体提供了明确的思路。

为了更加直观地学习新课标学科三维教学目标设计，下面列举几个不同学科的教学目标设计：

语文课《春》的教学目标设计

1. 通过反复朗读，整体感知课文内容，把握文章感情脉络。

2. 理解本文融情于景、情景交融的表现手法，掌握比喻、拟人的修辞手法，培养语言表达能力。

3. 养成善于观察自然、感悟自然的能力和热爱自然、追求未来、积极进取的思想感情。

数学课“平行四边形面积的计算”的教学目标设计

1. 初步掌握平行四边形的面积计算方法，能用平行四边形的面积公式进行计算。

2. 探讨平行四边形面积公式的推导过程，培养合作意识、操作实践能力和抽象概括能力，并初步感知平移、转化的数学思想方法。

3. 通过学习活动获得成功体验，提高学习数学的兴趣，增强学好数学的信心。

英语课“Celebrating Me!”的教学目标设计

Teaching objectives:

1. Aims of the knowledge:

① Handle the target words and phrases in the text.

② Practise the basic reading skills.

2. Aims of the abilities:

① Master the quickest way to know about a text with the help of skimming.

② Cultivate reading speed with the help of scanning.

③ Understand the writer's writing purpose better.

3. Aims of the emotion:

Foster sense of loving and helping the people around students themselves.

需要指出的是，新课改把课程目标定位在知识与技能、过程与方法、情感态度与价值观三个维度上，这是对教学目标的革新和创造，但这并不意味着每节课的教学目标都要一一对应地列出这三个维度的目标，并在每一个维度之下再列出若干小的目标，这样设计出来的目标不一定适切。同时，在教学目标陈述上，尽管课程目标按照知识与技能、过程与方法、情感态度与价值观这三个维度来陈述，尽管教学目标是课程目标的下位目标，但是教师也不能机械地、一一对应地照搬上位目标的格式，每堂课都按这三个维度来陈述。我们不主张并列式分述，而主张融合式分述，因为三维目标不是并列的关系，而是融为一体的整体，融合式陈述方式更能表达三维目标的整体特性。三者是在同一过程中同时实现的，正所谓知识、认知和态度相伴相生、相辅相成：知识是认知的目的，认知是知识学习的手段，态度是认知的动力。情感目标的功能是引起学习者注意，使之形成认知冲突，激发学习兴趣。

二、新课标学科核心素养教学目标设计

随着2017版高中新课程标准的实施，学科核心素养的培育成为学科教学落实立德树人教育根本任务的核心工作。基于学科核心素养培育的教学改革是在三维目标的基础上进行的，核心素养课程目标是对三维目标的继承与发展，其将“知识与技能”整合为“必备的能力”，将“情感态度与价值观”整合为“必备的品格”，认为“过程与方法”是必备能力及品格形成、发展的路径与策略。核心素养目标的着力点是学生发展及其核心素养的培养。

课程目标的变化必然会导致教师的教学观念、行为及范式等发生改变，这种教学重构

最突出的体现是教学目标的变化。为了更好地认识中小学各学科的核心素养目标内容，我们将各学科的核心素养目标内容列表，如表 2.5 所示。

表 2.5　中小学各科学科核心素养目标内容

学科名称	学科核心素养目标维度
语文	语言建构与运用、思维发展与提升、审美鉴赏与创造、文化传承与理解
数学	数学抽象、逻辑推理、数学建模、直观想象、数学运算、数据分析、数学抽象
英语	语言能力、文化意识、思维品质、学习能力
政治	政治认同、理性精神、法治意识、公共参与
历史	唯物史观、时空观念、史料实证、历史解释、家国情怀
地理	人地协调观、综合思维、区域认知、地理实践力
物理	物理观念、科学思维、科学探究、科学态度与责任
化学	宏观辨识与微观探析、变化观念与平衡思想、证据推理与模型认知、科学探究与创新意识、科学精神与社会责任
音乐	自主音乐需要、音乐实践能力、音乐情感体验、音乐文化理解
美术	图像识读、美术表现、审美判断、创意实践、文化理解
体育	运动认知能力、健身实践能力、社会适应能力

从表 2.5 中可以看出，每个学科的学科核心素养都涉及好几个方面，如历史学科核心素养包括唯物史观、时空观念、史料实证、历史解释、家国情怀等五个方面，并且每个核心素养发展都有不同的等级水平评价。教师不可能在每一节历史课上，都将这五大素养一一落实。因此，教师需要根据不同的教学内容、学生的学习情况，确定一个核心的目标，然后围绕这个核心目标来设计课堂教学目标、教学任务和教学方法。即便是有些教学内容能够与几大核心素养都联系起来，能够同时体现几大核心素养，但由于教学时间的限制，教师还是需要有取舍，确定这节课的核心目标。只有这样，才能突出教学重点，很好地完成教学任务，逐步培养和发展学生的核心素养。

各学科课程标准专门制订了用以考核评价学科核心素养发展的学业质量水平等级评价表，明确将学业质量划分为不同水平，并描述了不同水平学习结果的具体表现。例如，表 2.6 就是数学学科核心素养之一的“数学抽象”的水平划分情况。

有的研究者提出，基于学科核心素养的课堂教学目标设计思路应该是以学科素养目标为思考框架，再根据课程标准的目标和教学内容，结合学生情况，确定某一课的核心目标，再细化为相关的学科技能，并对学科技能学习结果进行水平划分。[①] 由此，形成学科核心素养的课堂教学目标设计思路路线图（图 2.1）。

表 2.6 “数学抽象”水平划分表

水平等级	素　养
	数学抽象
水平一	能够在熟悉的情境中直接抽象出数学概念和规则，能够在特例的基础上归纳并形成简单的数学命题，能够模仿学过的数学方法解决简单问题。 能够解释数学概念和规则的含义，了解数学命题的条件与结论，能够在熟悉的情境中抽象出数学问题。 能够了解用数学语言表达的推理和论证；能够在解决相似的问题中感悟数学的通性通法，体会其中的数学思想。 在交流的过程中，结合实际情境解释相关的抽象概念
水平二	能够在关联的情境中抽象出一般的数学概念和规则，能够将已知数学命题推广到更一般的情形，能够在新的情境中选择和运用数学方法解决问题。 能够用恰当的例子解释抽象的数学概念和规则；理解数学命题的条件与结论；能够理解和构建相关数学知识之间的联系。 能够理解用数学语言表达的概念、规则、推理和论证；能够提炼出解决 类问题的数学方法，理解其中的数学思想。 在交流的过程中，能够用一般的概念解释具体现象
水平三	能够在综合的情境中抽象出数学问题，并用恰当的数学语言予以表达；能够在得到的数学结论基础上形成新命题；能够针对具体问题运用或创造数学方法解决问题。 能够通过数学对象、运算或关系理解数学的抽象结构，能够理解数学结论的一般性，能够感悟高度概括、有序多级的数学知识体系。 在现实问题中，能够把握研究对象的数学特征，并用准确的数学语言予以表达；能够感悟通性通法的数学原理和其中蕴含的数学思想。 在交流的过程中，能够用数学原理解释自然现象和社会现象

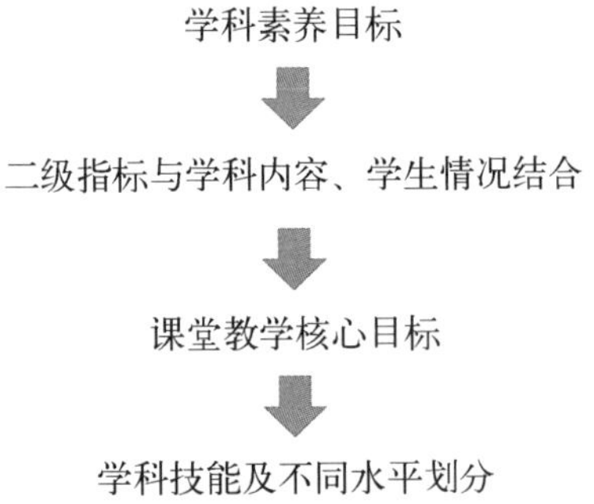

图 2.1 课堂教学目标设计思路路线图

基于学科核心素养的课堂教学目标，应该尽量表述出学习内容、学习过程、评价标准等三个方面的内容。例如，在“生命活动的主要承担者——蛋白质”一节课的教学中，可以设计这样一个目标：“分析蛋白质结构与功能多样性的相关资料，小组合作讨论总结出蛋白质结构与功能多样性之间的关系，初步理解生命活动与重要化学物质的关系以及结构与功能相统一的观念。”这个教学目标的表述中，就包含了学习内容（蛋白质结构与功能的多样性）、学习过程（分析资

① 唐少华：《如何将“学科素养目标”转化成“课堂教学目标”》，《基础教育课程》2019 年第 Z1 期，第 19 页。

料、合作讨论）、评价标准（能否总结出蛋白质结构与功能多样性之间的关系，能否理解生命活动要依赖蛋白质等重要化学物质的作用、能否理解蛋白质结构与功能之间的关系），在评价标准这个要素中，包含有比较清晰的核心素养发展要求，即科学思维中的“归纳与概括”能力、生命观念中“生命的物质观、结构与功能观”。这样叙写的教学目标，具有较强的现场画面感，可以清楚地看到教师要组织的学习内容和材料、学生要完成的学习活动和任务以及最后要达成的核心素养目标。

下面是不同学科的学科核心素养的教学目标设计的案例：

“摩擦力”的教学目标设计（物理学科）

1. 通过实验和实例分析，知道摩擦力的概念和产生条件，升华物理观念。

2. 通过实例分析和实验演示，理解摩擦力的方向并学会判断，提升科学思维，巩固科学态度与责任。

3. 通过实验定量探究静摩擦力的大小和影响滑动摩擦力大小的因素，体会科学探究的态度。

“化学平衡的移动”的教学目标设计（化学学科）

1. 通过回顾可逆反应、平衡状态特征，引入平衡移动的概念，构建化学平衡移动的认知模型。

2. 通过实验探究的方式研究浓度、压强和温度对化学平衡的影响，发展“宏观辨识与微观探析”“科学探究与创新意识”的核心素养，建构平衡思想。

3. 在实验探究过程中，通过体验“发现问题、解决问题、找出规律”的过程，提高思维能力和口头表达能力，体验尊重事实、大胆质疑的科学精神。

4. 通过运用勒夏特列原理解决生活中的化学问题，体会化学平衡知识的生活、生产价值，体验化学理论知识在实际生产中的作用。

“物质跨膜运输的方式”的教学目标设计（生物学科）

1. 从所给资料中获取、整理和分析相关信息，认识物质进出细胞的方式，并能列举实例。

2. 通过建构物质跨膜运输方式的物理模型和数学模型，归纳不同运输方式的特点，理解不同运输方式在所需结构和能量方面的差异。

3. 运用物质跨膜运输的原理，分析农业生产中松土、排涝、水培、通气等措施的目的，指导生产实践。

本章小结

1. 学科教学目标是指师生对学科课堂教学活动所预期达到的标准要求，或者是指在学科教学活动中所期待促进学生进步或发展的学习结果。

2. 学科教学目标对教学活动的作用主要表现为导向功能、激励功能、标准功能和调控功能。

3. 学科教学目标的分类理论主要包括布卢姆的教学目标分类理论、加涅的教学目标分类理论，以及新课程三维教学目标分类。

4. 布卢姆将教育目标划分为认知领域、情感领域和动作技能领域三个领域。认知领域的教学目标可以从低到高分为六个层次：知道—领会—应用—分析—综合—评价。情感领域的教学目标分为五个层次：接受或注意、反应、评价或价值化、组织、价值与价值体系的性格化。动作技能领域的教学目标主要包括感知、准备、有指导的反应、机械动作、复杂的外显反应、适应、创新。

5. 为了能够使学习层次的原则在教学上应用，加涅提出了五种学习结果，它们分别为言语信息、智力技能、认知策略、动作技能和态度。

6. 新课改提出了课程教学的三维目标：知识与技能、过程与方法、情感态度与价值观。

7. 学科教学目标设计的依据主要有学科课程标准、学科教材教学内容、学生学情实际，以及社会发展需要。

8. 教师设计学科教学目标设时应遵循整体性原则、可行性原则、可操作性原则、阶段性原则、科学性原则。

9. 新课改《基础教育课程改革纲要（试行）解读》一书，将表述教学目标的四个要素称为行为主体、行为动词、行为条件和表现程度。

案例研讨

有位语文教师在教学《孔乙己》这篇课文时，依据新课改的三维教学目标设计要求，对这篇课文的教学目标进行了如下设计：

1. 知识与能力：

① 理解、积累“阔绰、颓唐、间或”等词语。

② 学习小说的特点：人物、情节、环境。

③ 理解文章思想。

2. 过程与方法：

① 理解探究人物描写与社会环境描写等描写方法对表达主题内涵的作用。

② 体会孔乙己形象的意义。

3. 情感态度与价值观：培养欣赏文学作品的能力。

请您结合本章所学的学科教学目标的相关理论知识，对这位语文教师的教学目标设计做出评价。

技能训练

请结合初中英语课文《Full Moon，Full Feelings》，设计一个规范的教学目标。

Full Moon, Full Feelings

Chinese people have been celebrating Mid-Autumn Festival and enjoying mooncakes for centuries. Mooncakes have the shape of a full moon on mid-autumn night. They carry people's wishes to the families they love and miss.

There are many traditional folk stories about this festival. However, most people think that the story of Chang'e is the most touching. Chang'e was Hou Yi's beautiful wife. After Hou Yi shot down the nine suns, a goddess gave him a magic medicine to thank him. Whoever drank this could live forever, and Hou Yi planned to drink it with Chang'e. However, a bad man, Feng Meng, tried to steal the medicine when Hou Yi was not home. Chang'e refused to give it to him and drank it all. She became very light and flew up to the moon. Hou Yi was so sad that he called out her name to the moon every night. One night, he found that the moon was so bright and round that he could see his wife there. He quickly laid out her favorite fruits and desserts in the garden. How he wished that Chang'e could come back!

After this, people started the tradition of admiring the moon and sharing mooncakes with their families.

资源链接

1. 加涅、韦杰、戈勒斯等：《教学设计原理》（第 5 版），王小明、庞维国、陈保华等译，华东师范大学出版社 2013 年版。

2. 李锋：《基于标准的教学设计》，华东师范大学出版社 2021 年版。

3. 崔允漷：《有效教学》，华东师范大学出版社 2009 年版。

4. 孙杰远、叶蓓蓓：《有效教学的设计原理、策略与评价》，教育科学出版社 2013 年版。

5. 余文森：《核心素养导向的课堂教学》，上海教育出版社 2017 年版。

第三章　学科教学过程

学习目标

1. 明确学科教学过程的内涵与本质。
2. 了解学科教学过程的要素与基本阶段。
3. 掌握学科教学过程设计的内容、方法和原则。
4. 学会应用新课标关于学科教学过程的建议。

问题导入

有一位新入职的英语教师在教学初中英语 Unit Three Lesson 1 *School Art Festival* 这篇课文时，是这样安排教学过程的：首先是让学生听几段音乐，说出乐器的名称；其次是请两组学生表演课文的对话；接着，由两位学生用英文主持一次文艺演出，其他同学拿出带来的乐器表演节目，每段表演后，两位主持人请同学用英语对节目进行简短的评价；最后，教师要求学生当堂写一段学校（班级）艺术节的体会。

对于这位英语教师的课堂教学过程安排，您是如何评价的，请谈谈您的看法。

学科课堂教学过程的安排是否科学合理，将直接影响教学活动的开展，影响课堂教学目标的达成，最终影响学生培养的质量。著名教育家顾明远指出："教学过程，不论是什么学科，都需要认真研究如何通过学习知识培养学生的思维。当前无论是提倡学生参与式教学、探究性学习，还是基于项目的学习（PBL）、STEAM 教学，都是为了让学生在学习活动中勤于思考、学会思考、发展思维。"① 虽然不同的教学模式、教学方法在课堂教学程序安排上会有所不同，各个环节开展的活动会有所差别，但是，任何学科课堂教学程序的安排都必须遵循最基本的教学规律，符合学生的学习认知规律，才能够更好地发展学生的思维能力。

第一节　学科教学过程概述

一、学科教学过程的内涵与本质

从概念内涵上讲，学科教学过程就是学科教学的实施过程或完成教学任务的过程，是

① 顾明远：《教学过程的本质就是发展人的思维》，《中学语文教学》2018 年第 10 期，第 1 页。

指学生在教师有目的、有计划的指导下，积极主动地掌握学科系统的文化科学基础知识和基本技能，发展智能，增强素质，并形成一定的思想品德和审美情趣的过程。学科教学过程普遍存在于中小学校各科教学实践活动之中。

在我国教育学史上，对于教学过程本质的探讨，始于20世纪80年代初教学理论界对苏联学者凯洛夫《教育学》体系的重新认识。该书认为教学过程就是在教师的指导下，学生学习和掌握前人已认识的知识、技能，即是认识世界活动中的一种“特殊的认识过程”。“教学过程是一种学生认识世界的过程。”这是迄今多数教学工作者的共同观点。关于教学过程的本质，前人研究共有十种典型观点：特殊认识说、发展说、交往说、层次类型说、学习说、传递说、认识—实践说、知情统一说、实践说、价值增值说。可以用人们认识世界一般存在的三种哲学形态对它们进行分类：从现象和具体活动角度来认识世界的形而下的现象哲学；从理性和抽象属性方面来认识世界的形而上的理念哲学；从唯物论与辩证法结合角度来认识世界的辩证统一哲学。用框架图表示如图3.1所示：

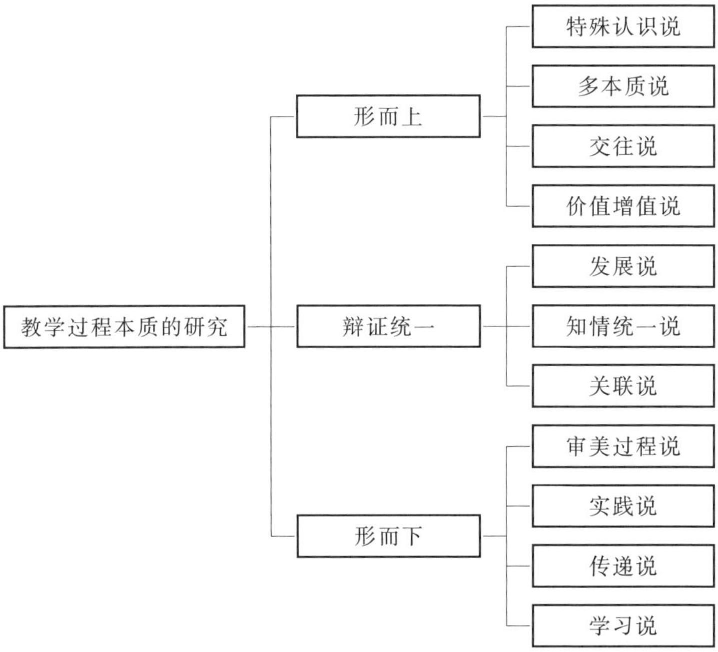

图3.1　教学过程本质研究分类

最具有代表性的观点有特殊认识说、发展说、交往说、多本质说。下面就几种典型的观点作简要介绍。

（一）特殊认识说

特殊认识说可以说是一种关于教学过程本质的经典性学说，它源于苏联教育家凯洛夫主编的《教育学》关于教学过程本质的认识。这一学说在我国拥有众多认同者，影响力大，也是迄今为止认同者最多的教学过程本质观。该观点认为：教学过程是学生理解与掌握现有的文化科学基础知识和基本技能的认识过程；教学过程不同于一般的认识过程，它具有自身的特殊性。

特殊认识说观点的可取之处在于：

1. 该学说是马克思主义的观点

毛泽东在《实践论》中指出："实践，认识，再实践，再认识。这种形式，循环往复以至无穷，而实践和认识之每一循环的内容都比较递进到了高一级的程度，这就是辩证唯物论的全部认识论。"特殊认识说认为教学过程正是遵循了这一基本认识规律，其本质就是一个特殊的认识过程。

2. 该学说指出了教学过程中学生认识的特殊性

它抓住了学生在教学过程中的认识规律及与其他认识活动的根本区别，使理论自身变得更加科学化、理性化，从而更易于人们的接受。

但是该观点仍存在许多问题，主要表现为：一是以局部代替整体，实质上只描述了教学过程中学生的学习活动，而忽视了教师的教授活动；二是重手段轻目的，重视科学文化知识、技能的获得，而轻视获得认识的结果与发展；三是停留在认识世界的理解方面，忽视了改造世界的活动方面，陷入了机械唯物主义；四是它在教学实践中极易形成师生间的主客体关系，造成教学上的片面和单一，轻视智能发展和情感培养，不利于学生全面发展。

（二）认识发展说

认识发展说从心理学角度探讨教学过程，认为教学过程不仅仅是教师引导学生主观能动地认识世界的一种特殊认识过程，而且是促进学生生理和心理全面发展的过程。代表人物杜威说："这是一种变革，这是一种革命，这是和哥白尼把天文学的中心从地球转到太阳一样的那种革命。这里儿童变成了太阳，而教育的一切措施则围绕着他们转动，儿童是中心，教育的措施便围绕着他们而组织起来。"该观点强调：教学的根本目的在于培养人，促进学生德、智、体全面发展；认知发展包含于学生的发展过程之中，发展过程在更高层次上涵盖了认识过程。

认识发展说有几方面不足，主要表现为：一是它同样把认识全过程仅局限于知识的传授、技能的培养，所以才提出以"发展"补"认识"之缺陷；二是教学过程有多个层次，其种种功能并不在任何环节同时实现；三是认识发展说缺乏关于教学多功能、诸属性之间联系的说明，理论概括高度不够。

（三）特殊交往说

特殊交往说的基本观点是，教学是一种师生之间特殊的交往活动。"所有教学都以交往形态存在，没有不以交往而存在的教学，不呈现交往形态或不发生真正交往的，就不是教学。从存在形态上说，教学是师生之间特殊的交往。"① 它强调不能把教学简单地理解为仅仅是师生授受知识的过程，也不能把它看成主要是学生内在潜力展开的过程，而应该

① 叶澜、丁证霖：《新编教育学教程》，华东师范大学出版社 1991 年版，第 264 页。

是师生间知、情、行、意相互作用的过程。特殊交往说以实然的方式把握教学本质，又兼顾了应然的教学所具有的特征，涵盖了现实的各种教学，反映了现代教学的开放性和交互主体性，对改善师生关系，增强师生之间的有效交往十分重要。

但是，对于“教学交往与其他形式的社会交往究竟有何差别”，特殊交往说并没有做出深入细致的论述。因此，该观点存在的不足之处在于：交往是任何社会活动的外在形式，有人的地方就有交往，如果仅从外在形式去阐释一种社会现象的本质未免有些牵强附会，同时用交往范畴并不能很好地阐述教学过程的特性，难以有效说明教学过程促进学生发展的机制。

（四）多本质说

多本质说认为，教学过程是一种复杂的社会现象，在本质上应该是一个多层次、多类型的结构。多本质说包括多方面本质说和多层次本质说。认为“处于第一层次的或者说同一平面的几个类型的教学过程的本质是：① 教学过程在认识论方面的本质；② 教学过程在心理学方面的本质；③ 教学过程在生理学方面的本质；④ 教学过程在经济学方面的本质；⑤ 教学过程在伦理学方面的本质……该观点从整体性和教学过程中的多视角上对教学过程的各个侧面进行了全面的、系统的、综合的分析研究，认为从认识论、心理学、生理学、经济学、伦理学等不同学科来看，教学过程存在着不同方面的本质，而且随着人们对教学过程本质的认识的步步深化，教学过程本质的层次类型将会不断增加，这对教学实践具有深刻的指导意义。

但是，从唯物辩证法的本质观来看，本质是事物存在的依据，因而本质决定着事物的存在。事物的本质只有一个而不是多个，“多”与“本质”合起来之后就不能对教学过程的本质做出事实判断，它自身就是一个二律背反的逻辑命题，因此事物也就失去了存在的依据。从逻辑形式上来看，各类型本质之间既没有层次上的深化、递进关系，又没有同一平面上的并列联系。依此逻辑，教学过程还可以提出更多的本质。这样下去只会使人们对教学过程的本质越来越糊涂。多质等于无质。无质，事物就不存在。

二、学科教学过程的要素

根据马克思劳动过程理论，行动是人和自然之间的过程，人以自身的活动来引起、调整、控制人和自然之间的物质交换的过程。“引起、调整、控制”是教学本身而非教学过程。在提出劳动过程要素前，马克思论证了人的劳动和动物劳动之间的区别：“劳动过程结束时得出的结果，在这个过程开始时就已经在劳动者的表象中存在着，即已经观念地存在着。他不仅使自然物发生形式变化，同时他还在自然物中实现自己的目的，这个目的是他所知道的，是作为规律决定着他的活动的方式和方法的，他必须使他的意志服从这个目的。”因此，劳动的目的和方式都是以“观念”形式而非可以感知的客观东西存在于劳动者的劳动之中，据此，不能把教学活动的目的与方法作为教学过程的要素，而是以观念形态隶属于教师与学生的教学活动之中。因此，教学过程的要素可以主要概括为教师、学生、教学手段、教学内容（教材）。

（一）教师

教师在教学过程中起主导作用，控制、支配着教学过程的进度，保证教学得以按规定的目的、内容进行，同时肩负着对学生进行思想品德教育的重任。教师在课堂教学活动中的主导作用主要表现在以下几个方面：

1. 把握教学目标和要实施的教学策略

教学目标是教师完成每堂课教学任务的灵魂。教学中教师必须牢牢把握住每节课的教学目标，以教学设计所确定的教学目标为指导，依据教学设计制订的教学策略实施教学活动，保证教学活动按计划有序进行，从而达到优化教学过程的目的。

2. 及时获取反馈信息，适时调控教学

教师在教学过程中应正确、及时地获取反馈信息，并对反馈信息做出恰当及时的评价，以此来调控教学过程。在课堂教学过程中，教师一定要充分利用好信息技术获取信息反馈和调控教学的进度。例如，利用投影、多媒体及时地获取信息反馈，并对教学过程进行调控。

3. 组织和指导好学生的学习活动

在教学活动中，教师的主导作用还体现在组织和指导学生的学习活动上。学生对于教师所传授知识的掌握程度，在很大程度上受教师组织教学内容以及指导学生学习的影响。如果教师在讲授知识时没有条理，教学重点、难点没能很好地突显出来，那么学生对于知识的掌握情况就可想而知，教学目标的实现就一定会受到影响。因此，教学中教师必须深入钻研教材，把握好教学重点、难点，合理安排、组织教学内容，并要根据教学设计在教学中恰当地运用现代教学媒介，以优化教学过程。

教师的特定地位，使得教师在学生知识的掌握、能力的发展以及态度的形成和兴趣的培养等方面，都起着极为重要的作用。因此，教师要从思想上明确教育的重要性，加强专业学习，完善自身知识结构；端正教学态度，通过言传身教，以身示范，加强学生的德育教育，逐渐培养学生的学习兴趣，端正其学习态度，使之形成良好的个性品质，健康成长；熟悉教材，正确处理教材、学生和教学手段之间的关系，改革课堂教学，改进教学态度，不断提高教学水平，以确保教学任务按时完成，教学质量不断提高。

（二）学生

学生是教学过程的学习主体，学生可以从各种媒介获得有用的信息。学生从各种媒介获得信息，不像从教师那得到的信息具有强制性，因此，学生的主动性就显得更重要了，现代教学为学生的自主学习提供了优越的条件，使学生能够获得更全面系统的知识，教师的教学只有以学生的主动学习为基础，才能取得预期的教学效果。一般来说，学生的积极主动性越大，学习效果就越好。因此，教师要教育引导学生明确学习目的，端正学习态度，养成良好的学习习惯，主动积极地完成学习任务；要指导学生掌握良好的学习方法，培养学生的自学能力，引导学生自主学习，使之真正成为学习的主人。

（三）教学手段

教学是按一定的目的、计划进行的，教学中有课程标准、教材等，但这些都是“死”的知识，而学生是“活”的，具有主动性、差异性。这就要求教师在钻研专业知识技能的同时，要不断地钻研教育科学方面的知识，掌握并能灵活应用各种教学原则、方法和手段进行教学，针对不同的学生采取不同的教学方法，使所传授的知识既符合学科的知识结构要求，又符合学生的心理水平和认识水平，使学生能够理解和吸收内化，激发学生学习的主动性和积极性，激发学生的学习兴趣。

（四）教材

教材是教学的重要材料，是联系教师与学生的纽带。教师利用教材进行教学，学生学习（或是通过教师学习）教学内容，使这种本来对学生来说是自在之物的被认识对象，不断转化为学生的为我之物，转化为学生的自身知识，这好比马克思所说的“劳动物化”现象。在教学过程中，教师要联系教学实际，认真钻研教材，研究教材的重点、难点，挖掘教材的深度，把握教材的难度，充分了解和研究学生对教材的接受程度；要认真理解教学内容，逐步提升把握教材、整合教材、处理和使用教材的能力，把教材体系转化成教学体系；同时在教学过程中，以教材为载体，因材施教，引导学生认真思考教材内容，发展学生的新思维，扩大学生的思维空间。

在教学过程当中，知识的学习是通过教师的传授和学生的认识活动实现的，师生双方都必须遵循教学规律，才能获得好的教学效果。教学规律是客观存在于教学过程中的不以主观意志为转移的本质联系，具有客观性、普遍性、稳定性、必然性。教学规律是制定教学原则，选择和运用教学组织形式和教学方法的科学依据，是教学过程应遵循的基本规律。在教学过程中，主要有四条规律：

1. 教学双边互相影响辩证统一的规律

在教和学的统一活动中，教师起主导作用，引导学生去认识和发展，学生是学习的主体。教师的主导作用和学生的主体地位是辩证统一的。一方面，教师做好教学组织安排，选择适当的教学方法，调动学生积极性，引导学生学习；另一方面，学生具有主观能动性，教师的主导过程必须通过学生的主体作用才能实现。教师主导与学生主体相结合，才会产生积极有效的教学活动。教师主导作用发挥得越好，学生学习的主观能动性就越强。反之亦然，如果没有学生的积极配合，则教师的主导作用也必然落空。

2. 知识教学与思想教育相结合的教育性规律

教学过程的基本功能是向学生有组织、高效率地传授系统的科学文化知识。在这个过程中，客观存在着对学生思想方面的教育和影响，学生的智能、品德、体质、个性等方面的发展均依赖对科学文化知识的学习。同时，教师的思想品质、言谈举止，无不对学生产生感染、熏陶和潜移默化的教育影响，而且这种影响是无法估量的。因此教师在教学中发展学生智能的同时，要帮助学生树立科学的世界观和正确的人生观，使学生的身心得到全面发展。

3. 间接经验和直接经验相互作用的规律

间接经验是指他人认识的成果，他人通过实践获得的理性认识，大多表现为书本知识；直接经验是指学生通过亲身实践，接触外界事物获得的感性认识。在教学过程中，间接经验和直接经验是相互作用的。一方面，学生以掌握间接经验为主，即以学习书本知识为主，这样可以减少认识过程中的盲目性和曲折性，节省时间和精力，大大提高认识效率，为学生尽快获得大量的科学文化知识创造有利条件；另一方面，学习间接经验必须以学生个人的直接经验为基础。一般情况下，书本上的间接经验知识，是学生所没有亲身实践的，在接受、理解上有一定的难度。学生总是习惯借助已有的直接经验去学习书本上的间接经验。因此，教师在教学中应想方设法运用各种有效方式，让学生充分感知，丰富其感性经验，使其将直接经验和间接经验有机地结合起来，以更好地掌握所学习的书本知识。

4. 教学效果取决于教学系统和谐优化的规律

教学过程的各种要素、各个环节组成的教学系统，能否和谐优化并发挥其最佳功能，是能否取得理想的教学效果的重要条件。这是教学过程的一条非常重要的规律。在整合优化教学系统的过程中，必须把教学过程的所有成分、师生活动的内外部条件都看作相互联系的因素，以整体的、联系的、辩证的、发展的观点来思考和处理教学过程中的复杂现象及其关系，仔细考虑各种可能的解决办法，并从中选出在当前条件下教学任务、内容、形式和方法的最优方案，促使教学系统和谐优化。这是取得理想教学效果不可缺少的必要条件。

三、学科教学过程基本阶段

教学过程的基本阶段简称教学阶段，是根据对教学基本目标和学生认识的基本特点的认识而确定的。其主要目的是为教学工作提供一个可操作的形式程序。由古至今，国内外学者对教学过程基本阶段提出过不少见解。

中国古代教育家早就提出“博学之，审问之，慎思之，明辨之，笃行之”（《礼记·中庸》），这是对学生学习过程最早的概括。《学记》对教学过程有“学不躐等”“不陵节而施”的规定，强调循序渐进地开展教学活动。

近代德国著名教育家、心理学家赫尔巴特提出了“四阶段教学”理论，他将教学过程分为明了、联想、系统和方法四个阶段。赫尔巴特所强调的是系统的书本知识教学，忽视感性认识和实践在教学过程中的作用，使理论脱离实践。他的教学阶段理论是脱离具体教学内容特点的，带有形式主义性质。但是，赫尔巴特运用心理学来解释教学过程，最早提出和论述了教学阶段问题，明确地把教学当作一个过程来研究，这些是具有一定意义的。后来，他的学生齐勒在此基础上，把教学分为预备、提示、比较、总结、应用共五个阶段，称为“五段教学法”。

苏联教育家凯洛夫认为，系统地传授和学习知识的程序是：① 诱导学习动机；② 感知和理解新教材；③ 巩固知识；④ 运用知识；⑤ 检查。

我国王道俊、王汉澜主编的《教育学》，对学生掌握知识的基本阶段的论述，与凯洛夫的见解类似：① 引起求知欲；② 感知教材；③ 理解教材；④ 巩固知识；⑤ 运用知识；⑥ 检查知识、技能和技巧。

美国教育家和心理学家布卢姆提倡掌握学习，主要阶段为：① 准备阶段，制订单元目标和可以测量的标准，制订具体的教学计划，为学生定向（即启发诱导）；② 实施阶段，进行群体教学，进行形式性测验，开展小组的或个别的矫正活动；③ 小结阶段，为学生评定成绩。

美国教育心理学家加涅运用信息加工理论来说明教学过程的基本阶段。他认为学生的学习包括下列八个阶段：① 动机；② 了解；③ 掌握；④ 保持；⑤ 回忆；⑥ 迁移；⑦ 作业；⑧ 反馈。与此相适应，教师教授活动为：① 激发动机；② 理解目标；③ 指引注意；④ 激起回忆；⑤ 指导学习；⑥ 增强记忆；⑦ 促进迁移；⑧ 启发辅导，提供反馈。

美国学者布鲁纳认为，学习一门学科包含三个差不多同时发生的过程：① 新知识的获得；② 转换，使所得知识经过外插、内插、转换整理成另一种形式；③ 评价。他提倡发现学习，其过程一般是：① 教师创设情境，使学生在这个情境中产生疑问；② 教师提出问题（课题），并提供一定材料，引导学生自己去分析研究，提出假设；③ 学生从理论上或实践上检验假设，如有不同看法，可以开展辩论；④ 对问题做出结论，获得理论知识。

美国学者萨奇曼在 20 世纪 60 年代提出了“探索训练模式”，认为教学过程按五步进行，其程序为：① 遭遇问题，教师呈现问题情境或矛盾事件，并向学生说明探究程序；② 搜集资料与验证，学生就所见或所经历事件搜集资料，据此验证问题情境之发生及对象与条件的实质；③ 搜集资料与实验，学生在情境中区分出相应变量并进行假设与验证因果关系，或增加新的因素以观察有什么不同；④ 形成解释，教师要学生做出解释，开展讨论，逐渐得出完整的说明；⑤ 分析探究历程，要求学生分析探究策略，检查并提出问题，列出适宜性或资料搜索的必要性，用以改进探究过程，发展更有效的探究策略。

苏联学者巴班斯基认为，教学过程是由下列基本环节（或称基本阶段）组成的：① 教师掌握教学的社会目的和教学任务，并在研究使教学过程得以进行的系统所具有的特点，即研究学生、学生集体、教学本身的可能性等的基础上，使之具体化；② 考虑班级学生的特点，使教学内容具体化；③ 教师根据已经查明的系统特点，设计教学手段，最优地选择教学活动的形式和方法；④ 在教师的教学影响和学生的认识活动统一中，实现教师和学生的相互影响；⑤ 对知识、技能、技巧的掌握情况进行日常检查和自我检查，随机应变地调整教学过程的进程；⑥ 教师和学生分析教学过程一定阶段的结果，查明尚未解决的任务，提供设计下一轮过程参考。

苏联学者列尔涅尔从教学过程逻辑与学科逻辑的联系和区别出发，认为教学的运动过程可以划分为下列几个部分（或称几个阶段）：① 向学生提出目的，从而组织学生准备参加活动，或者直接参加活动；② 组织学生感知、领会、记忆原始信息，即初步掌握知识；③ 在已掌握的信息的基础上，通过信息的再现，举一反三，反复练习，组织学生掌握活动方法；④ 在解决问题、完成问题性任务的过程中，创造性地运用学过的知识和技能，同时独立地获得新的知识和技能，通过这种办法组织学生掌握创造性活动的经验；⑤ 在学习全部教材的过程中，在教材和完成各阶段教学的基础上，通过从情感上去影响学生，激发他们的热情、兴趣和爱好，以及自我肯定和自我表现的欢乐，从而有目的地进行个性品质的培养和自我修养；⑥ 总结学科的知识，并把它纳入过去学过的知识系统；⑦ 检查师生的活动效果。并且指出，这几个部分组合在一起，才能实现完整的教学过程。

日本教育家广冈亮藏认为，“所谓教学过程是让学习者学会教材的过程。”教学过程有三个主要变量：第一是学习者，第二是教材，第三是教学目标。广冈亮藏认为，由“导入—展开—终结”构成的教学过程，是日本的教育实践者经过长年的实践积累起来的“教育智慧”，它适合于几乎一切学科、一切年级。其中：① 导入阶段必须在学习者和新的学习课题之间，存在理想的诱发性背景，有想要学习的心意机制，包括学习者的课题意识，学习意愿，动员必要的已有经验和认识，运用学会的学习方法，这是关系到教学成败的关键；② 开展阶段是教学的最核心阶段，是探讨导入阶段新抓住的主题的过程，在这一阶段可以采用两种方法：讲解法和发现法；③ 终结阶段则是表示单元题材的教学周期大体告终的阶段。这是在前一阶段里掌握了教材本质的学习者进一步转向能动的现实性掌握的阶段。所谓能动的现实性掌握包括两种情形：一是采取内向方向时，是巩固，是掌握；二是采取外向方向时，是迁移，是活用。通过巩固而获得更好的迁移，又通过迁移而获得更好的巩固。

我国“学导式教学法”倡导者提倡以学生自学为主、教师启发引导贯穿其中的新教学方法，其主要教学阶段为：① 自学；② 释疑；③ 精讲；④ 演练。卢仲衡的数学自学辅导教学实验主要教学阶段为：① 启（启发诱导）；② 读（阅读课文）；③ 练（做练习）；④ 知（当时知道结果，即及时反馈、及时强化）。吴盘生提出的小组教学研究的操作程序为：① 决策（意向、内容、转换、步骤）；② 导引（展开内容、激励启动、交代步骤、引入讨论）；③ 观察；④ 调整（控制进程、理顺思维、指导互助、中止讨论、组织发言）；⑤ 评价；⑥ 接续（小结、解疑、布置作业）。上述六个步骤构成了一个封闭回路，周而复始。

上述列举了国内外对教学过程基本阶段的有代表性的见解，通过比较分析，可以将教学过程的基本要义归纳成六个字：双向、系统、变式。就是说，在把握教学过程基本阶段时，应当注意下列三个主要问题：

1. 双向

上述学者在分析教学基本阶段时，有的是分析学习过程（掌握过程）的基本阶段，有的是解释教授过程的基本阶段，有的则是兼述教授与学习过程的基本阶段。教学过程是一个整体，教授活动与学习活动相互依存，相互影响，既是双边活动，又是双向活动。在分析教学过程基本阶段时，应当既分析教的基本阶段，又分析学的基本阶段，即分析教学双向活动互相联系的各个基本阶段。

2. 系统

教学过程基本阶段也是一个系统，有其要素和层次。可以把教学过程基本阶段分为准备、展开、终结三个基本阶段，顺序分明，逻辑清楚。准备阶段可划分为启动和定向两个小阶段；展开阶段可划分为感知、理解、巩固和运用四个小阶段；终结阶段又可划分为检查和评价两个小阶段。三个基本阶段共分为八个小阶段。八个小阶段的名称是以学生活动为主确定的。这样命名，并非表示小阶段中只有学生活动而无教师活动。相反，每个小阶段的活动都是双向的，既有教师活动又有学生活动，二者紧密联系，缺一不可。

在启动阶段，教师要精心设计活动，诱发学生的学习动机。在定向阶段，教师要详细说明本单元教学的目的任务，学生要明确整个学习活动的目的任务，避免学习活动迷失方向。在感知阶段，教师通过讲解或引导学生观察，使学生对所学事物或现象有一个鲜明的印象。在理解阶段，教师要引导学生通过分析综合或抽象概括，理解知识的概念和定理，掌握事物和现象的本质和规律。在巩固阶段，教师要组织学生通过练习和复习，牢固掌握所学知识，形成技能和技巧。在运用阶段，教师要引导学生运用所学知识，以加深对所学知识的理解和掌握，并培养分析问题和解决问题的能力。在检查阶段，教师要检查学生对知识技能的掌握情况，以便调节教学进程，学生则自查学习情况，以改进学习活动，纠正学习中的错误和偏向。在评价阶段，教师要对学生的学习情况进行分析评价，学生也要自评，明确本次学习的成绩和存在问题，以便下轮学习扬长避短，提高学习质量。

3. 变式

上述关于教学过程基本阶段的划分，主结构具有相对的稳定性，亚结构则具有较大的可变性。列尔涅尔提出的根据主要是课的类型，如讲新课、练习课、培养创造性的课等。广冈亮藏提出的依据是教学目标、教材内容、学生发展水平。一般地，广冈亮藏提出的三项根据是最主要的，但还可以增加两项：教师自身水平和教学条件。因为教师如果不具备运用某种教学方法的可能性，或者教学条件不容许，那么，教学过程亚结构的某种范式也就无法实现，只能做某种程度的改变。在提到教学过程主结构的相对稳定性时，要注意到可变性，在提到教学过程亚结构的可变性时，强调万变不离其宗。稳中有变，变中有稳，这就是划分教学过程基本阶段的辩证观。

第二节　学科教学过程设计的内容、方法与原则

课堂教学是一个有目的、有计划、有组织的师生共同作用和发展的过程，课堂教学设计是教学活动的一个重要组成部分，而教学过程设计是整个教学活动的重要保障，是整个课堂教学设计的重要环节，是达到课堂教学目标、提高学生学习效率的关键。学科教学过程设计是教师在上课前对学科教学过程的一个初步计划，这个计划体现了老师上课的思路和基本过程，所以一个优秀的学科教学过程设计是一堂好课的重要保证，教师要掌握学科教学过程设计的内容、方法与原则。

一、学科教学过程设计的内容

（一）“内容”与“过程”的统一

对学科教学而言，“内容”是指为相应发展水平的学生能够接受（知道、理解、分析、综合、应用、评价）的有关课题的学科事实、概念、术语和原理等，以及培养学生动作技

能给定的实验和实践内容。“过程”是指借助于发展学生相应的智力技能和操作技能，发展学生的科学态度、学习方法和策略与价值观，以及心理个性等心智探究活动。著名的化学教学论专家刘知新的“过程化”教学思想，可以解读为课程的“内容”与“过程”统一于“过程”中。综观刘知新著述，体现在教学设计中的一个重要思想就是这种“内容”与“过程”的统一。大到课程设计、教材编排，小到教学目标、教学方法方面的论述，刘知新内容与过程的统一思想，无不渗入其中。在教学设计与教学过程中，从学生发展来看，“内容”与“过程”是学生发展的两种介质，内容作为“实体性结构”是有形介质，过程作为“方法性结构”为无形介质。应该说过去的教学活动的一个重要弊端，就是“过程”完全围绕“内容”的知识目标设计展开，完全为知识内容服务，“内容”将“过程”限制于一个狭窄的空间，没有将“过程”拓展为一个更宽广的空间，在实现知识内容展开的过程中，让思维充分活动，让生命积极体验，从而发展学生的能力、情感与态度，充盈学生的个性。正是认识到这个问题，刘知新认为，学生全面发展目标的确立，必须围绕着实现“过程”目的突破，在实现“内容”与“过程”的统一上做文章。

从新课程实施的效果来看，在教师的课程理念、教学实施、教学评价等诸多方面，由于行政、技术、培训和评价等方面的原因，实现新课程三维目标的“过程化”教学设计还没有在广大基础教育课堂教学中实现，特别是高中教学，更是没有形成常态。今天，“溯根求源”，透视刘知新的“内容”与“过程”教学设计思想，在教学实践层面，通过教学的“过程化”，找到落实新课程目标的路径，实现学生智力因素与非智力因素的统一发展大有裨益。

（二）教学内容设计问题化

体育学科中的曲线型教学程序对于认识学科教学过程中的教学内容设计问题化提供了启发。曲线型教学程序是相对于直线型教学程序而言的，直线型教学程序是通过合理安排教学步骤使学生更快掌握运动技能，主要是教师的教学、纠错，而在体育教学中有些技能方法需要学生自己去发现、挖掘。教师不将运动技能直接展现给学生，而是设置一定的情境和任务，为学生发现问题和解决问题提供机会。由于学生不清楚怎样操作是有效的，因此在学习中不可避免地走一些弯路，弯路情境设置也就是曲线一词的含义所在。曲线型教学程序一般为：问题情境设置（提出任务）—学生带着问题（分组）练习—学生（分组）讨论问题产生原因—自我修正之后的练习—教师提示正确运动技能—练习掌握。曲线型教学程序的最大特点是学生经过多次的失误后获得对该运动技能的正确领悟，这样的教学程序有利于学生对运动技能学习以及方法的掌握，但其基础是学生要具有一定的认知和分析解决问题的能力，需要以直线型教学程序为基础来提高学生的运动感知觉和多种运动经验，而且由于学生要走一定的弯路，教学效率相对直线型教学程序较低，但价值较大，可以在学科教学中安排一定比例的教学时数，但要注意随学生能力的提高适当增加，如果选择的教学内容与教学对象（学生）、教学时机不适应，会对教学效果产生较大影响。

在教学过程中，教师需要立足教材，结合学生学习实情，联系生活实际，将教学内容设计问题化，以激发学生强烈求知欲，从而提高课堂教学质量，强化课堂教学效果。具体包括三个方面的内容。① 注意问题设计的精妙性。“学起于思，思源于疑”，在课堂教学中，教师可通过问题形式来呈现所教内容，即将教学中的有关图片内容、语言文字等转化为问题与内容的巧妙衔接，以激活学生已有知识与经验，调动学生思维积极性，使其在问题驱动与引导下，有方向地自主探知，深入思考，解决问题，获得知识，把握方法。当然，问题设计并非盲目而随意的，需要注意一定的原则。如问题设计应“精”，即在设计问题时，教师需要紧扣教学重难点来设置悬疑，注重学生学习过程，让学生在思考与探究中加深知识理解，突破教学难点，提高思维能力。② 注意问题设计的巧妙性。教学实践表明，课堂提问既可激发学生学习热情，也可培养学生创造思维。所以，在学科教学中，教师应巧妙提问，尽可能地以问题诱导学生大胆质疑，形成新问题，并在问题分析与解决过程中，提高学生的创造能力。③ 注意问题设计的趣味性。在课堂教学过程中，尤其是在新课导入环节中，教师可围绕教学内容，适当选择一些逸闻趣事、时事热点、生活实例等巧设问题情境，唤起学生求知欲望，使其积极参与教学活动，主动探知结果。在课堂教学中，教师还应注意问题设计的悬念性。对于学生而言，当他们对事物充满强烈的好奇心时，才会更积极而主动地去探究与学习。因此，在课堂教学中，教师应认真研读课程标准，钻研教材，围绕重难点，设置恰当的问题，以唤起学生的好奇心理，使其急于求知，主动进入学习状态。

（三）教学内容和教学过程生活化

新课改倡导课程生活化。我国著名教育家陶行知说过：“我们要活的书，不要死的书；要真的书，不要假的书；要动的书，不要静的书；要用的书，不要读的书。总起来说，我们要以生活为中心的教学作指导，不要以文字为中心的教科书。”这就要求教师要活用教材，合理安排教学情境，将教学内容和生活联系起来，并且学有所用，帮助学生打好科学人文素养的基础。在物理、化学课堂教学过程当中，教师可以从教学材料在生活中的来源，以及日常生活中显而易见的实验现象入手，引导学生从实践中来，到实践中去。同时，要重视教学过程生活化。教育家阿莫纳什维利认为，应该把课堂“看作组织儿童本身的校内外生活的基本形式”。对于英语教学，要让英语课堂教学最终回归生活，要让学生体验丰富的英语课堂生活。这里的课堂生活是指教师有目的地组织和指导不高于儿童自身认知水平的教育教学过程。如何让学生体验丰富的教学情境？以生活展现情境，并通过教师的引导，将学生带入真实的情境中进行教学活动，将教学目标转化为学生生活的内在需要，让学生在生活化的课堂中轻松自在地学习。这种创设“模拟真实情境”的课堂，给予学生用科学体验生活的环境，让孩子们感觉真实，乐于接受。在以后的生活中如果出现类似的情境，学生就会很自然地迁移使用科学知识解释自然现象，做到学以致用。

二、学科教学过程设计的方法

（一）控制变量调节优化法

控制变量调节优化法采用的是对影响教学过程起关键作用的控制变量进行不断调节，使目标函数达到最优的方法。关于确定教学过程控制变量和约束条件，在选定优化设计目标的基础上，分析教学过程的各状态要素及其对优化设计目标的影响程度，确定哪些对目标影响显著且可以调节的状态要素作为控制变量。在教学过程优化设计分析中，有些约束条件是自明的，而有些约束条件则需具体分析后才能建立约束关系。在教学过程系统中，设计者虽然不知道控制变量与目标函数之间的具体函数关系，但可以知道控制变量对目标函数的影响趋势。那么，设计者就可以把对目标函数的优化过程转化为对控制变量的一种调节过程，调节的方向是使目标函数朝优化的方向发展，最终获得使系统达到最优的解决方案。把这些方案应用于实际教学过程进行验证，将验证后的评价结果反馈给教学过程设计，再次应用控制变量调节优化法得到新的解决方案。如此反复，最终实现教学过程的最优化。

（二）合作学习与体验式学习的整体性设计

传统的教学模式，大多是引导学生进行记忆与背诵，这不仅对知识的理解与掌握没有多大的帮助，更是对学生的创新探索精神的扼杀。解决这个问题的唯一方法就是转变学习方式，从关注教师的教转向学生的学。而要更好地发挥学生探究的学的作用，让课堂探究更加有效，需要将自主合作学习与体验式学习更好地结合起来。在传统课堂教学中，学生与书本知识接触过多，而与社会接触很少，体验式学习可以让学生比较早地触及社会的各种行为规范，对于真正实现教育的知行合一有很大帮助。在教学过程中通过开展和组织角色模拟、小组合作、研究性学习等各种活动生成体验，强化感受，可以激发学生的学习兴趣，将知识的传授转化为学生自主合作、体验探究过程中的自动生成，提升学生的思维宽度和合作能力。从学科核心素养角度看，有助于培养学生运用马克思主义哲学观点和方法论观察事物、分析问题、解决矛盾的能力，使学生能在实际生活中遇到问题时做出理性的判断和选择，成为有思想、有理智的社会公民。

（三）方法指导的针对性与目的性的整体性设计

俗语说“授之以鱼，不如授之以渔”，在教学中，相较知识传授，教师更应该教给学生良好的学习方法。学习方法是一种策略性知识，在教师教学的过程中往往被忽视。新课程强调“过程与方法”的目标维度，要求教师重视学习方法的传授，改变传统的接受式教学模式，多鼓励学生掌握科学的学习方法，并在学习中运用和内化。学生的学习方法不是与生俱来的，需要教师在课堂中不断培养。其实，教师的每一活动都应该是有目的、有针对性、精心设计的。教师在课堂巡视过程中关注的重点是学生的个体活动与学习状态，学习方法指导要有针对性，对于学习比较困难又有点孤僻的学生，教师要及时关注，教会他们一定的学习方法，鼓励他们勇于探索。对于学习基础较差、缺乏自主探索精神的学生，教师要给他们以引导和帮助。除了指导学生学习方法，教师还可通过设计辩论的环节，让学生在课堂中口头转述已经学过的专业知识，提高学习意识与表达能力。

三、学科教学过程设计的原则

（一）整体性原则

教学设计是一项运用系统方法规划教学活动的工作。课堂教学过程是由各个环节组成的，教师在设计教学环节时，应充分考虑每个环节之间的联系，使学生在想、说、做的过程中学到的知识保持整体性。因此，教师应首先研究、探索教学系统中教师、学生、教学内容等要素之间的内在联系，然后设计一定的操作程序来协调、安排各教学要素，使之成为一个有机的教学系统。在这一设计过程中最需要注意的是，每一个教学程序都应有相应的理论或者经验作为依据，而且上一步与下一步都应是紧密相连的。因为教学要素较多，缺乏教学经验的教师往往顾此失彼，需要在长期的实践和反思中不断提高教学设计的能力。

教学设计整体性的另一个方面的内容是把握教学目标的整体性。教学设计必须始终围绕培养总目标，同时还应兼顾各学段的目标，并在具体的教学过程中确定具体的单元、课文、课时教学目标。人们常常因为走得太远而忘了为什么出发，教学设计应时刻记住学科教学的总目标，真正理解学科教学目标，明白学科教学的主要任务，如此方能在设计具体的学科教学中不偏离教学的方向。

（二）启发性原则

启发性是指课堂设计本身要具有启迪学生思维的作用。该原则要求教师对教学内容做一系列富有启发性的设计，使学生在课堂中能自觉而深入地思考，并对学习的结果进行诊断和评价，以培养学生的思维能力和创新精神。

（三）协作性原则

协作性原则是指个人由于自己的经验所建构的对外部世界的理解是不同的，也存在着局限性，需要通过与他人的共享和协调，使理解更加准确、丰富和全面。在教学设计中，教师要适当加入锻炼学生团队合作的项目，例如将学生分成若干小组，以每个小组为单位展开教学活动，完成教学任务，提高学生的沟通、团结、交流、分工、协作、协调和表达能力。因此，教学设计要采取多种形式的协作学习方式，如讨论、协商、合作、竞争、角色扮演等，使学生能接触到各种不同的观点，并在教师的组织和引导下，共同针对某些问题进行探索，相互交流和质疑，以促进学生与其他同学和教师之间的合作与互动，从而使学生在多重观点的对比中产生对知识的新的洞察和更高层次的理解，并在这过程中，培养学生的协作技能、协作人格和协作精神。游戏作为一项具有很强吸引力的社会实践活动，在设计的规则和原则上具有很强的独特性和实用性，教师积极地吸收其中的精华，将其运用到课堂教学中，有助于提高课堂的教学效果，提高学生的学习积极性，使学生能够在愉悦的学习环境中健康快乐地成长。团队合作已经变得十分重要，这也是当前课程改革倡导的自主、合作、探究学习方式在教学中的体现。

（四）可行性原则

可行性原则是指教学目标应是可操作、可检测的，教学过程中的师生活动应是明确的，教学的结果应是可测量的。加涅在《教学设计原理》一书中提出一份包含以下四种因素的备课表：① 陈述课的目标，划分课的学习结果领域；② 列出打算使用的教学事件；③ 列出每一个教学事件赖以完成的媒体材料及活动；④ 注明教师的作用和各种活动。他还指出，教学事件是基于对信息的内部加工阶段的假定顺序而确立的。设置外部事件的目的是促进内部过程，因而把它们按顺序呈现是有意义的。在他所举的例子中就包括了引起注意、告知学生目标、刺激回忆前提性的学习、出现刺激性材料等具有很强操作性的教学事件，这就是教学设计应遵循可行性原则的具体体现。课题内容应该是课本知识的延伸和升华，通常也应与日常生活、生产实践和先进的科学技术紧密结合，但不能超越学生的年龄特征和知识范围，即设计实验必须切实可行，使学生能够顺利地完成探究任务。学生只有在解决实际问题的过程中，通过亲身经历“概念”与“过程”的相互作用才能真正理解科学。对于许多学生来说，当他们需要解决一些自己感兴趣的又与自身实际能力相适应的问题时，他们便发现需要科学知识，从而产生学习的愿望，并能抓住学习的要点。

综上所述，学科教学过程设计主要考虑教学程序的制订，教学程序是由各种的机能练习组成的，这些教材以什么样的方式呈现要与主教材教学目标的达成高度相关，而按照什么样的逻辑关系先后排列则构成了教学方法，教学过程的优化组合是提高教学质量的关键，也是教学设计的最大功能，这就需要教师不断提高自身的专业技能素质，增强教学设计的意识与能力，以适应新课程改革不断深化课堂教学的需要。

第三节　学科教学过程的几对基本关系

学科教学过程涉及教师、学生、教材和教学手段等要素，是各种要素在最优化的理论指导下形成的比较科学合理的教学结构与教学流程，教师需要重点处理好以下几对基本关系，确保教学活动得以有效开展。

一、教师主导与学生主体的关系

教学过程是教师和学生共同活动的过程，教师的主导作用与学生的主体作用之间具有内在的联系。

第一，教师在教学过程中必须起主导作用。教学过程中的主导作用是指教师在教学过程中发挥设计、组织、调整的作用。教师必须根据教学目标的要求、教学内容和学生的特点，对教学过程进行周密的计划和安排；必须亲自组织教学，启发学生积极主动地进行学习，指导他们在掌握知识的基础上全面发展；必须根据学生学习的实际情况，及时准确地调整教学计划，有的放矢地进行教学。学生虽是认识的主体，但又是许多方面尚不成熟的人，这就使得学生的主要任务是接受教育，需要教师的指导。忽视或降低教师的主导作用，必然会降低教学质量。

第二，学生是教学过程的认识主体，对自身的发展有重要影响。学生在教学过程中虽处于受教育的地位，但他们是学习的主人；他们虽然许多方面尚不成熟，需要教师的引导，但他们是认识和发展的主体，具有主观能动性。学生只有充分发挥自己的主观能动性，才能真正自觉地获取知识和实现自身的发展。在教学过程中，学生既是教的对象，又是学的主体。这就使得学生不是教师可以任意注入知识的“容器”，任意描绘的“白板”，而是对教师的“教”具有选择和主观能动性的主体。

第三，教师的主导作用与学生的主体作用是辩证统一的。只有通过教师的组织、调节、指导，学生才能迅速有效地掌握知识和获得发展；同时，也只有在学生积极主动参与教学活动时，教师的指导、调节才能起到应有的作用。在教学过程中，一方面，教师主导作用的实现是以学生主体作用的发挥为基础的。学生的主体作用是其认识与发展的内因，教师的作用是学生学习发展的外因。教师主导作用的实现与否，要看教师是否把学生视为认识发展的主体，是否真正调动了学生的学习积极性。另一方面，学生的主体作用也主要是在教师的主导下形成和发展的。学生的发展水平、对学习的态度和积极性，离不开教师教育的主导作用。在教学过程中，教师的教影响学生的学，学生的学也不断促进并检验教师的教。

二、直接经验与间接经验的关系

个体获得经验有两种基本途径，一是直接经验的途径，二是间接经验的途径。在获得经验的过程中，每个人都将面临一个根本矛盾，即社会知识的无限性和个体生命的有限性矛盾。这就决定了学校教学的根本目的，是使学生有效地掌握间接经验，迅速丰富知识，提高认识，能够较快地适应工作岗位要求，推动社会发展。教学过程是学生的认识过程，要处理好间接经验与直接经验的关系。在教学过程中，学生的认识对象主要是以课程、教材为基本形态的间接经验。课堂教学是学生掌握间接经验最有效的途径，在教学过程中，间接经验经过了特殊加工并且有教师的教学，学生在有目的、有计划、有组织的教学过程中学习间接经验，可以不受时间和空间的限制，从而能够用较少的时间把人类积累起来的基础知识接受下来，使个体的认识达到同人类认识水平一致的高度。

课堂教学以间接经验为主并不是不要直接经验，学生的学习离不开直接经验。直接经验不仅是学生获取间接经验的途径之一，而且在学生获取间接经验中具有重大作用。一是直接经验是掌握间接经验的认识基础，是个体在实际经历中获得的感性认识。人总是基于感性认识来认识间接经验的。二是直接经验的丰富与否，常常影响间接经验特别是抽象理论理解的深刻程度。三是直接经验的生动形象性，往往能激发学生的学习兴趣，发展学生的认识能力，增强学习间接经验的主观能动性。因此，要重视实践在直接经验教学过程中的作用，加强学生的探究、发现和创造活动，发展学生的独立思考和实际操作能力，重视学生在探究性活动中获得感性的直接经验，为向理性认识转化打下坚实基础。

三、传授知识与培养品德的关系

教学过程既是传播和学习文化科学知识的过程，又是学生在掌握知识的基础上接受思想品德教育的过程，知识教学与思想品德教育具有本质联系。教学的教育性是一种客观存在，在教学过程中，无论教育者是有意还是无意，其工作本身都会对学生思想品德的形成与发展产生影响，并为学生思想品德的形成与发展奠定基础。这是因为科学知识本身就具有重要的思想道德教育价值。各学科教材的内容不仅从不同方面揭示着自然、社会和思维现象发展变化的规律，而且又总是在一定思想体系指导下编写的。让学生掌握各学科的教材内容，就不可避免地会使学生受到有关学科内容思想的影响。同时，教师是具有一定思想观点的人，会在一定思想体系、哲学观和阶级立场、观点的指导下从事教学工作。加上教师活动方式的示范性特征，学生具有向师性和模仿性的特点，就使得教师在教学过程中的态度、立场、观点成为教学过程中最经常、最主要的教育因素。教学组织形式、教学方法中也具有教育因素，它们都会影响学生的思维方式和学习方法，对学生的思想、行为产生影响。没有教育性的教学是不存在的。教师要明确知识教学与思想品德教育的关系，在教学过程中把知识教学与思想品德教育有机地结合起来，既要注意挖掘教学内容的思想因素，克服只教书不育人的倾向，又要防止在教学中进行思想品德教育的自然主义和形式主义。

四、教学内容与教学形式的关系

教学形式与教学内容密切相关，好的教学形式有利于教学内容更好地呈现，教学内容直接决定了教学形式。在学科教学中，教学内容与教学形式的关系处理是否得当，直接决定了教育教学的效果。新课改以来，学科教学中存在这样一个误区：一味追求教学形式多样、花哨、新颖，追求课堂氛围热烈浓厚，以期吸引学生的注意力，其结果却是偏离教学内容，教学效果并不明显。其实，无论是学科教学还是其他活动实践的教学，教学内容才是中心，采用何种教学形式都要服务于教学内容这个中心。如果不利于教学内容的更好展现，那么即使这种教学形式再好也不能采用。从这个角度出发，一些教师一遇公开课，就PPT、录音机、学习卡片、教学录像等十八般武艺一起上的做法明显是不恰当的。教师讲授与学生学习无疑是教学活动的重点，缺少任何一样，“讲”与“授”之间就不能联系起来，正常的教学活动就无法顺利开展。有人说，教学活动非常复杂，任何一个环节处理不好或者没注意到，教学效果就不能很好地体现出来。实际上，教师要做的就是在教与学之间找到一个平衡点，只要抓住并把握好这个平衡点，就抓住了教育教学的“要害”，就能更好地帮助学生尽快提高学习成绩，从而更好地提升教育教学效率。

要正确处理教学内容与教学形式的关系，教师除了要有敬业的精神、渊博的知识，还要学会换位思考：把自己当成一名学生，上课之前先对着自己讲一遍；课堂上要多和学生互动，及时了解和掌握教学效果；课后要认真听取学生、家长的意见，及时修改、完善教学方法。只有教师主动跳出“教”的思维定式，多从学生的角度检视自己，才能真正和学生打成一片，更好地实现教书育人的目的。

第四节 新课改关于学科教学过程的建议与启示

一、《纲要》与新课标的相关建议

教育部2001年颁布的《基础教育课程改革纲要（试行）》（以下简称《纲要》）在“课程改革目标”部分提出，“改变课程过于注重知识传授的倾向，强调形成积极主动的学习态度，使获得基础知识与基本技能的过程同时成为学会学习和形成正确价值观的过程。”

“改变课程实施过于强调接受学习、死记硬背、机械训练的现状，倡导学生主动参与、乐于探究、勤于动手，培养学生搜集和处理信息的能力、获取新知识的能力、分析和解决问题的能力以及交流与合作的能力。”这两段话从课程实施的过程对教师提出了明确的要求。

《纲要》在“教学过程”部分强调，“教师在教学过程中应与学生积极互动、共同发展，要处理好传授知识与培养能力的关系，注重培养学生的独立性和自主性，引导学生质疑、调查、探究，在实践中学习，促进学生在教师指导下主动地、富有个性地学习。教师应尊重学生的人格，关注个体差异，满足不同学生的学习需要，创设能引导学生主动参与的教育环境，激发学生的学习积极性，培养学生掌握和运用知识的态度和能力，使每名学生都能得到充分的发展。”“大力推进信息技术在教学过程中的普遍应用，促进信息技术与学科课程的整合，逐步实现教学内容的呈现方式、学生的学习方式、教师的教学方式和师生互动方式的变革，充分发挥信息技术的优势，为学生的学习和发展提供丰富多彩的教育环境和有力的学习工具。”这两段话提出教学过程要处理好师生教与学的关系、教学过程信息技术运用的问题。

具体到各学科的教学上，结合学科特点与教学规律，每个学科的课程标准在“教学建议”部分都提出了具体的教学过程要求。《义务教育课程方案（2022 年版）》对中小学各科的课标都有详细的表述，下面就列举语、数、英三门课程的课标在“教学建议”部分的要点，从中也可以管窥各学科教学过程的一些要求：

义务教育课程方案(2022年版)

《义务教育语文课程标准（2022 年版）》

1. 立足核心素养，彰显教学目标以文化人的育人导向。
2. 体现语文学习任务群特点，整体规划学习内容。
3. 创设真实而富有意义的学习情境，突显语文学习的实践性。
4. 关注互联网时代语文生活的变化，探索语文教与学方式的变革。

《义务教育数学课程标准（2022 年版）》

1. 制订指向核心素养的教学目标。

（1）教学目标要体现核心素养的主要表现。

（2）处理好核心素养与“四基”“四能”的关系。

（3）教学目标的设定要体现整体性和阶段性。

2. 整体把握教学内容。

（1）注重教学内容的结构化。

（2）注重教学内容与核心素养的关联。

3. 选择能引发学生思考的教学方式。

（1）丰富教学方式。

（2）重视单元整体教学设计。

（3）强化情境设计与问题提出。

4. 进一步加强综合与实践。

（1）明确教学目标。

（2）设计教学活动。

(3) 关注教学评价。

5. 注重信息技术与数学教学的融合。

(1) 改进教学方式。

(2) 促进自主学习。

《义务教育英语课程标准（2022 年版）》

1. 坚持育人为本。

2. 加强单元教学的整体性。

3. 深入开展语篇研读。

4. 秉持英语学习活动观组织和实施教学。

5. 引导学生乐学善学。

6. 推动“教、学、评一体化”设计与实施。

7. 提升信息技术使用效益。

二、新课改对学科课堂教学的启示

传统的课堂教学中存在着老师讲、学生听的“一言堂”弊端，老师教学生什么，学生就必须学什么，无须考虑为什么。新课标要求教师的作用已不再是传统的“传道受业解惑”，而变成了“激趣、启思、导疑”。学校课堂应该具有激发学生学习兴趣，培养学生思维能力、综合分析能力、创造能力等新的学科教学功能。教师应在课堂上充分调动学生的学习积极性，给学生展示个人才华的时间和空间，培养学生的学习兴趣，提高课堂教学效益。在教学中，教师利用充足的实践活动和现代教育手段，引导学生学习人类在探索自然的过程中所积累的丰富知识和形成的科学方法；激发学生的学习兴趣，创设科学探究的气氛，将能力培养按学段融入教学内容之中；教师密切联系实际，从学科角度，利用社会生活现象使学生主动具备一些先进的、基本的科学观念和人文素养；随着学生认知水平和实践能力的发展，他们对科学观念和人文素养的理解逐渐加深，最终能够运用科学思想去观察自然社会，把学到的学科知识、技能转化为科学思想，进而转化为科学信念，进而产生正确对待自然和处理社会生活中各种问题的行为。

在实际教学中，尽可能采用交互式模式教学。交互是指教与学的交互，教育者与被教育者之间的交流，是教师与学生之间观点上的交换，思想认识上的沟通，情感上的互相感染。交互式教学的核心问题是变“以教师为中心”为“以学生为中心”。教学的根本目的是学生的发展和完善而不是教师讲完规定的教材内容，不是为了“让学生学会什么”，而是为了“让学生能够会学什么”。交互式教学重视学生的成长需求，要求教师在教学中根据学生的成长需求来整合、处理和完善教材。交互式教学不仅要求学生思考书本知识中的问题，更重要的是思考人与自然、人与人、人与社会、人与未来关系中的实际问题，从而理论联系实际，在此基础上进行能力训练和培养创新精神，从而学好学生自身成长过程所需要的知识，把青少年的个人价值需求与社会价值需求统一起来。新课标的培养目标是使学生形成积极主动的学习态度，掌握适应终身学习的基础知识、基本技能和方法，因此在课堂教学中，应该注重对学生收集、分析、处理数据信息的能力的培养。

教师要重视对学生实验探究能力、创新能力的培养。《义务教育课程方案（2022 年版）》明确提出，“加强课程与生产劳动、社会实践的结合，充分发挥实践的独特育人功能。突出学科思想方法和探究方式的学习，加强知行合一、学思结合，倡导‘做中学’‘用中学’‘创中学’。优化综合实践活动实施方式与路径，推进工程与技术实践。积极探索新技术背景下学习环境与方式的变革。”针对新课程标准中的要求，为适应学生未来发展的需要，适应自然社会学科发展的需要，教师应注重对学生科学精神、实践能力、创新意识的培养，让学生能够自主地、创造性地学习学科知识。

教师还要重视现代教育技术的运用，利用多媒体辅助学科教学。传统的“五个一”（一块黑板、一支粉笔、一张嘴、一本教材、一本教案）加上有限的学科实验演示的教学方法，在网络时代的今天，已存在着教学手段落后和教法陈旧的不足，已不能完全适应现代教育的发展。教师要不断加强现代教育技术的学习，提高信息技术素养与能力，学会灵活运用多种教学策略和现代教育技术，努力探索网络环境下新的教学方式，促进线上线下教学相结合，不断提高课堂教学的效率与质量。

本章小结

1. 关于教学过程本质的探讨，最具有代表性的观点有特殊认识说、发展说、交往说与多本质说。

2. 教学过程的要素主要包括教师、学生、教材和教学手段。

3. 教学过程的基本要义可以归纳成六个字：双向、系统、变式。

4. 学科教学过程设计的内容包括三个方面：一是“内容”与“过程”的统一，二是教学内容设计问题化，三是教学内容和教学过程生活化。

5. 学科教学过程设计的方法主要有控制变量调节优化法、合作学习与体验式学习的整体性设计，以及方法指导的针对性与目的性的整体性设计。

6. 学科教学过程设计的原则有整体性原则、启发性原则、协作性原则和可行性原则。

7. 教师在学科教学过程设计中要注意几对基本关系：一是教师主导与学生主体的关系，二是直接经验与间接经验的关系，三是传授知识与培养品德的关系，四是教学内容与教学形式的关系。

案例研讨

小学品德与社会课程“我们的地球”教学过程设计（有删减）

执教者：陈慧君

一、猜谜导入

1. 听说三（13）班的小朋友们特别聪明好学，老师先出一个谜语考考大家，请看大屏幕，谁来响亮地读一读？（出示谜语：形状圆圆像太阳，天天围着太阳转，青山绿水花儿美，它是生命的故乡。）

2. 说起地球，老师的心中就会涌起无限温热的情感。虽然她只是茫茫宇宙中的一个天体，却是我们 80 多亿儿女共同的家园。今天，老师就要带领大家去认识我们的地球（板书课题），探索她的奥秘！

二、探索地球

（一）一度探索地球——初步认知地球是一个大球体

1. 你们知道地球是什么形状吗？

2. 今天，老师把地球妈妈请到了我们的课堂。（出示地球仪）地球仪是仿照地球的形状，按一定比例缩小制作的地球模型。在各小队的桌上，老师也给大家准备了一个小的地球仪，它可是我们了解地球妈妈最形象直观的工具。

3. 小朋友们都有一双善于观察的眼睛，不妨近距离地看看桌上的地球仪，就知道地球的形状是？（板书：球体）是呀，更科学地说，（出示资料：地球是一个椭圆形的大球体，东西略宽，南北略扁，近似一个大圆球。它的周长约为 40 000 千米。）假如小朋友们手拉手绕地球一圈，起码要 3 000 万人呢！这个长度相当于在我们县城体育场连续跑 10 万圈的长度！（出示地球和县体育场的图片及周长数据）孩子们，当你看到这些数据时，你想说什么？

（二）二度探索地球——初步了解七大洲和四大洋

1. 初识洲洋

(1) 其实，地球表面的学问还大着呢！在她的身上，分布着七大洲和四大洋。

（板书：七大洲　四大洋）

你瞧，这是一张地图，让我们亲切地喊喊七大洲的名字吧！（出示世界地图，逐个点击七大洲）为了快速记住这七大洲，老师编了一句口诀，我们一起读一读。（出示口诀）

(2) 四大洋在哪呢？有谁知道？（出示世界地图，抽学生说出四大洋，教师逐个点击）。

2. 小组 DIY

(1) 认识了七大洲和四大洋，地球妈妈想考验考验你们，不知道同学们愿不愿意接受挑战？请看大屏幕！（出示要求：小组合作 DIY，对照地球仪，参考课本第 75 页的内容，用彩泥在蓝色的圆球上“再现”七大洲，并标出四大洋。）

(2) 分小组体验活动：学生找一找、捏一捏、按一按、贴一贴。

(3) 展示作品。

3. 记忆妙招

(1) 刚才在 DIY 的过程中，不知同学们有没有发现，每个洲的形状都不相同，你是怎么区分的？有什么妙招？

(2) 学生分享记忆妙招。

预设生 1：非洲像数字 7。

预设生 2：北美洲和南美洲手拉手，像一对好姐妹。

预设生 3：南极洲位于地球的最南端，像艘船。

4. 比较面积

(1) 通过记忆位置和轮廓，我们区分了各大洲，仔细看看七大洲的面积，你发现了什么？

这是七大洲的面积比较图，让我们按从大到小的顺序，说出它们的名字。（出示七大洲面积比较图）

老师编了一首儿歌，让我们一起来读一读。（出示儿歌）

(2) 看看四大洋的面积，你又发现了什么？

是的，四大洋的大小在这张图中一目了然，谁能按从大到小的顺序说出它们的名字？（出示四大洋面积图）

5. 诵读诗歌

地球妈妈的奥秘还真不少，通过刚才的学习，我们认识了七大洲和四大洋，为了方便大家记忆，地球妈妈送来了一首《大洋大洲拍手歌》，让我们一起拍拍手读一读。（出示儿歌：地球地球是球体，七洲四洋连一体。亚非欧，大洋洲，北美、南美、南极洲，太平洋，大西洋，印度洋，北冰洋，交错分布真美丽！真美丽！）

6. 海陆比例

(1) 通过刚才的探索和交流，我们知道了很多有关地球妈妈的知识，四大洋我们统称为海洋，跟海洋相对的七大洲我们统称为陆地。

(2) 比较海洋与陆地的面积大小，说说地球表面是陆地面积大还是海洋面积大？（出示海陆面积比较图）如果把地球平均分成十份，海洋面积占了七份，而高出海平面的陆地只占了三份。所以说，我们的地球是由三分陆地、七分海洋组成的。（板书：三分陆地七分海洋）我们的地球妈妈是一个不折不扣的水球。

（三）三度探索地球——了解麦哲伦的环球航行

1. 在遥远的古代，人们对地球的认识可没有我们这么清楚。谈到对地球的认识，我们不得不提到一个人，他就是伟大的航海家麦哲伦，让我们一同走进麦哲伦的故事。（出示微课：麦哲伦的环球航行）

交流：听了这个故事，你有什么感受？

2. 因为有了这些伟大的先驱者，我们才能更准确地认识地球妈妈。想不想跟随麦哲伦来一次环球航行？（出示活动要求：用小红旗标出“麦哲伦的环球航行”的主要地点）

小组模拟航行，展示作品，反馈交流。

小结：在我们跟着麦哲伦环绕地球一周之后，我们更加真切地感受到地球确确实实是一个球体。

（四）四度探索地球——初步了解多彩地貌

1. 通过刚才的学习，我们了解了地球是个大球体，三分陆地和七分海洋交错分布形成了七大洲和四大洋。那么，地球上不同的颜色分别代表了什么？

（出示微课：地球妈妈的自述）

2. 分享地貌之美

(1) 过渡：课前，针对地球妈妈不同的地貌，小朋友们根据自己的喜好与旅游所见，组建了不同颜色的探索奥秘小队，开展了寻找地球美丽风光的活动，大家一定有很多惊喜的发现吧！现在就来分享我们发现的美。

(2) 交流分享：

绿色探秘小队（森林、草原和田野）、蓝色探秘小队（河流、湖泊和海洋）、黄色探秘小队（沙漠、盆地、高原和山脉）、白色探秘小队（冰川雪地）。

3. 小结

地球上的美景实在是太多了，正因为有了这些奇妙无比的地貌，我们的地球妈妈才成为茫茫宇宙中最可爱的星球。老师建议各探秘小队们把搜集到的地貌图片、知识等进行整合，出一份手抄报，或是大家共同合做出一期班刊，让更多的老师和同学了解我们的地球。

4. 展示美丽风光，再次感受地貌的多姿多彩

(1) 地球妈妈决定邀请我们飞上蓝天，去各大洲大洋观光旅游。小旅客们，系好安全带了吗？准备出发吧！（出示图片展示各大洲大洋的美丽风光）

(2) 交流感受：各位旅客，旅途愉快吗？此时此刻，你想对地球妈妈说些什么？（板书：美丽的家园）

三、课堂小结

地球，是一个多么美丽的星球啊！这里有蓝色的海洋，有五彩的大陆，还是生命的摇篮！通过这节课的学习，我们对地球妈妈有了新的认识。其实，她身上还有许多奇妙的地方。大家不妨去看一看《海底两万里》《地心游记》《八十天环游地球》《娜塔莉玩转地球》和《如果地球被我们吃掉了》这些书，一定能发现地球妈妈更多的奥秘！

请您结合本章所学知识，对上述课例教学过程设计进行评价。

技能训练

从自己所学的专业学科角度，从中小学相对应的学科教材中选择一篇课文进行教学过程设计。

要求：

1. 教学过程设计科学合理，有逻辑性与条理性；

2. 教学过程的重点、难点要突出，问题设计要有针对性；

3. 书写格式要规范，语言通顺简洁。

资源链接

1. 巴班斯基：《论教学过程最优化》，吴文侃等译，教育科学出版社 2001 年版。

2. 尼尔森：《最佳教学模式的选择与过程控制》，魏清华、陈岩、张雅娜译，华南理工大学出版社 2014 年版。

3. 崔允漷：《学校课程实施过程质量评估》，华东师范大学出版社 2017 年版。

4. 张菁：《教学过程设计的价值取向与实践成效：课堂观察》，首都师范大学出版

社 2016 年版。

5. 周波、徐学福:《我国近 60 年教学过程本质研究的审视》，河北师范大学学报（教育科学版），2009 年第 6 期。

6. 中华人民共和国教育部:《义务教育课程方案（2022 年版）》，北京师范大学出版社 2022 年版。

第四章　学科教学规律与教学原则

学习目标

1. 理解学科教学规律、教学原则的内涵与理论依据。
2. 掌握学科教学基本规律与教学原则。
3. 学会运用教学规律与教学原则指导学科教学活动。

问题导入

一位物理教师在课堂上提问学生："把一块铁块和一块木块放在水里，会出现什么情况？"学生回答："铁块沉下去，木块浮在水面上。""为什么呢？""因为铁块重。""钢铁制的巨轮也很重，为什么却浮在水面上呢？"教师这一问，学生的情绪一下子高涨起来，开始积极地思考问题。之后，教师再引出"阿基米德原理"。

问题：这一教学案例体现了什么教学原则？在教学中如何运用这一原则？

教学活动是一种有目的、有计划的培养人的活动，必须遵循一定的教学规律和教学原则才能取得预期的教育效果。我国最早的一部论述教育教学问题的著作《学记》中，就对教学规律和教学原则有过精辟论述，诸如教学规律有"时观而弗语，存其心也。幼者听而弗问，学不躐等也"，教学原则有"道而弗牵，强而弗抑，开而弗达"的启发式原则。近代西方的教育家如卢梭在《爱弥儿》中主张教育必须顺应儿童天性发展的自然历程，同时还要尊重儿童的个性特点；夸美纽斯在《大教学论》中明确提出了教学直观性原则、循序渐进和系统性原则等。这些古今中外教育家的关于教学规律与教学原则的思想，对今天的学科教学依然有很重要的启发作用。

第一节　学科教学规律

一、学科教学规律的内涵

规律是指事物运动过程中固有的、本质的、必然的、稳定的联系。教学规律是指教学现象中客观存在的，具有必然性、稳定性、普遍性的联系。教学规律对教学活动具有规约作用，是制订教学原则的重要依据。[1] 学科教学规律，即普遍存在于具体各个学科教学现象和教学活动中的规律。关于学科教学规律的概念，不同的研究者持有不同的观点和见解。有学者认为，学科教学规律是学科教学过程中必然存在的、稳定的联系。[2] 亦有学者指出，学科教学规律是客观存在于学科教学过程中，且不以人的意志为转移的本质的必然联系。[3] 还有论者认为，学科教学规律是推动学科教学活动不断发展变化的诸因素之间的、内部的、本质的联系和发展的必然趋势，它们是学科教学过程中带有普遍性的、巩固性的、必然性的和经常起作用的东西。[4] 由此可以总结出学科教学规律的特点，即客观性与必然性。其中，客观性是学科教学规律的本质特征。纵观历史上关于学科教学变革或教学内容的重组，或教学方法的遴选，或教学模式的探究，这些总会有形无形地对学生的品德产生正面或负面的影响。必然性是指学科教学规律是必然而非偶然存在于学科教学现象和学科教学过程之中的，只要有教学现象或教学过程，就有教学规律存在。把握学科教学规律及其特点是提高学科教学质量、提升学科教学水平、促进良好师生关系建立的根本保障。

在中小学各学科教学中，不同学科的学科本质、内容体系与教学要求是存在一定的差异性的，由此各学科在教学规律上有自身的独特品性，换句话说，是教学规律共性与学科教学个性的结合。例如，语文学科的教学规律与数学学科的教学规律是有区别的。因此，学科教学规律是指学科教学过程中客观存在并能够反映学科本质的各种要素普遍的、必然的、稳定的联系。这种内涵的解释强调的是教学规律一般共性与学科本质特殊个性的统一。

二、学科教学规律的心理学依据

学科教学规律是教育者在长期的教学实践活动中探索并总结出来的。从学科教学发展历史看，学科教学活动受到比较著名的赫尔巴特的四阶段教学理论、斯金纳的程序教学理论、布鲁纳的认知—发现学习理论、皮亚杰的建构主义学习理论等心理学理论的影响。这些心理学理论揭示出学生认知活动与认知过程的一般发展规律，具有普遍性的特点，由此也成为学科教学规律的重要依据。

（一）四阶段教学理论

赫尔巴特提出，学生在接受新事物之时，有一条明显的思维主线，即“明了—联想—系统—方法”。“明了”是教学过程的第一步，它相当于出现的新事物，一般由教师传授给学生。为引起学生的注意，新事物最好以直观的方式展示。在此阶段，学生的心理状态主要表现为处于静止的注意活动，努力理解新概念。“联想”是将出现的新事物与经验中原有的事物进行联系，初步形成新旧事物之间的某种暂时的“关系”。“系统”是针对“联

---

① 余文森、洪明等：《课程与教学论》，福建教育出版社 2015 年版，第 90 页。
② 李秉德：《教学论》，人民教育出版社 1991 年版，第 39 页。
③ 赖志奎：《现代教学论》，杭州大学出版社 1998 年版，第 89 页。
④ 王光宇：《教学规律与教学改革》，冶金工业出版社 1989 年版，第 20 页。

想”阶段初步形成的新旧事物之间的关系进行整合，使之系统化。“方法”是通过重复的推广与应用，进一步验证“联想”阶段的新关系。检验的方式有作业、写作与改错等，目的是让学生在类似的情境中获得对新知识的理解、概括、升华。

（二）程序教学理论

程序教学是指将学科的知识按其中的内在逻辑联系分解为一系列的知识项目，这些知识项目之间前后衔接，逐渐加深，然后让学生按照知识项目的顺序逐个学习每一项知识，伴随每个知识项目的学习，及时给予反馈和强化，使学生最终能够掌握所学的知识，达到预定的教学目的。可见，精心设置知识项目序列和强化程序，是程序教学取得成功的关键所在。斯金纳认为，在学科教学过程中，学生要达到教育者期望的行为目标，如果此目标一时不能做出来，可通过将目标分解的方式，把复杂的行为目标转化为小的单位或小步骤，并确保每个步骤的行为都得到及时的强化。

程序教学要遵循以下教学原则：积极反应原则；小步子原则；即时反馈原则；自定步调原则。根据这些原则，斯金纳将教材由浅入深、由简到难分为多个学习小单元，每一个小的学习单元都由“解释—问题—解答—确认”几个环节组成并循环往复。这种教学理论符合学科教学的学生认知发展规律，是学科教学规律的主要依据之一。

（三）认知—发现学习理论

布鲁纳认为，学习的目的在于发现学习的方式，使学生在头脑中形成对学科基本结构的认知。在此基础上，他提出了认知—发现学习理论的学习观和教学观。其中，学习观强调，学生学习的本质不是被动形成刺激—反应的联结，而是主动形成认知结构。布鲁纳非常强调认知结构的形成和对学生现有认知结构的了解在知识学习中的重要作用。他认为，学生必须对学习材料所揭示的规则、现象、事物正确地类别化（概括化），以便在具体知识的基础上形成一般编码系统，促进知识的获得和认知结构的形成。因此，布鲁纳认为，学习过程实际上就是类别化的过程。学习者是主动而不是被动获取知识，并能将新知识与已有知识相联结，构建新的知识体系。获得新知并非学习的终结点，可通过转化等形式超越给定的信息，运用各种方法将其转变成另外的形式，从新的任务当中获得更多知识。此外，还可通过评价的检查方式核对处理和运用新知识的方法是否得当。

认知—发现学习理论的教学观认为，教学的目的在于理解学科的基本结构，而教育工作者的任务是把知识转化成适应正在发展着的形式，通过教学设计的模式，让学生用自己的头脑亲自获得一切知识形式。学习任何一门学科，都有一连串的新知识，每个知识的学习都要经过获得、转化和评价这三个认知学习过程。布鲁纳曾经指出：“学习一门学科，看来包含着三个差不多同时发生的过程。”学习便是通过获得、转化和评价三个过程，将学科知识转化为学习者自己的知识的过程。这种教学观点对学科教学具有重要的启示作用。

（四）建构主义学习理论

建构主义学习理论创始人为皮亚杰，主要代表人物是维果斯基、奥苏伯尔和布鲁纳。

建构主义知识观强调知识的动态性，认为知识不是对现实的准确表述，只是一种解释、一种假设。知识并不能精准概括世界法则，而是要针对具体情境进行再创造。建构主义学习观关注学生丰富的经验世界，强调学生的巨大潜能，认为学生并不是空着脑袋走进教室的；尊重、保护个体经验世界的差异性，重视学生的已有经验，将学生现有的知识经验作为新知识的生长点。建构主义学习观认为，学习是学习者主动接受信息、建构信息的过程，而非教师向学生单向传递知识的过程；认为学习具有社会互动性和情境性，既离不开团体之间的相互影响，亦离不开个体社会实践活动的参与。因此，建构主义提倡在教师指导下的、以学习者为中心的学习，既强调学习者的认知主体作用，又不忽视教师的指导作用，教师是意义建构的帮助者、促进者，而不是知识的传授者与灌输者。学生是信息加工的主体，是意义的主动建构者，而不是外部刺激的被动接受者和被灌输的对象。

从新课改的课堂教学实践看，新课改倡导的自主、合作、探究的学习方式，鼓励学生主动积极地去学习知识，这正是吸纳了建构主义理论并体现在教与学的过程中。可见，建构主义学习理论对学习和教学做了新的解释，这是学习和教学理论在杜威、维果斯基、皮亚杰和布鲁纳等的思想基础上的又一次大综合和大发展，是为改革传统课堂教学而进行的又一次大胆尝试。学生是自己的知识的建构者，这正是其主体性的内在根据。学生的主体性不是教师仁慈地赋予他们的，而是他们作为学习者天然具有的，只有认识了学习的建构性才能真正认识到学生的主体性所在。

三、学科教学的基本规律

学科教学规律是客观存在于教学过程中的不以人的主观意志为转移的本质联系，具有客观性、普遍性、稳定性、必然性的特点。学科教学要遵循教学基本规律，才能够取得良好的效果。简要而言，学科教学的基本规律包括：

（一）教学相长性规律

教与学、教师与学生是贯穿学科教学过程的两对基本关系。其中教与学以对方存在为自身存在的前提，二者相互影响、相互促进。教学相长的含义是通过教学不但使学生得到发展和进步，教师自身亦得到提升。

教与学层面主要从以下两点理解。第一，教的真正含义是促进学习者的学。教的出发点和归宿点都是学习者的学。如教师在课堂上将学习者的学置之脑外，不求学习效果，只一味地为教而教，这种教的价值就丧失殆尽。从哲学上讲，学科教学过程中的教和学是同一过程中的两个方面，二者虽然有逻辑上的区分，实质上是一个统一的整体。第二，教的目的是促进学习者真正学习。如果教师的教不能在一定程度上促进学习者的学，而是阻碍学习者的学，那么这种教就不是真正意义上的教。在课堂上，教阻碍学的表现存在两种状况：一是教师照本宣科，不能将书本知识有效转化为适合学习者学习的内容，使学习者大倒胃口，从而失去学习的热情和兴趣；二是教师不懂得如何取舍所传授的知识点，无法准确把握本班学生的学情，依旧按部就班讲授学生自己阅读便能看懂的知识点，这就剥夺了学习者自觉、独立学习的机会，从而阻碍学习者学习能力和学习积极性的发展。

学习者的学，也在一定程度上促进了教师教的提升。[①] 第一，学的存在决定了教的任务。没有学习者，就没有教师，没有学习者的学，就没有教师的教。学习者的接受程度决定了教师的教学规格，学习者的习得方式决定了教师的教学组织策略。学对教的这种内在的约束性既是被动的也是主动的；既是对教师的限制，也是对教学的促进。班级中不同学习层次的学习者都对教师教学改善有一定的促进作用。有一位特级教师曾言："学习好的学生是我提升业务能力的老师，学习差的学生是提高我教学方法的老师。"第二，教育者欲要执行教学任务必须先接受教育。为教学生，教师必先教自己。教师自身的教与学在教学中也是同步提升的。如为教好鲁迅的《祥林嫂》，首先需研读与《祥林嫂》有关的文本资料与鲁迅的其他作品，增强自己对鲁迅作品的了解及感悟。其次要搜集借鉴研究名师处理此文本的教学方法及成果，这样一课一课地"教"，一课一课地"学"，日积月累，就能逐渐提升自己的教学技能。因此，欲要培养什么样的学生，自己首先应当是这种学生的导向者。

（二）教学发展性规律

教学发展性规律揭示的是学科教学过程当中增长知识与发展智力之间的关系。两者之间的关系表现在，无论是前人的探索知识、发现知识或者创造知识，还是后人的学习知识，都必须付出一定的智力活动。因此，知识是人智力劳动的产物，一切知识背后都包含着人们的劳动价值。而人们在探索、寻求知识的过程当中，又会无形促进智力的发展。因而，知识与智力二者之间是传授知识与发展智力的统一体，主要表现在以下两个方面：

（1）智力是知识产生的前提。知识是人类在实践中关于客观事物及其变化发展规律的正确反映，是人类智慧的结晶。任何知识的概括与总结都离不开智慧的支配与作用，任何知识的形成都闪烁着人类智慧的光芒。知识的生产对智力活动还具有依赖性，因此，任何知识都凝聚着一定程度上的智力要素。[②]

（2）学习知识包含着发展智力。学生为了获得真知，其思维必被卷入思考的过程当中，正如孔子所言："学而不思则罔，思而不学则殆。"而思维品质愈高，获取知识的能力则愈强。这样，学习知识一方面可以促进学生思维能力的发展，另一方面可以丰富和充实学生的知识体系。

知识与智力相互依存，相互促进。但需要强调的是，在学科教学中知识的传授与智力的发展不一定同步。因为对于学生而言，由掌握知识过渡到发展智力仍是一个十分复杂的心理过程，且并非所有的知识教学都能有效促进学生的智力发展。故在学科教学过程中，教师应在权衡二者关系的基础上，"授人以渔"，教学生学会思考、学会探索、学会发现，不断丰富和完善个体的知识体系。

（三）教学教育性规律

教育家赫尔巴特强调教学的教育性规律。他认为，不存在无教育的教学。学科教学的

---

① 胡重光：《关于教学规律的思考》，《现代大学教育》2003 年第 2 期，第 34—37 页。

② 余文森、洪明等：《课程与教学论》，福建教育出版社 2015 年版，第 90 页。

教育性规律揭示的是教学过程中教学和育人两个共存要素之间的关系，而这两要素包含三方面的共同互动：一是教学内容能育人；二是教师能育人；三是教学活动能育人。

教学内容即教材或教师根据教材内容选择具有经典性、实时性的教学材料。这些都是先人总结出来的、经过实践检验和证明的正确知识。而知识是科学性与思想性的统一，这就说明了知识本身具有育人的功能。许多教育家、文学家都曾对知识与道德的关系进行阐述。就知识的来源而言，列宁曾言："没有人的情感，就从来没有、也不可能有人对真理的追求。"就知识与道德的关系而言，叶圣陶曾言："一切知识的根本就是道德，若不在德行上扎根，纵有知识，并无是处。"就知识与道德的相互作用来看，司马光曾言："才德全尽谓之圣人，才德兼亡谓之愚人，德胜才谓之君子，才胜德谓之小人。"可见知识与道德休戚相关，教师必须深挖教学内容中的德育，促进学生知识与道德的共同发展。

教师能育人，这是由教师的劳动特点与学生的向师性决定的。就教师的角度而言，教师的劳动具有特殊性，因为教师在学科教学过程中，引导学生认识事物、把握规律的同时，他们自身亦作为参与者出现在学生面前。如教学过程当中的言行，言语中无意流露出来的学识、思想、才能、品格、人格魅力、待人接物等，无不潜移默化地影响、濡染、陶冶着学生的心灵。就学生的角度而言，学生具有向师性，他们将教师的言行作为自己模仿的典范。因此，教师应该注意到自己的为人处世、言谈举止都被学生视为模仿的榜样，从而做好为人师表的模范。

（四）教学二主性规律

在教和学的统一活动中，教师在教学过程中起主导作用，引导学生去认识和发展，学生是学习的主体。教师的主导作用和学生的主体地位是辩证统一的。主导是对主体的主导，而主体是主导下的主体。

一方面，在教学中，教师指引学生学习的方向，调动学生的学习积极性，选择适当的教学方法，做好教学活动的组织安排。从这个角度讲，教师是教育的主导，学生是学习的客体。另一方面，学生是活生生的人，是具有主观能动性的人，教师的主导过程不是直接实现的，必须变"教的目的"为"学的需要"，变"要我学"为"我要学"。因此，学生的积极性、主动性和创造性是教育教学成功的一个必要条件。从这个角度讲，学生是学习的主体，教师的职责就在于调动学生的积极性，使外因通过内因起作用。可见，强调学生的主体地位，并不排斥教师的主导地位。只有承认二者的辩证关系，才能有效地提高教学质量。

在教学过程中，教师应做到两点。① 敢于主导。教师要敢于发挥自己的优势和特长，认真备课，创造性地上好课，并在教学时提出明确的教学目的、任务，组织好课堂纪律，调动学生的学习兴趣和动机。② 要善于主导。教师在教学过程中，要认识到，学习的主体是学生，他们的主动性、积极性的发挥主要靠教师启发引导，靠教师的教学艺术及教学机智。教师一方面要发扬民主，和学生交朋友，做到教学相长；另一方面，应想方设法提高学生学习的兴趣，使学生在生动活泼的气氛中学习，激发他们的求知欲和好奇心，启发他们独立思考、广泛想象，真正做到主动地学习。

第二节 学科教学原则

教学原则是人们对教学活动本质性特点和内在规律性的认识，是教学工作有效进行的指导性原理和行为准则。它贯穿学科教学活动的整个过程，对教学过程中的各项活动起着指导和制约的作用。在教学活动中正确和灵活地运用教学原则，可以对提高教学质量和教学效率发挥重要的保障性作用。

一、学科教学原则的内涵与作用

（一）学科教学原则的内涵

在教育界，关于学科教学原则的概念的解释，目前有五种不同的观点：① 将学科教学原则与教学目的相联系，把学科教学原则定义为“依据教育教学目的，反映教学规律而制订的指导教学工作的基本要求”；② 将学科教学原则视为“一种规则”，即指导学科教学活动的规则；③ 把学科教学原则界定为“为确保学科教学顺利进行的学科教学策略或学科学习策略”；④ 将学科教学原则看作学科教学原理中应用原理的一部分；⑤ 把学科教学原则界定为学科教学的基本要求与指导学科教学活动的原理的结合。[①] 根据以往学科教学原则的界定及学科教学原则的特征，可将学科教学原则的含义界定为：根据一定的学科教学目的和学科教学任务，遵循学科教学规律而制订的对教学的基本要求，是指导学科教学活动的一般原理。

（二）学科教学原则的作用

作为教学活动的准则，学科教学原则必然能够对教学活动的各个方面起到指导和调控的作用，能够为教师提供积极有效的开展教学活动的依据。

1. 教学原则在一定程度上决定了教学内容、教学方法与手段、教学组织形式的选择

教学原则确定之后，对教学活动中的内容、方法、手段、形式的选择，都有着积极而重要的作用。巴拉诺夫指出：“教学论原则决定教学方法，选择教学方法和论证其效果有赖于作为这些方法基础的教学论原则，教学论原则体系，就是对学习和掌握教材的基本途径的总的说明。”

2. 科学的教学原则可以有效地提高教学效率

科学的教学原则在教学活动实践中的灵活有效运用，对教学活动的有效顺利开展和提高教学活动的质量和效率，都有着积极的作用。例如，对于直观性原则，教师在教学中通过学生观察所学事物或教师语言的生动形象描述，引导学生形成所学事物、过程的清晰表象，激发学生的丰富想象，激活他们的硬性知识，从而使他们能够正确理解书本知识和发

---

① 赵鹤龄：《教学原则的性质与特点》，《华东师范大学学报（教育科学版）》1988 年第 4 期，第 47—50 页。

展认识能力。

二、学科教学原则的依据

学科教学原则是人们在长期的教学实践中对教学经验的总结和概括，是依据一定的客观存在的事物提出来的，主要有以下四个方面的依据：

（一）学科教育目的

教育目的是指国家或社会对教育所要造就的人的质量规格所作的总体规定与要求，根据一定社会的政治、经济、生产、文化、科学技术发展的要求和受教育者身心发展的状况确定，反映了社会对受教育者的要求，是教育工作的出发点和最终目标，也是确定教育内容、选择教育方法、检查和评价教育效果的根据。学科教学原则作为学科教学活动应该遵循的准则，它必然受到学科教育目的的制约。实际上，不同时期的学科教学，受一定阶级性的影响，人们在制订、阐述、运用学科教学原则时，无形中体现了符合当时统治者阶级的教育理念，反映了统治阶级的意志与要求。因此，任何学科教学原则的提出和运用，必须遵循国家教育方针和政策，服务国家教育目的。我国的教育目的是促进受教育者德智体美劳几个方面的共同发展，培养社会主义建设者和接班人。正如《义务教育课程方案（2022 年版）》中明确提出的，“义务教育要在坚定理想信念、厚植爱国主义情怀、加强品德修养、增长知识见识、培养奋斗精神、增强综合素质上下功夫，使学生有理想、有本领、有担当，培养德智体美劳全面发展的社会主义建设者和接班人”。这一目的从总体上规定了我国义务教育阶段学科教育的发展方向和总体规划，并指导和支配着学科教学活动的各个方面。学科教学原则作为指导学科教学活动的总体要求，必然要遵循和反映这一目的。如学科教学的整体性原则就决定了学科教学必须促进一切学生的全面发展，为学生德智体美劳等方面的发展打好基础。因此，学科教学原则既受学科教学目的的指导，又受学科教学目的的限制。

（二）学科教学实践经验

实践促进理论的形成、发展和完善，制订学科教学原则的过程亦是如此。人们在长期从事学科教学实践活动中，不断探索出来的、反复经过实践检验的，并经过抽象概括、上升为理性的所有对学科教学规律的认识，形成了相应的学科教学原则。例如，我国古代教育圣贤孔子在长期的实践教学过程中，提出了“因材施教”“学思结合”“学而时习”等教学原则。世界最早的教育著作《学记》，概括出“启发性”“循序渐进”“教学相长”“长善救失”等教学原则。凯洛夫通过总结苏联 20 世纪 20 年代的教育经验，并根据时代客观要求，总结出了直观性教学原则、巩固性教学原则、通俗性与可接受性等教学原则。21 世纪信息技术在教学中普遍应用，人们在教学实践的过程中又总结出诸如“任务驱动与问题激励相结合的原则”“虚拟教学与现实教学相结合的原则”“开放学习与统一规量相结合的原则”等。以上这些学科教学原则，都源于前人从事学科教学活动的经验和总结，它们来源于实践，同时为教学实践的发展指明了方向。

（三）学科教学规律

学科教学原则的制订在一定程度上反映了学科教学过程中的客观规律。一方面，由于学科教学原则是人们依据对学科教学规律的探索制订出来的，因此，学科教学原则的理解和实施就受到人们主观认识的制约。人们对学科教学规律认识越全面、越深刻，就越能制订出符合学科教学规律的学科教学原则。另一方面，虽然学科教学规律决定学科教学原则，但并非每条教学规律都有与之相对应的教学原则。有的教学原则是几个教学规律的综合，也有几个教学原则对应同一个教学规律，还有的情况是一条教学原则反映多条教学规律或一条教学规律反映多个教学原则……因此，深刻认识和研究学科教学规律是制订完善学科教学原则的前提，是指导学科教学实践的保障。

（四）学生个体的身心发展特点

学科教学原则的依据是学生个体身心发展特点在教学中的映射，主要受学生个体心理发展的基本特征的影响。

个体的身心发展是有规律可循的，人的身心发展具有顺序性、阶段性、不均衡性、个别差异性等几个特征。人的身心发展的顺序性映射到学科教学中，要求学科教育活动应根据身心发展的特点循序渐进地进行，遵循由浅入深、由易到难、由简到繁、由具体到抽象的教学原则。个体的阶段性发展特征要求在学科教学中，教师应针对不同年龄阶段的学生采取不同的教学内容与教学方法。切忌“一刀切”“一锅煮”。身心发展的不均衡性特征要求教师在进行学科教学时，要牢牢抓住学生的关键期，要善于根据个体身心发展的最佳期给予合适的教育，以促进个体更好的发展。身心发展的个别差异性表现在社会和个体两个方面，主要包括群体普遍的差异与个体之间的差异，如性别、社会地位、兴趣爱好、性格特征等。学生身心发展的个别差异性决定了学科教育活动只有因材施教，才能够更好地促进学生的身心健康发展。

三、当前中小学常用的学科教学基本原则

依据我国现阶段教育教学的目的与课程改革要求，在系统总结基础教育教学实践经验、批判吸收借鉴古今中外学科教学原则的基础上，经过长期的实践与反复验证，我国的学科教学原则体系初步形成，主要包括直观性原则、启发性原则、循序渐进原则、巩固性原则、因材施教原则、理论联系实际原则、思想性与科学性统一原则七个原则。

（一）直观性原则

教学的直观性原则是指教师在学科教学活动中通过借助图像、表格等相关物象，引导学生观察或倾听教师对相关物象的言语描述，使学生在脑海中形成有关事物具体清晰的表象。通过丰富他们的感性认识，从而达到理解书本知识，发展认识能力的目的。[1] 中小学

[1] 王道俊、郭文安：《教育学》，人民教育出版社 2009 年版，第 188 页。

在学科教学中使用直观性教学原则的依据主要有以下三个：① 从学生的认识角度来看，中小学阶段的学生仍以感性知识去理解和掌握书本知识；② 从学生的思维发展角度来看，学生的思维发展此时正处于由具体形象思维向抽象逻辑思维过渡的阶段，尤其是低年级学生，仍以具体的形象思维为主；③ 从学科活动的教育效果看，直观手段的运用，给学生提供形象、鲜明、生动、有趣的直观物件，更有利于学生巩固所学的知识。

直观性教学原则的优势在于它能给学生展示感性、形象、具体的知识，有助于提高学生学习的兴趣和积极性，减少学习抽象概念的困难；通过展示事物内部结构、相互关系和动态发展过程，有助于学生掌握分析事物的方法和能力。例如，地理老师讲授地球仪的知识点，那地球仪就是一种实物直观；如果老师在给学生讲解雪的知识时，抛洒模拟雪花的纸片，则属于模像直观。无论是哪一种直观性教学，都有助于激发学生的学习兴趣，提高课堂教学效果。

（二）启发性原则

启发性原则是指教师在学科教学活动中最大限度地调动学生学习的自觉性和积极性，激发他们的创造性思维，使学生在掌握知识的同时学会融会贯通，达到充分发挥学生创造性能力和创造性人格的目的。① 启发性原则反映的是学科教学与学习者发展之间相互影响、相互促进的关系，意味着学科教学不仅仅停留在发展学生的知识、技能等层面，也要发展学生的道德、情感、价值观、创造力等非智力因素。

在学科教学活动中运用启发性原则具有重要的现实意义：它符合当代素质教育的要求，顺应新时代课程改革中培养具有革新精神和创造能力的人才的教育目的；使学校培养出来的人才具有较强的生存能力和适应能力，以及处理多元复杂状况的问题解决能力；启发性原则顺应了国际“为创造性而教”的教育目标潮流，将其贯穿学科教学的始终，贯穿学科活动的各个阶段，能够进一步促进学生的全面发展，促进新时代的人才转型，提高我国在国际上的人才竞争力。

（三）循序渐进原则

循序渐进原则也称系统性原则，是指学科教学工作应结合学科的逻辑结构与学习者的身心发展情况，有顺序、循序渐进地展开，使学习者在有效、系统掌握知识的同时，促进其身心健康的发展。在学科教学中运用循序渐进的教学原则，既是学科知识发展的客观要求，也是学生身心发展规律的反映。因为任何学科的发展，都有严密的逻辑体系，要让学生系统地掌握学科知识，就务必遵照学科的逻辑性顺序。同时，将学科知识按照逻辑性顺序同化为学生的个体认知时，还应符合学生的身心发展规律。这是制约学科教学活动的关键因素。循序渐进的学科教学原则落实在学科教学中，主要体现在以下两个方面：① 体现在学科教学内容上，学科内容的载体如教科书、教学大纲等，必须体现最合理的顺序与体系；② 体现在学习者的理解水平上，教师将学科知识的具体内容传授给学生时，必须将内容转化为某一学习阶段的学习者能够理解的形式，使其范围、速度、深度都能同学习者

---

① 李秉德：《教学论》，人民教育出版社 2018 年版，第 79 页。

的实际水平相结合。

（四）巩固性原则

巩固性原则，是指在学科教学中学生能熟练掌握和运用各门学科知识，并拥有随时提取储存于记忆中知识的能力。教师在学科教学中贯彻和运用巩固性原则，能有效促进学生对知识的牢固掌握，进而提高学科教学质量。巩固性原则的确立是由学生的认知规律和生理发展规律决定的。一方面，学生掌握知识的活动具有特殊性。学生所学的书本知识是前人概括总结出来的间接经验，这种没有经过学生亲自实践的学习，不易被烙于大脑当中，记忆自然不牢固，若不及时和定时进行巩固，这些知识很快会被遗忘掉。德国心理学家艾宾浩斯研究发现，遗忘在学习之后立即开始，而且遗忘的进程并不是均匀的。最初遗忘速度很快，以后逐渐缓慢。另一方面，从生理学的角度来看，学生习得新知识就相当于在大脑皮层上产生了新的刺激，形成暂时的神经联系，而这种最初形成的联系是不牢固的、不稳定的，如不及时巩固就会出现遗忘的现象。故学生习得了新知识，一定要给予及时和定时的巩固与强化，这样所学的知识才不易遗忘。

（五）因材施教原则

因材施教原则，是指要求教师从学生的实际出发，根据个体的具体情况，分别采用适合个体的不同方法，进行不同的教育，使每名学生都能在各自原有的基础上得到充分的发展。在学科教学中采用因材施教的教学原则反映的是学生身心发展的规律。从整体上来说，虽然学生的身心发展在一定的年龄阶段具有普遍性和稳定性，但受先天遗传、环境、教育等多方面因素的影响及个体主观态度的影响，同一阶段的每名学生的身心发展又有独特性和差异性。如有的学生身体发育良好，有的则较差；有的学生喜欢文科类科目，有的学生喜欢理科类科目；有的学生沉着冷静，有的学生活泼好动等。他们各有长短，喜好不一。《义务教育课程方案（2022 年版）》要求贯彻“面向全体学生，因材施教”的基本原则，提出“为每一位适龄儿童、少年提供适合的学习机会。把握学生身心发展的阶段特征，注重幼儿园、小学、初中、高中各学段之间的衔接，体现不同学段目标要求的层次性。打好共同基础，关注地区、学校和学生的差异，适当增加课程选择性，提高课程适宜性，促进教育公平”。因此，学科教学必须考虑个体的差异性，对个体学生做具体分析。在同一要求的前提下，坚持因材施教，坚持集体教育和个别教育相结合。这样既有利于发展学生的共性，也不抹杀学生的个性，既能为学生的全面发展创造条件，也能培养一批未来的专业人员。

（六）理论联系实际原则

理论联系实际原则，是指在学科教学中，必须坚持理论与实际相统一的原则，用理论分析实际，用实际检验理论。西方古希腊智者学派认为，没有实践的理论和没有理论的实践都没有意义。裴斯泰洛齐很重视“知识与知识的应用”，他指出：“你要满足你的要求和愿望，你就必须认识和思考，但是为了这个目的，你也必须行动。知和行又是那么密切地联系着，假如一个停止了，另一个也随之而停止。”乌申斯基也指出：“空洞的毫无根据的理论是一点用处没有的……理论不能脱离实际，事实不能离开思想。”因此，重视理论联系实际原则，使学生在实践过程中将书本的间接经验转化为个体的直接经验，将学科教学内容转化为贴近生活、符合实际的具体可行的内容，有助于解决学科教学中学与用之间的矛盾。

理论联系实际的教学原则受制于社会需要和学生学习活动的特点两个因素。从社会需要的角度讲，学科教学是实现教育目标的重要途径，而我国的教育目标正是培养知行合一、学用结合的社会主义现代化人才，这就从学科教学上要求教学必须做到理论联系实际，掌握知识和运用知识相结合。从学生学习活动特点这一角度讲，受时间限制，学生所学的书本知识属于前人长期实践总结的间接经验，这就要求教师在学科教学活动当中，运用丰富的具体实例和相应的实践活动来论证书本知识，使学生经历从已知到未知、再从未知到已知的过程，在理论与实际统一的条件下，深刻领会并掌握较完整的学科知识。

（七）思想性与科学性统一原则

思想性与科学性相统一的原则，是指在学科教学中要贯彻以马克思主义思想为指导，在授予学生科学知识的基础上，对学生进行辩证唯物主义、历史唯物主义的思想教育、道德品质教育和心理健康教育的教学原则。① 实施思想性与科学性相统一的学科教学原则，是我国现阶段教育工作的根本要求，也是我国学科教学内容思想性的表露。这条原则要求教师处理好知识教学与思想品德教育之间的关系。从学科教学内容内在的性质来看，我国学科教学内容的选择是科学的，教学内容的科学性、思想性是紧密联系一起的。其中，科学性是思想性的基石，思想性是科学性的指导，这就要求教师在学科教学过程中保障教学内容的科学性，保证学科教学方式的教育性。因此，必须坚持思想性与科学性的相统一。只有保证内容的正确、观点的科学、方法的有效，才能更好地揭示事物的本质与规律，才能最终建立科学的、完整的知识体系，使学生习得的成果形成正确概念。

第三节　学科教学规律与教学原则的关系和应用

一、学科教学规律与教学原则的关系

学科教学规律与教学原则既有联系也有区别。从概念内涵上讲，教学原则是反映人们对教学活动本质性特点和内在规律性的认识，是指导教学工作有效进行的指导性原理和行为准则。教学原则贯穿教学活动的整个过程，对教学中的各项活动起着指导和制约的作用。教学原则在教学活动中的正确和灵活运用，对提高教学质量和教学效率发挥着一种重要的保障性作用。教学规律是贯穿教学活动的客观存在的、必然的、稳定的联系。

教学规律和教学原则是不同的，规律是客观存在的，只能被发现，却不能被改变，而原则是人为制订的，体现了人改造世界的主观能动性。教学原则正是基于对教学规律的认

① 黄甫全、吴建明：《课程与教学论》，中国人民大学出版社 2019 年版，第 188 页。

识而制订的。简要而言，二者的区别在于：一是在同样的教学规律面前，可以提出不同的教学原则；二是由于对同一客观的教学规律认识不同，因而提出的教学原则也不相同；三是教学原则与教学规律之间不一定是单义的联系。

二、学科教学规律与教学原则在教学中的应用

中小学各学科教学都有一定的教学规律，各学科的教学原则也有多种，它们之间并非毫无联系，而是有内在的逻辑关联。在学科教学活动中，教师在遵循教学规律和教学原则的同时，应该注意以下几点：

（一）落实整体性目标，促进学生的全面发展

整体性教学目标是由社会主义教育目的决定的，它体现了学科教学培养学生全面发展的这一总方向。全面发展的教育包括德育、智育、体育、美育和劳动教育等内容，它们有机构成了学科教学应完成的总任务。这些任务必须经过系统组合与整合才能有效完成，因此教师在学科教学活动中应树立整体观念，处理好各个教学要素之间的关系，使整个学科教学的效益达到最大化。在学科教学中落实整体性教学目标必须坚持“四个实现”：

1. 实现思想性与艺术性的统一

思想性是指在学科中选择能对学生思想品德影响较大的教学内容和教学方法，让思想性蕴含于教学目的之中；艺术性是指教师应遵循学科教学规律，不断挖掘学科教学内容，探索新的学科教学方法。思想性内含于教学过程当中，属于静态的、深远的层面；艺术性则外现于教学过程当中，体现的是教师的教学风格和课堂氛围。

2. 实现科学性与人文性的统一

科学性是指保证学生习得知识的正确性和严谨性；人文性是指在学科教学活动当中关注学生的主体地位，使学生在知识、技能、生活、品格、情感、人格、审美、创造等方面得到全面的发展。实现科学性与人文性的统一，是教育目标的要求，是时代所需，必须坚持在人文精神的统领下实现统一。

3. 实现传授知识与发展智力及非智力因素相统一

增长知识与发展智力之间存在一定意义上的正相关。实践证明，精确的、科学的知识才能有效促进学生智力的发展，而新颖的、多样的、具有启发意义的教学方法则能使学生更加深入思考。故教师在学科教学中，一方面应选择高质量的、科学的知识，另一方面要采用多样的教学方法，如此才既能激发学生的学习动机，又能训练学生的思维能力。

4. 实现学生身心发展的统一

良好的身体素质是学生全面发展的基础，因此教师在学科教学过程当中，应将增强学生的身体素质与他们的心理发展相结合，实现身心的统一发展。如可利用体育课和组织课外活动锻炼学生的体质，利用班会课传授学生一些日常生活中的卫生常识；通过聊天、谈话等方式对学生进行心理疏导，引导他们学会正确的失败归因，帮助他们树立正确的价值观。

（二）统筹教学内容，恰当联系实际

学科教学中的知识是十分广泛的，要想学生更好地理解、吸收和运用，必须更好地统筹学科教学内容，恰当联系实际。教师在联系实际时，要充分参考各学科的具体特点、教学内容、学生的年龄特征及知识水平；在内容上，可以选择学生日常生活中熟悉的事例、经验，以及一些有关国家、社会、政治、经济、科学技术等层面的信息。还可根据学生的生活背景，选择一些具有当地文化特色和民族状况的乡土教材作为教学内容。《义务教育课程方案（2022年版）》在“教材编写”部分强调，“教材编写须落实课程标准的基本要求，基于核心素养精选素材，确保内容的思想性、科学性、适宜性与时代性。创新体例，吸收学习科学的最新成果，强化内容间的内在联系。创新教材呈现方式，注重联系学生学习、生活、思想实际，用小故事说明大道理，用生动案例阐释抽象概念，增强吸引力和感染力。加强情境创设和问题设计，引导学习方式和教学方式变革。充分利用新技术优势，探索数字教材建设。关注学生认知发展特点，强化教材学段衔接。”此外，有效的教学方式也是培养学生恰当运用知识能力的有效途径。在学科教学中，教师联系实际的教学方法多种多样，但常用的有三种：① 讲解过程中的适当演示和举例。演示的要求是及时和准确；举例的要求是例子的经典性、鲜明性和说服性；② 可通过组织学生参观、训练、练习、实验、访问、社会实践等活动，给学生提供运用所学知识解决问题的情境，打破学生的思维定式；③ 利用课外活动、校外活动和竞争比赛等途径提高学生的团队协作能力、人际互动能力和应对突发事件的能力。

（三）深入研究学生，制订正确的教学方法

深入研究学生是学科教学活动的出发点，是因材施教，制订正确教学方法，选择恰当教学方法的前提。教师了解和研究学生的内容包括了解学生的兴趣、爱好、性格特征、学习态度、知识水平、家庭情况、社会背景及身心健康状况等。了解和研究的途径既包括课堂观察、课后交流、作业反馈、问卷调查等直接的方式，也包括家访、询问其他任课教师、“教育会诊”等间接途径。

针对学生的整体表现和个体差异，制订正确的教学方法。第一，教师应将统一要求与因材施教相结合。统一要求是根据国家、社会等层面的需求和个人身心发展规律统一规定的教育目标，这是落实国家规定人才培养规格的重要保障。因此，教师应处理好学生各门课程的学习与个人兴趣、爱好发展之间的关系，在他们学好各门基础课程的基础上，根据个别差异进行指导，使他们的个性得到充分的发展。第二，教师应正确对待学生的个别差异，针对学生的个性特点，采取不同的实施措施。学生受遗传、环境、教育等因素的影响，产生个体发展的差异，这种差异主要体现在性格特征、学习风格、思维方式、为人处世等方面。对于学生的个别差异，教师必须根据学生的表现进行全面而具体的分析，针对不同类型的学生采取灵活的教学措施。如对于成绩优异或有特殊才能的学生，教师可采用个别指导、提供必要学习资料、布置特殊作业等方式给予他们特别的关注和精心的培养；对于那些在学习方面粗枝大叶、漠不关心的学生，则应该严格要求，督促他们认真学习，及时检查他们的作业；而对于那些学习信心不足且意志力不强的学生，则应以鼓励和正强

化的教学方法为主，以增强他们的自信心和自制力。

（四）激发学习动机，培养高阶思维能力

启发式学科教学原则的重要任务是培养学生的思维能力，具体包括培养学生思维的独立性、广阔性、深刻性、敏捷性、灵活性等几个方面。在学科教学活动当中培养学生的思维能力，意味着教师不能单纯地向学生传授知识，而要在激发学生学习动机的基础上，进行启发式教学。学习动机是学生学习的内在需求，分为直接动机和间接动机。直接动机是学生对学科活动本身感兴趣而产生的需求，如学习内容新颖、教师授课生动、课堂氛围浓厚等，都可成为学生学习的直接动机。间接动机是学生想实现自己的理想、得到家长的物质奖励、提高自己在班级中的威望等间接诱因引起的需求，间接动机在一定的条件下可转化为直接动机。在学科教学活动中，教师既要激发学生的直接动机，也要恰当地运用间接动机，培养学生为实现自己的远大理想、为回报父母和建设祖国而学习的高尚动机。

激发学生的学习动机是对学生进行启发式教学的前提，在激发学生学习动机的基础上引导学生积极思考，提高学生的思维品质，则是启发式教学的归宿。

其中，创设问题情境是引导学生进行积极思考的良好途径。问题的解决通常会激活学生的积极思维，所以教师应多给学生创造独立思考的机会，将教学内容整合成学习任务的完成和问题的解决。问题应根据教材特点和学生学情而设置，环环相扣，难度适中。此外，问题情境的创设不应局限于教材内容，还应根据学生的心理特征、兴趣、爱好等开展一些课外活动，让学生通过一些操作性作业和社会实践，创造性地将所学的知识运用到实践中去。如在学习“中国人口增长模式”部分时，可让学生绘制三代树形家谱图，然后让小组长负责小组交流和汇总本小组所有家庭三代人的不同数量，让学生从家庭人口的变化中理解国家人口的变化以及人口的增长模式；又如，在学完“杠杆”“轮轴和滑轮”后，可组织学生做有关天平、吊车的活动。这些活动将学生的脑、口、手等多种器官相结合，有利于激发学生思维，提升学生的创作能力。

（五）抓好积累与熟练，提高学生记忆效率

积累与熟练体现的是学生在理解学科教学内容的基础上，获得广泛的基础知识和基本技能，并能达到对知识、技能的掌握和熟练运用。学生要积累和掌握知识，需要对所学知识有清晰的感知和认识。因此，教师在进行知识讲解时要循序渐进、重点突出、条理清晰、引人入胜，使学生注意力集中，对习得的知识形成深刻印象。

提升学生记忆效率是学生积累知识的有效方法之一。教师帮助学生提高记忆力的方式主要有四种：① 对学习材料进行有效组织；② 让学生掌握记忆的规律和方法；③ 及时复习；④ 给学生提供练习和运用知识的机会。其中对学习材料进行有效组织要求教师对教学内容进行有效整合，对教学方法进行改进。如在内容的呈现方式上，尽量使教学内容更加突出、有条理和规律化。在教学方式上则可利用游戏、记忆术、编写提纲、变换问题形式等方式提高学生的学习兴趣，提高他们对知识记忆的效率。让学生掌握有效的记忆规律和方法是教师授人以渔的表现，主要是教师结合教学内容，指导学生合理运用适当的学习方法。如在记忆新知识时保持记忆力的高度集中；在记忆教学内容的文本材料时，运用综

合记忆法……此外，指导学生学会运用图表等直观方式将所学的知识进行分类、对比和分析，学会将机械记忆和理解记忆、分散记忆和集中记忆进行结合并灵活运用。复习是巩固知识、减少知识遗忘的有效途径，有查漏补缺、巩固知识，使知识更加系统化和结构化的功效。在学科教学活动中，复习的方法多种多样。常用的复习方法主要有随堂复习法、课后法、集中复习法和自习法。无论哪种复习方式，教师都要根据学生的学情和教学内容的特点，灵活选择恰当的复习法。练习是学生熟练掌握知识并使知识达到高度完善和自动化运用的重要手段。在学科教学中，不同的科目采取的练习方法是不相同的。如语文科目经常采用的练习方法有读、写、背、口语交际、习作练习等；数学科目常用的练习方法有口算、笔算、解题等。教师组织学生练习要系统化和经常化，不断提高学生运用知识的正确率和速度，对于一些难度较大的题目则可采取反复练习的方式，这样才能够取得明显的效果。

本章小结

1. 学科教学规律是指学科教学过程中客观存在并能够反映学科本质的各种要素普遍的、必然的、稳定的联系。这种内涵的解释强调的是教学规律一般共性与学科本质特殊个性的统一。

2. 学科教学活动主要受到赫尔巴特的四阶段教学理论、斯金纳的程序教学理论、布鲁纳的认知—发现学习理论、皮亚杰的建构主义学习理论等心理学理论的影响。

3. 学科教学的基本规律包括教学相长性规律、教学发展性规律、教学教育性规律和教学二主性规律。

4. 学科教学原则的含义可以界定为：根据一定的学科教学目的和学科教学任务，遵循学科教学规律而制定的对教学的基本要求，是指导学科教学活动的一般原理。

5. 学科教学原则的依据主要包括四个方面：学科教育目的、学科教学实践经验、学科教学规律，以及学生个体的身心发展特点。

6. 我国当前中小学学科教学原则体系主要包括直观性原则、启发性原则、循序渐进原则、巩固性原则、因材施教原则、理论联系实际原则、思想性与科学性统一原则等七个原则。

案例研讨

《念奴娇·赤壁怀古》教学片段

王老师：这首词的上阕重点在写景，下阕引出了周瑜这一人物，作者的用意何在？

学生甲：苏轼在上阕已经提到过“江山如画，一时多少豪杰！”这里塑造周瑜这一形象是为了照应上阕，因为周瑜就是一位英雄豪杰。另外，把周瑜这一英雄豪杰与自己对比，“早生华发”与“人生如梦”可以看出是苏轼对自己的哀叹。

学生乙：我读过周瑜的传记，周瑜指挥赤壁之战时，是他娶了小乔十年以后的事儿，而词中“小乔初嫁了”也许是为了显示周瑜还年轻，与苏轼的“早生华发”作对比。后面的“羽扇纶巾，谈笑间樯橹灰飞烟灭”，则写出了周瑜儒雅的打扮、从容的姿态与功业之大，而苏轼的功业却遥遥无期。

王老师：两位同学的发言，把周瑜这个人物在课文中的形象分析得很完整，那么杜牧的《赤壁》大家还记得么？

学生：记得。

王老师：好，我们一起朗读一遍。

学生：折戟沉沙铁未销……铜雀春深锁二乔。

王老师：杜牧这首诗强调赤壁之战的关键在于什么？

学生：东风！

王老师：为什么同样是写赤壁之战，战争的关键却不同呢？是不是有一位作者搞错了？

学生丙：我认为他们都没有错。苏轼塑造周瑜这一英雄人物，主要写周瑜在赤壁之战中的重要作用，是为了用周瑜的年轻有为与自己的虚度光阴、壮志未酬作对比。杜牧的诗中却把赤壁之战的关键归于东风，假想没有东风之力，周瑜将一败涂地，可能是想突出他自己的雄才伟略吧。

王老师：的确是这样，苏轼和杜牧的作品都是为了表现作者的思想，他们所歌咏的史实内容不同是因为他们要表达自己不同的抱负。苏轼借周瑜来抒发自己有志报国但壮志未酬的感慨；杜牧有经纶济世之才，通晓兵法军事，但一直没有得到施展才华的机会，所以他感史伤怀，把赤壁之战的功绩归于东风是为了抒发自己的怀才不遇。

问题：

（1）这个教学片段主要体现了哪条教学原则？

（2）该原则有哪些基本要求？

技能训练

人教版地理七年级上册第三章“影响气候的因素”教案

南京外国语学校　地理组　金露

一、教学目标

1. 学生理解纬度、地形、海陆因素是如何影响气候的。

2. 学生通过小组活动、动手操作等探究学习内容，并能够运用。

二、教学重难点

迎风坡、背风坡对气候的影响。

三、教学过程

【导入】

师：老师出差带回了一些当地特产葡萄干，看看我手里的包装，老师去哪里出差了啊？哪里的葡萄最有名？

生：新疆吐鲁番。

师：那咱们南京产不产葡萄？

生：（可能会先说不产，再想一想会说有的）

师：南京的江心洲、八卦洲等地也产葡萄，但是南京的葡萄却很少做成葡萄干对不对？新疆吐鲁番晾制葡萄历史悠久，看看我在当地晾房中拍到的画面，当地有什么样的自然条件有利于新鲜的葡萄脱水呢？

生：（可能会答）气温高，风大，降水少。（成因类：地处内陆、盆地地形、海拔高）

师：大家说的都很有道理，大家分析了新疆气候干燥，降水少，夏季蒸发旺盛。当地适宜晾制葡萄与气候条件有关，那么哪些因素影响了气候呢？这就是我们这节课要学习的主题。（并且有的同学开始考虑是什么因素影响了当地的气候，这就是我们这节课要学习的主题，哪些因素会影响气候）今天我们就通过三个有趣的活动，一起来研究探讨这个问题。

【诗文赏析会】（PPT）

师：古人很早就观察到了气候差异，并用优美的诗文将它们记录了下来。今天我们用地理的视角去欣赏、解读它们。

师：我们先看第一首范仲淹的《渔家傲》。塞下秋来风景异，衡阳雁去无留意，四面边声连角起。千嶂里，长烟落日孤城闭。诗文描写的是什么季节？大雁为什么要往南方的衡阳飞去？

生：天冷了。（问哪里冷，那南方呢？）南方暖和，去过冬。（为什么去南方过冬？）

师；很好，这位同学在生活经验中注意到了这个现象。那南方北方是因为什么不同，造成气温有差异呢？

生：纬度。

师：（学生若上一问回答不出，问南方纬度怎么样啊）我们发现两地因为受到纬度影响，气温存在差异。

师：（出示世界年平均气温分布图）我们来看看世界年平均气温分布图，请一位同学说说看，随着纬度由低到高，气温总体是如何变化的？

生：随着纬度由低到高，气温越来越低（气温总体是下降的）。

师：一般来说，纬度较低的地区由于接受到的太阳光热较多，所以气温较高，而纬度较高的地区则相反。

师：所以天冷了，大雁毫不留念地就飞向衡阳过冬。北方的人们怎么过冬呢？每年冬季都会集中供暖。受到纬度因素的影响，北方各省开始集中供暖的时间也不同。（出示供暖时间图）

师：每个小组轻声讨论一下，我国东部部分省份开始供暖的时间，并解释理由。

生：黑龙江是 9 月 25 日，吉林是 10 月 25 日，辽宁是 11 月 5 日，山东是 11 月 15 日。纬度越高气温越低（冬季越漫长），开始供暖的时间越早。

师：别的小组同意吗？

师：我们来看第二首王之涣的《凉州词》，黄河远上白云间，一片孤城万仞山，羌笛何须怨杨柳，后一句是什么？

生：春风不度玉门关。

师：诗中写了一个地名。（学生估计会直接回答玉门关）

师：我们来看看它的位置。玉门关远在我国甘肃省西部，是古代丝绸之路的重要关口。这里一片荒凉，地表景观以荒漠和荒漠草原为主，反映了这里的环境怎么样啊？

生：干旱。

师：这里为什么这么干旱呢？我们来看看和它纬度相当的秦皇岛，这里环境怎么样啊？秦皇岛这里一片生机勃勃，地表非常湿润，是不是说明两地降水不同？大家看看两地的位置，思考一下是什么原因导致的，小组再讨论一下。

生：秦皇岛离海洋比较近，玉门关距离海洋比较远。

师：说得很对。其他小组是不是也发现了这一不同点？

师：那我们来看看我国年降水量局部分布图（出示分布图），是不是有从沿海向内陆方向降水逐渐减少的规律呢？（这个分布图不是特别清晰，要小心）我们再看看全国，是不是沿海地区降水比较多（出示立体地形图）？在海陆位置的影响下，一般沿海地区降水多，内陆地区降水少。我国东部、南部沿海地区是不是降水多呀？说明水汽主要来自哪里？主要是从什么方向来？

生：东南方。

师：我们把这个因素称为海陆位置。（板书）受海陆位置影响，春风可以绿江南岸，但是春风不度玉门关。

师：接下来我们来看唐代大诗人杜甫的《绝句》，大家推荐一名同学来朗读好不好？

生：两个黄鹂鸣翠柳，一行白鹭上青天。窗含西岭千秋雪，门泊东吴万里船。

师：（点评）朗读得真好，太有感情了。诗中前一句写的是什么季节呀？诗人当时居住在成都，春天已经到来，万物复苏，诗人却仍然可以眺望到远方西岭终年不化的“千秋雪”。（出示景观图）今天成都人用镜头再现了诗人描绘的雪山。那山顶上为什么会有千秋雪呢？

生：山顶海拔比较高。

师：我们通过卫星地图看看是不是这样？成都位于四川成都平原，海拔较低，西部紧邻横断山区，那里有多座海拔超过 4 000 米的高山，山上海拔较高。之前我们学过海拔是如何影响气温的，有哪个小组记得？（海拔每上升多少，气温怎么变化？）

生：海拔每上升 1 000 米，气温下降约 6℃。

师：我们发现在这里影响气温的因素是海拔，（板书地形）所以在成都能够“窗含西岭千秋雪”。

（出示科学探究室标题 PPT 过渡）我们用纬度、海陆位置、地形这三个因素，解释了三首古诗当中包含的气候现象。接下来我们进入科学探究室，用科学实践的方法，进一步研究影响气候的因素。

【科学探究室】

师：我们的第一个实验因为器材不方便携带，所以我请学校的地理兴趣小组将实验过程拍摄了下来，我们来看看实验反映了什么因素对气候的影响。（放视频）（视频最后提问沿海地区和内陆地区昼夜温差有什么不同?)

生:内陆地区温差大。

师:新疆的葡萄为什么特别甜?其实与当地昼夜温差大有着密不可分的关系。那我们由此是不是可以推测出,内陆地区气温年较差也比较大呀?请大家看这两幅气温曲线和降水量柱状图,哪一幅代表的是内陆地区呢?你能不能从多角度进行分析?

生:内陆地区气温年较差大,降水少。

师:通过这个实验,我们知道了海陆位置不仅影响降水,同时也影响气温的温差。

师:看到他们动手操作,大家是不是已经跃跃欲试了?接下来我们的探究内容,大家也可以动手参与了。先看这张图(出示晒盐图),图上这是什么?建盐场需要什么条件呀?

生:盐。靠海。

师:大家的推测非常合理,要靠海。请同学们认真观看接下来的视频,思考海南建设盐场需要什么样的气候条件。(放视频)(出示古盐场图)哪个小组可以回答这个问题?

生:(可能会回答)温度高,光照强,降水少。

师:看看古盐田附近的植物是什么呀?反映了盐场所在地气候怎么样?

生:仙人掌,干旱(干燥)。

师:这说明晒盐需要温度较高,降水较少。我们看海南盐场的分布,主要分布在哪里啊?

生:西侧(西北)。

师:为什么主要分布在这一侧呢?接下来请各小组拿出海南岛地形图,再结合投影中我们之前分析过的带来水汽的风向,探究海南岛盐场主要分布在西侧的原因。

生:西侧温度高(问东西两侧是不是纬度差不多?是受纬度影响吗?再考虑考虑降水?)、西侧降水受到地形的阻挡。

师:我们来看这幅示意图,山的一侧迎着风向,受到山地地形阻挡,水汽随着地形抬升过程中温度下降,冷凝形成降水。而水汽顺着地形在另一侧下降过程中温度上升,就不容易形成降水了。好,现在大家拿出写有迎风坡和背风坡的两张贴纸,请每个小组将它们贴在海南岛对应的位置。

生:(学生活动)

师:取其中一个小组的成果,(出示海南岛降水量图)大家看是不是和海南岛的降水量分布一致?受到地形影响,东侧是迎风坡,降水较多;而西侧是背风坡,降水量较少,也是建盐场的主要地区。

师:在第二个活动中,我们发现了这些因素既影响气温,又影响降水。

(过渡)现在进入最有趣的环节了。

【创意乐游园】

师:寒暑假是大家外出旅游最好的时机。下面这五个地区想聘请我们的小小智囊团,帮助他们完成一项旅游策划活动,每组资料袋中各有一个地区,请结合投影上的各地的位置来策划。注意几点:第一,要确定你们的活动是在暑假还是寒假;第二,我们不是一般的策划,各组一定要结合我们学过的当地的气候因素,去分析你为什么推荐寒假去或者暑假去;第三,各组选一名书记员写好策划书,再推荐一位做发言人。现在开始。

生：（学生活动）

师：（根据时间请小组代表发言）。这组同学策划的活动充分考虑了当地的气候特色，正因为当地……所以当地冬季或夏季气温降水……（如果学生答得不在点，可以说那我来考考你这节课学得怎么样，将问题问出来。）

师：因为时间有限，我们的发言只能到这里，听了大家的发言，我觉得每个小组都充分考虑了当地影响气候的条件，策划的活动也十分有吸引力，因为你们说的太有意思了，我今年寒假明年暑假的出游计划感觉可以定下来了，希望也对你们有一点启发。请大家下课后将你们的策划书统一交上来，我课后选一选哪个小组的策划最有创意。

【总结与升华】

师：今天我们一起学习了影响气候的三个重要因素，它们既影响气温又影响降水。同时我们还发现，一个地区的气候是受到多种因素综合影响的，由此形成了独特的降水和气温特征，进而形成了不同气候类型。

结合本章所学知识，分析这个教学案例体现了哪些教学规律与教学原则。

资源链接

1. 杨小微、张天宝：《教学论》，人民教育出版社 2019 年版。

2. 施良方、崔允漷：《教学理论：课堂教学的原理、策略与研究》，华东师范大学出版社 1999 年版。

3. 华东师范大学教育学组：《基于教师资格考试的教育学》，华东师范大学出版社 2016 年版。

第五章　学科教学模式

学习目标

1. 明确学科教学模式的内涵、要素与作用。
2. 了解现代国内外有代表性的学科教学模式。
3. 学会选择与运用学科教学模式开展课堂教学。

问题导入

王老师是六年级2班的班主任，她的班已连续两年被评为优秀班集体。但她刚接手这个班的时候可谓是焦头烂额，因为这个班的学情很有特点，那就是学生学情差距很大。之前的老师为了照顾班级整体听课效果，采用适合中等生的进度，但这也引起了很多优等生和学困生的不满，导致了整个班级气氛紧张、成绩下滑。王老师接手后决定采用自学—辅导教学模式来进行班级教学，经过一年的时间，她的班级越来越好。为什么这种教学模式一经采用会有这么大的效果？这种模式究竟有什么样的“魔力”呢？

请结合自身在中小学阶段的学习经历，谈谈你对自学—辅导教学模式的认识。

在中小学学科教学中，教师往往运用某种教学模式开展课堂教学。从教学模式的历史发展看，模式一词最初源于词语“模型”（拉丁文 Modulus），表示“样本”“尺度”“标准”的意思。美国哥伦比亚大学的布鲁斯·乔伊斯和玛莎·韦尔最早把模式研究引入教学论研究中，他们在两人合著、1972年出版的《教学模式》一书中介绍了22种教学模式。20世纪70年代末，美国北佛罗里达大学的保罗·D. 埃金等人在吸取了各家所设计的教学模式基础上，经过教学试验，合著完成《课堂教学策略——课堂信息处理模式》一书。自20世纪80年代以来，我国教育界对教学模式的研究日渐重视，高文教授主编的《现代教学的模式化研究》比较系统地介绍了现代教学模式，为教师学习和研究教学模式提供了非常有价值的理论与实践参考。

第一节　学科教学模式概述

一、学科教学模式的含义与构成要素

（一）学科教学模式的含义

在《教学模式》一书中，乔伊斯和韦尔把教学模式的概念解释为：“教学模式是构成

课程和作业、选择教材、提示教师活动的一种范式或计划。”然而事实上，教学模式并不是一种计划，因为计划往往显得太具体，太具操作性，从而失去了理论色彩。后来的研究者在借鉴前人研究成果的基础上，对教学模式的内涵进行了完善。当前，教育界普遍认为，教学模式是指建立在一定的教学理论或教学思想基础上，为实现特定的教学目的，将教学的诸要素以特定的方式组合成相对稳定且简明的教学结构理论框架，并具有可操作性程序的教学模型。

不同的学科在学科知识与教学要求上会有所差异，但是在教学模式的运用上，还是存在普遍的教学共性，例如，各学科都在应用赫尔巴特的四阶段教学模式开展教学。因此，从这种意义上讲，学科教学模式的含义是教学模式含义在学科上的具体化表述。

（二）学科教学模式的构成要素

从教学模式的含义中，可知一种教学模式通常包括五种因素：

1. 理论依据

教学模式的建立要有一定的思想基础和依据。例如，学科概念获得模式和先行组织模式的理论依据是认知心理学的学习理论，而情境陶冶模式的理论依据是人的有意识心理活动与无意识的心理活动、理智与情感活动在认知中的统一。

2. 教学目标

任何教学模式都指向和完成一定的教学目标，在教学模式的结构中教学目标处于核心地位，并对构成教学模式的其他因素起着制约作用，它决定着教学模式的操作程序和师生在教学活动中的组合关系，也是教学评价的标准和尺度。

3. 操作程序

每一种教学模式都有其特定的逻辑步骤和操作程序，它规定了在教学活动中师生先做什么，后做什么，各步骤应当完成的任务。

4. 实现条件

实现条件是指能使教学模式发挥效力的各种条件因素，如教师、学生、教学内容、教学手段、教学环境、教学时间等。

5. 教学评价

教学评价是指各种教学模式所特有的完成教学任务、达到教学目标的评价方法和标准等。

二、学科教学模式的特征

学科教学模式一旦形成，它往往表现出如下五个方面的特征。

（一）目标指向性

由于任何一种教学模式都是围绕着一定的教学目标设计的，而且每种教学模式的有效运用也都需要一定的条件，因此不存在对任何教学过程都适用的模式，也谈不上哪一种教学模式最好。评价教学模式优劣的标准是，能否在一定的情况下最有效地达到特定的目标。教学过程中在选择教学模式时，必须注意不同教学模式的特点和性能，注意教学模式的指向性。

（二）实践操作性

教学模式是一种具体化、操作化的教学思想或理论，它把某种教学理论或活动方式中最核心的部分用简化的形式反映出来，为人们提供了一个比抽象的理论具体得多的教学行为框架，具体地规定了教师的教学行为，使得教师在课堂上有章可循，便于教师理解、把握和运用。

（三）结构完整性

教学模式是教学现实和教学理论构想的统一，是构成教学模式五种要素的科学合理的建构，所以它有一套完整的结构和一系列的运行要求，体现了理论上的自圆其说和过程上的有始有终。

（四）程序稳定性

教学模式是大量教学实践活动的理论概括，在一定程度上揭示了教学活动带有的普遍性规律。一般情况下，教学模式并不涉及具体的学科内容，所提供的程序对教学起着普遍的参考作用，具有一定的稳定性。但是教学模式是依据一定的教学理论或教学思想提出来的，而一定的教学理论和教学思想又是一定社会的产物，因此教学模式总是与一定历史时期的社会、政治、经济、科学、文化、教育等水平相关联，受到教育方针和教育目的的制约，其稳定性是相对的。

（五）选择灵活性

作为并非针对特定的教学内容，体现某种理论或思想，又要在具体的教学过程中进行操作的教学模式，在运用的过程中必须考虑到学科的特点、教学的内容、现有的教学条件和师生的具体情况，进行细微的方法上的调整，以体现对学科特点的主动适应。

三、学科教学模式的作用

学科教学模式是教师遵循一定的教学理论，在教学实践中不断总结提炼而形成的，既具有丰富的理论认知价值，又具有鲜明的实践指导意义。

从理论认知的角度看，教学模式来源于实践，是对一定具体教学活动方式进行优选、概括、加工的结果，是为某一类教学及其所涉及的各种因素和它们之间的关系提供一种相对稳定的操作框架。这种框架有着内在的逻辑关系和理论依据，已经具备了理论层面的意义。因此，一个相对成熟稳定的教学模式，往往是某种教育教学理论在实践中的一种结构化呈现，有助于人们深入认识理论的本质及教学规范。不同时期产生的教学模式，或同一时期产生的不同教学模式，能够不断丰富教育教学理论，促进人们对各种理论的认知发展。

从实践指导的角度看，教学模式是某种理论的简化表现方式，它通过简明扼要的象征性的符号、图式和关系的解释，来反映它所依据的教学理论的基本特征，使人们在头脑中形成一个比抽象理论具体得多的教学程序性的实施程序。教学模式便于人们理解某一教学理论，也是使抽象理论得以发挥其实践功能的中间环节，是教学理论得以具体指导教学，并在实践中运用的中介。因此，教学模式能够指导人们在实践中科学高效地开展教育教学活动，提高教育教学效率。

第二节　现代学科教学模式简介

近现代以来，随着心理学、教育学等相关学科理论不断发展，学科教学模式也在不断地发展变化中，“当一个新的教学模式开始萌生时，其理论体系与内容一时间不易清晰可识，只呈现出一种轮廓，随着其在实践中的应用，不断吸收现有知识与智慧的营养而逐步完善，再经概括、综合和升华而成为新模式”①。因此，了解自赫尔巴特四阶段的教学模式以来的各种教学模式，可以较好地把握现代学科教学模式的演变轨迹。

一、现代国外有代表性的教学模式

（一）范例教学模式

范例教学理论是 20 世纪 50 年代初，由德国的 M.瓦根舍因和克拉夫基等人提出的。瓦根舍因的范例教学法是一种借助精选教材中的示范性材料，使学生从个别到一般地掌握规律性知识，并发展其能力的教学模式。

1. 理论基础

范例教学论者从批判传统的系统教育论出发，主张立足于问题解决学习与系统学习、形式教育与实质教育教学主体与客体的统一的观点，设想范例教学概念的意义、内容与方式。他们所倡导的范例教学，目的是克服教材内容的烦琐，要求从日常生活中选取蕴含着本质因素、根本因素、基础因素的典型事例和范例，使学生通过这种范例，掌握科学知识和科学方法，并把科学的系统性与学习者的主动性统一起来。范例教学在内容上，强调基本性、基础性和范例性三条原则：

（1）基本性原则：要求教给学生基本的知识结构，包括基本概念、基本科学规律和学科的基本结构。

（2）基础性原则：要求教学内容适应学生的智力发展水平，接近他们的生活经验和切合他们的生活实际，并且对于一定年龄发展阶段的青少年来说，这些教学内容是打基础的东西。

（3）范例性原则：要求教给学生的内容是经过精选的、能起示范作用的基本知识，这种精选出来的范例性教学内容遵循人类从个别到一般，从具体到抽象的认知规律，将有助

① 李佩武、李子鹤：《论教学模式及其演变》，《教育探索》2010 年第 8 期，第 35 页。

于学习者举一反三。在范例教学中，教师一般从一些范例分析入手，引导学生感知原理与规律，并逐步提炼进行归纳总结，再进行迁移整合。

2. 基本程序

范例教学的基本过程包括四个阶段：第一阶段是范例性阐明“个”案；第二阶段是范例性阐明“类”案；第三阶段是范例性地掌握规律原理；第四阶段是掌握规律原理的方法论意义，即规律原理运用训练。

范例教学主张选取蕴含本质因素、根本因素、基础因素的典型案例，通过对范例的研究，使学生从个别到一般、从具体到抽象、从认识到实践理解，掌握带有普遍性的规律和原理。范例性地阐明“个”案，是指以典型事实和现象为例说明事物的本质特征；范例性阐明“类”案，是指用许多在本质上与“个”案一致的事实和现象来阐明事物的本质特征；范例性掌握规律原理是指从大量的“类”案中总结出规律和原理，在总结归纳的过程中，要注意准确表述，对规律和原理的名称要清楚；教师要让学生掌握规律和原理的方法论意义，了解学生对它们的掌握程度，从而获得反馈信息，最终使学生可以运用规律和原理。

3. 实施建议

范例方式论是联邦德国教育现代化的一个特色。范例教学模式的实践研究，主要是以历史、地理、理科等学科为中心进行的。但由于各门学科的任务、内容、结构的不同，许多问题还有待研究。例如，怎样才能构成称为学科的本质因素、基础因素的“范例”；如何保证儿童形成关于自然、社会、劳动、历史等的规律性的认识；如何在具体的实践中贯彻教育性教学的原则等。此外，范例要有一定的代表性，最好能激发学生的学习兴趣。

（二）暗示教学模式

暗示教学也称“启发学”“洛扎诺夫教学法”，是指运用暗示手段激发个人心理潜力，提高学习效率的一种教学理论和方法，其创始人为保加利亚心理治疗医生 G.洛扎诺夫。1955 年，洛扎诺夫用暗示疗法治疗一个疲劳沮丧、记忆衰退的病人，使其恢复并且增长了记忆力。他经过长达九年的实验研究，证实了“暗示超常记忆力”的存在，从而建立了暗示教学理论和暗示教学法。暗示教学模式从 1966 年开始为人们所采用，已经推广到十多个国家，而且在非语言学科的效果也很好。

1. 理论基础

暗示教学法有一系列的理论基础，如教育学理论、心理学理论、神经生理学理论、精神治疗学理论等，其中占主导地位的是心理学理论。洛扎诺夫暗示教学法的理论基础是：学习应成为一种趣事，应当在无紧张的状态下进行；人的思维是在自觉意识和潜意识两种意识层面上进行的，暗示是利用通常不用的大脑储备的手段，目的在于加快学习。简言之，暗示教学就是对教学环境进行精心的设计，用暗示、联想、练习和音乐等各种综合方式，建立起无意识的心理倾向，创造高度的学习动机，激发学生的学习需要和兴趣，充分发挥学生的潜力，使学生在轻松愉快的学习中获得更好的效果。其理论依据的要点有：

(1) 环境是暗示住处的重要而广泛的发源地。

(2) 人的可暗示性。

(3) 人脑活动的整体观。

(4) 创造力的假消极状态最易增强记忆，扩大知识，发展智力。

(5) 充分的自我发展，是人最根本的固有需要之一。

(6) 不愉快的事情往往不经意识就为知觉所抵制。

2. 基本程序

暗示教学模式基本程序包括两个阶段：

第一阶段：呈现新语言材料。这个阶段包括积极的和消极的两个环节。

在积极的环节中，教师借助手势和表情等，用外语或本族语介绍课文的情境，接着朗读课文三遍。然后，教师随着优美动听的交响乐调旋律，带着生动的表情和浓厚的情感来朗读课文，而学生则看着课文，轻声跟着教师模仿。

在消极的环节中，学生以轻松愉快的心情静听教师配乐朗读课文或录音。这样可以产生有意或无意的认知能力和超级记忆能力，在不知不觉之中记住许多语言材料。

第二阶段：运用语言知识。语言知识只有通过运用才能变成口头和书面的交际能力。这个阶段主要采用多样化的交际性练习。通过听说读写言语活动来运用语言知识，以培养创造性地表达思想感情的言语能力。

3. 实施建议

教师在教学过程中运用暗示教学模式，需要注意把握好如下几点：

(1) 设置优美、舒适的教学环境。人的成长离不开环境的影响，教学环境是其中之一。教师和学生在教学过程中会不知不觉地受到教学环境的影响，所以在洛扎诺夫的暗示教学实验中，十分重视教学环境的设置。

(2) 运用权威的影响力。在暗示教学法中，权威是指经过证实而获得人们尊重并能产生影响力的人、机构或观念。运用这种权威的影响力是人们乐于受教、增强学习能力的一种手段。

(3) 为教学活动配上适当的艺术形式。重视艺术在教学活动中的作用是暗示教学法的一大特色。真正的暗示，是需要掌握必要的心理学理论和心理暗示技巧的，例如如何把握有效的暗示时机，如何有效突破学生的反暗示防线，如何不留痕迹地达到暗示的效果等，都需要教师具有高超的教育智慧和教学艺术。

(4) 力求使有意识和无意识两重交流水平协调。教师在教学中要保持绝对的诚恳，使其态度和其教材、课堂环境以及学习过程的组织保持高度协调。教师在教学中说话的内容与当时的态度、表情协调起来，才能博得学生的信任。因为态度、表情、姿态等特定信号，要经过个体直觉、非理性、无意识的审查，如果与说话的内容相矛盾，会大大影响教学的效果。

(三) 支架式教学模式

支架式教学是建构主义者根据苏联著名教育家维果斯基的最近发展区理论，对较复杂的问题通过建立“支架式”概念框架，使得学习者自己能沿着“支架”逐步攀升，从而完成对复杂概念意义建构的一种教学方法。

1. 理论基础

支架式教学模式的理论基础主要是建构主义理论和最近发展区理论。

（1）建构主义理论。该理论由瑞士著名的认知心理学家皮亚杰提出。他认为，儿童在日常生活和学习过程中会逐步建立自己的认知结构，以此为基础，会主动与外部环境相互作用，进而建构新的认知结构。学生已有认知结构与外部环境相互作用的主要表现形式为“同化”和“顺应”。通过学习，学生将新学到的知识融入现有的认知结构中，对现有的认知结构进行补充、完善、优化，即为“同化”。同化的前提条件是被整合的新知识无论在数量上还是在价值取向上，都不足以对已有认知结构造成剧烈冲击。当外部环境发生变化，学生接触到的新知识量过大，或者价值取向差异过大，以至于其利用已有的认知结构无法同化新知识时，新知识就会对其已有的认知结构造成冲击，促使其发生局部变化，甚至是发生剧烈变动和根本性变革，以适应新的环境，形成更高级的认知，这一过程即为“顺应”。人的认知结构就是在同化和顺应的共同作用下，不断得到完善和发展的。

按照建构主义理论的观点，在整个教学活动中，教师不是简单机械地传授知识，学生也不是简单机械地接受知识，而是师生相互合作、共同探究。教师要事先了解学生的学习现状，掌握学生当前的认知水平，根据学生当前的认知水平创设一定的问题情境，激发学生兴趣，鼓励和引导学生独立分析问题、解决问题，从而获得新的知识，形成新的认知结构。

（2）最近发展区理论。该理论最早是由维果茨基提出的。他认为，儿童的健康成长离不开教育的积极促进作用，为此，教师必须首先了解儿童的两个方面的水平，即已经达到的发展水平和可以达到的发展水平这两种水平之间的距离，这就是“最近发展区”。根据“最近发展区”的概念，每名学生的独立学习能力是有差异的。有的学生自学能力较强，可以独立完成学习任务；有的学生自学能力较弱，需要在他人的帮助指导下才能完成任务。学生的最近发展区是支架式教学过程中搭建支架的依据和基础。如果搭建的支架水平过高，超过了学生能够达到的水平，或者搭建的支架水平过低，低于已经达到的水平，都会使搭建支架的价值和意义大打折扣，无法充分发挥出支架应有的作用，影响支架式教学的实施效果。只有教师搭建出能够适应学生能力水平的支架，学生才能最大限度地从支架式教学中受益。

建构主义者正是从维果斯基的思想出发，借用建筑行业中使用的脚手架作为对上述概念框架的形象化比喻，其实质是利用上述概念框架作为学习过程中的脚手架。通过这种脚手架的支撑作用（或曰“支架作用”），不停顿地把学生的智力从一个水平提升到另一个新的更高水平，真正做到使教学走在发展的前面。

2. 基本程序

支架式教学模式通常由以下几个环节依照教学流程组成：

（1）搭脚手架。围绕学习主题，按“最近发展区”要求建立概念框架。

（2）进入情境。将学生引入一定的问题情境（概念框架中的某个节点）。

（3）独立探索。让学生独立探索，探索内容包括：确定与给定概念有关的各种属性，并将各种属性按其重要性大小顺序排列。探索开始时要先由教师启发引导（例如演示或介绍理解类似概念的过程），然后让学生自己去分析；探索过程中教师要适时提示，帮助学生沿概念框架逐步攀升。起初的引导、帮助可以多一些，以后逐渐减少，愈来愈多地放手让学生去探索；最后要争取做到无需教师引导，学生能在概念框架中继续攀升。

（4）合作学习。进行小组协商、讨论。讨论的结果有可能使原来确定的、与当前所学概念有关的属性增加或减少，各种属性的排列次序也可能有所调整，并使原来多种意见相互矛盾且态度纷呈的复杂局面逐渐变得明朗、一致起来，在共享集体思维成果的基础上达到对当前所学概念比较全面、正确的理解，即最终完成对所学知识的意义建构。

（5）效果评价。对学习效果的评价包括学生个人的自我评价和学习小组对个人的学习评价，评价内容包括：自主学习能力、对小组合作学习所做出的贡献、是否完成对所学知识的意义建构。

3. 实施建议

在运用支架式教学模式时，教师要注意如下几个方面：

（1）教师必须明确自己的角色——支架的设置者。教师是教学支架的设置者，设置教学支架的目的是促进学生的智力、思维能力、创造力及其批判精神的发展，最终使学生成为独立自主的学习者。教育训练的目的在于形成智慧，造就有创造性思维的开拓者、探索者和学习者，而不仅仅是让学生掌握和存储现成的知识。

（2）教师必须在“教”与“学”之间找到学生的最近发展区。支架式教学本质上是最近发展区内的教学。教学要在最近发展区内进行，首先就要捕捉到学生的最近发展区。因此，教师要善于研究学生的学情，深入了解学生的知识经验与学习能力，并通过创设一定的与学生已有发展水平相邻近的问题情境，构成对学生智力的挑战，促进学生去思考问题。

（3）教师提供的支架必须是动态的、渐进的。支架式教学强调教师在最近发展区内设置支架，它必须是动态的，不仅与儿童暂时的能力相适应，而且随着儿童能力的增长逐渐撤离。设置因情况而变的支架的目的在于，始终给学生提供适宜的挑战和支持的环境，使学生的学习保持在最近发展区内。同时，通过支架教学培养学生的自我调节能力，让学生学会如何学习，能够独立进行学习。

（四）抛锚式教学模式

抛锚式教学有时也称“实例式教学”或“基于问题的教学”，是由美国范德比尔特大学认知与技术小组在约翰·布朗斯福德的领导下开发的一种教学模式。它的主要目的是使学生在一个完整、真实的问题背景中，产生学习的需要，并通过镶嵌式教学以及学习共同体中成员间的互动、交流，即合作学习，凭借自己的主动学习、生成学习，亲身体验从识别目标到提出和实现目标的全过程。总之，抛锚式教学是使学生适应日常生活，学会独立识别问题、提出问题、解决真实问题的一个十分重要的途径。在课堂教学中运用抛锚式教学模式时，确定这类真实事件或问题被形象地比喻为“抛锚”，因为一旦确定了这类事件或问题，整个教学内容和教学进程也就确定了（就像轮船被锚固定一样）。

1. 理论基础

抛锚式教学模式是一种以技术学为基础的重要的教学模式，深受西方盛行的建构主义学习理论影响。建构主义学习理论认为，学习者要想完成对所学知识的意义建构，即达到对该知识所反映事物的性质、规律以及该事物与其他事物之间联系的深刻理解，最好的办法是让学习者到现实世界的真实环境中去感受、去体验（即通过获取直接经验来学习），而不是仅仅倾听别人（如教师）关于这种经验的介绍和讲解。

2. 基本程序

抛锚式教学模式由这样五个环节组成：

（1）创设情境。使学习能在和现实情况基本一致或相类似的情境中发生。情境设置与产生问题一致，问题要难易适中，具有一定的真实性，在教学中要充分发挥学生的主体性。

（2）确定问题。在上述情境下，选出与当前学习主题密切相关的真实性事件或问题作为学习的中心内容。选出的事件或问题就是“锚”，这一环节的作用就是“抛锚”。

（3）自主学习。有关研究发现，使学生理解问题解决和交际体验的最好方式就是让他们积极地参与有影像支持的各种活动。教学不是由教师直接告诉学生应当如何去解决面临的问题，而是由教师向学生提供解决该问题的有关线索，并特别注意发展学生的自主学习能力。

（4）协作学习。抛锚式教学的优势之一是有助于创设合作学习的环境，引发学生讨论、交流，通过不同观点的交锋，补充、修正、加深每名学生对当前问题的理解。

（5）效果评价。由于抛锚式教学的学习过程就是解决问题的过程，由该过程可以直接反映出学生的学习效果，因此对这种教学效果的评价不需要进行独立于教学过程的专门测验，只需在学习过程中随时观察并记录学生的表现即可。

3. 实施建议

运用抛锚式教学模式进行教学活动，教师要注意把握好如下两点：

（1）教师要转换角色。即教师应从信息提供者转变为“教练”和学生的学习伙伴，即教师自己也应该是一名学习者。为激励和支持学生的生成性学习，教师必须是灵活的。教师要精心设计整堂课的教学活动方案，全力创设真实的教学情境，提供丰富可靠的教学活动，善于鼓励、引导学生进行主动的思考，唤起学生的学习意识，调动学生进行学习活动的积极性，使学生从内心产生学习的需要。同时，教师不应该仅仅遵照预先制订的课堂教学计划进行教学，而是要灵活面对教学过程不断出现的新问题新情境，引导学生主动学习。

（2）允许学生尽自己的最大可能开展自己的学习进程。自主探究学习是抛锚式教学模式的灵魂，同时也是抛锚式教学模式跟其他教学模式最不相同的地方。教学的最终目的不仅是学生从学习实践活动中获得知识，更要促进学生自身的发展和适应学生成长的需要。教师在经过创设情境、确定问题之后，关键的“锚”已经抛给了学生，学生可以根据老师给出的问题来阅读教材内容或是查找其他资料，并根据自己现有的生活、学习经验来思考问题的答案到底是什么。这也是抛锚式教学模式进一步发挥学生主体作用的体现，是让学生在已有的经验基础之上完成对课本知识的整体的建构。因此，教师要鼓励学生自主建构知识，允许学生尽自己的最大可能开展学习进程。

（五）发现学习教学模式

发现学习理论是美国心理学家、教育学家布鲁纳提出的教育理论，他吸取了德国格式塔心理学的理论和瑞士皮亚杰发展心理学的学说，在批判继承杜威教育思想的基础上，加上自己长期的研究，逐渐形成了发现学习模式和理论。

发现学习以通过学生的发现获取新知识为突出特征。布鲁纳强调："我们应当尽可能使学生牢固地掌握科学内容，我们还应当尽可能使学生成为自主且自动的思想家；这样的学生当他在正规学校受教育结束以后，将会独立地向前迈进。"这里所说的"发现"，不是让学生去创造人类前所未有的新理论和新学说，而是指包括学生用自己的头脑亲自对信息进行加工，通过积极的探索获得新知识的一切形式。作为一种教学模式，发现学习在 20 世纪 60 年代的欧美国家影响较大。

1. 理论基础

发现学习教学模式的理论基础主要是结构主义理论和学习理论。结构主义理论是认知心理学派中的一个分支，其起源最早可追溯至 20 世纪初。当时西方有一部分学者对现代文化分工太细，只求局部、不讲整体的"原子论"倾向感到不满，他们渴望恢复自文艺复兴以来中断了的注重综合研究的人文科学传统，因此提出了"体系论"和"结构论"的思想，强调从大的系统方面（如文化的各个分支或文学的各种体裁）来研究它们的结构和规律性。结构主义理论强调两个方面：

（1）整体性。结构主义理论认为整体相较部分具有逻辑上优先的重要性。因为任何事物都是一个复杂的统一整体，其中任何一个组成部分的性质都不可能孤立地被理解，而只能把它放在一个整体的关系网络中，即把它与其他部分联系起来才能被理解。

（2）共时性。结构主义理论的代表、瑞士语言学家索绪尔认为，语言是一个符号系统，系统内部各要素之间的关系是相互联系、同时并存的，作为符号系统的语言是共时性的。至于一种语言的历史，也可以看作在一个相互作用的系统内部诸成分的序列。

布鲁纳认为，学习的实质是一个人把同类事物联系起来，并把它们组织成赋予它们意义的结构，学习就是认知结构的组织和重新组织，知识的学习就是在学生的头脑中形成各学科知识的知识结构。简言之，按照布鲁纳的观点，知识的学习就是在学生的头脑中形成一定的知识结构。这种知识结构是由学科知识中的基本概念、基本思想或原理组成的。知识结构的结构形式通过人的编码系统的编码方式构成，并可通过三种再现模式表现出来。一种知识结构的价值，决定于它简化资料、产生新命题和增强使用一种知识的能力。

2. 基本程序

教师运用发现学习教学模式开展课堂教学，操作程序大致分为六个步骤：

（1）提出和明确使学生感兴趣的问题。

（2）使学生感到问题具有某种程度的不确定性，以激起探究的欲望。

（3）提供解决问题的多种可能的假设。

（4）协助学生搜集与问题解决有关的资料。

（5）组织学生审核有关的资料，得出有关的结论。

（6）引导学生用分析思维去证实结论，使问题得以解决。

上述六个步骤可以归纳为三个教学环节：① 创设问题情境。教师设置问题情境，提供有助于形成概括结论的实例，让学生对现象进行观察分析，逐渐缩小观察范围，将注意力集中在某些要点上。② 提出假设并检验。让学生通过分析、比较，对各种信息进行转换和组合，以形成假说，尔后通过思考讨论，以事实为依据对假说进行检验和修正，直至得到正确的结论，并对自己的发现过程进行反思和概括。③ 进行整合与应用。将新发现的知识与原有知识联系起来，纳入认知结构的适当位置；运用新知识解决有关的问题，有效地促进知识的巩固和灵活迁移。

3. 实施建议

发现学习教学模式是典型的以学为主的教学模式。它有利于培养学生的发现能力和学习兴趣，有利于知识的保持和应用。但是，这种学习往往需要用更多的时间，效率较低，另外，它对学生的要求较高，且主要适用于理科的教学。因此，教师在运用发现学习教学模式时，要注意精选学科教材，让学生从教材中提炼出最基本的学科知识结构。同时，要积极引导学生去探索，弄清基本原理，使学生了解可以解决问题的各种方法和不同的观点，启发学生的思维，激发学生探索知识的积极性，并与学生共同交流、协作，有效达成对问题的解决。

二、现代国内有影响力的教学模式

新中国成立以来，我国教育界在不断引进、吸纳与借鉴国外教育教学理论的基础上，也开始教学模式的本土化探索与创新，形成了一些具有代表性的教学模式。以下为我国几种影响较大的教学模式。

（一）传递—接受教学模式

传递—接受教学模式源于赫尔巴特的四段教学法，后来由凯洛夫等人进行改造传入我国。该模式以传授系统知识、培养基本技能为目标，其着眼点在于充分挖掘人的理性认识与间接经验在掌握知识技能方面的潜能，以使学生比较迅速有效地在单位时间内掌握较多的信息，体现了教学作为一种简约化的认识过程的特点。同时，注重教师在教学过程中的主导地位与作用，对教师的知识储备及对教学内容的加工均有较高的要求。近几十年来，由于我国的教育工作者在使用该模式时，注意了学生主体作用的发挥和改善其他教学条件，使得该模式不断被注入新的合理内核，因而成为我国课堂教学中占主导地位的教学模式。

1. 理论基础

传递—接受教学模式是根据辩证唯物主义认识论和行为心理学的原理来设计的。辩证唯物主义认识论认为，教学过程本质上就是学生在教师有目的、有计划地指导下的特殊认识过程，是学生认识客观世界的过程。这种认识活动以人类已有的知识为主要对象，力求在较短时间内传授大量人类的科学文化遗产，使个人认识达到社会的知识水平。同时，该模式受斯金纳操作性条件反射的训练心理学的影响，强调控制学习者的行为达到预定的目标，认为只要通过“联系—反馈—强化”这样反复的循环过程，就可以塑造有效的行为目标。

2. 基本程序

该模式的基本教学程序是：激发学习动机—复习旧课—讲授新课—巩固练习—检查评价。

激发学习动机是根据新课的内容，设置一定情境和引入活动，激发学生的学习兴趣。复习旧课是为了强化记忆，加深理解，加强知识之间的相互联系，对知识进行系统化的整理，做到温故知新，建立原有知识与新知识的联系。讲授新课是教学的核心，在这个过程中主要以教师的讲授和指导为主，学生一般要遵守纪律，跟着教师的教学节奏，按部就班地完成教师布置给他们的任务。巩固练习是学生在课堂上对新学的知识进行运用和练习解决问题的过程。检查评价是通过学生的课堂和家庭作业来检查学生对新知识的掌握情况。

3. 实施建议

（1）在运用该模式进行教学的过程中，由于学习者处于接受教师所提供信息的地位，因此不利于学生主动性的充分发挥。如果教师只是机械地套用该教学模式的程序，容易形成“注入式”“满堂灌”。因此，教师在教学过程中要特别注意避免一讲到底的教学。

（2）该模式是在我国中小学教学中普遍运用的一种教学模式，也是教师最熟悉的一种教学模式。选用这一模式时，要注意该模式的特点，根据教学需要，参照其他教学模式的可行环节，对该模式进行适度的加工和改造。

（二）自学—辅导教学模式

自学—辅导教学模式是在教师的指导下，学生自己独立进行学习的模式。这种教学模式强调教学活动以学生自学为主，教师的指导贯穿学生的自学始终，它能够培养学生的独立思考能力，在教学实践中也有很多教师在运用它。卢仲衡主持的“中学数学自学辅导实验”，上海育才中学的“读读、议议、练练、讲讲”八字教学法，魏书生的“中学语文教学六步法”，黎世法的“六课单元教学实验”，钱梦龙的“三主四式语文导读法”等，都属于自学—辅导教学模式的范畴。

1. 理论基础

自学—辅导教学模式的理论基础主要是人本主义理论与程序教学理论。人本主义心理学代表人物罗杰斯认为，人类具有天生的学习愿望和潜能，这是一种值得信赖的心理倾向，它们可以在合适的条件下释放出来；当学生了解到学习内容与自身需要相关时，学习的积极性最容易激发；在一种具有心理安全感的环境下可以更好地学习。根据这一理论，教师的任务不是教学生知识，也不是教学生如何学习知识，而是要为学生提供学习的手段，至于应当如何学习，则应当由学生自己决定。教师的角色应当是学生学习的“促进者”。因此，教学过程要注意发挥学生的主体性，以培养学生的学习能力为目标。

程序教学理论主张将各门学科的知识按其中的内在逻辑联系分解为一系列的知识项目，这些知识项目之间前后衔接，逐渐加深，让学生按照由知识面项目的顺序逐个学习每一项知识，伴随每个知识项目的学习，及时给予反馈和强化，使学生最终能够掌握所学的知识，达到预定的教学目的。可见，教师精心设置知识项目序列和强化程序，是程序教学取得成功的关键所在。教师先让学生独立学习，然后根据学生的具体情况教师进行指导，教学过程承认学生在学习过程中试错的价值，注重培养学生独立思考和学会学习的能力。

2. 基本程序

自学—辅导教学模式的教学基本程序是：自学—讨论—启发—总结—练习巩固。教师在教学中根据学生的最近发展区，布置一些有关新教学内容的学习任务组织学生自学，在自学之后让学生之间交流讨论，发现他们所遇到的困难，然后教师根据这些情况对学生进行点拨和启发，总结出规律，再组织学生进行练习巩固。

3. 实施建议

教师在运用自学—辅导教学模式进行教学时，要注意以下几点：

(1) 教师应提前使学生明确自学的目的。自学是有准备地、带有目的性地阅读，而不是盲目地读书，这样才能保证学生自学中阅读的效果。

(2) 首先教给学生“略、细、精”的阅读方法。教师要教给学生阅读的方法，培养学生在不同的阅读内容、不同的阅读要求间选择恰当的阅读方法的能力，从而提高阅读的效率。

(3) 教师在培养学生自学的时候，使学生形成良好的自学习惯。要使学生适应自学—辅导教学这种学习方式，如能够独立学习、独立思考、独立解决问题，逐渐在自学中养成良好的学习习惯。

(4) 让学生在自学中形成自我评价能力。在自学—辅导式教学效果检查中，适当增加学生自我评价，促进学生自我评价能力的形成。

(5) 在自学—辅导式教学中，教师能够做到“点面结合”的辅导。在使用这种教学方法的过程中，学生自学是前提，教师辅导是关键。

此外，对小学阶段的学生使用自学—辅导教学法需要谨慎，该方法比较适合初中、高中阶段的学生。

(三) 情境—陶冶教学模式

情境—陶冶教学模式是使学生处在创设的教学情境中，运用学生的无意识心理活动和情感，加强有意识的理性学习活动的教学模式。这一模式吸取了洛扎诺夫的暗示教学理论，并参照我国教学实际工作者积累的有效经验加以概括而成。20 世纪 80 年代以来国内开展的“情境教学”“愉快教育”“成功教育”“快乐教学”等都属于情境—陶冶教学模式的范畴。

1. 理论基础

人的认识是有意识的心理活动与无意识的心理活动的统一，是理智与情感活动的统一，这就是情境—陶冶教学模式的理论基础。情境—陶冶教学模式从学生是一个完整的个体，学习是两种意识交互作用的协调过程这一视角出发，充分激发学生个人的潜能，力求在教学过程中把各种无意识活动组合起来，把积极情感调动起来，服务于意识的和理智的活动，使学生在一个心情舒畅、轻松愉快的环境中，以一种最佳的学习心态掌握知识，享受学习。情境—陶冶教学模式的教学目标是使学生在思想高度集中、精神完全放松的状态下，高效率、高质量地掌握所学内容，并且在情感和思想上受到触动和感化。

2. 基本程序

情境—陶冶教学模式的基本程序是：创设情境—情境体验—总结转化。

（1）创设情境。教师根据教学目标通过语言描绘、实物演示、音乐渲染或场景表演等手段构成生动形象的教学情境，以激发学生的学习情绪，使学生融入情境，求得学生的有意识心理活动与无意识心理活动、理智活动与情感活动的有效统一。

（2）情境体验。学生通过参与各种游戏、唱歌、听音乐、表演、谈话和实践操作等活动，在特定的气氛中，积极地、全身心地投入到创设情境的活动之中，从而获得各种不同的情感体验，获得知识学习的乐趣与成功感受。

（3）总结转化。通过教师的启发与总结，使学生实现科学知识和道德情感的内化，实现知情并进、知情双收。

3. 实施建议

（1）注意教学过程中学生有意识和无意识心理活动的统一。教师要正视学生无意识心理活动的存在，并善于利用它，不能只顾有意识心理活动而忽视无意识心理活动，只顾理性而不顾感性。只有两者和谐统一时，学生的记忆力、理解力、想象力和个性才能得到充分的发展。

（2）注意教学情境的创设和多种交互手段的利用。创设的教学情境要能被大多数学生乐于接受，产生兴趣，以激发学生的学习情绪，并以能触动学生的多种感官为佳。教师要善于运用语调、节奏营造教学气氛，建立与学生的相互信任、相互尊重的关系，控制学生的感情，调动学生的无意识心理活动。

（3）根据教育教学的目标和教学条件，灵活地选择创设情境的方式，提高情境覆盖教学信息的程度，防止情境与教学内容相脱离。

（四）目标—导控教学模式

目标—导控教学模式是根据教学大纲划分单元，制订单元教学目标，在所订具体目标的导控下进行教学活动。它以明确目标为教学导向，以教学评价为动力，以矫正、强化为活动核心，目的是通过改善教学过程，让绝大多数学生都能掌握教学内容以达到教学目标，使教学质量得到大面积提高。20 世纪 80 年代中期以来国内进行的“目标教学”“单元达标教学”等教改实验均属此类。

1. 理论基础

目标—导控教学模式的理论基础主要是加涅的学习结果分类理论和布卢姆的掌握学习理论。加涅将学习分成五类，分别是言语信息、智慧技能、认知策略、动作技能和态度。这五类学习代表了个体所获得的所有学习结果。教学的设计和安排上的差异，是由学习结果的类型与学习条件的不同导致的。

布卢姆认为，学习过程是学习水平由低到高逐步递进的，教师要设计出由低到高的序列化目标引导学生学习，并且只要提供最佳的教学并给予足够的时间，多数学习者能获得优良的学习成绩。布卢姆提出掌握学习的良好条件如下：

（1）学习者必须清楚地理解教学目标，即学习任务。

（2）学习者必须具备能顺利地进行该项学习任务所必需的知识与技能。

（3）学习者必须具有掌握该项学习任务的意愿，不惜花费时间与精力。

（4）教师对于学习者要学习的材料提供有关线索，保证他们主动积极地投入学习过程，对他们的成就给以强化、反馈和校正。

（5）适当采用“小老师教学”，鼓励学生互教互学。

2. 基本程序

目标—导控教学模式的基本程序包括五个环节：确定教学目标—分析教学任务和学习者特征—达标教学—达标评价—强化补救。

（1）确定教学目标，期望学生通过学习达到什么样的结果，即教学目标，这些目标应能准确界定单元教学内容的各个知识点，同时展示教学目标，引起学生注意，把教的目标转化为教与学的共同目标，使学生对所学内容做到心中有数。

（2）分析教学任务和学习者特征，目的是确定实现教学目标需具备哪些先决条件，并选择一个合理的教学起点，同时进行前提诊断，由教师针对将要学习的内容所涉及的基础知识，组织学生进行简短的检查、提示、复习或回顾，给学习新内容作好铺垫准备和习旧引新。

（3）达标教学，根据教学目标和学生特点制订教学策略，选择和设计教学媒体，即教师在学生达标过程中提供各种外部支持，紧扣教学目标进行教学，而不随意拓宽或加深，力求让尽量多的学生掌握教学内容。

（4）达标评价，对照目标，检查学生是否达标，目的是了解学生情况，以改善教师的教和学生的学，是及时的双向反馈。

（5）强化补救，根据评价反馈的信息，教师采取针对性强化矫正教学，给学生第二次达标的机会，确保绝大多数学生真正达标。

3. 实施建议

教师在运用目标—导控教学模式进行课堂教学时，要注意以下几点：

（1）制订科学正确的教学目标。教师是目标的提供者与学生达标的组织者，需要事先对学科教学的目标有科学正确的理解，分析各个单元的知识点，用目标去准确界定，并力求使学生清晰地认识教学目标。

（2）处理好教师的教与学生的学的关系。教师的教与学生的学都是指向目标的达成，而学生的进步与发展是评价教学目标有无达成的最主要指标，因此，教师要发挥主导作用，积极引导学生去主动学习，自主学习，不断实现预期的教学目标。

三、新课改高效课堂教学模式

自 2001 年以来，我国的第八轮基础教育课程改革至今已超过 20 个年头。新课改大力倡导自主、合作与探究的新学习方式，倡导有效教学的理念。围绕新的学习方式和有效教学理念，中小学积极开展高效课堂教学模式的探索，由此涌现了一些比较典型也比较有影响力的教学模式。例如，山东杜郎口中学的“三三六”教学模式、山东昌乐二中的“271”模式、山东兖州一中的“循环大课堂”模式、江苏灌南新知学校的“自学·交流”模式、河北围场天卉中学的“大单元教学”模式、江西武宁宁达中学的“自主式开放型课堂”教学模式、河南郑州第102中学的“网络环境下的自主课堂”、安徽铜陵铜都双语学校的“五环大课堂”教学模式等。限于篇幅，下面简要介绍两种高效课堂教学模式。

（一）山东杜郎口中学的“三三六”教学模式

山东杜郎口中学的“三三六”教学模式以学生在课堂上的自主参与为特色，课堂的绝大部分时间留给学生，老师仅用极少的时间进行点拨，更多的时间用于充分引导学生，营造以学生自学为主，以学生为主体的课堂。该教学模式的内容与特点可以简要概括为：

1. 自主学习三特点

自主学习三特点为立体式、大容量、快节奏。立体式是指教学目标、任务是新课程要求的三维立体式，将学习任务分配给每个同学、每个小组来完成，充分调动每名学生的主体性，发挥每个小组的集体智慧，展示模块就会有不同层次、不同角度的思考与交流；大容量是指以教材为基础，拓展、演绎、提升，通过各种课堂活动形式展现，如辩论、小品、课本剧、诗歌、快板、歌曲、绘画等；快节奏是指在单位时间内，紧扣学习目标和任务，通过周密安排和师生互动、生生互动，达到预期的效果。

2. 自主学习三模块

自主学习三模块为预习、展示、反馈。预习模块主要任务是明确学习目标，生成本课的重点、难点，并初步达成学习目标；展示模块的主要任务是展示、交流预习模块的学习成果，并进行知识的迁移运用和对感悟进行提炼提升；反馈模块的主要任务是对前面的课进行反思和总结，对预设的目标进行回归性的检测，本环节尤其关注“弱势群体”，让学生说、谈、演、写，进一步检查落实情况，实现三维目标。

3. 课堂展示六环节

课堂展示六环节为预习交流、明确目标、分组合作、展现提升、穿插巩固、达标测评。这六个环节内容与时间安排大致如下：

（1）预习交流（1～2分钟）。目的是巩固解决问题所运用到的知识点，为学生顺利完成本节课的任务扫清知识上的障碍，一般通过学生交流预习情况，明确本节课的学习目标。

（2）确立目标（1分钟）。基本知识巩固之后，教师据此说出本节课的目标和重难点，展示课上的目标与预习课上的目标不完全相同，展示课上的目标除了基本知识与基本技能外，更侧重的是规律和方法的总结，以让学生形成技能和技巧。

（3）分组合作（6～8分钟）。教师将本节课需要展示的问题分给六个组，然后每个组长负责再将任务分给组员，组员分工合作。一般分配原则是：中下游学生讲解、分析，优生点评、拓展，学会把准题目，分析、了解重难点（题目涉及的知识点等），在这个环节需要注意的是：① 各组任务尽可能地均衡，每个小组分配任务的多少应根据题目的难易来确定，如果此题目有不同的做法，或能够根据此题目进行拓展或延伸，或能够进行变式训练，一般是两组一题，如果题目涉及的知识点较少，规律和方法较少，则一组分一个题目。② 明确完成任务所需的时间，有时间限制，学生就会有紧张感，行动起来会迅速一些，在课堂中经常采取评比、报道的方式，根据各组同学完成任务的快和慢、版面设计的美观情况对各小组进行排序，并加相应的十分、八分、六分、四分、二分、零分等。

(4) 展示提升（20 分钟）。通过分组合作对问题的再次交流，学生对本组的问题进一步厘清了思路，加深了理解。展示的过程是，一般是从第一组开始，六组顺次展示，也可以从第六组开始，对题目进行讲解、分析，其他同学进行点评，说出此题所运用到的知识点、解题关键点、易错点、总结的规律，或由此题进行知识拓展、变式训练等，学生也可以提出自己的疑问，其他同学或教师给予解答等。在实际操作中，为了增强学生展示的积极性、主动性及精彩性，教师通常采取各种评比方式，比如小组内全员参与的加五分；有开场白、过渡语的根据精彩性加五至十分；能主动参与其他组的分析、点评的加十至二十分，能利用不同形式如顺口溜、小品、歌曲等加二十至三十分等。最后，根据各小组的得分进行排序，教师及时进行点评、表扬或鼓励。

(5) 穿插巩固（3 分钟）。学生展示完后，给学生几分钟的时间对自己组没有展示的题目进行疑难交流，重点是小组长对组员进行帮扶或检测。

(6) 达标测评（5 分钟）。可以是学生谈收获，大致内容为“通过本节课，我学到了什么，还有什么问题，向其他同学请教”等，也可以是教师根据展示情况设置几个题目或问题进行单独抽测并及时反馈课堂效果。

(二) 河北围场天卉中学的“大单元教学”模式

河北围场天卉中学的“大单元教学”模式与传统的单元教学模式不同，它着眼于“大”，从“大处”着眼，进而也从“大处”着手：① 教学内容大，它不再是单篇单章的内容，而是把整个初中段作为一个整体内容进行大框架的解读，再在大框架下建立系统内容和授课内容，它时时审视当下的内容和以前、以后的知识的联系和地位，从不孤立地考虑单个教学内容；② 教学架构大，传统教学单兵作战，而大单元教学是以每一个学科的教师团队为作战单位，发挥的是每一个人的强项，得到的是合力；③ 教学视野大，教师在教学活动中不再只盯着知识点、考点，而是联系课内课外校内校外，视野从学习放大到了生活，真正实现了陶行知“学习即生活”的教育观。

围场天卉中学的“大单元教学”模式具有三大特色：大整合、大迁移、大贯通。其具体表现形式是“三型、六步、一论坛”。

1. 大整合

大整合是指按照学科内容进行单元归类，打破学科之间“老死不相往来”的限制，把相关联的知识上挂下联，以“大学科”予以围拢归整。大单元教学最大的一个特点就是站在三年的高度对教材进行有序地、系统地整合，它分为两个维度进行：

(1) 纵向。以三年的学科教学为一个整体，把三年的学科知识建构成一个完整的学科结构，在这个结构下，根据教学实际需要对教材进行跨学期、跨学年的纵向整合，使之形成“系统单元”“授课单元”等不同的知识模块，去除教材中相同知识的重复，对知识进行浓缩，保证课堂上呈现的内容都是“精品”，实现课堂教学的真正高效。

(2) 横向。以相邻学科为延展点，进行跨学科整合，把相邻学科的有用资源整合到本学科中来，丰富本学科的趣味性、厚重性，使教学资源达到最大化。整合是相对稳定的，整合后的教学内容，是不轻易变化的，这就要求整合教材时要严谨，要科学，要遵循规律，不可乱来。

2. 大迁移

大迁移是指跨越学科、学期、学年的界限，实现迁移、对接，形成完整的知识链条，形成从点到面的迁移，实现了知识教学的有序性、整体性、完整性。

迁移是动态的，是在教学实践中时时发生的，它分四个维度：纵向是在知层面上实现跨学期、跨学年的迁移；横向是在纵向迁移的基础上，把相邻学科，甚至差性较大学科的知识，只要是本学科的教学资源，就大胆迁移过来，为我所用；从课堂向外迁移，让学生带着问号进课堂，再让学生带着问号出课堂，用问题把学生的学习迁移到课外，使课内学习与课外学习对接，形成一个大循环；由课本向生活迁移，学习的目的是生活，生活的过程是最好的学习，只有把学生的书本知识通过有效的迁移，让学到的知识在生活中发酵，我们学到的知识才是活知识，才是有用的知识，才是有效的知识。

3. 大贯通

大贯通是指“弹钢琴”，把三年的教学计划和规划当成一首完整的曲子来弹奏。在教学流程上，要求教师先“消化”知识，再重新编排课程，把“营养”反刍给学生，然后经过学生“自主消化”，转化成能力和成果。教师通过对教材的整合，对所教学科的结构脉络一清二楚，实现了专业化成长，使教师的学科思想、学科知识得到了贯通。学生通过和教师一起重建知识结构，迁移教学内容，厘清了知识脉络，学会了归纳总结，既丰富了知识又锻炼了能力。通过大单元学习，学生实现了知识能力的双向贯通。

4.“三型”

三型是指高效课堂的“预习展示课”“提升展示课”和“巩固展示课”三种课型。

5.“六步”

六步是指明确目标、自主学习、小组讨论、展示拓展、穿插巩固、当堂测验。

6.“一论坛”

一论坛是指论坛形式。在“三型”结束以后，以单元为总教学目标，采用滚动循环的手段，由教师“精讲点拨”，对本单元授课环节中挖掘不到的问题，提升不到的层次，进行有效的“第二次作业”。

河北围场天卉中学的“大单元教学”模式体现出高效、减负的特点，较为巧妙地处理好了“主体与主导”的辩证关系，既充分发挥了教师无可替代的主导作用，又突出了学生学习的主体地位，较好地规避了“任由学生自主”而导致的课堂无序、效果不好控制等现象，改变了教师和学生的生命状态、学习状态等，实现了教育本质向人的回归。

第三节　学科教学模式的选择与运用

从国内外的教学模式发展历史可以看出，不同时期的教学模式是处于不断的变化与创新之中的，由此形成了多种多样的教学模式。每一种教学模式都有自己的价值与局限，教师在选择与运用教学模式的时候，需要去认真了解不同教学模式的特点与要求，以便确定适当的教学模式，有效地开展课堂教学。

一、学科教学模式选择与运用的依据

教师选择和运用学科教学模式，一般依据以下四个方面的因素。

（一）教学目标

教学目标不同，所采用的教学模式也不同。如着眼于培养学生的自学能力，可采用自学式；着眼于在单位时间内传授和学习较多的、较为系统的基本知识，可采用传授式；着眼于培养创造性的思维能力，可采用探究式等。

（二）教学内容

不同课程、不同教学内容应采用不同的教学模式。如传授式和自学式比较适合于教授与学习事实、现象、过程的基本知识；音乐、美术、体育课训练技能技巧的部分及外语教学中语音、书写等初学阶段，比较适合运用练习式；学习中学理科课程中概括性、规律性的知识，可以运用探究式。

（三）学生年龄特征和知识水平

教学模式的选择应该符合学生的年龄特征、身心发展特点和认知水平。如探究式、自学式教学模式要求学生对所学内容有一定的旧知基础，初步掌握自学方法和思维方法，有一定的学习自觉性和毅力，适合在高年级学生的课堂教学中运用。游戏教学法和情境教学法等比较适合在低年级学生中运用。

（四）教学条件和教学时间

任何教学模式的开展都需要一定的教学条件，如教学场地、教学设备等。同时，不同的教学模式对教学时间的要求是有差异的，而中小学课堂教学时间又是相对固定的。因此，教师在选择教学模式的时候，应该充分考虑现有的教学条件和教学时间，尽量做到因地制宜，量体裁衣，这样才能发挥教学模式的高效。

教学模式不是僵化刻板的公式，各种教学模式各有个性和特定的适用范围。没有普遍适用于任何范围的万能模式。如果只运用一种教学模式，会导致教学活动单调、重复和教学气氛枯燥乏味，遏制教师和学生创造性的发挥。教学活动除有科学性、规定性的一面外，还有艺术性、创造性的一面，教师可以选定某种模式作为设计教学活动的参考，但不可当作固定的框框硬套。作为中学教师，尤其是新教师，应该掌握一些基本的教学模式，如讲授式、自学式、练习式等，以便于灵活变通地运用，随着工作经验的积累，逐步熟练掌握多种教学模式。教师要善于从教学实际出发，选择适合具体教学情境的教学模式，创造性地、艺术性地加以运用，并从各种教学模式的结合与变化中寻求提高教学质量的途径。我国教育家叶圣陶说过："教是为了用不着教。"学习和掌握教学模式，也是为了最终摆脱已有的教学模式，进入教学活动领域的"自由王国"。

二、学科教学模式选择与运用的原则

教师在学科教学模式选择与运用上，需要遵循一定的原则，才能够发挥不同教学模式的优势，取得良好的教学效果。有的研究者提出了四条原则①：

（一）目的性原则

目的性原则要求教师在选择教学模式的时候，要综合考虑教育目的、一般教学目的和课堂教学目的或任务三个不同层次的目的之间的有机结合。当然，在具体选择教学模式的时候，应以课堂教学目的为主，因为它本身就是前两个层次目的的具体化。

（二）主体性原则

目的性原则是最能体现教师主导性的一个原则。但是，教学成败的关键是教师所确定的目的能否转化为学生学习的内在目的。因此，在选择教学模式的时候，一定要考虑哪一个教学模式及其变式更有利于教学重点的具体化，更有利于强化手段的安排，更有利于良好课堂气氛包括情绪的建立与维护等。

（三）个别化原则

个别化原则是“教学要面向全体学生”要求的具体体现。它要求教师在选择教学模式的时候，不仅要考虑学生的共性，更要考虑学生之间的诸多差异，对这些差异的认真考虑是所有学生都达到教学目的要求的根本保证。也就是说，在选择教学模式的时候，一定要贯彻因材施教的教学原则。

（四）时效性原则

如果不考虑时间的长短，那么，可能就没有教学成败的问题，也就更没有教学模式最优化的问题了。因此，在选择教学模式的时候，一定要计划好在确定的时间内，如何更好地实现或达到教学目的与任务要求，使得时尽其效。

在具体选择教学模式的时候，应综合考虑上述四个基本原则，否则，就有可能造成学生的不适和教学的失败。

三、学科教学模式选择与运用的策略

对于学科教学模式的选择与运用，有的研究者在实践的基础上，提出要注意把握好以下四个方面的策略②：

---

① 徐文彬、王利民：《试论教学模式选择的基本策略与原则》，《西北师大学报（社会科学版）》2002年第2期，第58页。

② 王锐鹏：《浅析课堂教学模式的选择与运用》，《素质教育大参考》2012年第11期，第24—26页。

（一）要从整体上把握，做到形神兼备

任何教学模式都是由一定的教学理论（或教学思想）、教学目标、操作程序、实现条件、实施策略、教学评价等要素构成的，其本身就具有一套比较完整的结构和机制，从某种意义上，是指定的、相对比较完整的教学系统。在具体运用时，要从整体上把握，做到形神兼备。既要透彻地了解其教学理论或教学思想，又要切实地掌握其实施策略和操作方法；既要"形似"，更要"神似"。那种无视教学模式的完整性，唯"形似"而不顾其"神似"，忽视理论学习而简单套用其操作程序的做法，无异于舍本逐末，对于提高教学质量和水平、打造高效课堂、促进学生全面发展毫无益处。在新课改背景下的教学实践中，一些教师往往以传统之"神"去"俘虏"现代之"形"，把"发现学习"弄成"注入式"，把"暗示法"弄成"表演式"或"明示法"，表面一番热闹，但教学效果依旧甚至更差。只有从整体上把握，做到形神兼备，才是真正意义上的、完整的教学模式。

（二）要立足教学实际，做到有所创新和发展

课堂教学模式给教学实践提供了一种范例和模本，其本身又有一套比较完整的操作程序和实施策略，因此具有一定的可模仿性和可操作性。但是，教师不能盲目照搬和机械套用。因为教学工作是非常复杂的，教学情境是千变万化的，企图简单套用一种或几种教学模式来组织教学是不可能的。如前所述，课程性质和教学内容、教学目标和教学任务、学生特点和教师特点、教学条件和教学时间等是影响教学模式选择的重要因素，其实它们也是影响教学模式运用的重要因素。这就要求广大教师要创造性地运用教学模式，立足教学实际，做到有所创新和发展。因此也可以说，对教学模式的每一次运用，其实都是在原有教学模式的基础上，根据具体实际的一次创新和超越。广大教师要做到：心中有模式但不为模式所限；遵循模式但不为模式所拘泥；在模仿中求创新，在运用中求发展。

（三）要学会优化组合，做到变通运用

实际教学过程是具体而复杂的，教学内容是丰富而多样的，教学要达成的目标也是多方面的。企图用一种教学模式来组织教学，完成教学任务，实现教学目标，几乎是不可能的。因此，在课堂教学中，广大教师应选择和交替运用多种教学模式，优化组合，从而实现理想的教学目标。课堂教学模式虽然有着相对比较稳定的操作程序、实施策略等，但这也不是绝对的，在教学实践中要做到变通运用。

例如，美国著名教育家杜威提出的教学模式包括情境、问题、假设、推断和验证五个阶段。但在杜威看来，这五个阶段并非固定不变，而是应根据学生的智力水平和当时的情境反应而定。笔者认为，运用教学模式本身不是目的，实现教学目标才是追求。在具体的教学实践和教学情境中，如果把原有的教学模式稍微修改一下更有效，就应该将原有教学模式适当修改，做到变通运用；如果运用多种教学模式能更好地达成教学目标，就应该放弃单一教学模式，实现多种教学模式的优化组合。

（四）要力求实现教学模式和教学效果的完美统一

成功的课堂教学模式应当是教学模式和教学效果的完美统一。但在教学实践中，二者

并非总是完全一致，因为教学模式的成功运用和教学效果的理想达到还受很多因素的影响。因此，广大教师在运用教学模式前，要细致入微地考虑所选教学模式与学生的学习活动能否找到适当的结合点，从而做到心中有数；在运用教学模式时，要能够根据当时的教学实际和教学情境，尤其是在出现一些突发事件的情况下，恰当地贯彻或调整原有的教学模式；在运用教学模式后，要能够比较及时地对教学模式的运用效果进行评估和反思，以便在以后的教学实践中取得更好的效果。

综上所述，随着新课改的不断深入推进，广大教师在掌握众多的课堂教学模式的同时，更重要的是正确选择和科学运用，力争做到在学习中提升、在反思中发现、在总结中练就，并逐步形成自己的教学风格，创建具有自身特点的课堂教学模式，为新课改的推进和课堂教学注入新的生机与活力。

本章小结

1. 教学模式是指建立在一定的教学理论或教学思想基础上，为实现特定的教学目的，将教学的诸要素以特定的方式组合成相对稳定且简明的教学结构理论框架，并具有可操作性程序的教学模型。

2. 一种教学模式通常包括五种因素：理论依据、教学目标、操作程序、实现条件和教学评价。

3. 学科教学模式通常表现出五个方面的特征：目标指向性、实践操作性、结构完整性、程序稳定性，以及选择灵活性。

4. 现代国外有代表性的教学模式有范例教学模式、暗示教学模式、支架式教学模式、抛锚式教学模式、发现学习教学模式。

5. 现代国内有影响力的教学模式主要包括传递—接受教学模式、自学—辅导教学模式、情境—陶冶教学模式、目标—导控教学模式。

6. 教师选择和运用学科教学模式，一般依据四个方面的因素：教学目标、教学内容、学生年龄特征和知识水平，以及教学条件和教学时间。

7. 在具体选择教学模式时，一般综合考虑目的性原则、主体性原则、个别性原则和时效性原则等四个原则。

案例研讨

初中音乐欣赏课“二泉映月”教学片段①

在欣赏阿炳（原名华彦钧）的二胡独奏曲《二泉映月》的教学过程中，教师通过各种

① 周欣、刘明：《浅析音乐教学中的情境陶冶模式——以初中欣赏课〈二泉映月〉为例》，《青春岁月》2016年第7期，第321页。

方式方法创设情境，使学生在真实的情境体验中，感受音乐、理解音乐，让他们在熟悉的情境中对抽象的音乐有更丰富的感受，在情境中主动构建自己的情感体验。下面将以初中音乐欣赏教学——二胡独奏曲《二泉映月》的教学片段为例，分析情境陶冶模式在音乐教学中的具体应用。

1. 倾听《二泉映月》中阿炳演奏的片段

还原阿炳真实的演奏场景，带领学生走近阿炳，通过教师对情境的铺设，使学生身临其境地感受阿炳生活和演奏的真实场景，体会和感受阿炳悲惨的遭遇和艰苦的生活。

2. 利用 1950 年阿炳演奏此曲时的唱片录音片段

此部分是对上一部分情境主题的深化，使学生更加真切地体验阿炳音乐的时代感和他对音乐的演奏特点，达到情感的升华和对音乐的想象。

3. 利用学生演奏二胡、合唱改编后的《二泉映月》，对作品结构进行认真分析

此部分为情感和认知的结合，通过前面情境的铺设，调动学生的想象，发挥学生的主动性和创造性，再在此处进行知识的学习和作品的分析，既对情境进行了扩展，又做到了知识与情感的统一。

4. 倾听小泽征尔等著名指挥家指挥的版本，以及民族乐团在金色大厅演奏的版本

通过前面教学环节的设计，学生已经对《二泉映月》有了一定的感悟，这一环节通过对作品不同版本的倾听，既能丰富学生对音乐的理解和想象，更能加强学生对不同乐器及音乐形式的掌握。

5. 介绍著名二胡演奏家闵慧芬所写的演奏《二泉映月》的体会文章——《孤独的夜行者》

教学环节接近尾声，通过前面情境的铺设和音乐的学习，使学生对音乐有丰富的自我感悟，而此环节的设计，使学生在情感的体验中，对阿炳《二泉映月》音乐中所饱含的心酸和深情的理解达到升华。

请结合本章所学的知识，对这个教学片段所运用的教学模式进行分析。

技能训练

请结合自己的所学专业与本章所学教学模式的知识，从中小学相关学科教科书中选择一篇课文或一个单元内容，设计一个应用教学模式的教学案例，并且进行小组模拟课堂试教。

要求：

1. 设计的教学案例能够清晰地展示教学模式的流程与环节。
2. 教学案例主体要素完整，书写要整洁、规范。
3. 以 4～6 人为小组进行模拟课堂试教，录制教学视频，并进行小组交流与反思。

资源链接

1. 高文：《现代教学的模式化研究》，山东教育出版社 2000 年版。
2. 乔伊斯、韦尔、卡尔霍恩：《教学模式》（第 8 版），兰英等译，中国人民大学出版

社 2014 年版。

3. 黄甫全、王本陆:《现代教学论学程》,教育科学出版社 1998 年版。

4. 郭景扬、练丽娟、陈振国:《课堂教学模式与教学策略》,学林出版社 2009 年版。

第六章　学科学习主体与学习方式

学习目标

1. 了解学生的本质特点与学习方式。
2. 理解学生学习认知发展的规律。
3. 掌握分析学生学情的基本方法，能够指导学生学习。

问题导入

某教师上语文课，先让学生齐读课文，把不认识的字词圈画出来，读准字音，明确词意；然后教师介绍作者和写作背景，分析课文段落大意，理解重要句子的意思，最后总结中心思想和写作特点，在讲解的过程中要求学生把中心思想和写作特点抄下来，布置的课后作业是抄写生字词，把中心思想读熟并且背下来。很多学生在听课的过程中懒洋洋的，有的打瞌睡，有的玩文具，有的讲小话。下课后，我问该教师为什么学生看起来很疲惫？该教师说这些学生都不认真学习的，我也没办法，能把内容按计划讲完就行了。

你同意该授课教师关于学生上课不认真的说法吗？请谈谈你的看法。

在传统教育背景下，学生的学习方式单一、被动，学习成为机械训练、简单重复、死记硬背的苦役。这样的学习方式加重了学生的学习负担，背离了基础教育的价值追求，学生创新精神和实践能力的培养无从谈起。《义务教育课程方案（2022 年版）》提出，要“加强课程内容与学生经验、社会生活的联系，强化学科内知识整合，统筹设计综合课程和跨学科主题学习。加强综合课程建设，完善综合课程科目设置，注重培养学生在真实情境中综合运用知识解决问题的能力。开展跨学科主题教学，强化课程协同育人功能。加强课程与生产劳动、社会实践的结合，充分发挥实践的独特育人功能。突出学科思想方法和探究方式的学习，加强知行合一、学思结合，倡导‘做中学’‘用中学’‘创中学’。优化综合实践活动实施方式与路径，推进工程与技术实践。积极探索新技术背景下学习环境与方式的变革”。

第一节　学科学习主体概述

一、学生的本质特点

学习是人类的一个共同特性，在现代教育学理论研究和实践中，学生既是教育的对象，又是教育的主体，是教育活动的基本要素之一。从广义上讲，学生泛指一切学习知识的人；从狭义上讲，学生是指在学校学习的人，尤指儿童和青少年。本文所指学生为后者，即儿童和青少年。

（一）学生是人

人是身心统一体，是动物性与社会性的统一体，具有自然属性和社会属性，如对吃喝、安全、尊严、社交和爱的需要，具有丰富的情感，完善的社会性，独特的个性，主观能动性等，具体表现在：

1. 学生是具有社会性的人（社会性）

学生的社会性，一方面体现在他们生活在社会大环境（包括学校）中，另一方面体现在他们必须掌握社会生活所必需的知识、技能、情感、主流文化和价值观念，遵循社会发展的各项规则，成为一个能有效参与社会生活的主体。这一本质特征要求教育必须充分发挥其促进个体社会化的功能，帮助学生学习所在社会的生活方式、行为习惯、宗教信仰和各种思想观念，将社会所期望的价值观、行为规范内化，获得社会生活必需的知识、技能和行为要求。

2. 学生是具有独特个性的人（个性）

个人生活在社会上，他既是社会的人，又是个体的人。前者体现为人的社会性，后者体现为人的个性。生命的独特性为教育培养学生的个性提供了潜在的基础，但是并非所有的教育都能培养出具有独特个性的人，有时候恰恰是不当的教育抹杀了个性的发展和存在。当教育面对人，在培养符合社会发展需要的社会共性的同时，更要尊重和承认学生的个性，为个性的培养提供有利条件，比如说因材施教等。“教育的目的就在于使人成为他自己，变成他自己。”

(1) 每名学生都是一个独立的人。每名学生都有自己的性格、自己的意愿、自己的知识储备和思想基础，有自己的思想和行为特点。每名学生都是用自己的眼睛看，用自己的耳朵听，用自己的脑子思考。正如每个人都只能用自己的器官吸收物质营养那样，每名学生也只能用自己的器官吸收精神营养。这个基本事实决定了教师（及任何其他人）都不能代替学生读书，代替学生感知，代替学生观察、分析、思考，代替学生明白任何一个道理。教师只能让学生自己读书，自己去感受事物，自己观察、分析、思考，使他们自己明白事理，得到知识。

(2) 每名学生都是独立的、不依教师的意志为转移的客观存在。在教师认识他们之前，他们早就存在了，而且早就形成了他们现在所具有的各自的特征和活动规律。每名学生都有一个独立的生活世界，并且为自己这个生活世界中的种种关系所制约。这种关系，包括家庭关系和社会关系，人与人的关系和人与物的关系，都是客观存在的，经常影响着、限制着、约束着甚至规定着一个人的生活，使之形成了整套生活、学习和待人接物的习惯。因此，绝不是教师想让学生怎么样，学生就会怎么样。

(3) 每名学生都有一种独立的倾向和独立的要求。这种独立的倾向和要求，是人从一出生开始直到成年的各个发展阶段始终存在的，只是在不同的发展阶段或不同的人身上，有不同的表现，或表现在不同的方面罢了。他们在学校的整个学习过程，就是一个争取独立和日益独立的过程。

(4) 每名学生，除有特殊原因者外，都有相当强的独立学习的能力。例如，学生已有的知识和能力，从饮食起居、辨认事物、说话听话、读书写字、争论辩解、画画唱歌，到许多课堂上没有教过的社会生活知识和能力，绝大部分都是他们独立学来的。即使是教师教给学生的东西，也是靠他们已经具有的基础，运用他们已经具有的独立学习能力，包括听、看、读、想、说、写、练等，才能被他们掌握的。学生有了独立性，他们才能够不断发展自己独立生活、独立学习、独立工作的能力，成长为一个独立的人，具有自己的特长，对国家对社会做出自己的贡献。

3. 学生是能动的主体（主体能动性）

作为教育对象的学生，是具有主观能动性的活生生的人。在教育过程中，学生是学习者，既是教育的对象，又是学习的主人。学生的学习实质上是在教师指导下的认识活动、认识过程，学生无疑是这一认识活动的主体。同时，学生对外界的刺激不是像录音机那样机械地转录和储存，而是用自己的头脑能动地接受来自外界的教育影响的。学生在学习的过程中不是简单的被动的被加工对象，而是能够根据自己的主体条件如愿望、能力等，树立自己的学习目标，选择适合自己的学习方式。正如事物发展的根本原因在于事物内部的矛盾性，外因是变化的条件，内因是变化的根据，外因通过内因而起作用，在教育活动、教育过程中，教师以及教育内容等，都只是一种外部的教育影响，它只有通过学生自身的矛盾斗争，才能促进学生的成长和进步。学生虽然是受教育者，但其受教育的过程不单是一个由外向内的传导过程，也是一个由内向外的主动吸收、接纳的过程，如果学生没有自主性和积极性，那么，再好的教师、再优越的教育条件都不能使教育活动获得预期的结果。

4. 学生是有思想情感的人

学生有爱有恨，有自己的喜好憎恶，爱感情用事等，这些特点在很大程度上影响他们对学习、教师和同学的态度，因此在教育过程中，要加强教师和学生、学生和学生之间的情感交流，培养其积极情感，这既是教育的内容，也是保证教育过程顺利进行的有效手段。

（二）学生是尚待发展的人

学生，尤其是儿童和青少年，相对于成年人，具有极强的发展特征，主要体现在以下几个方面：

1. 学生有发展的必要性

人要成为一个能有效参与社会生活的主体，需要经历一个从无知到有知、从不成熟到成熟、从婴幼儿到成年人的发展过程，没有这种发展，个体将无法立足社会，也不能称其为成熟的人。学习在这一过程中起着举足轻重的作用。

2. 学生有发展的可能性

学生时期是个体身心发展最为迅猛的关键时期，他们的身体、心理在这一时期将逐步成熟，并逐渐过渡为一个成熟的人。一个人带到世界中来的特性，一是反射，二是本能，三是先天才能。此三者构成人的行动系统，使之能感觉适应的缺乏，使之做出各种反应，使其行动系统永远处于变动之中。

（三）学生是学习者

相对于教师，学生是受教育的对象，在教学过程中有其特定的角色定位。

1. 学生的主要任务是学习

学生的不成熟性和待发展性决定了学生在校学习期间必须以学习为主要任务，掌握系统的科学知识、技能，形成科学的世界观和良好的道德品质，这是学生的质的规定性。

2. 学生以学习间接经验为主

因为人的发展和社会的发展所积累的知识浩如烟海，而学生的在校学习时间十分短暂，所以学生主要是学习和掌握前人所积累起来的各门科学知识，即间接的知识经验，它主要以课本的形式系统地呈现出来，不需要也不可能个个从头实践。学生在较短的时间内接受人类的认识成果，包括自然科学知识、社会科学知识、人文科学知识、思维科学知识等。

3. 学生的学习以语言为中介

人对语言的掌握，扩大了个体学习和掌握社会历史经验的可能性。借助语言这一交际工具，人们能使通过学习把别人的经验转化为自己的经验，把人类的社会历史经验转化为个体的精神财富。

4. 学生在教育活动、教育过程中居于客体地位

学生的基本特征就是在教师的指导下，从事学习活动，完成学习任务，促进自身的发展。因此，在教育活动、教学过程中，作为教育对象的学生处于一种客体的地位。在学校里，学生的学习过程是整个教育过程的有机组成部分，是在教师的主导作用下，有目的、有计划、有组织地进行的。因此，就完整的教育过程而言，作为教育对象的学生，始终处于一种毋庸置疑的客体的地位。

5. 学生的学习是规范化学习

学生接受的学校教育是有组织、有目的地培养人的系统性工程。国家提供专门的制度、机构和人员保障，由教师根据一定的教育目的和教学任务组织教学，对学生进行系统化、规范化的教育。良好的教育制度、完善的教学环境和优秀的教师队伍是学生规范化学习的条件，教师在学生的学习中起着极其重要的作用。通过教师系统地指导和传授，学生能少走许多弯路，能在较短的时间内取得有效的学习成果。

二、学生学习认知发展的规律

（一）认知发展的内发性

瑞士心理学家皮亚杰认为，发展就是个体在与环境的不断相互作用中的一种建构过程，其内部的心理结构是不断变化的。心理发展的本质就是个体通过同化和顺应来实现与环境的平衡。个体的每一个心理反应，不管是指向外部的动作，还是内化了的思维动作，都是一种适应。适应的本质在于取得有机体与环境的平衡。个体正是通过同化和顺应两种形式来达到有机体与环境的平衡的，如果有机体与环境失去平衡，就需要改变行为以重建平衡。个体在这种平衡与不平衡的交替中不断建构和完善其认知结构，实现认

知的发展。

（二）认知发展的阶段性

以皮亚杰为首的日内瓦学派经过长期研究，认为儿童认知发展一般要经历以下四个阶段：感知运动阶段（0～2 岁）、前运算阶段（2～7 岁）、具体运算阶段（7～11 岁）和形式运算阶段（11～15 岁）。它们彼此衔接，依次发生，不能超越，也不能逆转，各阶段发生的时间大致对应于上述的年龄阶段，但也存在较大的个体差异。

1. 感知运动阶段（0～2 岁）

从出生到 2 岁这一时期，儿童的认知能力是逐渐发展的。一般从对事物的被动反应发展到主动的探究，例如从只是抓住成人放在手里的物体到自己伸手去拿物体。儿童在这一阶段的认知活动，主要是通过探索感知觉与运动之间的关系来获得动作经验，在这些活动中形成一些低级的行为图式，以此来适应外部环境和进一步探索外界环境。其中，手的抓取和嘴的吸吮是他们探索周围世界的主要手段。儿童认识事物的顺序是从认识自己的身体到探究外界事物，他们在大约 9～12 个月时获得客体永恒性，在此之前，他们往往认为不在眼前的事物就不存在了，并且不再去寻找，客体永恒性是后来认知活动的基础。本阶段的儿童还不能用语言和抽象符号为事物命名。

2. 前运算阶段（2～7 岁）

运算是指内部化的智力或操作。儿童在感知运动阶段获得的感觉运动行为模式，在这一阶段已经内化为表象或形象模式，具有了符号功能，表象日益丰富，其认知活动已经不局限于对当前直接感知的环境施以动作，而且开始能运用语言或较为抽象的符号来代表他们经历过的事物，但这一阶段的儿童还不能很好地掌握概念的概括性和一般性。

前运算阶段的儿童的心理表象是直觉的物的图像，还不是内化的动作格式，他们还不能很好地把自己与外部世界区分开来，认为外界的一切事物都是有生命的（即所谓的泛灵论），而且认为其他的所有人跟自己都有相同的感受，表现为不为他人着想，一切以自我为中心。本阶段儿童的认知活动具有相对具体性，还不能进行抽象的运算思维；他们的思维还具有只能前推，不能后退的不可逆性；在注意事物的某一方面时，本阶段儿童往往忽略其他的方面，即思维具有刻板性；与思维的不可逆性和刻板性等特点相联系，儿童尚未获得物体守恒的概念。守恒是指不论物体的形态如何变化，其物体质量是恒定不变的。但本阶段儿童由于受直觉活动的影响，还不能认识这一点。

处于前运算阶段的儿童思维仍受具体知觉表象的束缚，具有单维性、不可逆性、静止性等特征。单维性是指儿童只能从单一维度进行思维；不可逆性是指儿童无法改变思维的方向，使之回到起点；静止性则是指他们的认知被静止的知觉状态支配，不能同时考虑导致这个状态的转化过程。

在语言方面，这个阶段的儿童已经掌握口头语言，头脑中有了事物的表象，而且能用词语代表头脑中的表象。他们能进行初级的抽象，能理解和使用从具体经验中习得的概念以及其间的关系。

3. 具体运算阶段（7～11 岁）

这一阶段儿童的认知结构已经发生了重组和改善，思维具有一定的弹性，可以逆转，其标志是守恒概念的形成，即儿童认识到客体尽管在外形上发生了变化，但其特有的属性不变。该阶段的儿童已经能进行逻辑思维，相较前运算阶段儿童，其思维具有多维性、可逆性和动态性。在语言方面，尽管这一阶段儿童已经能通过下定义的方式获得概念，能凭借具体事物或从具体事物中获得的表象进行逻辑思维和群集运算，但在获得和使用此类概念时，其思维仍需要实际经验或具体事物的支持。

4. 形式运算阶段（11～15 岁）

形式运算是指对抽象的假设或命题进行逻辑转换。在该阶段中，儿童的思维已经超越了对具体可感知的事物的依赖，从形式内容中解脱出来，进入形式运算阶段。这一阶段儿童的思维已接近成人的水平，表现为以命题的形式进行思维，并能发现命题之间的关系，能理解符号的意义，能做一定的概括，能根据逻辑推理、归纳或演绎的方式来解决问题。其思维能力具体表现为：① 假设—演绎思维，即不仅在逻辑上考虑现实的情境，而且根据可能的情境（假设的情境）进行思维；② 抽象思维，即能运用符号进行思维；③ 系统思维，即在解决问题时，能够在心理上控制若干变量，同时还能考虑到其他几个变量。在此阶段，认知趋于成熟的儿童逐渐摆脱对具体实际经验的依赖，能够理解并使用相互关联的抽象概念。皮亚杰认为，该阶段代表着个体的思维能力已经发展到成熟阶段，再往后个体只是从生活经验中增多知识，而不会发生思维方式的变化。

大量研究表明，皮亚杰揭示的认知发展的阶段性是普遍存在的。思维、语言等的发展由低一级水平向高一级水平过渡，这种顺序是不可改变的。

（三）认知发展的个体差异性

个体差异性表现在很多方面。目前，个体差异通常用与学习关系密切的能力倾向表示。一般分为三类：① 智力和原有知识；② 成就动机及相应的个性特征；③ 学习风格。研究认为，这些个体差异对学习与教学的不同方面有着不同的影响：作为潜在的认知加工技能的智力对教学活动的质（即学习活动的种类）有着根本性的影响；与成就动机有关的个性倾向主要对教学活动的量（即学习者在学习过程中表现的坚持性和努力程度）起作用；而作为典型的个体学习方式或学习倾向的学习风格，其主要作用在于参加并调节学习活动的进行。

（四）认知发展理论的教学含义

皮亚杰的认知发展阶段理论强调认知发展对学习的制约作用，强调教学应该适应学生的认知发展水平。在教学时一方面应依据儿童的认知发展水平进行教学，另一方面则应通过精心组织教学内容与方法促进儿童的认知发展。

1. 教学要适应认知发展水平

皮亚杰认为学习从属于发展，从属于主体的一般认知水平。因为任何知识的获得都必须通过学生主动的同化才有可能，而主动的同化则需以适当的运算结构的存在为前提。所以，各门具体学科的教学都应研究如何对不同发展阶段的学生提出既不超出当时的认知结构的同化能力，又能促使他们向更高阶段发展的富有启迪作用的适当内容。例如，处于前运算阶段的儿童，学习的内容应该是大量的初级概念，让他们从观察概念的大量例证中，通过成人的肯定与否定来获得概念，而不能教他们那些没有表象可以凭借的概念，也不能通过下定义来学习。处于具体运算阶段的儿童，学习的内容大多是二级概念，一般可以通过概念定义获得，但仍需凭借表象的支持，因而直观教学是不可缺少的。只有形式运算阶段的儿童才能获得纯粹以命题形式呈现的概念和规则，而大多数中学生并未达到这一发展水平，即使在某一领域达到这一发展水平的学生，在其他领域也不一定达到，因而中学生学习抽象概念和规则，仍需要具体经验的支持。

（1）根据小学生是以认知发展的具体、直觉水平占优势的特点进行教学。小学儿童认知发展的局限性，使他们需要凭借具体的实际经验来理解并运用定义性概念以及这些概念之间的关系，并且他们倾向于直觉地理解抽象的关系。但这些并不意味着学校只能教他们读、写、算等基本知识和技能。实际上，只要方法得当，他们可以直觉地或半抽象地掌握许多科学概念。正如布鲁纳所指出的，许多复杂的概念可以在充分简化之后使之适合某一认知发展水平。这样，每个正常儿童就能在与其年龄相对应的认知发展水平上掌握这些概念。尽管如此，当教师面对认知发展处于具体、直觉水平的儿童时，他们的困难任务就是用适合儿童特点的语言描述科学的概念和原理，以便于儿童理解。小学生认知发展的具体性和直观性，并不意味着对他们的教学只能是发现的或非言语的。言语讲授的接受学习也是可行的，唯一必要的条件是教师用语言讲解抽象概念时，需要给学生提供有关概念的例子。这种例子既可以是语言描述的，也可以是用实物或模型演示的。如果能把言语讲解、演示和有指导的发现经验很好地结合，则能更好地提高学生对抽象知识的理解水平。

（2）根据中学生认知发展抽象水平占优势的特点进行教学。根据认知发展阶段理论，儿童进入青年前期和青年初期，认知能力渐渐由具体、直觉水平占优势过渡到抽象水平占优势。中学教师面对着抽象思维能力渐渐占优势的学生，采用的教学方法要适应他们认知的新发展。如前所述，认知发展进入形式运算阶段的学生，在学习抽象概念及其关系时，可以省去具体的实际经验这根拐杖，直接理解语言或其他符号陈述的抽象概念及其关系，唯一的必要条件是，学生对于构成这些概念或原理的基础知识已经掌握。在某些情况下，教师在讲授教学中也会使用一些具体例子，但这里使用具体例子不是为了让学生获得直觉的意义，而是为了讲清真正的抽象意义，或者使讲解鲜明、生动。虽然在这一发展阶段，学生可以省去具体的实际经验而直接理解新的抽象概念，但并不是说具体的实际经验不再必要。当他们遇到新的学科，尤其是遇到其中的困难部分时，他们往往还会回到具体、直觉的水平。但是，由于学生在这种具体学科的学习中，从具体到抽象的认知过渡非常迅速，所以，利用具体的实际经验或发现经验以便产生或提高直觉的意义，只应在这门学科教学的早期阶段。另外，运用发现法提高学生解决问题的技能，鉴别科学方法和检验言语的理解，还是必要的。

2. 教学促进学生的认知发展

教学虽然要适应儿童认知发展的水平，但不能一味地被动适应，要主动地促进儿童认知的发展。维果茨基的认知发展理论运用最近发展区的概念，阐明了这种可能性，即通过教学，将儿童的最近发展区水平转化为儿童能独立解决问题的水平，同时再开辟新的最近发展区，如此循环往复，促进儿童认知的发展。此外，维果茨基的理论还指出了促进认知发展的方法，即在社会性的相互作用中，运用支架的技术，促进儿童由最近发展区水平向独立解决问题水平的转化。信息加工理论认为，认知发展其实是知识的发展。据此，教学要促进认知发展，就要教给学生有组织的、结构化的陈述性知识，自动化的智慧技能以及高效的认知策略。

3. 教学要针对儿童认知发展的个体差异性

每一个班学生的认知发展水平和已有经验都有很大差异，教师要确定学生的不同认知发展水平，以保证所实施的教学与学生的认知水平相匹配，教师可以通过观察学生在解决问题时的表现来达到该目的，要针对儿童认知发展的个别差异实施个别化教学。

三、学生学情分析的基本方法

学情既可以理解为“学习者情况”，也可以理解为“学习者学习情况”，不同的解读可以呈现不同的内容分析框架。前一种理解更为宽泛，包括学习者认知、情感、生理、心理以及社会关系的方方面面情况，后一种理解更加具有针对性，仅仅是与具体学习内容相关的情况。这两种理解在教师的教学中都是需要的，都具有存在的合理性。

（一）学情分析的概念界定及内容

学情分析是指对学生情况的分析，以学生的学习情况为主，包括学生的已知、需知、未知、能知和想知，是教学设计中必备的环节。学情分析既涉及学生原有的知识基础、能力、方法和态度等，又关乎学生学习新知识前的兴趣和需要。

学情分析的内容包含四个维度：第一个维度是学生的学习起点，包括学生的知识基础、经验和能力、生活阅历和视野等；第二个维度是学生的情感态度，包括学生的学习态度和动机、学习兴趣等；第三个维度是学生的学习要素，包括学生的学习需要、学习方法、学习难点和问题等；第四个维度是学生的差异，包括不同学段的群体共性、班级特点、学生层次和个性等。

（二）学情分析的基本方法

学情分析的基本方法包括经验分析法、教学观察法、书面应答法、口头应答法、他人评定法等。

1. 经验分析法

经验分析是指教师在教学过程中，结合教师已有的学情经验，主要是教师所了解的这个年龄段学生群体的特点、前几届学生的情况以及这一教学对象群体（这个班）的知识能力、态度等进行学情预测。

经验分析法是最为方便的学情分析方法之一，不需要借助其他工具，这也是一线教师最为常用的方法。教师自身的教学经验越丰富，对自身教学经验的思考就越深入，基于已有教学经验的学情分析就越容易进行，其分析成果也越有参考价值。但是，仅仅依靠经验分析容易陷入主观主义，且对于新入职的教师并不适用，要量力而行。

教师的日常经验是教师的教学理论知识与教学实践经验相结合的产物，因而需要靠平时的积累，关键在于做到有心、用心。从一线教师公开发表的学情分析的经验总结与介绍中，可以看出教师日常判断的依据通常来源于对学生学习情况的观察，来源于学生在作业和测验中暴露出来的各种错误和问题，来源于与其他教师、学生以及家长的交谈等。经验判断是学情分析的初级阶段的假设，需要教师在此基础之上进行科学探究。

2. 教学观察法

教学观察法是指教师在日常教学活动中，有目的、有计划地对学生进行考查的一种方法。教师要做有心人，不仅要注意学生在学习过程中各种外在的行为表现，还要在课堂上多注意观察学生学习情绪、学习态度的自然流露，对教学内容的反应等。教学观察法要观察学生的自学，走近学生，俯身询问；关注学生的读书，善于发现，相机指导；关注学生的互动，充当伙伴，参与其中；关注学生的发言，倾听记录，灵活应变。只有细致观察，才能更好地了解学情、研究学生，从而指导和辅助学生。

课堂观察是发现学生个体差异的一种重要方式，学情分析的课堂观察更多的是指教师的一种自我观察，观察自己课堂上学生的认知差异和学习状态，由此建立教学与学生学习之间的联系。科学化的课堂观察需要观察者借助一定的观察工具，运用量的和质的方法，直接或间接地收集学情信息，这不同于无意识的观察，其科学性集中表现为观察工具的开发和使用。同时，通过以学习为中心的课堂观察收集学情信息，可使教学在评价的引领下不断生成，体现了评价与教学的一体化。

课堂观察量表是用数字或文字来量化或解释课堂活动的一种工具，学生学习状态观察量表可用于基于学情分析的课堂观察。我国有学者提出课堂观察的范式，认为课堂有四个要素：学生学习、教师教学、课程性质和课堂文化。其中，学生学习是课堂的核心，观察学生学习，可以从准备、倾听、互动、自主、达成等视角选取观察点，设计开发一系列观察工具，例如学生对知识、技能的理解和运用观察表，学生活动创设与开展的有效性观察量表等。还有人从知识与技能类目标达成、个体认知过程、群体合作学习的认知过程、积极学习情感、同伴关系等五个维度，为理解与评估学生的个性化学习提供了一种分析框架与系列工具，并且列出详细的观察工具单。

3. 书面应答法

人们经常根据学生的书面应答，如测验、考试、家庭作业、学期论文和报告（包括计算机作品）等来评估学生的学习效果。根据书面应答所显示出来的水平，教师可以判断学生是不是已经学会了有关的知识，对教材有没有完全理解，需不需要补课。书面应答法使用起来很方便，覆盖各种材料的能力也比较强，是评估学习的一种比较好的方法。不过，这种方法有时会让教师和研究者误认为它们反映了所有真实的学习情况。学习作为一种内部过程，至今无法直接测量，要了解学习是否发生过，只能根据学生在学习前后外显行为的变化才能推断出来。即使学生已经学会了某种行为，但由于影响行为表现的因素很多，以书面应答的方式来评估学习情况，有时也未必准确。把书面应答当作反映学习情况的指标，实际上是相信学生们做出了最大的努力，任何其他因素（如疲劳、疾病、欺骗等）都不影响学生，然而，这种想法往往是不可靠的。我们必须尽可能地去查找各种影响行为表现、使评估结果意义不明的因素。

作业反馈法。作业是学生给教师的最直接的信息反馈，通过批改作业，教师不仅可以知道学生对学科知识的掌握程度，还可以发现学生的学习态度认真与否，学生的学习兴趣如何。因此，好的作业设计，除了能检验学生的学科知识外，还能获得学习态度的明显反馈，可以从学生完成的作业样本来检验学习成效。

测验法是教师日常教学中最常用的一种收集学情信息的方法，有助于教师在确定教学目标和内容时，真正做到从学生已有的知识出发，增强教学的针对性。但要通过测验法真正揭示学生的学习情况，暴露学生的问题所在，需要对测试进行系统设计和规范实施。测验具体要测些什么，测验的内容是否具有诊断性，测验过程中要注意什么，以及测验结果要揭示学生的何种信息，诸如此类的问题是恰当运用测验法的关键。

问卷法即向答卷者提出一些有关他们的想法和行动的问题，答卷者写下他们从事的各种活动，评定自己的能力水平，判断自己从事这些活动的时长，是否经常参加这些活动等。

4. 口头应答法

口头应答法是指课上教师把学生叫起来回答问题，并根据学生的回答估计其掌握有关内容的程度。另一种口头应答方式是在课堂上让学生提问题，如果学生提出的问题表明他缺乏理解，那么也表明这名学生对有关知识没有真正学会。

认知访谈主要采用口头提问和口头报告的方式进行。口头报告是指被试用自己的语言来描述任务解决的过程，包括同时性口头报告和回溯性口头报告。口头提问则是被试根据主试的提问进行回答，从而获得相关的信息，口头提问同样也包括同时性提问和回溯性提问。认知访谈法因其能够解释个体回答相关问题的认知过程，因而在测验和问卷编制中被广泛地使用。在教育实践中，它也可以用来发现学生概念理解中的错误观念，判定学生对特定现象的理解。

出声地思考，是指学生一边做事情，一边说出自己的思想、行动和情感。观察者把被试说出的话记录下来，然后对其理解水平进行打分。出声地思考要求被试说出声来，这种方法对一些人来说似乎比较难为情，他们意识到自己在做什么，但感到难以说出自己的想法。如果被试缄默无语，研究者要想办法让他们把心里想的事情说出来。

对话法，即一边学习，一边进行两个或多个人的交谈。像出声地思考方法一样，研究者可以先把对话记录下来，然后分析与学习有关的谈话及在该情境中影响学习的因素。对话法利用学生做某件事时真实的言语交流来做评估，在分析这些对话时要注意对一些问题的说明，以超越具体的对话情境。

5. 他人评定法

除了让学生自己回答问题外，他人的评定也能提供一些很有价值的评估资料，可以帮助鉴别有特殊教育需要的学生。他人评定即是让他人（如教师、家长、行政人员、研究者、同伴）对学习者学习的量与质做出评定。他人评定法的优点是观察者对学生的评定比学生对自己的评定要客观一些，由他人评定还可以了解行为背后的学习过程（如动机、态度等），因此，可以收集到通过直接观察无法得到的资料。不过，他人评定所包含的推断成分比直接观察多。判断学生学习是否很轻松、理解有多深、态度如何等，也不是一件容易的事情。

总之，随着时代的发展，社会的进步，学情分析的方法会常谈常新，不断改进，学情分析的内涵及方法也将在前人的基础上与时俱进，教学对学情问题将提出更高要求，选择何种学情分析法应与评估的目的相一致。学情分析的方法往往需综合使用。例如，教师可以通过预习作业的检查，初步了解学生对本节课内容的理解情况，把握学生对所学知识的掌握程度，避免每一节课都从零开始授课的重复费时现象。又如，教师可以根据学生的发问，分清学生对本课所授内容的掌握情况，及时调控教学程序；根据学生的课堂练习，判断学生对已学知识的掌握情况，有针对性地采取补救措施。此外，教师还可以通过提问的方式，了解学生想知道或感兴趣的知识。

第二节 学科学习方式概述

随着教育学、心理学、脑科学与信息技术学等学科的不断发展，新的理论不断出现，如建构主义学习理论、多元智能学习理论等，它们深刻地影响着学科学习方式的发展。

一、学习方式的内涵与特征

（一）学习方式的内涵

学生在学习过程中会表现出不同的学习倾向，包括学习情绪、态度、动机、坚持性，以及对学习环境、学习内容等方面的偏爱。学习方式是学习者在学习过程中经常表现出的相对稳定的认知与行为的方法、策略及其倾向的总和，不仅包括学习的操作形式，如感知偏向、思维方式、学习方法与学习策略，也包括学习的基本品质，如学习习惯、学习态度、学习情感等。①

（二）学习方式的特征

1. 个体性

学生具有自己的内心世界、精神世界和内在感受，每名学生的学习方式本质上都有独特的个性差异。学习方式因人而异，具有鲜明的个体性，个体性是学习方式的基本特征。学生的学习客观上存在着个体差异，不同的学生在学习同样的内容时，在感知通道、大脑优势半球等方面存在差别。同时，学生已有的认知基础、情感准备以及学习能力、倾向也不尽相同，这决定了学生所采用的学习方法、学习速度、所需时间及需要的帮助同样各异。每名学生的学习方式本质上都是其独特个性的体现，没有哪两位学生的学习方式完全相同，有效的学习方式总是极其个性化的，对所有学生均有效的学习方式是不存在的。

2. 稳定性

学习方式是个体在长期的学习过程中逐渐形成的习惯性的认知倾向和行为取向，一经

① 潘洪建：《有效学习与教学——9种学习方式的变革》，北京师范大学出版社2013年版，第9页。

形成就相对稳定，具有稳定性特征。当然，学习方式的稳定性是相对的，不是一成不变的，在一定的条件下，学习方式是可以改变、培养和转化的。换言之，学习方式具有一定的情境依赖性，教师可指导学生根据课内或课外学习目标、学习任务、学习材料或媒体，灵活调整、变换学习方式，以取得最佳学习效果。

3. 多样性

尽管学习方式具有个体差异性，但由于知识类型的多样性、复杂性以及学习目标和学习内容的多方面性，学生不宜仅仅用某种固定不变的方式进行学习，而应选择多种多样的学习方式，如听讲、背诵、记忆、实验、参观、练习、作业、阅读、讨论、交流、查阅、调查等。学习方式的丰富多彩为学习活动组织提供了多种可能性，使学生可以从多种途径与层面进行学习，同时也为学生全面发展提供了广阔的空间。

4. 互补性

学习方式没有高低优劣之分，它仅仅反映学习者个体较为稳定的个性差异，每种方式都有其长处和优势，同时也存在劣势与不足，存在特定的适用条件。例如，当师生之间信息不对称时，可以以接受性学习为主；当学习内容在学生的已有发展区之内时，可以以自主性学习为主；当通过合作学习所获得的知识技能大于单独学习，或独立学习无法完成学习任务时，可以以合作学习为主。各种学习方式可以相互补充、相互渗透。

二、学习方式的类型

学习方式有多种类型，不同的研究者根据不同的标准将学习方式分为不同的类型。主要的划分方法有以下几种。

有的研究者从教育与社会环境、经验与知识两个哲学范畴，将学习方式分为书本中学习、经验中学习和探究中学习三种。

有的研究者从拓展学生的学习潜能出发，将学习方式分为动作的学习、感知的学习和潜意识的学习。

有的研究者提出了划分学习类型的七个维度：根据学习的组织化和专门化，将学习方式分为正规学习和非正规学习；根据经验的载体和学习的手段，将学习方式分为阅读式学习、观察式学习、交往式学习、听讲式学习和实践式学习；根据学生在学习中有无伙伴，将学习方式分为合作学习和独立学习；根据学习有无指导和帮助，将学习方式分为有指导的学习和自学；根据学生独立思考和探究的程度，将学习方式分为接受式学习和发现式学习；根据学习的技术手段，将学习方式分为手工学习和现代技术学习；根据环境的不同和学习的功用，将学习方式分为维持性学习和创新性学习。

随着新课改的推进，自主性、探究性和合作性成为大多数学者考察学习方式分类问题的基本维度，但也有学者开始从更广阔的视野理解学习方式分类问题。如有的学者将学习方式分为读中学、研中学、做中学、生活中学和交往中学五种，并认为它们之间相互开放、相互渗透。

从这些分类可以看出，人们可以从不同的角度，对学习方式进行不同的分类。学习方式的多种划分拓宽了学习方式的研究视野，深化了人们对学习方式的理解。

三、新课改倡导的学习方式

《基础教育课程改革纲要（试行）》明确提出，“要逐步实现教学内容的呈现方式、学生的学习方式、教师的教学方式和师生互动方式的变革”。要改变课程实施过于强调接受学习、死记硬背、机械训练的现状，倡导学生主动参与、乐于探究、勤于动手，培养学生搜集和处理信息的能力、获取新知识的能力、分析和解决问题的能力以及交流与合作的能力，提倡转变原有的学习方式。坚持从时代发展出发，从关注人的发展以及遵循学习规律的角度出发，提出变革现行的学习方式，倡导自主、合作、探究的新的学习方式，这不仅是一种学习方法、手段的改变，也是一次学习革命。在知识经济时代背景下，在我国大力推行素质教育的今天，这种新的学习方式，更是保障学习者适应信息化、学习化社会，获得终身学习能力的重要举措。

那么什么是自主、合作、探究的学习方式呢?

自主学习是就学习内在的品质而言的，与之相对的是传统的被动式学习方式。我国教育专家余文森把自主学习概括为三个方面的含义，认为自主学习是一种主动学习、一种独立学习、一种元认知监控学习。自主学习的具体表现是“我要学”。它是一种基于学生对学习的内在需要的学习方式。一方面表现为学习兴趣，另一方面表现为学习责任。当学生真正有学习兴趣（特别是直接兴趣），当学习的责任真正从教师身上转移到学生身上，学生自觉地担负起学习的责任时，学习活动对他来说才不是一种负担，而是一种享受，一种愉快的体验，学习也就成为一个主体投入、主动出击的“乐学”过程。

自主学习是指学生在教师的引导下，自己选择学习方法途径，进行独立的、能动的、有效的学习活动。在自主学习中，学习者处于主体地位，能够独立地制订自己的学习目标、确定学习内容、选择学习方法，并能够自我监控学习过程以及评价学习结果。自主学习有别于自学。自主学习不是完全脱离教师指导的学习，在培养学生自主学习能力的过程中，不能忽视教师的点拨、指导、示范和引领作用。在这种学习活动中，学生可以更加主动地获取各种知识，训练各种学习技能，提高自己的学习能力。

合作学习是就教学条件下学习的组织形式而言的，与之相对的是传统的个体式学习方式。合作学习是指学生在小组或团队中为了完成共同的任务，有明确的责任分工的互助性学习。它将个人之间的竞争转化为小组或团队之间的竞争，有助于培养学生的合作精神和竞争意识，促使学生共同发展，同时可以弥补一位教师以面向有差异的众多学习者的教学不足。

合作学习是以异质学习小组为基本形式，通过教学主体之间的互动，促进学生的学习，以团体成绩为评价标准，共同达成教学目标的教学活动。为了促成小组合作学习的实现，教师必须明确学习任务，提出小组要达到的共同目标，让学生感受到荣辱与共、休戚相关。在合作学习的实施中，小组成员间积极互赖产生促进性的互动，学生们相互鼓励和支持，彼此为解决问题、完成任务、取得良好成绩而付出努力。通过面对面的促进性互动，能引发一些重要的认知活动，促进彼此解释，相互帮助，建立良好的人际关系，共同承担学习责任。个体责任通过对每名学生表现的评估来体现，评估的结果反馈给个人和小组，使每名学生对小组的成功有不可推卸的责任。在完成作业的过程中，小组成员相互帮助、支持和鼓励，不劳而获是不对的。合作学习小组必须进行定期的评价活动，保持小组活动的有效性。通过小组自评，使学习小组成员维持良好的工作关系，便于合作技能的学习。

探究学习，是指运用探究的方式进行的学习活动和过程，即在教师的指导下，学生主动地发现问题，以一种类似科学研究的方法对问题进行分析和研究，从而解决问题和获得知识的过程和活动。也就是说，探究学习是教师在教学中创设一种类似于学术（或科学）研究的情境，学生通过自主独立地发现问题、实验、操作、调查、信息搜集与处理、表达与交流等探索活动，获得知识与技能、情感与态度的发展，特别是探究精神和创新能力发展的学习方式和学习过程。

如何突出学习的探究性质？首先，培养和形成学生的问题意识，问题是学生学习的动力和起点，是激发学生的探索热情、科学精神，养成求异思维和创造思维的根本途径，没有问题就难以激发学生的求知欲和学习兴趣，学生就不会进行深入思考，学习只能滞留于表层和形式。其次，让学生经历知识的形成过程，学习不仅仅是端坐桌前的凝视倾听与思考，更应让学生亲自去观察、操作、感悟、体验、尝试，用自己的身体去亲身经历，用自己的心灵去感悟，以获得与个人知识结构、生活世界相契合的直接经验。当然，面对数千年人类文化的巨大成就，不可能事事去尝试去探究，不可能任何事都从头做起，接受式学习仍然是一种高效便捷的知识获得途径，是学生的一种基本的学习方式，其基本价值是毋庸置疑的。要对传统的接受学习方式进行现代化改造，渗透探究因素，鼓励学生大胆质疑，并赋予其新的内涵和意义。

新课程倡导的自主学习、合作学习、探究学习是从不同维度提出来的，这三者之间的关系是密不可分的。自主学习是合作学习和探究学习或一切有意义学习的基本前提。只有实现了自主学习，使学生产生了强烈的自我意识，积极主动地去思考、去完成学习任务，合作学习和探究学习才有意义。合作学习也离不开自主学习和探究学习，它是在自主学习和探究学习的基础上形成的，并且是促进自主学习和探究学习的有效形式和途径。而探究学习，它需要自主和合作，学生在自主和合作中形成自己的独特体验，进行探究钻研，从而得到有特色的全面发展。

四、学科学习方式的变革发展

变革学习方式是时代发展的要求。当代的知识领域发生了前所未有的变化：知识容量急剧扩张，知识老化的速度加快，科学综合化、一体化的趋势加强。这些变化促使人们必须快速学习、终身学习。在基础教育阶段让学习者学会自主、合作、探究的学习方式，对于学习者的终身学习具有十分重大的意义。现代教育技术作为现代教育手段，它的合理应用对传统的学习方式产生了巨大冲击，它要求变革人的传统教育理念、教学模式、教育方式和学习方式。另外，信息科学技术、软科学技术、人工智能等的研究和开发为实现素质教育的理想提供了切实可行的方案、技术与认识工具。显然，知识经济时代的信息技术为学习方式的变革创造了条件，成为学习方式变革的催生剂。

通过与传统的学习方式的对比就不难发现：自主学习不再是传统的在诱因和强制下被动的“要我学”，它是一种主动的真正的有意义的学习。这样的学习方式才有利于学生潜能的开发、学习愿望的形成，有利于他们的自主发展、持续发展。与个体学习相比，合作学习具有全面性、多效性的特点，使得学生在合作学习中，彼此倾听、分享、交流、互助与反思，扩展了他们之间的沟通网络，使学生之间不仅能充分发挥各自的优势，又能形成合力，共同发展，从而真正实现使每名学生在认知、情感、态度与技能方面都得到全面和谐发展。而在探究学习中，学习内容不再以定论的形式出现，多是以问题形式间接呈现出来，学生经历探究过程，成为知识的发现者。探究学习相较接受学习具有更强的问题性、实践性、参与性和开放性，在这一过程中，学生不仅建构了知识，掌握了解决问题的方法，而且自身的理智能力、深层次的情感体验也得到了发展。新课标倡导的自主、合作、探究的学习方式所具有的种种优势，有利于促进学生个性化发展和素质教育的落实，符合教育自身发展的需要。因此，我们说，面对教育自身发展的需求，学习方式的变革势在必行。

新课改挑战传统的学习方式，变单一为综合，变被动为主动，变机械接受为意义建构，从而实现学习方式当代革新。

（一）从被动学习走向主动学习

强调学生学习的主动性就是要重拾学生在学习过程中的主体地位，使学习成为学生的一种内在需要。传统学习方式把书本知识、间接经验视为学习的唯一对象，学生被视为教学过程的客体，成为教师加工、塑造的对象，服从于教师的外在控制，其主体地位、主观能动性、独立性和创造性不能充分发挥且受到压抑，学生的学习变成他主、被动的过程，个性得不到自由而充分的发展。被动状态下的学习，其学习目标、任务、内容、标准常常由他人决定和控制，学生感受不到学习的乐趣、欢欣和激动，学习成为一种异己的活动，从而导致学生厌学、辍学、弃学。因此，从提升学生学习质量上看，在学习动机方面应变被动学习为主动学习。主动学习鼓励学生自主地确定学习目标、选择学习内容、设计学习进程、评价学习结果，使学习者对自己的学习有较多的支配权与决策权。

（二）由接受为主走向接受与探究并重

接受式学习与探究式学习是人类两种基本的学习方式。接受式学习是指学习内容以确定的结论形式存在，学生直接内化，获取知识，无须经历发现过程。在探究式学习中，学习者通过观察、实验、调查、体验、解读等方式，围绕一定的问题、材料，自主寻求答案，构建知识意义。它们有着各自的特点，然而，长期以来，接受式学习作为一种主导的学习方式，导致了严重的后果：其一，学生的学习成为直接接受书本知识的纯粹的被动记忆过程，学习原本意义上的发现、探究性质不断被销蚀，乃至荡然无存，本来丰富的学习活动被窄化、异化；其二，对接受式学习过分倚重，甚至将其绝对化、唯一化，必然导致忽视学生的自主性、主动性和创造性，难以使学生形成学习能力和创新精神。

（三）从封闭式学习走向开放式学习

在“教师中心”“课堂中心”“书本中心”的支配下，传统学习是封闭式的，表现为学习时间、学习空间、学习资源、学习目标、学习主体乃至评价标准等方面的封闭性。封闭式学习将人的学习时间局限在学校教育时期、青少年时代；学习空间局限在教室；学习资源局限于课本、教材、教参；学习主体往往是独立而封闭的，极少与他人往来，更谈不上彼此的合作与交流，自学仅仅限制在学生方面，教与学是分离的，教师只管教，学生只管学；学习目标上，仅仅着眼于认知发展甚至知识积累，忽视情感、动机、态度、价值观的培养；学习手段仅仅限于记忆、背诵、练习，学习的答案也是封闭的、唯一的。如此一来，使本来丰富多彩、动态多维的学习活动窄化为静坐教室，倾听教师讲述，记诵现成答案的机械、被动过程，学习成为前人和他人成果的简单接纳活动，而学习应有的探索性、问题性、丰富性消失殆尽。犹如教师戴着镣铐跳舞，学生也只能戴着镣铐伴舞，学习等于读书、等于记住现成答案以便考试时能再现出来。

新课程改革呼唤解放学生的时间、空间和资源，呼唤师生、生生的深度交流和密切合作，呼唤学习方式从封闭走向开放，以促进学生多方面的发展。学习时间上，应确立终身学习、持续发展的观念。学习空间上，除了学校内、教室里的学习，还应走向自然、走向社会、走向丰富的生活。学习主体上，建立基于自主学习上的交互学习，学生之间进行广泛的交流与合作，共同分享学习的喜悦与成功，相互启发，相互激励，使合作成为一种基本的学习方式。不仅如此，师生之间应相互学习，互教互学，构建学习共同体，伴随着课程开发，师生共同成长。学习资源上，不再视教材、课本为唯一，而需要广泛开发学习资源，向自然学习，在广阔的社会生活中学习，获取发展资源。学习目标上，改变认知至上、知识唯一的偏颇，进行知识、技能、情感态度、人格精神全方位的学习。学习手段上，接受他人知识与亲身体验相结合，用眼、用口、用心、用手、用情相统一，利用对话、讨论、实验、操作、体验、感悟等多种学习方式使学习活动更加丰富多彩。学习评价标准上，不再固守唯一答案，要鼓励学生寻根究底，敢于向前人质疑、向权威挑战，勇于直面不确定性，追求多种可能性答案。

（四）由单一化学习走向多样化学习

长期以来，在班级授课制下，学生正襟危坐在课堂，倾听教师的权威性讲授，认真做笔记，准确理解，巩固记忆以便考试能复现，这几乎成为学生在校学习的基本模式。学校教学实践对学生个体差异的关注不够，忽视对学生学习活动及其内在规律的把握，一厢情愿地要求所有的学生在同样的时间内，以几乎相同的学习方式，同样的学习速度掌握同样的学习内容，并要求达到同样的掌握水平，最后，采用统一的纸笔测验判定学生的学业成就。这种“一刀切”的做法，人为地抹杀了学生学习方式的独特性、多样化特征，致使学习方式趋于单一、机械、呆板。在传统单一的、被动的、机械的学习活动中，学习远离自身的生活与体验，没有实现与学生实际生活、周围环境的有机融合，无法真正有效地激发学生的学习兴趣和探究欲望。为了每位学生的发展，教师必须突破单一的学习方式，实现学习方式的多样化，学习方式的多样化意味着既要充分尊重每名学生的独特个性和具体差异，使学习方式适合于学生个人的特点，又不能固守于学习方式的个体差异，应为每名学生的学习提供多种可供选择的学习方式，鼓励、支持学生尝试运用多种学习方式进行学习与探索，从多个角度、层面把握事物的丰富性、复杂性，为学生富有个性的发展创造广阔的空间与途径。

第三节 学科学习方式的指导

伴随新课程改革的推行，以被动、接受、单一为主要特征的传统学习方式遭遇严峻挑战，自主学习、合作探究等学习方式得到空前关注，学习方式正在经历深刻的变革。学习方式变革要求将“学”作为教的出发点，充分关注学生学习的动机、兴趣、愿望、方法和习惯等，真正体现“在学上教”，充分发挥学生的积极性、主动性、创造性，使教师的“教”成为引导、促进、激励学生学的活动。

一、自主学习的指导

（一）自主学习的教学策略

1. 增强学生自我效能感

自我效能感以个体自身为对象，是个体对自己能否在一定程度上完成某项活动所具有的能力判断、信念或主体的自我把握与感受。相关研究表明，自我效能感是影响自主学习的个体内在动机性因素，与自主学习具有密切的关系。自我效能感高的学生，其自主学习倾向更强；自我效能感低的学生，自主学习的倾向较弱。要促进学生的自主学习，教师必须把改善学生的自我效能感作为一项重要的目标落实到教学中去。培养自我效能感，教师可以从多个方面入手，例如，对学生的学习给予适当的归因训练，提高学习者对某门学科学习的自我判断水平，为学生提供更多的学习机会，为学生树立合适的榜样，等等。

2. 指导学生制订计划

教师要有目的、有步骤地引导学生认清应该做什么，做哪些准备，每一步要解决什么问题，怎么去执行，实施的过程会出现哪些问题等，让他们通过自主活动逐步学会制订学习目标和计划，循序渐进地培养学生自主学习的能力。一般来说，学习目标是一节课的灵魂，它是学生学习的出发点，也是学生学习的归宿。学习目标的制定关系着学生学习潜能的发挥和学习任务完成的情况，至关重要。

3. 指导学生掌握自主学习的策略

掌握学习策略是学会学习的基础和核心，也是衡量学生是否学会学习的根本标志。学习策略是指学生在学习活动中，为达到一定的学习目标而学会学习的规则、方法和技巧。学习策略关乎学生自主学习的效率。学习策略的形成与使用有一个过程，教师应注意分析学生的学情，引导学生增强自主学习的意识，掌握自主学习策略。

（1）复述策略。复述策略是指学习者为了把信息保存在记忆中而采取的多次重复识记的策略。即通过默读等内隐的方式或诵读等外显的方式练习和应用，复述学习材料。复述策略有助于学习者了解材料的内在联系，有助于学习者深入理解所学习的材料。常用的复述策略有重复、划线、抄写、做记录等。例如，学生为了记住汉字，必须一遍遍地读写生字；在阅读过程中，学生边阅读边背诵，将阅读和尝试背诵交替进行；在阅读时对材料的重点、难点和要点用划线、圈点、加注符号等方式将其突显出来等。

(2) 精加工策略。精加工策略是指学生通过对学习材料的深入细致的分析，在理解其内在含义的基础上对材料进行精加工，以达到记忆的目的。如联想、总结、举例、编口诀、推论、作比较、做笔记等。它是通过人为因素对无意义材料赋予一定的意义，促进知识保持的记忆方法。如在阅读和听讲时，边听（或边看）边做笔记。做笔记是一种非常重要的学习策略，为了培养学生做笔记的良好习惯，教师讲课时应注意语速不宜太快，复杂的、重点的内容要适当重复，对讲课内容的结构、层次和重点应进行板书。

(3) 编码与组织策略。编码与组织策略是指将孤立的分散的知识整合成整体，形成知识架构的信息加工方法。要将信息保存在长时记忆中，最有效的方法就是对其进行组织与编码加工，具体有描述策略、表象策略、归类策略等。描述策略是指将孤立的词描述成相关句子或语篇。表象策略是指将言语形式的信息转化为视觉或图形形式的信息。归类策略是指将零散的项目按某种类别组织起来。例如，在拼音、识字、阅读等教学中，教师引导学生对知识进行分类排队，找出规律。

(4) 注意策略。注意策略是指学习者掌握将注意力指向与集中在所学习材料上的方法或规则。它指向学习活动的各个阶段，主要作用是帮助学习者进行自我调控，促进学习。注意策略主要包括选择性策略和重复策略。选择性策略是指学习者能选择出和学习相关的信息并保持警觉，从而将所学知识内化。例如，画出关键词和关键句、眉批、做笔记等。重复策略是指学习者对学习材料进行言语重复或选择性重复，与已学知识产生联系的学习策略，主要方法有总结、复述等。在自主学习中有效运用有意注意和无意注意，能充分调动各个感官参与，将注意保持在当前的学习任务中。教师可以采用外部手段来控制学生的注意力，并激发学生采用适当的注意策略，以促使良好学习习惯的保持，进一步完善学生的自主学习，如让学生带着问题读书等。

二、合作学习的指导

（一）合作学习的一般流程

1. 课堂分组

合作学习开始于合作学习小组的建立，合作学习更多地倾向于异质分组。异质分组是指将学生按能力、性别、个性特点、家庭社会背景等混合编组。异质分组的优势十分明显：不同观点的碰撞、妥协、整合，能使学生在实践中学会从不同的角度出发去思考问题、解决问题；有助于高水平的学生帮助低水平的学生学习，并产生意想不到的收获；让学生和不同水平的人在一起工作和学习，可以培养和发展学生与人交往、协同努力的技能。形成异质小组的依据有：学生在学习中所表现出的成就水平、学习能力、学习成绩、学习态度、个性特点、人际关系、性别等。合作小组的规模以 3～6 人为宜。合作学习小组的维持时间最好以学生取得学业成功为基准，可以维持一学期或一年，也可以只限于完成某一任务、单元或章节。

2. 确立合作学习的目标与任务

为了让学生明确该做些什么以及如何做，教师应该阐明合作学习的任务，说明学生在学习过程中必须掌握的概念、原理以及运用的策略，并阐释学生要完成的作业程序。

在课堂教学中，教师应该明确两种教学目标：学习目标和人际交往目标。就学习目标的确立而言，教学起点是根据学生的实际起点能力确定的。如果学生不具备课程标准中提到的教学起点能力，在新教学中就必须予以补充；如果学生的实际水平已超出课程标准中提出的教学起点能力，就可以进入新的教学内容以提高教学效率。就人际交往目标的确立而言，应先列出小组社会交往技能，每次备课都根据实际需要从中选择两种作为教学目标；在学习小组学习时，随时监控调节、诊断发现一些具体的社会交往问题，从中加以引导。

3. 选择合作学习的具体方式

在众多的合作学习方式中，成绩分阵法、游戏竞赛法、切块拼接法、学业争辩法和小组调研法是影响最为广泛的合作学习方式。

成绩分阵法实施步骤为：全班教学—小组学习—独立测验—计算分数—小组奖励。

游戏竞赛法实施步骤为：全班教学—小组学习—开展竞赛—小组奖励。

切块拼接法适用于事实、概念、原理等学习目标，而不适于技能掌握类的学习。切块拼接学习的主要目标在于让每名小组成员都对学习的某一特定方面承担责任，并和自己的合作伙伴一起共同分享学习资料。它强调的是学生在学习过程中的相互依赖性。其步骤大致如下。① 让合作小组中每一名成员接受不同的任务。② 承担相同任务的学生离开自己的合作小组，组成专家学习小组。专家小组成员的任务是研究并弄懂自己所承担的任务，并准备把自己在专家学习小组中学到的东西教给自己所在小组的同伴。③ 专家学习小组解散，回到自己原先的合作小组中去，把自己在专家学习小组中学到的知识教给合作小组中的同伴。合作小组内同伴之间相互提出问题并进行讨论。④ 全体学生以个人身份参加小测验，根据测验的结果，在小组每位成员得分的基础上给整个小组以一个等级评价。

学业争辩法又称合作性冲突法，是指让学生在合作小组中形成思维冲突、观点争论，在冲突的解决中，学生学会澄清观点、探究因果、吸收他人观点、提出解决方案。其基本步骤如下。① 明确任务：选择一名学生感兴趣且正反两方面的观点都可以得到证明的争论主题，把相关的材料放在正方和反方两个文件袋中，以供学生使用。② 分组配对：将学生分为 4 人一组。每组中再两两配对形成两个小小组，组内的小小组分别成为争论中的正方和反方。③ 搜集资料：学生可以查阅文件袋中的资料，也可以去图书馆查阅一些相关的资料，每对同伴的任务是相同的：学习相关的论点材料，寻找支持自己论点的依据和有关材料；研究对方的相关事实材料；完成一份说服力强的说明材料。④ 轮流阐释：四人小组中的每一对成员相互阐释、介绍各自的观点。此时，每个人都应该认真地倾听对方的观点，并做一些适当的记录。⑤ 自由辩论：学生借助各自的材料，就各自的观点进行讨论、辩论。⑥ 达成一致：全体小组成员达成一致见解，在此基础上，学生要写出一份有理有据的小组报告，从第三者的角度出发综合双方的论点、论据。学业争辩法强调学生社交技能的发展，它要求学生有系统地、条理分明地提出自己的思维结果，正确地评价自己、评价同伴，使学生获得比单干学习更多的专业知识，他们的社交技能也在学习的过程中得到了更好的发展。

小组调研法的思想渊源最早可以追溯到美国教育家杜威。杜威认为，课堂应该是实施合作、处理民主生活的重要场所。莎伦等人接受并发展了杜威的这种思想，从而产生了小组调研法。其具体步骤如下。① 确定探究主题，组成研究小组。教师向学生提出一个复杂的探究主题，并分为若干子课题，让各个合作小组承担不同的子课题。② 制订小组研究计划。各组学生制订调研活动计划，包括该主题研究什么、怎样进行研究、每个小组成员应承担什么责任等。③ 开展调查研究。小组成员根据本组承担的课题任务搜集整理资料、分析评价信息，并在此基础上得出结论。这一步是实际执行课题研究的阶段，所花费的时间较长。④ 小组汇报。小组向全班汇报各自的调查结果，尽可能运用多种视听手段并以不同的形式呈现研究结果。⑤ 评价反思。教师和学生就学生个体、调研小组以及全班在调研活动中的表现进行评价，既要评价个体对小组的贡献，也要评价小组对全班的贡献。

（二）合作学习的教学策略

1. 选择有意义的合作主题

合作学习一般是围绕着一些问题或任务，也就是围绕合作主题来展开的，合作主题本身必须是具有合作价值和意义的。并非所有的教学内容、任务都适合采用合作学习策略。有些教学内容是需要或应该由学生独立完成的，这样的内容如果用来进行合作学习，不仅不利于学生独立学习能力的培养，而且会浪费宝贵的课堂教学时间，造成合作学习的形式化。因此在课堂教学中运用合作学习策略时，教师首先要确定一个适宜合作的主题。要围绕重点、难点内容采用合作学习策略，使学生主动参与到学习活动之中，对问题进行主动的探究，并通过合作找到解决问题的关键，使学生对知识点的理解更加深刻，掌握更加牢固。合作主题要具有开放性，对培养学生的发散式思维以及训练学生思维的灵活性都具有独特作用，可以引起学生的思考与争论，而学生对问题的不同见解也可以使学生的思维产生激烈的冲突、碰撞，从而使学生能够对所探讨的问题有更为深入的认识。一个有效的合作主题，还应该能够引起学生的学习兴趣，有效激发学生内在的学习需要，吸引学生主动参与到合作学习活动中来，并能够在合作中积极思考、深入探究。

2. 选择适当的合作时机

并非所有的内容都可以进行合作学习，也并非任何时候都适合合作学习。因此一定要根据学生现有的认知水平、教材内容等情况来选择有利的时机让学生进行合作学习，这样才能够保证合作学习的有效实施。开展小组合作学习的时机可以是：

（1）学生思维受阻时。当教学内容出现难点疑点，大多学生思维受阻时，恰恰是开展合作学习的有利时机。由于思维受阻，学生内心会产生困惑感，这种困惑感可以使学生产生极其强烈的学习需要，这种强烈的学习需要促使学生开始从同伴那里寻求帮助，从而产生强烈的合作需要。教师应及时抓住这一时机，有效地组织学生进行合作学习，使学生积极地进行思考探究、合作交流，促进其思维的发展。

（2）学习任务比较复杂，学生无法独立完成时。在进行教学时，有些学习任务比较复杂，仅靠个人的努力很难完成或根本无法完成。在遇到这样的学习任务时，可运用小组合作学习的教学方式，让学生通过合作分工共同探讨、互相帮助、互相启发，共同完成学习任务。

（3）学生意见产生分歧时。由于不同学生对同一问题思考的角度和理解的深度、广度都存在差异，因此学生的意见往往会出现分歧，此时正是开展小组合作学习的极好时机。

3. 加强对学生合作意识和技能的培养，提高学生参与度

在合作学习的实施过程中，学生的合作意识起着非常重要的作用，如果学生缺乏合作意识，就会缺少参与的主动性，而缺少了学生的主动参与，必将导致合作学习无法得到有效的实施。合作学习与其他教学策略不同的是，学生的合作技能既是合作学习得以有效开展的有力保障，也是教学目标之一。因此，教师在日常教学工作中加强对学生合作意识、合作技能与技巧的培养，提高学生在合作学习中的参与度，成为合作学习有效实施的重要策略之一。可以通过以下方式培养学生的合作意识：

（1）应该创设一个适宜合作的情境，激发学生的合作需要，使学生在这样的情境中感受到合作与交流的优势，意识到合作与交流的重要性。

（2）对于学生合作意识的培养，不能仅局限于课堂上，更应渗透在平时的日常生活中，使学生意识到团队精神的重要性，产生与别人友好合作的意愿。

（3）运用有效的激励措施培养学生的合作意识。教师应对合作意识强、愿意帮助同学、与同学友好相处的学生及时给予表扬或奖励，使其他学生也产生合作的愿望。

4. 教师要做学生合作学习的促进者

在合作学习中，教师应为学生的合作学习活动做好充分的准备工作，积极参与到学生的合作学习活动中，成为学生的合作者，保证学生的合作学习活动顺利进行，促进学生的进步与发展。教师要充当好学生合作学习的促进者，需要做好以下工作：

（1）营造和谐平等的合作氛围。首先，应建立民主、平等、融洽的师生关系。教师不再高高在上，而是与学生平等的个体，是学生学习活动的参与者、合作者。在学生提出不同观点时，教师要平等地与学生交流、对话，对学生多一些表扬和鼓励，少一些批评和指责，让学生在轻松和谐的氛围当中产生积极合作的欲望。其次，在学生之间同样要建立一种和谐、平等的氛围。教师要对那些合作氛围好的学习小组及时进行表扬与鼓励，甚至给予必要的奖励，为其他小组的合作起到榜样示范作用。

（2）参与合作过程，为学生的合作学习提供指导和帮助。在课堂教学中运用合作学习的方式时，教师必须深入到各个学习小组中去，倾听小组成员的发言，掌握各小组合作学习的进程，及时了解各小组在合作学习过程中出现的问题和遇到的困难，做到心中有数，并且给予必要的指导和帮助。教师在小组合作学习中的指导和帮助主要表现在两个方面。① 对于学生在学习中的困惑进行指导。当小组遇到所有成员都不能解决的学习困难时，教师应该及时给予必要的引导、启发。如果是普遍存在的问题，教师应当提醒全班同学注意。如果是非常有价值的问题，应在集体教学时提出，供全班学生共同思考讨论。② 对于小组成员在合作过程中合作技能技巧的指导。由于学生的人际交往技能技巧不完善，因此在进行小组合作学习时，难免会出现意见无法统一、随意打断别人发言等现象，此时就需要老师出面对学生进行必要的引导和指导，帮助学生掌握解决问题的方法，并且传授合作的技巧。此外，教师也要尽量避免

经常介入小组学习活动，过多干预小组的合作学习活动，那样不利于学生合作学习能力的提高。

三、探究学习的指导

（一）探究学习的含义

国内外学者对探究学习的内涵提出了许多界说，目前人们引用较多的定义来自《美国国家科学教育标准》：“科学探究指的是科学家们用以研究自然界并基于此种研究获得的证据提出种种解释的多种不同途径。科学探究也指学生建构知识、形成科学观念、领悟科学研究方法的各种活动。”

（二）探究学习的类型

任何活动都是有目的的，探究活动也是如此。在日常生活中，探究的目的通常包括发现知识、解决问题、表达观念或描述事物。而在学校教育教学中，除了以上几个方面，教师还经常为培养学生某种特定的技能而组织探究活动。基于此，根据探究的目的，将探究分为四种类型：发现型探究、应用型探究、表达型探究和训练型探究。

1. 发现型探究

发现型探究是指目的在于发现探究对象的特点、性质和规律等方面知识的探究活动，涉及的对象包括自然现象、社会现象、心理现象、人造事物以及各种符号体系等。

2. 应用型探究

应用型探究是指为解决各类具体问题而进行的探究活动。应用型探究包括两种类型：一种类型是基于工具的设计与制作的探究活动，即需要利用已有的科学知识和技能，设计和制作具体的工具来解决问题的探究活动，如设计一个声控开关解决楼道照明问题；另一种类型是基于活动策划与实施的探究活动，即通过策划活动方案，并以小组合作或者集体行动来解决问题的探究活动，如开展一次汉字规范化活动。

3. 表达型探究

表达型探究的目的，不是发现知识，也不是解决具体问题，而是为表达抽象的观念或描述复杂的事物而创造形式化表达方式的探究活动。这里所说的形式化表达方式主要有：① 具体的实施模型；② 语言文字描述；③ 各种符号模型，如数学表达式或程序、图形、形体动作、音乐等。

4. 训练型探究

训练型探究的目的是培养某种技能，通常包括特定领域的认知和操作技能，以及一般性的学习技能两个方面。在训练型探究中，探究活动表面上的目的可能是发现知识、解决问题或者表达观念，但实质目的并不在这些方面，而是训练从事这些探究活动所需要的某种技能。训练型探究通常以游戏或角色扮演的形式进行。

（三）探究学习的操作模式

在探究学习过程中，由于探究的内容、探究的主体等不同，人们创造出了各种不同的探究模式。比较经典的探究学习模式有萨奇曼的探究训练模式、施瓦布的生物科学探究模式、兰本达的“探究—研讨”教学法以及马西亚拉斯和考克斯的社会探究模式等。

1. 探究训练模式

探究训练模式是萨奇曼设计的。萨奇曼考察研究科学家的创造性的探究活动，并从中提炼出科学研究过程的基本要素和程序，结合教学法的要求，概括出了一套探究训练程序。这套训练程序重在训练学生通过搜集事实来建立理论的科学思维能力，并教给学生一些学术研究技巧和语言，教会学生调查和解释异常现象。探究训练模式利用学生充满好奇并渴望成长的这种内在探究欲望，让他们积极地参与到科学的探究之中，明确探究方向，发展学生的探究能力。其基本程序可分为四个阶段：

(1) 面对问题情境。教师向学生展示问题，设置疑难情境。学生理解所要探究的问题，并了解探究程序。

(2) 提出假设，搜集资料。

(3) 验证假设，做出结论。当学生无法解释资料时，教师要求学生进一步搜集或分析资料，学生不断解释所搜集的资料。

(4) 分析探究过程。为今后改善探究过程提供依据。

2. 生物科学探究模式

施瓦布提出生物科学探究模式，以探究学习为指导思想，领导生物科学课程研究会。其实质就是引导学生参与探究实际问题。其基本过程是：教师通过模拟学科知识领域中的科研案例，引导学生形成、确定一个概念性的或者方法论的问题，激励他们设想一个具体方案来解决问题。

3. 探究—研讨教学法

探究—研讨教学法是由美国哈佛大学教授兰本达在 20 世纪 40 年代创立的，主要由探究和研讨两个阶段组成。在探究阶段，教师选择所教科学概念的“有结构”的材料，按层次提供给学生，让学生独立支配、探索。在研讨阶段，教师引导学生将已获得的认识用自己的语言表达出来，通过互相交流、启发、补充和争论，使他们对纷繁复杂的关系有所了解，使已有的感性认识上升为理性认识，既了解先前知识的局限性，又看到它的可行性，形成一定水平的科学概念。探究—研讨教学法认为，科学教育的目标不仅是让学生掌握一定的科学知识，更重要的还在于通过对具体材料的探索、发现和交流，培养学生动手操作、积极思考、善于表达和解决问题的能力，其最终目的在于通过科学教育，发展学生继续前进和有所创新的愿望，让他们学会一种程序，掌握一种工作方法，发展一种思维方式。正如兰本达所说，通过这种方法，培养学生对学习的无限热爱，使他们不仅在自然课上，而且在生活中，在将来，都会积极主动地探索、创造，利用已有的智慧解决面临的新矛盾、新问题。

4. 社会探究模式

社会探究模式是由美国的马西亚拉斯和考克斯提出的。1966 年，他们共同出版了《社会课中的探究》一书，将社会科学家所运用的一系列方法引入社会课教学中，创建了社会探究模式。社会探究以社会问题为探究中心，其内容是跨学科的，其教学是反思性的。马西亚拉斯和考克斯强调，该模式具有以下特征。① 课堂中的社会互动。学生要在一种开放的讨论气氛中，仔细研究针对特定的社会问题所提出的各种观点。② 用假设作为课堂探究的核心。学生的讨论要围绕他们所假设出来的解决问题的方法以及假设本身的性质而展开。知识被看作不断受到检验的假设。学生和教师形成假设，搜集相关资料，证明假设，修改假设和观点……如此连续商讨形成探究循环。

（四）探究学习的指导策略

1. 提出问题

探究的问题由教师或学生提出均可，但要逐步培养学生发现问题与提出问题的能力。这种能力的提高需要时间，教师应制订好有关的课时计划、单元计划与中长期计划。最初可以由教师指定探究问题，然后教师逐步放手让学生提出问题，最后由学生独立提出问题。

帮助学生学会提出问题的策略有：

（1）将兴趣转化为适合探究的问题。

（2）创设情境引导学生提出问题。

（3）呈现矛盾的现象及其不同解释，如演示出乎学生预测，引发学生疑问。

（4）头脑风暴——鼓励学生尽量提出问题，互相启发，而不做任何评判。

（5）故意唱反调，或反问几句，或设问为什么，使问题深化、清晰。

（6）引发学生的不同观点，产生争议性问题。

（7）提供提出问题的范例——其他同学提出问题或科学家提出问题的过程。

（8）问题枝干训练——要求学生利用一些问题枝干来提问，以此来训练学生提出不同类型的问题。例如，为什么……；……和……有什么关系？……对……有什么影响？如何设计……？有什么证据可以说明……？

2. 形成假说

假说是行动的先导，在明确问题并开始行动之前，必须形成解决问题的假说。引导学生对所要解决的问题有一个整体的认识和深入的理解，并从多角度、多层次提出解决问题的方案。对学生提出的各种方案暂不作评价，以保证每名学生充分发表自己的观点。此时，应以学生观点的数量而非质量为评价指标。

3. 搜集和处理资料

假说需要有证据支持和论证，必须搜集资料并进行处理。应鼓励学生采用多种方式搜集资料，例如，查阅文献资料、实地调查、实践操作、网络查询等。引导学生对资料进行整理和分析，以获得有价值的信息。值得提醒的是，电脑网络查询是搜集资料的现代手段，但不是探究学习中的唯一手段，不能时时处处拘泥于网络，而全部放弃传统的搜集资料方式。

4. 获得结论并交流

学生可以通过逻辑分析、实验、实践等途径获得解决问题的结论。引导学生以客观的、科学的态度去检验结论，防止先入为主、暗示效应、从众心理等影响。教师要创造条件，将结论在小组或全班进行交流或展示。

四、学习方式指导应注意的问题

（一）准确地把握不同学习方式的适用范围和应用条件

任何一种学习方式都是有其适用范围和应用条件的，因此，需要认真地研究、准确地把握不同的学习方式的实质及其适用范围和条件。不仅要研究传统的学习方式，更要研究新的学习方式。只有把握了不同的学习方式的适用范围和应用条件，教师才能够引导学生去学习相应的内容。

传统的学习方式主要指向的是基础知识和基本技能的掌握；而“自主、合作、探究”的学习方式则是针对“培养学生搜集和处理信息的能力、获取新知识的能力、分析和解决问题的能力以及交流与合作的能力”而提出的。因此，教师一方面要防止对新的学习方式作绝对化的理解，另一方面也要防止对新的学习方式做狭隘的理解，即把它理解为某种具体的学习方式。我们应该把新的学习方式看作有关学习方式的基本指导思想，是每名学生都应该能够把握的一般的学习方式而非具体的学习方式。所谓一般的学习方式，可以把它理解为“一套长期积累起来的、相当稳定的取得成果的方法，这套方法为过去的经验和理智的分析所认可，一个人忽视这些方法就要承担风险”。与传统的学习方式相比较，“自主”对应“被动”，所要表明的是学生学习态度和学习动机，即学生的学习应该是主动的学习。“合作”对应“独立”，所要表明的是学生面对共同的学习任务时彼此之间所结成的社会关系，当然这并不意味着在所有的学习中都应该彼此合作，而是说对于一些问题解决型的学习任务，学习中的合作将更有助于学生的学习。“探究”对应“接受”，所要表明的是知识获取过程中思维的积极性。三者之间有交叉、有重合、有包容。任何对新课标所倡导的学习方式孤立的理解，都会导致课程实施中的诸多问题与困惑。

（二）辩证地看待传统的学习方式与新的学习方式之间的关系

准确地理解《纲要》关于学生学习方式的指导性思想，必须处理好传统的学习方式与创新的学习方式之间的关系。倡导学生自主、合作、探究的学习方式，并不意味着彻底否定接受学习、训练和记忆背诵的学习方式。引导学生掌握新的学习方式，从而使学生成为若干学习方式的主人，而不是成为某种外在的学习方式的接受者。因此，一方面要把自主、合作、探究的学习方式看作对传统的学习方式的完善，另一方面也要看到新课标所提倡的学习方式可能有的缺陷，这种缺陷是任何学习方式所不可避免的。设想某一学习方式完美无缺，只能是人们的一厢情愿。

自主学习离不开教师的引导与指导，而引导与指导在不同的程度上即意味着被指导者的被动与消极。实际上，个体的发展都是由他主向自主的变化过程。没有他主，就不可能有后来的自主。合作学习可以更好地促进学生的社会性发展，但也可能会带来不同程度的依赖性。在很多情况下，学生主要还是独立学习，而非合作学习。探究式学习能够促进判断思维的发展，却也会导致某种程度的低效和无谓的重复。只有对不同的学习方式采取辩证的态度，认真分析其潜在的优势以及可能的不足，才能使学生真正成为学习方式的主人。教师在对学习方式进行理论思考以及引导学生掌握新的学习方式时，应该看到不同学习方式之间的内在互补关系，应该看到不同学习方式有其各自的应用条件和适用范围。

（三）防止将新的学习方式模式化

引导学生掌握新的学习方式，不能简单地将学习方式归结为有关学习过程的程序和规程，因为这样会导致学生对待学习方式的模式化取向。在进行学习方式的多样选择时，教师应提供丰富而有组织的刺激环境，引导学生考虑自身的生理心理特点、学习内容、学习目标，对学习方式进行择优与组合，发挥每种学习方式的优势和长处，改变或弥补学生学习方式的短处和不足。

总之，学习方式的变革，应在充分认识各种学习方式价值的基础上，发挥各种学习方式的优势，克服其局限性，从而构建旨在充分调动、发挥学生主体性和创造性，由众多具体方式构成的多元开放的学习方式系统，为中小学生创设充分的、自主的、积极而愉快的学习环境，让学生体验学习过程的乐趣，并赋予教学以丰富、生动的教育内涵，促进学生生动活泼、富有个性的发展。

本章小结

1. 学生是具有社会性和独特个性的人，是能动的主体，是有思想有情感的人，是尚待发展的人，是学习者，以学习间接经验为主，在教育教学活动、教育过程中居于客体地位。

2. 学生的学习是规范化学习，学生的学习认知发展具有内发性、阶段性和个体差异性的特点，教学要适应学生的认知发展水平，促进学生的认知发展，要针对儿童认知发展的个体差异性。

3. 在做教学设计之前要注重学情分析，包括学生的已知、需知、未知、能知和想知，既涉及学生原有的知识基础、能力、方法和态度等，又要了解学生学习新知识的兴趣和需要。

4. 学情分析的基本方法包括经验分析法、教学观察法、书面应答法、口头应答法、他人评定法等。

5. 随着新课改的推进，必须走出传统学习方式的误区，变单一为综合，变被动学习为主动学习，由接受为主走向接受与探究并重，从封闭式学习走向开放式学习，由单一化学习走向多样化学习，积极倡导并实施自主、合作、探究的新学习方式，加强学生实践活动，指导学生“做中学、用中学、创中学”，从而实现学习方式的当代革新。

案例研讨

教师：今天我们学习《XX》，同学们自己先读课文。大家喜欢用什么形式读，就用什么形式读，自己读可以，找人讨论也可以。

学生：（有几名学生开始自己读，后来变成几个人齐读；有的学生边读边记；有几名学生在讨论，可是一会儿似乎聊到题外去了；有个别学生好像在思考，又像是在开小差……）

教师：你们读完了没有？

学生：读完了。

教师：现在说说你们读懂了什么？有问题要问吗？

学生：……

教师：现在我们来学习第二段，以前后座四人组成一个小组的形式合作学习，时间五分钟。

学生：（四人小组讨论，开始很小声，后来慢慢变得闹哄哄，不少学生甚至开始用书本打闹。）

（五分钟过后）

教师：时间到，现在哪个小组来汇报？

（学生你推我，我推你，无人应答，最后不得不由教师点名回答。）

结合本章所学的学习方式的相关理论知识，请你评价一下这位语文教师的做法。

技能训练

请结合自己的专业学科方向，在中小学教材中选取一篇课文进行教学设计，教学过程着重“自主、合作、探究”的学习引导设计。

资源链接

1. 吴红耘、皮连生：《学与教的心理学》，华东师范大学出版社 2019 年版。
2. 胡德海：《教育学原理》（第 3 版），人民教育出版社 2013 年版。
3. 陈琦、刘儒德：《简明教育心理学》，高等教育出版社 2019 年版。
4. 潘洪建：《有效学习的策略与指导》，北京师范大学出版社 2013 年版。
5. 孙杰远、叶蓓蓓：《有效学习的原理、策略与评价》，中国轻工业出版社 2016 年版。

第七章　学科教学主体与教学方法

学习目标

1. 理解教师角色的基本内涵。
2. 明确教师专业素养及其发展。
3. 了解不同类型的师生关系与良好师生关系的特征。
4. 掌握中小学常用的学科教学方法。

问题导入

有一次到学校去听七年级的思想品德课，我诧异于教师的“满堂灌”。下课后，我与老师交流，我说七年级的思想品德课贴近现实，贴近学生的生活实际，应该设计一些话题让学生充分参与到教学活动中来。老师说，学生一讨论就收不住了，会说一些与教学无关的话，他们的习惯和纪律性太差，我从来不组织他们进行讨论活动。这样的理由让我张口结舌。看来这仍然是教育观念的问题，观念指导教学行为，这真是千真万确的事实。

你如何看待这位教师的做法？请结合自己的学习体会谈谈你的看法。

教学主体观是指在教育教学过程中，人们对谁是教学活动的主体的基本认识和看法。它是学者关于教师和学生在教育教学过程中的作用，谁依附于谁，谁从属于谁而产生的一种观念。[①] 在教育教学过程中，教师和学生究竟谁是主体，是随着时代和教育理念的变化而变化的。传统观点认为，教师是教育的策划者、组织者、指导者、评价者，是教学主体。随着教育理论的发展，在以人为本的理念下，教育的落脚点是学生，学生是学习的主体，所以产生了“学生中心”的教学主体观。还有一种观点认为，教学过程是师生双向参与的过程，教师和学生都是认识者和具有实践能力的人，自然都是认识的主体。[②] 而现在，“主导主体”的教学主体观普遍被大家接受。教育部发布的义务教育课程方案和课程标准强调有效的教学活动是学生学和教师教的统一，学生是学习的主体，教师是学习的组织者、引导者与合作者。也就是说，学生是学习活动的主体，教师是主导。本章内容围绕教师、学生和教学方法展开，重点论述教师角色的基本内涵、教师的专业素养、师生关系

① 焦帆、喜强：《70年来国内教学主体观问题研究回顾与展望》，《现代交际》2021年第20期，第176—178页。

② 陈甜：《基于主体共生的教学观研究》，西南大学博士学位论文，2015年，第7页。

以及常见的中小学课堂教学方法。

第一节　学科教学主体概述

教师的角色和职能是随着社会发展和时代变迁而变化的。当今社会生产力高度发展，科学技术日新月异，对教师的要求发生了从单一性职能到多功能性职能的变化。教师不仅仅是知识和技能的传授者，还是学习者和研究者、心灵的培育者、教学活动的设计者。教师的角色是多方面的，这些角色统一于教师的教育教学活动之中。

一、教师角色的基本内涵

角色，是由拉丁语 rotula 派生出来的，这一概念最初在学术著作中出现是在 20 世纪 20 年代社会学家格奥尔·齐美尔的《论表演哲学》一文中，当时他就提到了“角色扮演”的问题。但直到 20 世纪 30 年代，“角色”一词才被专门用来谈论角色问题。科学的角色定义是指一定社会身份所要求的一般行为方式及其内在的态度和价值观基础。它包含三种社会心理学要素：① 角色是一套社会行为模式；② 角色是由人的社会地位和身份所决定，而非自定的；③ 角色是符合社会期望（社会规范、责任、义务等）的。

教师职业作为社会分工的产物之一，具有以下特点①：

（1）具有复杂脑力劳动的特点。教师的劳动是复杂的，需要运用教师的知识和智慧。教育既是一门科学，又是一门艺术，需要专门的训练才能掌握它。

（2）具有极大的创造性和灵活性。任何职业都要求创造性，但教师不同，不仅需要有创造性，还要有灵活性。教师面对的是千差万别的学生，不可能用一种模式去塑造他们，也不可能用一个标准去要求他们。这就需要教师有教育的机敏性，创造性地灵活地运用各种方法。

（3）具有鲜明的示范性。教师具有权威性，学生往往把教师视为学习的榜样。因此，教师犹如一面镜子，面对着无数的明亮眼睛，为学生所模仿。

（4）具有长期性和长效性。教师教育的效果有些是立竿见影的，而大多不是立马起作用，需要长期的工作。因此常常有人把教育比作“雨露”，所谓“雨露滋润禾苗壮”，就是形容教育的长期性和渗透性。此外，教育还有长效性，有时老师一句不经意的话会影响学生一生的发展。

教师角色的基本内涵与其职业特性密切联系在一起，反映了职业的本质要求。因此，教师角色的内涵可界定为：社会对教师职能和地位的期望和要求，它规定了教师在教育情境中所应该表现的心理和行为方式。教师角色包括知识的传播者和创造者、学习的促进者、教学的设计者、家长的代言人、社会规范的象征者以及人际关系的协调者等。

---

① 顾明远：《教师的职业特点与教师专业化》，《教师教育研究》2004 年第 6 期，第 3—6 页。

二、传统教师角色及其局限性

教师成为真正意义上的一种专门职业是在专门的教育机构——学校产生以后。有据可考，教师职业已经有几千年的历史，如六千年前古埃及就出现了学校教育。中国西周时期，就有“国学”和“乡学”的教育官。

韩愈曾经说过：“古之学者必有师，师者，所以传道受业解惑也。”所以作为传统意义上的教师，其角色定位是清晰的，即老师是传播道理、传授学业、解疑释难的人。进入现代社会后，人们用“园丁”“蜡烛”“人类灵魂的工程师”等来定位教师角色，保证了教师的社会地位。然而，伴随着社会的发展，传统教师角色定位的局限性开始显现。

（1）传统教师角色强调教师的权威性，“传道受业解惑”常被看作教师的全部责任，这样在教学中就形成了以教师为中心的“一言堂”的教学模式。教师成了书本知识的搬运工，学生缺乏主动思考，只能被动接受知识。

（2）强调教师的社会责任，忽视教师自身的生活质量和生命价值。一直以来，传统观念过于强调教师要无私奉献。“教师是太阳底下最光辉的职业”，“点亮自己，照亮别人”，都是形容教师职业的名言。这样的高要求使得教师角色成为一种理想的“圣人”形象，也使得教师的工作面临着巨大的心理压力和社会压力。这种高要求伴随着教师较低的社会地位和较差的经济待遇，会造成教师内心价值观的冲突。

（3）强调教师的学科教学技能，忽视教师综合素质的提高。由于现在大部分学校是分科教学，教师必须有过硬的学科素质和教学技能，这使得教师的知识结构单一化，即只熟悉自己所教课程的内容。然而，现代教育要求作为教师不仅要有较高的教学水平，还要有较强的思想素养和科学素养，以渊博的知识培养人，以高尚的人格影响人。

三、现代教师角色的新定位

随着人类迈入 21 世纪，以知识经济、信息技术为代表的现代社会的变化是全方位的，是深刻的。变化的现代社会需要新的人才，对教师职业也提出了新的要求，教师要与时俱进，转换新的角色。

（一）终身学习者

现代社会是一个信息和知识爆炸的时代，知识的总量呈现指数型增长，教师已经不是学生唯一的获取知识的渠道，除了启蒙时期，学生越来越少地从教师这里直接获取知识，而教师的角色越来越体现在组织引导、激励思考、对话沟通等方面。“合作学习”“翻转课堂”等新的教学形式更加需要教师的组织和引导能力，从“授人以鱼”变成“授人以渔”，从教师的“教”变成教师的“导”。教师要利用自己在知识和经验等方面的优势，多给学生独立探索和活动的机会，激发学生的求知欲，鼓励学生的好奇心，让学生善于思考，发现问题，解决问题；要训练学生养成良好的学习习惯，课堂上更多地布置问题，让学生主动搜集资料，比较、甄别、总结、归纳，锻炼学生的观察力、记忆力、想象能力、分析能力和自主学习的能力。教师在引导的过程中还要注意差异化，因材施教。

从教师的自我发展来看，教师的专业水平直接关乎教育质量的高低，在现代信息化的社会，新知识和新技术不断渗透到教育领域，新思想和新思维源源不断，教师仅仅依靠在学校里面学到的知识已经无法满足需要。在终身学习观念深入人心的情况下，教师不能局限于“教书匠”的角色，需要不断地学习，不断地充实提高自己，继续接受教育，学习新理论，主动研究反思教学实践，扩充和完善知识结构，提升自己的专长，这样才能适应时代的要求，应对新时代的挑战。

（二）心理工作者

据统计，现代社会中小学生中有心理和行为问题的学生人数已经占了相当的比例，并且呈现增长的趋势。教育部 2018 年 7 月发布的《中国义务教育质量监测报告》表明，在全国 31 个省（自治区、直辖市）和新疆生产建设兵团的 973 个县（市、区）的 572 314 名学生参加的监测中，发现了“学生心肺功能、速度素质达标率较高，但肥胖、近视和睡眠不足问题较为突出”，“学生家庭作业时间过长，参加校外学业类辅导班比例较高，学习压力较大”等问题。很多有心理问题的学生存在自卑、嫉妒、焦虑、缺乏安全感、逆反等不良情绪，行为上则有吸烟、喝酒、打架斗殴等不良现象。

要做好学生的心理维护工作，教师必须了解学生心理发展的规律和特点，要有基本的心理学素养，能够对学生进行心理辅导。心理问题是教育的首要问题。要辅导学生心理健康，教师自己首先要心理健康，能够正确地对待工作，有健康的同事关系、领导关系和师生关系；其次要宽容地对待学生，对学生有同情心、爱护心、平等心，科学地看待学生的学习成绩，维护学生的自信、自尊，让学生有荣誉感、成就感。总之，教师要公正公平地对待学生，不偏心，不滥用职权，以诚相待，相应地，学生也会用心对待老师，形成和谐健康的师生关系。

（三）教学研究者

苏霍姆林斯基在《给教师的建议》中强调：“如果你想让教师的劳动能够给教师带来乐趣，使天天上课不至于变成一种单调乏味的义务，那你就应当引导每一位教师走上从事研究这条幸福的道路上来。”教师在教学活动中不能只满足于传授知识而不注重教学方式方法的应用，不能忽视教学环节中出现的问题，教师要通过研究教学活动本身，使自己成为一名研究者。这是参与教学研究活动的最佳途径，也是从工匠式的传授型教师向科研教学复合型教师转变的最佳途径。

教师一旦以研究者的心态参与到教学活动中，就会不断反思自己的教学活动，对出现的问题更敏感，对照自己的教学行为，理论联系实践，教学相长，解决实际问题。对教学行为的研究还有利于教师紧跟当前新的教育趋势、新的教学思维、新的教学理念。教学行为的研究以课题的形式给教师以系统的训练，理论和实践相互影响，有助于教师在实践中产生新的理论，在理论的指导下又有更好的实践经验，进而形成自己的教学理论，提高教学质量。

第二节　教师的专业素养及其发展

《中华人民共和国教师法》第三条规定："教师是履行教育教学职业的专业人员。"教师作为一种专业技术人员，应该具备基本的专业素养才能够履行岗位职责。习近平总书记提出新时代"四有"（有理想信念、有道德情操、有扎实学识、有仁爱之心）好教师的标准，为广大教师的专业发展指明了方向。因此，教师的专业素养要着力从四个方面培养：要树立崇高的教育理想；要有高尚的师德修养；要有深厚的专业知识；要有扎实的专业能力。教师只有不断去学习、提高与自我完善，才能够更好地教书育人。

一、教师专业素养的内涵

素养是指由训练和实践而获得的一种修养。专业素养是指满足某职业岗位的要求所需要的先决条件。教育领域术语"专业素养"，包括智力、内容知识、认知能力、关于教育领域的策略、动机倾向、意志控制系统、个人价值倾向、进入一个教育系统的社会行为。

从内涵上讲，教师的专业素养就是教师为满足教师职业岗位的要求所需要的先决条件。由于教师的教育对象是成长中的学生，是有思想、有情感、有个性的人，所以决定了教师的专业素养必须是多元化的。

二、教师专业素养的核心内容

（一）教师要树立崇高的教育理想

古希腊哲学家苏格拉底说，世界上最快乐的事莫过于为理想而奋斗。只有有了教育理想，教师才会有奋斗的目标和方向，才会持续不断地发展自身的专业能力。教师要做一个有理想的教育实践者，要敢于将自己的教育梦融入中华民族伟大复兴的中国梦，并为此做出积极的努力，实现中华民族伟大复兴。

1. 淡泊名利，终身奋斗

教师自从踏上三尺讲台，就意味着踏上了艰巨而漫长的育人之路，就意味着艰辛与奉献，责任与担当，清贫与寂寞，平实与坚守。春蚕到死丝方尽，蜡炬成灰泪始干，是教师奉献精神的真实写照。在商品经济高度发展的今天，生活节奏越来越快，生活要求越来越高，生活压力越来越大。教师同样面临太多的诱惑，伴随太多的痛苦。但淡泊名利是一种豁达的心态，明彻的觉悟，潇洒的超脱。它会使人多一份清醒，多一份思考，多一份追求，是做人的崇高境界。因此教师要敢于担当，甘于奉献，勇于进取，淡泊名利，终身奋斗。

2. 公平公正，有教无类

教育的宗旨是为每一个孩子的成长与幸福奠基。早在二千五百多年前，孔子就提出了有教无类的主张。孔子有教无类的思想的理论基础是性相近，习相远。性相近，说明了人皆有成才的可能性；习相远，说明了实施教育的重要性。正是由于认为人皆可通过教育成材，孔子才做出了有教无类的论断。但是，在社会文明高度发展的今天，由于受应试教育的影响，许多教师重知识传授，轻能力培养；重整齐化一，轻学生个性表达；重教师的主导地位，轻学生的主体性发挥。有的老师甚至将学习成绩较差的同学视为异类和害群之马，因为他们会影响班级或学校的考试成绩。这种脱离社会发展需要，违背人的发展规律的应试教育，忽视了对大多数学生的培养。更令人担忧的是，在学校片面追求升学率的驱动下，一部分学习困难生被迫早早地离开了校园，走向了社会。这部分学生由于年龄小，自制能力较差，很容易误入歧途，给社会稳定造成隐患。

“天生我材必有用。”每一名学生都有自己的闪光点。教育的本质是促进人类生命个体健康成长，实现生命个体由自然人向社会人的高度转化。教育的根本目标，是教会孩子做人，而不是考出高分。教育的过程是发掘人的天性、潜能及潜在价值的过程。教师要对每一位学生的发展负责，要公平公正地对待每一位学生。无论学生的天资、性格、成绩、习惯、家庭背景如何，一律享有平等受教育的机会，一律享有受教师尊重和关心的权利。只有这样，教师才能担负起教书育人的职责，才能更好地以实际行动践行有教无类的教育理想。

3. 心怀大爱，因材施教

教师在教学实践中要尊重学生的个性差异，创造性地运用因材施教的教育原则及方法。因材施教，是在注重个体差异的基础上，通过不同的教育方法，促进每个人的发展。这一实事求是、求真务实的教学方法，是孔子留给后世的弥足珍贵的思想财富。以学生发展为本，是新课程的基本理念，让学生的人生出彩，是素质教育的宗旨，学校教育的一切努力就是为了让学生个性化发展、无拘无束发展、生动活泼地发展。“整齐划一、千人一面”的应试教育只能造就学习的机器、创新的弱者和高分低能的学生。教师要根据学生的年龄特点、认知能力、性格气质、目标志向等，分类、分层次、有针对性地实施教育和引导，使学生的潜能得以开发，个性得以张扬，能力得以提升。只有这样，教育才能扬长避短，才能培养出有用之才。

4. 终身学习，与时俱进

教师肩负着教书育人的重任，时代对教师的要求越来越高。在科技发展日新月异，知识更新异常迅速的今天，如果教师不能对新知识保持好奇与敏锐，及时更新知识结构，那么教师的教学，就如逆水行舟、难以为继，早晚会被迅速发展的社会淘汰。教师要给学生一杯水，自己就要成为一条小溪。从这个意义上讲，终身学习不仅是教师的理想与使命，而且是教师职业幸福的源泉和专业发展的不竭动力。当代教育以人为本，教师不仅要教书，而且要育人，这就要求教师必须从单一的学科教育能力向多元知识储备、多种教育手段运用能力的“复合型”教师转变。这种转变要求教师要有博大精深的专业知识，丰富的教育理论知识和多元的知识储备。

教师要与时俱进地更新自己的观念、学问和方法。一位与时俱进的教师，表现在思想上的与时俱进，必须更新观念，树立以人为本，全面发展的理念。以全新的教育理念，推进教育教学改革，才能上出精彩的课，才能真正提高教育教学的效果，才能达到教书育人的目的。

一位与时俱进的教师，一定是一位具有深厚理论功底的教师。新课标要求教师要不断学习，掌握现代教育教学理论，并且将理论与实践紧紧地结合起来，让理论回归实践，让实践检验理论。一位与时俱进的教师，一定是一位锐意进取的创新型教师。知识经济的到来，使教师面临诸多的挑战，创新成为教师的必备素质。教师要拿起研究创新的武器，把课堂作为研究现场，把每一次教学活动作为思考的对象，在解决问题的过程中，重新审视教育的本质及价值取向。

（二）教师要注重高尚师德的修养

教师的职业道德集中体现在师德上，而高尚的师德是教师人格力量的核心内涵。教师的人格会对学生的发展产生深远的影响，这种影响包括精神方面、道德方面、情感方面。高尚的师德，主要体现在教师对教育事业的无限热爱，爱学生、爱专业、爱岗位、爱学校。

1. 爱岗敬业，无私奉献

教师教育学生不仅要通过言传，更要通过身教，不仅要用广博的学识教人，更要用自己的人格以自己的良好道德行为去影响、启迪和感化学生的心灵。敬业是教师职业的基本前提，奉献是教师职业的基本要求。教师如果没有敬业、奉献的精神，就干不好教育事业，因为教育是育人的事业，是追求真善美的事业。教师肩负着民族的未来和希望，担负着人才培养的重任。从事教师职业需要经得起道德的考量、职业的挑战和时间的考验。只有具备捧着一颗心来，不带半根草去的情怀，方能经得住诱惑，耐得住寂寞，守得住教育这方净土。教师应不为金钱名利所动，坚定信念，矢志不渝终身从事教育事业，并为教育事业做出积极的贡献。

2. 尊重学生，热爱学生

教师要对学生充满爱心，这是教师职业道德的基本素养。教育的对象是学生，学生具有强烈的好奇心和求知欲，是处于不断成长和发展的人，是初步具备情感世界与价值判断的未成年人。因此，了解学生，尊重学生，关爱学生，是实施素质教育的前提。关爱学生是建立民主、平等、和谐师生关系的基础，是实施因材施教、促进学生个性发展，以及做好各项教育工作的保障。作为一名教师，只有深深地热爱学生，才能激励学生健康成长，才能做到不论工作多么劳累，不论自己的劳动是否得到承认，都能始终如一地甘为人梯、默默奉献。教师应该一视同仁地爱护每一名学生，并对那些有困难或欠缺的学生给予更多的关爱。教师的爱是全面的，既要关心学生的学业进步，也要关心学生的身心健康及品德和人格修养。教师要关心学生的在校表现，更要关心他们在家庭中的表现以及他们的所思所想，并为他们提供有针对性的教育。教师的爱是理智的，是以严格要求为前提，以科学方法为保障，准确地把握住一个度，做到对学生不偏爱、不溺爱。对成绩进步的学生及时鼓励，对学生的缺点和错误不纵容、不姑息、不放任。当学生出现这样那样的缺点和错误的时候，特别是在面对屡教屡犯的学生时，教师决不能出现恨铁不成钢的急躁情绪，一定要循循善诱，耐心教导。教师对学生的爱是无私的，教师为学生真诚付出而不求回报，通过自己的努力为学生的健康成长撑起一片天。

3. 为人师表，以身作则

身教胜于言教。教师的一言一行，一举一动，对学生都有深远的影响。这就要求教师必须努力塑造自己高尚的人格，以身立教、为人师表。孔子曾经提出，“其身正，不令而行；其身不正，虽令不从”，说明了师德修养在教师人格形成中的重要作用。教师担负着教书育人、传播人类文明、培养合格人才、提高民族素质的重任，教师的知识水平、业务能力、思想道德、心理素质将直接影响到人才的质量与教育的效果。因此，教师不只要会教书，而且要会育人。一名优秀的教师，除了必须以满腔的热情对待事业、对待学生外，还必须自觉地高标准地去塑造自身的人格。

4. 教书育人，敢于担当

教书育人是指教师在关心爱护学生、传授专业知识的同时，以自身的道德行为和魅力，言传身教，引导学生寻找自己生命的意义，实现人生应有的价值追求，塑造自身完美的人格。“教书”，就是在教会学生知识的同时，要教给他们学习知识的方法，即教学生学会认知、学会思考、学会质疑、学会合作探究、学会实践创新。“育人”，就是要培育学生的思想、态度、品格，引导学生树立积极的情感态度和价值观，不断提高自身的道德修养，不断提高自身的意志力和克服困难的勇气，形成自信、自立、自强的良好心理素质和品格。教书育人是教育工作者的神圣职责，责任重大，使命光荣。教师要完成教书育人的重任，就必须敢于担当。担当就是把责任扛起来，并把它完成好。担当是一种态度，一种精神，一种不甘平庸、负重前行、永不言弃、永不服输的血性和气节。作为一线老师，担当就是兢兢业业完成自己的本职工作，就是上好每堂课，批好每本作业，管好每名学生。有担当精神的人才敢挑重担，也才挑得起重担。

（三）教师要构建深厚的专业知识

1. 丰富教育知识

教育是有目的有计划培养人的活动，教师的教育知识是指教师知道在什么时候、为什么以及在何种条件下才能更好地运用原有知识、经验开展教学的一种知识类型，是促进教师专业成长和学生健康全面发展的重要保障。它包括教育学知识、心理学知识与教学法知识等。

（1）教育学知识。教师要树立正确的教学观，掌握教学规律，提高教学质量。有人说不学教育学照样能上课，当然这种现象在现实中确实存在。但上课有好坏优劣之分，学习教育学理论，掌握教学规律，对于提高教学质量具有很大的促进作用。一位卓越而成功的教师会运用教育学理论，敏锐地观察课堂上学生的心理活动，恰当地利用科学的教育环境和科学的教育方法来集中学生的注意力，激发他们的学习动机，点燃他们的求知欲望，从而把教学过程组织得生动活泼、水乳交融、富有成效。

在课堂教学的过程中，“教”有教的规律，“学”有学的规律，各门学科又有各自的特点与规律。要形成高质量的教学，需要对许多因素进行综合、协调，使之发挥整体效应。有的教师上课，不能使学生心领神会，学生愁眉苦脸、摇头叹气，既窒息了学生的求知热情，又压抑了学生的思维发展。导致这两种截然不同的教学效果的关键就在于，教学是否符合教学规律，教师是否善于科学而巧妙地将教学规律应用于教学实践，并按照教学规律，形成自己的教学艺术风格。

教师合理的知识结构，既是提高教育理论水平与技能技巧，适应教师职业需要的必要条件，又是教师提升专业素养，焕发创造精神的根本保证。一名没有深厚教育学基础的教师，很难成为一名出色的教师。教师的知识结构既需要扎实的专业知识，又需要广博的文化科学知识，还需要系统的教育学知识。只有三者兼备一身，合理优化，才能产生相得益彰的效果。

(2) 心理学知识。教师应该学习和掌握相应的心理学知识，不断提升自身的心理品质，这对教育教学具有重要意义。教师学习心理学，有利于教师的专业成长。教师要教好书、育好人，就必须有精深的专业知识和精湛的教学能力，而准确掌握教育对象的认知规律和心理特点，是教师知识结构和专业能力的重要体现。教师学习一定的心理学知识，形成健康的心理品质，具备相应的心理教育能力，了解学生的心理，不仅会对教育教学产生积极的影响，也是完成教学目标的前提条件。教师要教学生掌握知识，学会学习，明白做人的道理，其中的各个环节都不能缺少对学生心理的把握。教师要针对性格不同的学生，因材施教、有的放矢，这样才能事半功倍。可以说，了解学生的心理，是教师传授科学知识的必备条件。

教师学习心理学，有利于教师提升教学工作的实效性。心理学有助于教师开展自我教育。心理学不仅能帮助教师了解学生的心理规律，而且对教师进行心理品质的自我教育也有重要意义。教师心理健康是学生心理健康的前提，教师自觉地进行心理品质的自我教育，对教育教学工作具有重要意义。心理学帮助教师自觉地分析自己的心理特点，不同的教师在心理上有较大的差异并呈现不同的特点，他们在教学实践中表现为不同的教育行为和教育理念。而心理学中一些带有普遍性的规律，可以帮助教师总结自己的工作经验，自觉地驾驭和控制教育教学中的各种因素，克服盲目性，增加科学性。教师了解学生心理，从而在学识上、思想上、行动上对学生进行引导，使之不断得以修正和完善。和谐融洽的师生关系，能够使教师和学生的目标趋于一致，可以激发学生的学习积极性，提高教育教学的有效性，因此教师应该加强心理学知识的学习，不断优化自身的心理结构，不断提升自身的心理品质，使自己的行为符合教育教学的标准。

总之，心理学能帮助教师正确认识自身及教学对象，正确认识教育规律，正确认识教育过程中出现的问题，因此学习心理学可以帮助教师形成正确的价值观、教育观，对提升教师的专业素质、提升教师的工作水平有着十分重要的意义。

(3) 教学法知识。在实践中，方法的重要性不言而喻。好的方法有助于推动实践的改进与发展。教学方法的选用是教学活动的重要问题。教师在教学过程中，必须了解学科教学法知识。

教学法研究的对象是教学的一般规律，其内容包括教学的目的和任务、教学过程、教学原则、教学方法与手段、教学组织形式、教学内容、教学效果的检查与评定等。教学法又有分科的教学法，指的是中小学各个学科所运用的教学方法，如语文教学法、数学教学法、英语教学法等。普通教学法所研究的是各个学科教学的共同规律、一般原则和方法等，分科教学法研究的是某一学科的教学基本原理和方法等。前者对后者有普遍的指导意义，而后者是前者发展的基础和具体应用。

中小学传统的教学方法有讲授法、谈话法、读书指导法、演示法、参观法、实验法、练习法、实习法、讨论法、发现法等。教学“必有法”，但是教学也“无定法”。教师要灵活运用，以启发式作为总的根本性指导，做到这一点，教学才能有成效。

2. 精通专业学科知识

学科知识是教师的立业之本，是一位教师成为好教师的必要条件。学科知识包括本学科最基本的知识和技能、学科的发展历史与未来趋势、学科的基本思想方法与思维方式，以及与其他学科相关的知识点和联系。教师的学科知识，不仅要做到“专”和“懂”，更要做到“通”和“透”。只有这样，教师才能很好地履行传道、授业、解惑的职责，才能担负起教书育人的使命。因此教师要努力钻研学科知识，不断更新自己的知识结构，让自己的专业知识有一个源源不断的“活水源”。教师要做到精通专业学科知识，需要明确如下要求：

（1）一名好的学科教师必须对所从事的学科非常热爱，同时能够生成符合学科特点的品质和精神。学科教师还要时刻注重学生情感、态度、价值观的培养，要谨记“传道”的使命。

（2）一名好的学科教师必须对所从事的学科有所追求，能够不断去发展、丰富自己，在教学中不断自我提高。

（3）一名好的学科教师必须有充足的学科知识储备，能够明确学科的知识体系、知识间的内在联系、学科的思想方法及学科的学习目标和学习策略。教师只有脉络清晰，层次分明，把握重点，才能居高临下，游刃有余。

（4）一名好的学科教师必须有本学科的技术与能力，如语文教师要有好的朗读能力和书写能力，数学老师要有好的逻辑思维能力和符号表达能力，英语老师要有好的英语口语交际能力。

（5）一名好的学科教师必须有钻研探究的品质。如果只教不研，只学不究，学科教学会越来越窄，会进入教死书、死教书的状态，教学工作就会缺少了灵气和智慧。

在当前教师普遍学历达标的前提下，大多数教师的学科知识问题不大，但是还存在着与时俱进的问题。每隔一段时间，知识就会老化，需要不断充电更新。首先，教师应该熟悉所授学科课程的基础知识结构，了解基本的学科教学方法及使用条件，了解学科教育发展史和发展动向。其次，教师要掌握一定的课程知识，教师要理解所讲授学科的课程目标和学科课程标准，形成关于课程与教学的指导思想。最后，教师应该具有整合知识的能力，注重与其他学科的交叉渗透，具备跨学科知识，并具备以解决问题为中心进行整合的能力。还要对学科知识发展脉络有清晰的认识，知道知识的来龙去脉，同时了解这些学科知识的教育价值。对知识前后的关联，知识的轻重缓急，统领学科知识发展的核心内容，教师都要了如指掌，这是从事学科教学的重要前提。

（四）教师要有扎实的教学专业能力

教学专业能力是教师进行高效教学的核心能力，它包括教学设计能力和教学实施能力，其中教学实施能力又包括学业检查评价能力、表达能力、组织与沟通协调能力、运用教学手段的能力以及教学创新能力。

1. 教学设计能力

教学设计能力是指运用系统方法分析教学问题、设计教学问题的解决方案、检验方案的有效性并做出相应修改的能力。教学设计的根本任务就是通过发现、分析和解决教学问题来提高教学系统的效率。教学设计能力是教师在课前对教学过程中各个环节进行优化组合的能力，是一种周密计划和详细安排的能力，是教师对教学过程的驾驭能力，是一种操作性行为，表现为教师在教学过程中要履行自己的职责，完成承担的教学任务。它直接关系到教学的效果和质量，是教师必备的一种能力素质。教学设计包括前期的分析、中间的设计以及最后的评价。首先，需要分析教材和教学内容，对教材的整体了解和对所教内容的掌握是上好一堂课的基本要求，在进行教学设计时，要说明课堂教学内容在本单元及整套教材中的地位和作用，以及和前后知识的联系。其次，需要分析学生的学情，教师必须对教学对象的个性特征、学习风格和学习基础进行分析。教师对所教对象一般特征和个性心理的分析是教学设计最基本的要求。

2. 教学实施能力

在新课程改革背景下，课堂教学是深化素质教育、实施课程改革的主渠道，实施课堂教学的过程是教师教学能力的主要表现，也是教师展现自身教学特色和风格的重要途径。因此，如何实施课堂教学，提高课堂有效性，就成了教师极为关注的问题。有了精心构思的教学设计，还需要有实施的能力。毕竟课堂是一个动态的生成过程，课堂教学过程也不可能是一成不变地按照既有模式进行的。课堂教学实施能力包括诸多方面，有课堂导入、课堂强化、课堂提问、分组活动、媒体运用、沟通表达、课堂结束等教学技能。

（1）学业检查评价能力。教师的学业检查评价能力是指教师以教学目标为依据，运用一切可行的方法，系统地收集信息，对教学所引起的学生在认知行为上的变化进行价值判断的过程。简而言之，就是教师测定或诊断学生是否达到教学目标的要求以及达到目标的程度。因此，教师的学业检查评价能力是教师提升专业能力的重要组成部分，它具有反馈、调控教学并促进学生全面发展的功能，同时也是衡量教学活动是否有效的重要指标。

（2）表达能力。教师语言表达能力是指教师能用科学严密、准确精练、形象生动、富有启发性的语言开展课堂教学。因为教师是学生学习的引领者，教师的语言表达能力直接影响着学生语言表达能力的发展。另外教师的语言表达对融洽师生关系、激活学生的思维、激发学生的学习兴趣、提高课堂教学效率起着十分关键的作用。因此，提高自身的语言表达能力是教师专业发展的一项重要任务。

（3）组织与沟通协调能力。教师的组织能力是指教师在教育教学活动中能够采取有效的策略和方法集中学生的注意力、调节教学活动的过程、处理偶发事件、维持教学活动的秩序，从而激发学生学习积极性的能力。教师的组织能力包括组织教学的能力和组织课外活动的能力。教师的沟通能力是指教师为完成教育目标，与学生、家长、同事及学校领导进行交流沟通，以达到相互理解、相互信任并产生一致行为的能力。教师的协调能力是指教师在教育教学活动中对活动参与各因素之间的关系进行调整，使之能够配合协作，完成教育目标的本领。教师的组织与沟通协调能力是教师顺利完成教育教学工作的重要保障。

（4）运用教学手段的能力。教学手段是指师生在教学中用于传递信息的工具、媒体或设备。随着科学技术的发展，教学手段经历了口头语言、文字和书籍、印刷教材、电子视听设备和以多媒体网络技术为主的现代教育手段五个使用阶段。心理学研究表明，人在学习时，只听能记住 60%，只看能记住 70%，而看、听、说能记住 86%。由此可见，学习时，光听记忆效果最差。因此教师要充分利用直观教具，尽可能动员多种感官进行教学。比如通过实物图片投影、动态模拟演示等方式，将学生引入特定情境，使教学具有游戏性、趣味性、故事性、探索性、竞争性等，调动学生的多种感官，以提高学生的学习兴趣。

（5）教学创新能力。教学创新能力是指能充分发挥创造精神，敢于标新立异，别出心裁，进行创造性的教学。其主要标志有：能够更新教学内容，设计最优课程方案；能够创造新的教学方法；能够优化教学过程，打造创新课堂。如果教师自己的思想是封闭的，他又怎么会使学生形成开放的态度？如果教师本身不具备创新的态度和价值观，他又怎么可能有效地培养学生的创新能力？教育家叶澜说：“只有用创新的态度去对待工作的人，才能在完整意义上懂得工作的意义和享受工作的快乐。”创新使教师超越了以往工匠式的教学技能模式，走上了反思、探究、自主发展之路。

三、教师专业素养的发展路径

新课改对教师提出了新要求与新挑战，教师需要在学思行中不断提升，用专业知识来构筑自己，教师要重视自己锤炼和提升自身的职业素养，不断夯实教师专业底气。概括而言，教师要从以下几方面不断去提高自己的专业素养：

（一）学习——学习教育理论，在理性认识中丰富自己

教师的职业和工作性质决定了学习应成为教师的一种生活方式，应成为教师的一种生命状态。教师是天生的职业读书人、职业学习者，活到老，学到老，方可为师。当然，教师的学习不同于学生的学习。教师的学习与自己的工作、与工作中的问题、与自身的专业发展相关联；以任务为导向，以问题为中心；自己的经验常常广泛参与其中。就教师学习的领域和内容来说，教育学与心理学的现代理论、现代教育技术、广泛的人文和科学知识、本学科的现代发展等方面是教师比较薄弱或缺乏的，而这些又正是教师工作所必备的知识和技能，是教师赖以成长和发展的重要基础和基本前提。所以这几方面内容的学习对教师专业发展具有重要意义。

教师学习的方式，最为主要的还是读书。现在教师不甚读书的现象比较严重，这是一个非常危险的信号，应引起高度关注。要建立教师学习考核和激励机制，引导教师多读书、读好书，不断充实教师的知识储备。

（二）反思——反思教学实践，在总结经验中提升自己

反思是教师获取实践性知识、增强教育能力、生成教育智慧的有效途径。反思不只是对已经发生的事件或活动的简单回顾和再思考，更是一个用新的理论重新认识自己的过程，是一个用社会的、他人的认识与自己的认识和行为作比较的过程，是一个不断寻求他人对自己认识、评价的过程，是一个站在他人的角度反过来认识分析自己的过程，是一个解构之后又重构的过程，是一个在重构的基础上进行更高水平的行动的过程。它不仅包括

对教育教学实践活动的反思，也包括对与之相应的潜在的教育教学观念的反思，还包括对自我专业发展的反思。

依据教师工作的对象、性质和特点，教师的反思主要包括课堂教学反思、专业水平反思、教育观念反思、学生发展反思、教育现象反思、人际关系反思、自我意识反思、个人成长反思等。每一种反思类型还可以再细分。

（三）交流——尊重同行，在借鉴他人中完善自己

在学校，教师之间的交流主要有以下四种形式：

1. 听课—评课

听课—评课本来是教师间相互交流、取长补短、共享智慧的最主要、最便利也是最有效的一种形式。可是如今在不少学校里，听课—评课却演变成了学校检查教师、管理教师的一种手段。基于教师专业发展的听课—评课，着力点应该是促进教育观念的转变、教育行为的改善、反思意识的增强、思维方式的改变。具体的操作方式可以有三个层次：一对一的对话、以学科教研组为单位的集体会诊、全校教师的研讨与交流。

2. 集体备课

集体备课是提高学校教育质量的一条有效途径，应该成为教师专业发展的重要形式。但在实践中，它未能产生应有的作用和效果。要使集体备课重新焕发生机和活力，就需要明确其思维指向是求同，还是求异；其功能定位是形成教案，还是解决问题；其价值目标是实现学生整齐划一，还是促进学生个性发展；其互助合作是重个人引领，还是重平等交流；其主要任务是设计教案，还是教学研究。以上问题直击了当前集体备课中的问题与弊端。显然，指向教师专业发展的集体备课应是注重后者。

3. 经验交流会

典型经验通过交流报告会的形式推广，比较省时、高效。学校应该定期举办经验交流会。

4. 随机交流

随机交流不受时间、空间和情境的限制，遇到问题和疑难随时请教、讨论，甚至争论，这是一种值得提倡的方式，也是学校教师文化建设的重要方面。

（四）研究——投身教育研究，在把握规律中超越自己

有人认为研究工作是高校和科研部门专家学者、研究员的事情，普通教师只管教学就行了。中小学教师要不要开展研究，这个问题早已有了答案："教师即研究者""研究是提升教师素养的一条重要途径"这一观点，已经得到共识。现在的问题是，教师通过什么样的研究和怎样研究，才能有效地解决自己教育教学中的问题，提升自己的专业水平，当然也包括丰富和发展教育科学事业。在教师开展研究的价值取向上，需要强调以下几点。① 教师的研究要以"解决实际问题，改进实际工作，优化教学效果，提升教学经验"为直接目的；以"转变教育观念，强化理性意识，端正研究态度，提高研究能力"为间接目的；以"促进学生、教师和学校共同发展"为终极目的，不能为了研究而研究，也不能为了名利而研究。② 问题始终是研究的起点。研究从自己工作中产生的问题开始，这是教师研究的一个基本

准则。就这一点，需要澄清一个认识。通常说“教研”，即“教学研究”，这一提法限制了教师研究的课题范围。教师研究的问题的来源，不仅仅是教学的问题，它涉及教师的全部工作，涉及现实学校教育和管理的方方面面。③ 教师的研究，不是纯粹的理论研究，而是基于学校在实践中的研究，也就是说，边实践边研究，边研究边实践。

从教师专业素养发展的角度看，教师研究的类型主要有如下三种。① 行动研究，是指研究的问题来自教育实践，目的是改善实践，在教育实践中实施研究。② 叙事研究，是指以讲故事或类似讲故事的方式，陈述自己在教育活动或教育经历中已经过去或正在发生的事件，逐步展开剖析、反思，揭示内隐于这些事件背后的意义和观念，并提出改进措施，寻求教育规律。其特征是通过叙事来描述人们在自然状况下的教育经验、教育行为、个性化的实践性知识，促进人们对教育的理解和解释。③ 案例研究，是指以问题或任务比较典型、教育过程曲折多样、取得显著效果或经验教训、发人深省的课堂教学实例或学生教育实例或管理实例作为案例，展开分析、讨论、研究。

（五）实践——坚持教学相长，在师生交往中发展自己

这里所说的实践是指教师所实施的教育活动或教育过程。这种实践活动，既有主客体间的对象性活动，也有主客体间的交往性活动。在教师与学生的对象性活动中，学生对教师所实施的教育具有反作用，这种反作用不仅加深了教师对学生的认识和把握，而且加深了教师对教育教学过程的认识和理解。在教师与学生的交往活动中，教师与学生都是教育者，也都是学习者。在这样的教育活动中，教师在成就学生的同时，提升了自己，真正实现教学相长。

课堂是复杂多样、变化莫测的。教师正是在这种不确定的、疑惑的、困顿的、多种可能的、多种选择的教学生活中亲自“寻找”和亲自谋划，进而获得真实的教育体验，形成属于自己的个人实践性知识，教师的专业水平因此获得相应的提升。教师专业成长的高境界可以概括为体验智慧，教师对教育教学情境敏锐的观察与判断，对问题清晰与透彻的分析，对学生状态和心态的准确把握，对突发事件的恰当处理等教育智慧均来自实践。教师在教育实践中培养教育技能，形成教育机智，体验教育幸福。

第三节　现代师生关系及其教育意义

教育教学过程是师生交往、对话的过程，师生关系带有鲜明的教育意义。能够正确处理师生关系，就抓住了教育的真谛。教师的专业素质，实际上就是在处理师生关系的过程中所表现出来的素质，现代教师对于师生关系的处理能力要求更高。

一、现代师生关系的内涵与表现形式

（一）现代师生关系的内涵

对师生关系内涵的界定，不同学者、不同书籍的观点可谓见仁见智。《中国教育大百

科全书》对师生关系下的定义是："师生关系是教师和学生在教育教学过程中结成的相互关系，包括彼此所处的地位、作用和相互对待的态度。"《教育词典》认为，"师生关系是教师和学生相互作用的性质以及师生相互对待的态度"。还有的观点认为，"师生关系，就微观而言，主要指师生之间在教育过程中所发生的直接交往和联系，包括工作关系、人际关系、组织关系和心理关系"。

综合上述学者关于师生关系的不同理解，师生关系指的是教师和学生在教育教学过程中结成的人际联系，是教师与学生为实现教育目标而以一定的方式结成的相互之间的动态联系。

（二）现代师生关系的表现形式

现代师生关系主要有如下表现形式：

1. 工作关系

师生之间的工作关系，是在教育任务、课程计划、学校规章制度和其他行政措施指导下形成的一种关系，它是建立其他方面师生关系的基础。师生间的工作关系主要表现为教与学的关系。教育活动中良好的师生关系的建立，主要取决于教师主导作用的发挥。教师必须充分了解学生的实际，反对主观盲目的教学；必须充分调动学生的学习主动性、积极性，反对注入式教学。师生之间要平等协作，民主教学，反对压制。只有这样，师生之间才能建立良好和谐的工作关系。

2. 心理关系

在教育活动中始终存在师生之间的亲密交往和心理交流，主要包括认知和情感两个方面的因素。师生之间的心理关系是建立在认知基础之上的。学生都有一种尊重、信任、服从老师的教导，同时也希望得到教师的关注、鼓励和表扬的心理。针对这种情况，教师要多给学生以积极肯定的评价，强化学生积极向上的信心。教师不能对学生持有偏见和成见，以免导致师生关系的破裂。学生则要多与教师交往，认识自己的老师，并对其做出自己的评价。教师对学生充满爱的情感，可以赢得学生的爱戴和尊重，形成教师良好的心境，激发对工作的热情，领略到事业的兴趣和幸福，激励自己克服困难进行创造性的工作。同时，教师对学生的积极情感又能转化为学生接受教育的内部动力，其对教师的亲近感、信赖感，有助于师生之间的有效沟通，协调师生关系。

3. 道德关系

在教育活动中，教师和学生必须遵守一定的行为规则和道德规范，履行一定的责任和道德义务，这就出现了师生之间的道德关系。建立师生之间良好的道德关系，对协调师生之间的工作关系起着重要的作用。在社会主义社会，尊师爱生是师生之间关系最准确最生动的概括。教师对学生的爱是教师最重要的道德品质，它是一种巨大的教育力量，是沟通师生关系的纽带。师生之间的交往，有着广阔的领域，渗透着丰富的道德内容，最终都集中反映在教师热爱学生这个根本方面。尊师也是学生道德行为和道德义务的集中体现，学生只有从内心尊重师长，才能使自己在思想和学习上不断长进。同时，学生尊师又可以激起教师献身教育事业的积极情感，更加热爱学生、关心学生。总之，尊师爱生是中华民族的传统美德，是衡量教育道德水平高低的重要标志。

二、现代师生关系的基本类型

现代师生关系有不同的类型。教师的领导方式分为专制型、民主型和放任型三种类型。不同的领导方式会形成不同的课堂气氛，其中民主型的师生关系最佳。

（一）专制型

专制型的师生关系以命令、权威、疏远为其心态和行为特征。教师在教室内采取专制的作风，并担负全部的责任，设计班级的学习活动，安排学习的情境，指导学习的方法，控制学生的行为。学生没有自由，只是听从教师的命令，对教师往往是敬而远之。

例如，教师发现一名学生故意让旁边的同学抄作业，便在全班同学面前严厉地批评了他，说他这样做是害了那名同学。学生解释说："他说看看我怎么做的，我想让他看看也没什么不对。"教师听完学生的话，还是说给其他同学抄作业就是不对，不给狡辩。这位老师的领导方式就是属于专制型。

（二）民主型

民主型的师生关系模式以开放、平等、互助为其主要心态和行为特征。教师在教室内以民主的方式教学，重视集体的作用，与学生共同计划，共同讨论，帮助学生设立目标，指引学生对照着目标进行学习。

学生主动参与教学活动，课堂气氛活跃，学生积极思考，各抒己见，教师认真引导，师生间、生生间信息交流频繁。创设这样课堂氛围的教师属于民主型。

（三）放任型

放任型的师生关系模式以无序、随意、放纵为其心态和行为特征。在教学中，以这种师生关系模式为主的教师采取放任的做法，不负任何实际责任，给予学生充分的自由，让他们学习自己所喜欢的东西。教师不控制学生的行为，也不指示学习的方法，一切活动由学生自己进行。例如，教师在课堂教学中不管学生学习情况如何，充分给予学生自由，学习自己喜欢的东西，只要学生不吵不闹，全部课堂活动自由支配。这种教师的做法属于放任型。

三、现代师生关系的教育意义

素质教育的根本目的就是要把学校的教育工作，从知识中心、应试中心转到以学生发展为中心上来，其核心是培养学生的自主意识和创新意识。实施素质教育，不能停留在表面性的少考试、多搞活动上，应该抓住核心解决根本问题，那就是确立学生在整个教育过程中的主体地位，确定教育的一切工作是为学生发展服务的思想。为此必须首先革新传统的师生关系。在推进素质教育的过程中，应该建立民主平等的新型师生关系。师生民主平等意味着教师对学生作为人的价值的承认，教师对学生人格的尊重，教师对学生公平对待、一视同仁，教师对学生的信任。新型师生关系的本质是民主和创造，是充满生命活力的现代教育的体现。在这种关系中，学生体验的是平等、自由、民主、尊重、信任、同情、理解和宽容，形成的是自主自觉的意识，探索求知的欲望，开拓创新的激情，积极进取的人生态度。教师的活动要应对学生活跃的思维和变化情绪，不断推出有创意、有针对性的教育策略。

要构建良好的民主型师生关系，教师要与学生有一定的交往准则。首先就是理解，理解是教师与学生交往的前提，更是当代师生沟通的关键，因此理解学生是教师的首要任务。其次是尊重，尊重是一种爱、一种信任。只有教师对学生的付出是真挚的深沉的爱，对学生体现出一种高度的人格信任，才能得到同样的回报。再次是宽容，宽容是教师思想境界的标志，也是教师人格力量的展示。最后是平等，平等是一种人格的平等，教师与学生，同样是人，其人格是绝对平等的，只有达到这种平等师生才可以真正沟通。

总之，良好的师生关系是教育教学活动顺利进行的有力保障，是构建和谐校园的基础，是实现教学相长的催化剂，能够满足学生成长过程的多种需要。

第四节　中小学课堂常用的教学方法

教学方法是指为了达到教学目的，完成教学任务，在一定的教学理念和教学原则指导下的实施方法。它不仅指教师教的方法，同时包括了学生在教师指导下的学习方法，是教师教的方法和学生学的方法在教学活动中的高度融合和有机统一。

在中小学课堂教学活动中，教学方法的重要性不言而喻。好的教学方法有助于推动课堂教学实践的改进与发展。教学方法的选用是教学活动的重要问题，教师在教学过程中必须了解教学法知识。

李秉德教授在主编的《教学论》中，按照教学方法的外部形态，以及相对应的这种形态下学生认识活动的特点，把当前中国的中小学教学活动中常用的教学方法分为五类：

第一类是“以语言传递信息为主的方法”，包括讲授法、谈话法、讨论法、读书指导法等。

第二类是“以直接感知为主的方法”，包括演示法、参观法等。

第三类是“以实际训练为主的方法”，包括练习法、实验法、实习作业法等。

第四类是“以欣赏活动为主的教学方法”，如观摩法、陶冶法。

第五类是“以引导探究为主的方法”，如发现法、探究法等。

一、语言性教学方法

语言性教学方法，是在教学过程中以口头语言或书面语言为主要传递形式，其特点是能较迅速、准确、大量地向学生传授间接经验，其效果主要取决于教师是否具有较强的阅读理解能力。在语言性教学方法中，使用最广泛的是讲授法。

（一）讲授法

讲授法是指教师通过语言系统，连贯地向学生传授知识的方法。它包括讲述、讲解、讲读、讲演、讲评等具体形式。从教师教的角度来说，讲授法是一种传授型的教学手段；从学生学的角度来说，讲授法是一种接受型的学习方式。

讲授法是一种最常见的教学方法，具有传递知识信息和控制学生的认识活动两方面作用，可以发展学生的智力，激发学生的学习动机，培养学生的学习兴趣，使学生的思维活动处于积极的状态中。学生一边在紧张地思考，一边又在感受求知的乐趣。教师在讲授中既可通过分析和比较、归纳和演绎、综合和概括，又可通过讲重点、讲关键、讲难点、讲思路、讲规律、讲方法等多种形式，来促进学生掌握知识，认识知识的价值，并让学生将其内化为一种学习的动力。

（二）谈话法

谈话法也称问答法，是指教师根据一定的教学目的要求和学生已有的知识及经验，通过师生间的问答对话而使学生获得新知识或巩固知识、发展智力的教学方法。谈话法分为复习谈话和启发谈话两种形式。谈话法可使教师直接了解学生的学习状况，有利于学生独立思考，并培养学生的表达能力。谈话法花费的教学时间较长，对学生的知识准备情况要求较高，在一堂课中，谈话法一般与其他的教学方法配合使用。

谈话法一般包括四种类型：① 启发性或开导性谈话；② 复习性或检查性谈话；③ 总结性或指导性谈话；④ 讨论性或研究性谈话。

（三）读书指导法

读书指导法是指教师指导学生通过阅读教科书和参考书以及课外读物，使学生获得知识、发展能力的一种方法。它包括指导学生预习、复习、阅读参考书、自学教材等形式。读书指导法是加深理解和牢固掌握知识，扩大学生的知识领域，培养学生自学能力的一种很好的方法。在使用此方法的时候，教师要明确教学目标，同时教给学生读书的方法。当学生读书完毕后，教师还要根据实际情况组织学生相互交流，加深对学习内容的理解。

根据学科性质的不同和教学过程的不同阶段，教师要指导学生采用不同的阅读方式。在传授新知识过程中，应指导学生独立阅读，阅读时能提出问题，找出重点难点；在应用知识过程中，应指导学生依据教材注释去解决疑点，突破难点，积极思考，深入探讨；在布置作业过程中，应指导学生做好预习、复习、背诵等。

二、直观性教学方法

直观性教学方法，是指教师在教学过程中以实物或教具进行演示、带领学生进行教学性的参观等的方法。这种方法以直接感知为主要形式，使学生掌握知识。其特点是生动形象，具体真实，学生视听结合，记忆深刻。

（一）演示法

演示法是指教师通过展示各种实物、直观教具或做示范性实验和动作，使学生通过观察获得感性知识或印证所学书本知识。演示法分为三种形式：① 为了使学生获得对事物的感性认识，主要通过实物、挂图、模型等演示；② 为了使学生了解事物发展变化的过程，主要使用幻灯片、投影仪、多媒体等现代化的教学媒体；③ 教师身体力行的示范性动作，例如体育课中的示范性动作。演示法是通过视觉刺激完成的，所以要养成学生有目的的知觉习惯，促进学生的思维能力的发展。使用演示法，要依赖一定的物质条件，同时作为一种辅助性的教学方法，要与讲授法、谈话法等方法结合使用。

演示的种类很多。按演示教具分，有实物、标本、模型、照片、图画、幻灯片、录像、教学电影以及具体实验的演示等；按演示对象分，有单个物体或现象的演示，有事物发展全过程的演示等。

（二）参观法

参观法是指教师根据教学内容的需要，组织学生去实地观察学习，从而获得知识或巩固、验证已学知识的方法。参观法可使课堂教学与实际生活紧密联系起来，有利于学生更好地理解所学知识，丰富感性经验，开阔视野，同时接受到生动的思想品德教育。在参观过程中，为了防止学生偏离参观目的，教师要对学生加强指导，参观结束后要安排学生讨论参观心得，或布置与参观相关的作业。

参观法的类型主要有四种。① 感知性参观：使学生获取必要的感性材料，为学习新课奠定基础而组织的参观活动。② 并行性参观：在学习某一课题的过程中，为便于理解、丰富和记忆知识而组织的参观。③ 验证性参观：在某一课题结束后，教师为了用事实来检验和论证学生已学的知识而组织的参观。④ 总结性参观：在讲完某一课题后，组织学生结合所学的内容，到现场做出结论或验证结论而进行的参观。

三、实践性教学方法

实践性教学方法，是以实际训练为主要形式，以形成学生的技能、技巧或行为习惯等为主要任务的教学方法。其特点是学生在接受知识的过程中手脑并用，学以致用。

（一）实验法

实验法是指学生在教师指导下，利用一定的仪器设备，进行独立操作，通过观察研究获取知识，培养技能、技巧的一种教学方法。实验法被广泛应用于中学理科教学，如物理、化学、生物等自然学科的教学中。实验法不仅可以培养学生的动手操作能力、观察能力，而且有助于培养学生热爱科学的情感和实事求是的科学态度。

实验法主要有以下特点：① 主动变革性，观察与调查都是在不干预研究对象的前提下去认识研究对象，发现其中的问题，而实验却要求主动操纵实验条件，人为地改变对象的存在方式、变化过程，使它服从于科学认识的需要；② 控制性，科学实验要求根据研究的需要，借助各种方法技术，减少或消除各种可能影响科学的无关因素的干扰，在简化、纯化的状态下认识研究对象；③ 因果性，实验是发现、确认事物之间的因果联系的有效工具和必要途径。

实验的类型主要有三种：① 学习理论之前进行的感知性实验；② 学习理论之后进行的验证性实验；③ 巩固已学知识时进行的复习性实验。

（二）实习法

实习法是指学生在教师的组织和指导下，在校内外的一定场所，综合运用所学的理论知识进行实际操作或其他实践活动，以掌握知识，形成技能技巧的教学方法。实习法有利于贯彻理论联系实际原则，培养学生的独立工作能力和工作技能。

实习法种类繁多、形式各异。按场所分，有课堂教学实习、校内外工厂实习、农场和实验园地实习等；按学科分，有数学课的测量实习、理化课的技术实习、生物课的植物栽培和动物饲养实习、地理课的地形和地貌测绘实习等。实习法具有感性、综合性、独立性和独创性等特点，在自然科学和技术学科中占有极其重要的地位。

（三）练习法

练习法是指学生在教师指导下运用所学知识进行实际操作，以巩固知识、形成技能技巧的一种教学方法。练习法以一定的知识为基础，具有重复性特点，在各科教学中被广泛使用。它不仅能使学生巩固和运用所学的知识，形成一定的技能、技巧，而且有利于培养学生克服困难的毅力、一丝不苟的工作态度等优良品质。

练习的类型和方式多种多样。① 按练习的任务分，有说话练习、解题练习、绘画制图练习、作文和创作练习、文体技能技巧的练习等。② 按练习的形式分，有口头和书面练习、问答和操作练习、课内和课外练习等。③ 按练习的方法分，有重复练习、变换练习、循环练习、综合练习等。④ 按练习的特点分，有模仿性练习、训练性练习和创造性练习等。

四、研究性教学方法

研究性教学方法是指以学生间的集体讨论或自我发现等为主要形式的一种教学方法，具有探讨、商榷、深化的特点，多用于高年级的教学。常见的有讨论法、发现法等。

（一）讨论法

讨论法是教师指导学生以小组或班级的形式，围绕某一中心议题发表自己的看法，相互交流，相互学习，从而获得知识的一种教学方法。通过讨论可以使学生集思广益，取长补短，加深对所学知识的理解，增长新知识，有利于活跃课堂气氛，发挥学生的主动性、积极性，发展学生的思维能力和口头表达能力，同时也有利于培养学生的人际沟通技巧及合作解决问题的能力。

课堂讨论有三种基本类型：① 用于扩大有关学科的理论知识而组织的综合性课堂讨论；② 就某门学科中的个别主要问题或疑难问题而组织的专题性课堂讨论；③ 就某一课题进行深入探讨而组织的研究性课堂讨论。

（二）发现法

发现法是指教师通过提供适宜于学生进行“再发现”的问题情境和教材内容，引导学生积极开展独立的探索、研究和尝试活动，以发现相应的原理或结论，培养学生创造能力的一种教学方法。其基本过程是设置课题、制订设想、提出假设、验证假设、发现和总结。

综上所述，教学方法是形成最佳课堂气氛、优化课堂效率的重要保证。教学方法的恰当选择与发挥，是教师创造性与教育艺术性表现的主要形式。教师要根据不同的教学科目、教学内容、教学目的、教学对象和实际条件、个人的教学风格和特长，确定不同的教学方法，不能千篇一律。并且教师应该清楚地认识到，每种教学方法之间不是互相独立的，而是互相促进、互相补充的，所以在教学中应该合理综合运用这些方法。一法为主，多法配合，灵活地运用各种手段，最大限度地发挥课堂上每一分钟的作用，给教学增添活力，达到最佳的教学效果。

第五节　新课程教学方法的创新

2022 年 4 月，教育部发布了新修订的义务教育课程方案和语文学科等 16 个课程标准。新课程方案强调变革育人方式，突出实践，要求“加强课程与生产劳动、社会实践的结合，充分发挥实践的独特育人功能。突出学科思想方法和探究方式的学习，加强知行合一、学思结合，倡导‘做中学’‘用中学’‘创中学’。优化综合实践活动实施方式与路径，推进工程与技术实践。积极探索新技术背景下学习环境与方式的变革”。

为了能够有效发展学生自主创新能力，改变传统灌输式教育教学手段，真正将学生的主体作用有效发挥出来，需要多运用启发式、探究式、讨论式、参与式教学，激发学生的好奇心，培养学生的兴趣，营造独立思考、自由探索、勇于创新的良好教学环境。适应新课程教学要求，一些新教学方法不断被引入课堂教学之中。

一、翻转课堂法

“翻转课堂”起源于美国科罗拉多州的一个山区学校林地公园高中。2007 年春，该校化学教师乔纳森·伯尔曼和亚伦·萨姆斯开始使用录屏软件录制 PPT 演示文稿的播放和讲课声音，并将视频上传到网络，以此帮助缺席的学生补课。后来，这两位老师让学生在家看教学视频，在课堂上完成作业，并为在学习中遇到困难的学生进行讲解。这种教学模式受到了学生的广泛欢迎。[1] 第一天晚上看教学视频，第二天回到教室做作业，遇到问题时则向老师和同学请教，这种课堂模式与传统的“老师白天在教室上课、学生晚上回家做作业”的方式正好相反，被称为“翻转课堂”，如图 7.1 所示。

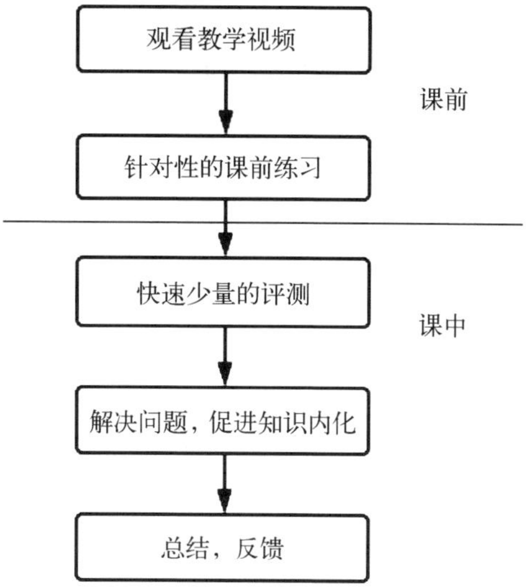

图 7.1　翻转课堂

翻转课堂是一种创新型教学方式，利用翻转课堂教学方式进行教学，利用现代信息技术辅助教学，可以达到理想的教学效果，提升学生的自主能力，使学生意识到自主学习的重要性，发挥学生学习的积极性与主动性，保证教学质量，达到理想的教学效果。翻转课堂的有效实施需要学生主动搜集资料，比较、甄别、总结归纳，锻炼了学生自主学习的能力、观察力、记忆力、想象能力、分析能力、创新能力、表达能力等，契合新课程素养导向教学方式。

二、合作学习法

合作学习是 20 世纪 70 年代初兴起于美国，并在 20 世纪 70 年代中期至 80 年代中期取得实质性进展的一种富有创意和实效的教学理论与策略。由于它在改善课堂气氛、提高学生的学业成绩、促进学生形成良好非认知品质等方面实效显著，很快引起了世界各国的关注，并成为当代主流教学理论与策略之一。在我国，《国务院关于基础教育改革与发展的决定》中也提及并倡导合作学习，提出“鼓励合作学习，促进学生之间相互交流、共同发展，促进师生教学相长”的理念。

合作学习是以异质学习小组为基本形式，系统利用教学动态因素之间的互动，促进学生的学习，以团体成绩为评价标准，共同达成教学目标的教学活动。[2] 目前，实践中所运用的合作学习方法或策略种类繁多，异彩纷呈。任何一种形式的合作学习方法，有五个要素是不可缺少的。① 积极互动：要求学生知道他们不仅要为自己的学习负责，而且要为其所在小组的其他同伴的学习负责。小组成员之间是沉浮与共、休戚相关的关系。② 面对面的促进性相互作用：要求学生进行面对面的交流，组内学生相互促进彼此学习的成功。③ 个人责任：要求每名学生都必须承担一定的学习任务，并要完成所分配的任务，分工明确，责任到人。④ 社交技能：要求教师必须教会学生一些社会交往技能，以进行高质量的合作。⑤ 小组自评：要求小组定期地评价、检讨小组活动情况和功能发挥程度，以保持小组活动的有效性。

合作学习适合主题式、项目式学习等综合性教学项目，比如数学建模活动、实践活

① 张跃国、张渝江：《透视“翻转课堂”》，《中小学信息技术教育》2012 年第 3 期，第 9—10 页。
② 王坦：《合作学习简论》，《中国教育学刊》2002 年第 1 期，第 32—35 页。

动、自然科学的规律探索活动等。合作学习不但利于活跃课堂氛围，提升学生的学习积极性，激发学生的探究热情，还利于培养学生的合作能力、分析能力以及解决实际问题的能力。同时，学生也能够在合作学习之中，找到自身在合作课堂之中的归属感，明确自身的价值定位，实现有效教育。

三、情境教学法

关于情境教学，学者们有各种不同的表述。有的学者认为："情境教学是指创设含有真实事件或真实问题的情境，学生在探究事件或解决问题的过程中自主地理解知识、建构意义。"① 也有的学者提出："情境教学是从教学的需要出发，教师根据教材创设以形象为主体，富有感情色彩的具体场景或氛围，激起和吸引学生主动学习，从而达到最佳教学效果的一种教学方法。"② 不同的学科教学中，情境侧重点不同，表述不同也情有可原。

情境教学以思维为核心，以情感为纽带，通过各种符合学生心理特点和接近生活实际的真实情境的创设，巧妙地把学生的认知活动和情感活动结合起来，促进逻辑思维与形象思维协调发展，提高学生的思维品质。

新的课程方案注重真实情境的创设，要求加强知识学习与学生经验、现实生活、社会实践之间的联系，增强学生认识真实世界、解决真实问题的能力。情境教学最重要、最关注的是"怎么做"，也即如何把情境教学运用到具体的教学中去。新的课程标准给出了具体的指导方案，比如数学课程标准指出，真实情境创设可从社会生活、科学和学生已有数学经验等方面入手，围绕教学任务，选择贴近学生生活经验、符合学生年龄特点和认知加工特点的素材。注重情境素材的育人功能，如体现中国数学家贡献的素材，帮助学生了解和领悟中华民族独特的数学智慧，增强文化自信和民族自豪感。注重情境的多样化，让学生感受数学在现实世界的广泛应用，体会数学的价值。

四、分层教学法

关于分层教学的概念，有不同的提法，有学者认为，分层教学是指根据不同的学生不同的接受能力与学习要求，通过不同的课堂教学，创设相应的问题情境，实现相应的教学目标，布置相应的作业，完成相应的测试，使每名学生在原有基础上有不同程度提高与发展的教学方法。③

具体实施分层教学，要确定不同层次教学目标，设计科学的分层依据，提出不同层次的学习要求，给予不同层次的辅导，进行不同层次的检测。北京市第七中学的王旭明经过四年多的分层教学模式的实验研究，总结出了一套分层教学模式，取得了良好的教学效果。对比

① 顾明远：《教育大辞典》，上海教育出版社1999年版，第364页。
② 张华：《课程与教学论》，上海教育出版社2000年版，第477页。
③ 陈树逸：《层次教学法在数学教学中的尝试》，《数学教学研究》2002年第9期，第15—17页。

分层教学前后各两届的中考成绩，从及格率到优秀率都有了明显的提高（表 7.1）。

表 7.1　实施分层教学法前后中考成绩对比表

成　绩	未实施分层教学		实施分层教学	
	1996 届	1997 届	1998 届	1999 届
平均分	499.46	488.3	519.03	519.12
及格率	96%	92.8%	98.3%	99.7%
优秀率	58.6%	50.5%	69.7%	61.9%

分层教学法的运用，不仅能够将“培优转差”工作落到实处，还能使每一位学生都能够学有所获。该法是当前中小学推广的一种有效的教学方法，它真正做到了坚持以生为本，尊重学生学习的主体地位。通过分层教学，可以因材施教，保证教学活动的顺利开展，提升课堂教学效率与质量。

本章小结

1. 教师角色包括知识的传播者和创造者、学习的促进者、教学的设计者、家长的代言人、社会规范的象征者以及人际关系的协调者等。

2. 现代社会对教师职业也提出了新的要求，教师要与时俱进，转换成新的角色，如终身学习者、心理工作者、教学研究者等角色。

3. 教师专业素养的核心内容包括教师要树立崇高的教育理想，要注重高尚师德的修养，要构建深厚的专业知识，要有扎实的教学专业能力等。

4. 教师要从学习、反思、交流、研究、实践等五个方面不断提高自己的专业素养。

5. 现代师生关系主要有工作关系、心理关系、道德关系三种关系。教师的领导方式分为专制型、民主型和放任型三种类型。

6. 中小学课堂常用的教学方法主要有语言性教学方法、直观性教学方法、实践性教学方法、研究性教学方法等。各种教学方法之下还有更为具体的方法。

7. 为适应新课程教学要求，一些新教学方法不断被引入课堂教学之中，其中具有代表性的教学方法有翻转课堂法、合作学习法、情景教学法和分层教学法等四种。

案例研讨

自新课改倡导自主、合作、探究的学习方式以来，中小学教师在课堂教学上不断尝试教学方式的改革。有一次，我去小学听语文课，只见授课教师提出一个问题后，马上向学生说道："同学们，下面请针对老师这个提问开始小组讨论，可以四个人一组或六个人一组。"随着老师的一声令下，前后左右的几个同学簇拥在一起，热热闹闹地讲了起来，有的人讨论问题，有的人借机闲聊，一时间嘈杂声四起。这时教师站在讲台上只顾翻书看教案，没有走到学生中间进行指导。我观察到有些学生的讨论已经偏离了主题；有的学生则默默静坐，根本无从讨论。如此小组讨论，似乎成了一种对课堂的"装饰"。

结合本章所学的知识，谈谈如何正确开展小组合作学习。

技能训练

《桂林山水》教学实录

授课者 李吉林

第一课时

师：小朋友，你们知道广西什么地方的风景最美？

生：广西桂林的山水最美。

师：有多少小朋友到过桂林？（数生举手）你们觉得桂林的山水怎样？

生：桂林的山水很美。

师：没去过桂林的小朋友想去吗？一定想去的。李老师也没去过桂林，也很想去。今天李老师和小朋友从课文上到桂林游览一下，好吗？（板书课题）现在请小朋友翻开书，听老师读读课文，看看桂林山水有多美。（范读课文）这篇课文你们喜欢吗？

生：（齐答）喜欢。

师：好。请你们认真地读一读。老师有两个要求：第一，要弄清每一小节课文写的是什么；第二，用一句话概括每个小节的内容。（生自学课文）

师：学完了吗？谁能说说各小节的内容？

生：第一小节写桂林的水。

师：是写桂林的水吗？

生：是写乘着船观赏桂林的山水。

师：（板书：山和水）第二节呢？

生：写桂林的水。

师：（板书：水）第三节呢？

生：写桂林的山。

师：（板书：山）第四节呢？

生：写桂林的山和水。

师：（板书：山和水）我们先来弄清课文写的顺序，课文先总的写桂林的山和水，然后分别写桂林的水怎样，山怎样，最后又总的写桂林的山水怎样。全文顺序是先总后分再总。谁能用一句话把课文内容概括出来？

生：桂林山水甲天下。

（在学生自学的基础上，理出文章写作的顺序，使学生对课文有整体的了解。）

师：(板书：甲天下）桂林的山水甲天下的“甲”是什么意思？

生：最好的。

生：是第一的。

师：桂林山水甲天下，就是说桂林山水是最好的，最美的，是第一的。它像美丽的图画。

你们看（出示放大图)，桂林的山水多美！谁能说说桂林的山水具体美在哪里？

生：桂林山清水秀。

生：桂林的山有各式各样的，有的像老人，有的像骆驼，有的像大象。桂林的水很清，可以看见河底。

师：你们观察得很仔细。你们想想，刚才大家这样认真地看，可以用个什么词来说？

(用图显示情境，从情境中引出新词，让学生从情境中理解词义。)

生：欣赏桂林山水。

师：对的。还可以用什么词？

生：观看。

师：观看桂林山水可以，但是观赏的意思没说进去。

生：观赏。

师：对。大家跟我说：欣赏桂林山水，观赏桂林山水。(生跟说）用“欣赏”的句子，一般都可以换上“观赏”。比如可以说欣赏水平如镜的西湖，也可以说观赏水平如镜的西湖。但是有时候，可以用“欣赏”的句子却不能用“观赏”代替。比如说我欣赏音乐，不能说我观赏音乐。为什么？

生：因为观赏是看，欣赏可以是看，也可以是听。

师：对。因为音乐是听的，观赏的“观”包含了看的意思。

(引导学生找出近义词进行比较，既积累了词汇，又加深了对词的理解。)

师：现在我们来观赏一下漓江的水。先看图，再读读书。看看漓江水怎样美，主要的特点是什么。大家读书的时候，要学会把主要的意思抓住。这一节课文有哪些词语把桂林的水的特点写了出来？找出这些词，并用小圆点标注出来。(学生自学，教师巡视)。

请结合李吉林老师的课堂教学实录，分析一下情境教学法的运用及其要求，并且从中小学教科书中选择一篇课文，进行情境教学的设计。

资源链接

1. 罗树庚：《教师如何快速成长》，华东师范大学出版社 2018 年版。

2. 赫斯特、雷丁：《教师的专业素养》（第 3 版)，赵家荣译，上海教育出版社 2019 年版。

3. 丹尼尔斯、斯坦尼克：《合作学习技能 35 课——培养学生的协作能力和未来竞争力》，冯鲁华、杨婷婷译，中国青年出版社 2021 年版。

第八章　学科课程资源

学习目标

1. 明确学科课程资源的内涵。
2. 熟悉学科课程资源的类型。
3. 掌握学科课程资源开发与利用的策略。
4. 理解新课改学科教材编写理念并学会正确使用教材。

问题导入

这是四年级一节练习课中的一个教学片段。华老师让学生判断课本上总复习中的一道题："4 个 1 平方米的小正方形拼成的图形面积一定是 4 平方米。"

有一名小学生站起来说："不一定。如果 4 个小正方形摆成一排，或者是拼成一个正方形，那么它的面积是 4 平方米。可是，如果你角对角地拼，那它的面积就不是 4 平方米。"所有听课的老师都一头雾水，同学们也都"啊"的一声，表示不理解和不赞成。

发言的学生十分窘迫，华老师并没有急于否定，而是耐心地问他："很难用语言来表述，是吗？那就把你的想法画在黑板上。"（学生上黑板画图）

随即，学生边指图边说："这个图形的面积就大于 4 平方米。"原来，他把两个正方形中间的空隙也算入了面积。

华老师没有简单纠正，他问学生："这一块到底算不算？这还得看究竟什么是面积。"一句话激活了学生相关的知识。学生纷纷发表观点，有的说："面积是围成的平面图形的大小。"还有的说："这个图形是这么围成的（该生指图形的周长），因此那一块不应该算在内，这个图形的面积还是 4 平方米。"

最后，华老师总结道："通过刚才的讨论，我们对面积的含义有了更深刻的认识。那么，同学们，是谁帮我们复习了面积的知识？"全班同学不约而同地把视线集中到刚才出错的学生身上。这名学生如释重负，没有了先前的那种羞愧，体面地坐下了。

结合自己的学习体会，你如何评价华老师这样处理学生在课堂上的错误回答？

第一节　学科课程资源概述

随着我国新世纪基础教育课程改革不断深入开展，课程资源的重要性日益显现。学科教学要求教师尽快树立课程资源的意识，学会开发与利用广泛的课程资源，实现从传统课堂教学“教教材”向“用教材”转变，不断提高学科课堂教学质量水平。

一、学科课程资源的内涵

学科课程资源的概念有广义与狭义之分。广义的学科课程资源指的是一切有利于实现学科课程目标的各种因素。狭义的学科课程资源是指学科课程要素来源以及实施学科课程的必要而直接的因素。

课程是培养人才的蓝图，是组织教育教学活动的重要依据。课程资源是相对于课程而言的，任何课程都需以一定的课程资源为基础和前提，没有课程资源就没有课程。“没有课程资源的广泛支持，再美好的课程改革设想也很难变成中小学的实际教育成果，因为课程资源的丰富性和适切性程度决定着课程目标的实现范围和实现水平。”① 因此，教师要确立良好的课程资源观念，要在思想上意识到，所有涉及课程设计、课程实施、课程评价等整个课程编制过程中可利用的家庭、学校、社会、教材中的人力、物力、自然等资源，都属于课程资源②。

二、学科课程资源的分类

对课程资源进行分类就是整合不同的课程资源，使之更为秩序化与系统化。具体来说，学科课程资源分类就是按照一定的标准，将众多的课程资源归属到一起，并依据某些不同的特征将其区别开来，从而更好地了解和掌握课程资源。根据课程资源的性质、来源、存在方式、特征、呈现方式，可将课程资源分为自然课程资源与社会课程资源，校内课程资源与校外课程资源，文字资源与实物资源，显性课程资源与隐性课程资源，等等。

（一）自然课程资源与社会课程资源

由于我国地域辽阔，物产多样，因此可开发利用的课程资源十分丰富。如可将动植物用于生物课程；可将地质、地貌用于地理课程；可将生物链、生物圈用于生态课程……认识自然，与自然界和谐共处，既是课程编制应体现的基本理念，也是培养学生素质的必要内容。

社会课程资源有展现人类文明成果的图书馆、博物馆等公共设施，有能陶冶学生情操的雕塑、音乐等艺术产品，还包括人类相互交往的经济活动、政治活动、外交活动、科技活动、军事活动等公共活动，这些都是不可或缺的课程资源。

自然课程资源与社会课程资源之间有着明显的区别：自然课程资源强调的是资源的自发性与天然性；社会课程资源则突出自觉性和人工性的特点。但二者都可通过开发转换为

---

① 钟启泉、崔允漷、张华：《为了中华民族的复兴　为了每位学生的发展——〈基础教育课程改革纲要（试行）〉解读》，华东师范大学出版社 2001 年版，第 402 页。

② 施良方：《课程理论——课程的基础、原理与问题》，教育科学出版社 1996 年版，第 81 页。

可应用的、服务于教育教学活动的课程资源。

（二）校内课程资源和校外课程资源

校内课程资源的内容主要涉及校内各种设施和场所，以及与校内人文资源相关的学科活动。其中设施和场所包括图书馆、专用教室、实验室、实习农场、信息中心、实习工厂等地点；校内人文资源则包括专家型教师等教师群体的整体素质，以及师生关系、校纪校风、班级组织、校容校貌等文化资源；与学科课程相关的各种教学活动有社团活动、座谈讨论、文艺演出、体育比赛等活动。校内课程资源具有实现课程目标，推动学生全面发展的作用，是最基本、最便利的资源。它同样是开发校外课程资源的前提，校内课程资源得不到充分开发和利用，校外课程资源的价值就难以体现出来。

校外课程资源包括含有学生个体家庭、社区以及社会中全部可用于教育教学活动的各种条件、设施和丰厚的自然资源。其中，家庭中的图书、电脑、报刊等学习工具是不容忽视的课程资源；图书馆、博物馆、纪念馆、科技馆、科研院以及部队等也都是珍贵的课程资源；而丰厚的自然资源既为我们的生活与生存提供了基础条件，也是我们开发和利用课程资源的重要媒介。校外课程资源有弥补校内课程资源的功效，开发与利用校外课程资源有利于为新课程提供支持和帮助，有利于转变教育教学方式。

（三）显性课程资源与隐性课程资源

显性课程资源是指看得见、摸得着且可直接应用于学科教学活动的资源，如教科书、信息技术，自然与社会资源中的实物、活动等。与显性资源相对，以某种潜在方式存在并对学科教学活动具有间接性、隐秘性影响的课程资源是隐性课程资源，如班风、家庭气氛、师生关系等都属于隐性课程资源。

显性课程资源与隐形课程资源在某种程度上有一定的相对性。其中显性课程资源能直接作为学科教学的内容或方式，比较容易开发和利用；隐性课程资源则具有隐蔽性和间接性特点，其内容不能直接转化为学科教学活动形式，但它们在学科教学活动中的影响是潜移默化的和持久的。因此，与显性课程资源相比，开发和利用隐形课程资源更加艰难。

（四）实物资源、文字资源、活动资源与信息化资源

实物资源形式多样，主要有两大类型：一类是自然实物，如动物、植物、遗骸、煤炭、矿石等；一类是经人类生产加工创造出来的专门服务于教育教学活动的实物，大到服饰、建筑、机械，小到挂历、仪器、模型、标本、笔墨纸砚等。实物资源具有直观性、形象性、具体性的优势，经常被用于学科教学活动中。

文字资源主要是凭借纸张、电子产品来传播人类的文化以促进教育教学活动的发展。其中，教科书是最主要的载体，它不仅记录着人类的思想行为，还饱含古代人类的智慧，保留着人类文化，更传递着人类的文明，是当下最重要的课程资源之一。

活动资源主要包括教师言谈举止、班级和社团等集体活动、各种社会调查、文艺演出、实践活动等。开发与利用活动课程资源能进一步打破单一的课堂接受教学模式，使学生在掌握知识的同时，提升其社会适应和社会交往能力，促进学生健全人格的发展。

信息化资源是指以计算机网络为代表的媒体。信息化课程资源具有信息容量大、智能化、虚拟化等特征，对扩大学科教学规模和升级学科教学方式有着重要的作用，是当前最富有开发力度与利用价值的资源类型。

三、新课程标准对课程资源的要求

21 世纪之初，我国进行了第八轮基础教育课程改革，这是一场教育观念的更新，是一场人才培养模式的变革。它涉及课程结构、培养目标、课程资源、评价体系等几大方面的变革。这些变革迫切要求教师队伍树立新的课程资源观，正确看待师生关系，改变过去注重学科知识教学、机械训练的教学倾向，正确认识学生主体地位的作用。

反映在课程资源方面，新课标明确表明了基础教育对课程资源的要求。教育部 2001 年颁发的《基础教育课程改革纲要（试行）》规定，要"改变课程内容'难、繁、偏、旧'和过于注重书本知识的现状，加强课程内容与学生生活以及现代社会和科技发展的联系，关注学生的学习兴趣和经验，精选终身学习必备的基础知识和技能"，强调"积极开发并合理利用校内外各种课程资源。学校应充分发挥图书馆、实验室、专用教室及各类教学设施和实践基地的作用；广泛利用校外的图书馆、博物馆、展览馆、科技馆、工厂、农村、部队和科研院所等各种社会资源以及丰富的自然资源；积极利用并开发信息化课程资源"。《义务教育课程方案（2022 年版）》指出，"充分利用地方特色教育资源，注重用好中华优秀传统文化资源和红色资源，强化实践性、体验性、选择性，促进学生认识家乡，涵养家国情怀，铸牢中华民族共同体意识……立足学校办学传统和目标，发挥特色教育教学资源优势，以多种课程形态服务学生个性化学习需求。校本课程原则上由学生自主选择。"

体现在中小学不同的学科课程标准上，课标对课程资源的内容与要求有明确的规定。就语文科目而言，新课标建议应以教材为基础，以其他形式和跨学科资源为辅助。要求课程资源形式的多样性，可适当选择文字、音频、图片、视频等多种形式的有机结合。注重课程资源内容的广泛性，能在教材的引领下适当融合自然、社会、人文、网络等丰富的资源。此外，由于语文学科综合性的特征及学科发展综合化的大趋势，使得语文学科也走上了跨学科交叉的征程。同时，课程资源之间的关联和师生教与学活动之间的互动，都是生发资源的动态过程。①

就数学科目而言，数学课程资源是指按照数学课程标准开发的各种教学材料，以及数学课程可以利用的各种教学资源、工具和场所。② 从实质上讲，任何课程都以一定的课程资源为前提，课程资源是课程建设的基础。其中数学教材是数学课程资源的核心。此外，数学语言、大众媒体、数学课外读物、数学模型应用实例、数学家访、日常生活中的数量意识等，都可以作为数学课程的资源。从性质的角度来看，数学课程资源包括实物课程资源、文化课程资源和意识课程资源；从空间的角度来看，数学课程资源包括校内课程资源

---

① 王宁：《语文核心素养与语文课程的特质》，《中学语文教学》2016 年第 11 期，第 4—8 页。
② 王爱玲：《数学课程资源的开发与利用》，《教育理论与实践》2010 年第 9 期，第 47—48 页。

和校外课程资源；从属性的角度来看，数学课程资源包括自然课程资源和社会课程资源。

英语科目作为主科之一，其对课程资源的表述与开发不断得到更新。其中，2003 年发布的《普通高中英语课程方案》，针对课程资源的开发提出了专门指导意见，认为英语课程资源的开发需要统筹各方力量，不断开发英语学科所需要的课程资源，以便给学生提供便利、丰富的实践体验机会。《普通高中英语课程标准（2017 年版 2020 年修订）》则提出有关英语课程具体的课程资源内容与开发课程资源的要求，如改善教学条件；将信息网络资源纳入英语学科的课程资源体系；建立课程资源库；推动各地各校的资源共享，开发多种形式的英语教学资源；鼓励和支持学校充分利用校内外资源开发校本课程；等等。

《普通高中思想政治课程标准（2017 年版 2020 年修订）》丰富和拓展了思想政治科目关于课程资源的内涵及开发路径。该标准指出，思想政治课程资源主要包括五大类：文字资源、音像资源、人力资源、实践资源、信息化资源。其中，文字资源中最具有代表性的课程资源是思想政治教科书，那些涉及政治、经济、文化、时事政治、哲学等内容的书籍、报刊等，也是思想政治科目重要的课程教学资源；音像资源包括图片、录音、录像、影视作品等；人力资源指教师素质、学生、家长和其他社会各界人士；实践资源包括学科教学活动中学生的辩论、讨论，同时涵盖课外的调查、参观、参与等实践活动。因此，有关思想政治科目的纪念馆、文化馆、博物馆等自然和人文景观，都是当地学科教学的课程资源；信息化资源指以信息技术和网络技术为媒介，搜集与思想政治科目相关的文字资料、教学课件等网上资源。

《普通高中历史课程标准（2017 年版 2020 年修订）》指出，一切有利于实现课程目标的因素都是课程资源。历史课程资源既包括教科书、教学设备、博物馆、图书馆、信息网络、历史音像资料、历史遗址遗迹及历史文物等物质资源，也包含教师、学生、家长和社会各界人士等人力资源。其中，历史教科书是历史学科最核心的课程资源，一切辅助性课程资源的开发都建立在历史教材的基础上。

《普通高中地理课程标准（2017 年版 2020 年修订）》对地理科目课程资源的开发提出了明确要求，规定学校应高度重视校内外课程资源的开发。其中，校内课程资源包括地理学科教学的环境条件的建设，如地理图书、地图、挂图等图书资源建设，国内外地理教科书、地理教学参考书、地理练习册、地理填充图、地理图册资料的搜集等。课标要求应不断完善地理学科教学工具，注重地理标本教具、地理教学图件、教具、学具的开发，增加相应的地理教学器材，如地球仪、天文望远镜、天球仪、等高线地形等模型配备建设。与此同时，加强气象观测站、天象馆、地理园、地理实验室、天文台、地理橱窗等方面的建设。

《普通高中物理课程标准（2017 年版 2020 年修订）》对物理学科课程资源内容的开发有具体规定，标准指出，物理学科的课程资源包括教科书、教师与学生的教学用书、图书馆、计算机教学软件、实验室、科技图书、公共图书馆、录像带、专用教室、视听光盘、报刊、互联网、实践基地，以及校外的博物馆、展览馆、科技馆、电视节目、工厂、农村、科研院所等。

《普通高中化学课程标准（2017 年版 2020 年修订）》详细阐述了化学学科的课程资源，包括文本资源、信息技术资源、生成性资源、自然与生活环境资源、社区教育资源。

其中文本资源主要有不同版本的教材、教育类期刊，一些与科学、社会、技术、环境密切相关的化学课外读物等；信息技术资源包括信息技术、多媒体教学设备、常用办公软件、智能网络终端、大数据分析技术；生成性资源是指教师教研（备课）组应针对学科教学中的实际问题展开研究，形成有特色的教学素材；自然与生活环境资源指有关化学学科的自然资源和与生活资源；社区教育资源则指科研院所、高等院校、相关企业中含有的化学学科课程资源。

《普通高中生物课程标准（2017 年版 2020 年修订）》指出，生物课程资源具有具体性和针对性的特征，在分析物体结构时，应选择具有真实感和立体感的实物模型或实物；在观察和分析物体时，则应选择投影仪作为仪器；在观察、记录生物的动态、变化、发展过程时，则宜选择用录像片或动画的形式进行教学。此外，校园当中学校购买的有关生物的材料都是生物学科的课程资源，而如资料室、图书馆、生物学、生物园等这些资源，则给学生提供了自主学习、主动探究的素材和场地。

从上述各学科课程标准对课程资源的要求看，不难发现，新课标对课程资源对象范围的规定愈来愈广，只要是有利于促进课程目标达成的资源，都可以纳入课程资源。因此，在基础教育改革的实施过程中，各级学校及教师团体应及时了解新课标对课程资源内涵的界定、开发及利用的要求，在基础教育课程的改革过程中，不断开发与利用新的课程资源，促进学科课堂教学的发展。

第二节　学科课程资源开发与利用

课程资源的合理开发与有效利用，是任何课程目标顺利达成的必要条件。在教育教学活动中，可开发和利用的资源多种多样，既有来自自然界的资源，也有社会资源；既有校内资源，也有校外资源；既有人力资源，也有物力资源；既有以文字和实物方式呈现的资源，也有以活动和信息化为载体呈现的资源……①各种各样的资源为教师、学校及教育者等提供了因地制宜的开发场地与广阔空间。但需要注意的是，并非所有的资源都是课程资源，只有那些与教学活动紧密联系在一起，真正进入课程的资源才是现实的课程资源。

课程资源的开发和利用，是指寻求一切可能与学科教学活动联系起来的资源，并在此基础上充分挖掘蕴含于其中的课程资源与教育教学价值。课程资源的开发与利用是相互联结、紧密联系的，其中，开发是利用的前提，利用是开发的目的。开发的过程中包含着一定程度的利用，利用过程亦会进一步促进课程的开发。同时，作为课程设计的依据和基础，课程资源的选择在一定程度上反映了设计者一定的价值倾向。此外，课程资源的选择还受地域、文化传统、学校及师生等多方面的影响，由此导致了课程资源具有具体性的特点。不同地域，其存在的课程资源形式和表现方式形态各异；不同的文化背景，人们的价值观念、风俗习惯、道德意识等也存在差异，其相应的课程资源也各具特色；学校办学规

---

①　徐继存、段兆兵、陈琼：《论课程资源及其开发与利用》，《学科教育》2002 年第 2 期，第 1—5 页。

模、性质、地理位置、文化传统及教职工素质和办学水平的不同，学校和教师能够开发、利用的课程资源也会有差异；学生个体的性格差异、智力水平、家庭背景、生活经历等的不同，依据其具体情况所选择的课程资源也会千差万别。而且，对于不同的科目或课程，同一资源的开发和利用价值也会不同。例如，既可将动植物资源作为学生学习生物知识的资源，也可将它作为学习生态学、考古学知识的资源，还可作为学生统计、调查的资源。课程资源的多质性特点，要求教师、课程开发者及教育者慧眼识珠，以便挖掘出课程资源多种多样的利用价值。

一、学科课程资源开发与利用的理念

相对于教学资源、学习资源和教育资源，课程资源这一概念对教师而言比较陌生，若教师不能跟随时代步伐，形成正确的具有时代特点的新理念，课程资源的开发与利用就会变样，甚至成为一句空话。因此，掌握学科课程资源开发与利用的理念至关重要。

（一）立足三级课程管理，突出课程的校本化

为了真实适应课程实施中存在的各种具体差异，新的基础教育课程改革实行国家、学校、地方的三级课程管理模式，提出国家、学校、地方共建课程的思路。这样的课程建构模式给予学校和教师在课程实施中更大的自主权。学校和教师可因地制宜，以当地社会发展水平、学校自身发展特色以及学生的现实需求为依据，克服国家课程层面在内容、结构上与学校实际情况不符的现象，从而创造性地实施国家课程，增强课程对学校、地方、学生的适应性。三级管理体制的建立与开发，应以个性化的课程资源为依托，这样才有利于促进国家课程、地方课程与当地学校和学生的相互适应，促进地方课程“校本化”的实施。故在建设和开发课程资源时，一定要适应本校的现实情况，要能因校、因地、因人地开发彰显当地特色，贴近本校实际与学生需求，符合本地经济发展水平和人文环境特点的资源。例如，城市学校的辅助性资源可以侧重于开发公共设施资源，如博物馆、游乐园、地铁等轨道交通、人文古迹等，农村学校则可将辅助性资源置于当地的生活资源中，如河流、农用器具、乡土人情等。

（二）摒弃忠实取向，支持课程的二次开发

课程资源开发的新理念要求学校根据当地和自身条件，对课程资源进行个性化、创新化处理，从而全面把握课程意图。故当国家课程与地方课程进入当地或学校后，为进一步增加课程资源的情境化和适应性，满足学生的真实需求，教师和学校应对国家课程与地方课程进行“二次开发”。对课程的二次开发主要包括三个方面：① 将正式课程转化为经验课程，即实现教育领域由理性世界向生活世界的回归，从而追求已失落的生命关怀和价值理性；② 对教学的问题继续进行深入探讨，探讨的范畴不仅包括“教了什么”，也包括“没有教什么”和“为什么没有纳入课程内容”等问题；③ 尝试进行综合课程。学科课程作为培养人才的基石，是学校教育的基本组成部分，故在课程开发与实施的过程当中，应与其他学科建立相关联系，共同支持培养目标的达成。以航海专业为例，学精航海技术，

应同样精修枪械原理、静力学、电磁学、流体力学等学科，并在此基础上将其中的物理元素提炼出来并开发成物理资源。

（三）走出课程资源开发的认识误区，确立资源建设的主体为教师

当前在课程资源开发的主体方面，人们还存在一定的误区：教师普遍认为课程资源是专家开发的专利，与教师的关系不大。[①] 这种观念忽视了一线教师的作用与功能，不能很好地映射出不同地区、不同学校的具体情况，也不利于将课程资源与千差万别的学生个体生活经验紧密结合，这有违课程资源建设的初心。因为一线教师与学生朝夕相处，是与学生接触最多、最了解学生的人之一。因此，想要开发出能体现地区差异、学校差异及学生个体差异的课程资源，就必须将一线教师列为课程资源开发者的主体。同时，广大一线教师也应该主动树立课程资源开发的主体意识，不断发现、认识和开发其周围的课程资源。此外，在课程的实施上，教师应克服对教材的盲目崇拜和依赖，树立创新的教学意识，努力将现代社会、信息技术融入课程内容，从而实现由“教教材”转变为“用教材教”。

二、学科课程资源开发与利用的内涵和原则

（一）学科课程资源开发的内涵

学科课程资源的开发需要通过不断反省、持续改进，是一个逐步提高的过程。课程资源的开发源于学生、社会、经济、科技等方面不断发展的需求，源于岗位需求的更迭变化。

学科课程资源开发是指根据学科课程活动的需求，拓宽现有的课程资源功能，深度挖掘隐形的、潜在的课程资源，使之成为显性的课程资源，从而达到为课程活动提供最大限度且有强大支持力的活动。

中小学课程资源开发的概念主要包含两层含义。① 就中小学课程资源开发内容而言，指对那些已有的和尚未完全利用的资源进行挖掘，使之成为可直接利用的现实资源；也指对那些已被利用但仍有部分未知功能尚未开发的中小学课程资源进行深度挖掘。由此可知，当前中小学课程资源开发的倾向是横向范围的拓宽与纵向范围的加深。② 就中小学课程资源开发的目的而言，中小学课程资源开发的目的是培育国家基础人才，培养德智体美劳全面发展的社会主义建设者和接班人。中小学课程为实现发展高素质、全面发展的人才而设立课程目标。中小学课程资源的开发直接关系到培养目标的实现。课程资源的开发种类繁多，如数量开发与质量开发、横向开发与纵向开发、自然资源开发和社会资源开发、单向开发和综合开发等。课程资源的开发能从多方面、多层次影响课程活动。因此，在开发中小学课程资源的过程中，应综合考虑资源的开发的特点、条件、途径等问题。

（二）学科课程资源开发与利用的原则

原则起着约束、规范人们行为的作用，是人们正确行动的准则、根据和尺度。课程资

---

① 吴刚平、樊莹：《课程资源建设中的几个认识问题》，《教育理论与实践》2001 年第 7 期，第 40—42 页。

源的开发同样也需要一定的原则来规范，根据课程资源的种类、来源及特征，可将课程资源开发的原则分为以下几种。

1. 开放性原则

课程资源开发的原则要求人们以开放的心态对待人类创造的一切文明成果，尽可能开发一切有益于教育教学活动的课程资源。其中开放的范畴包括空间的开放性、途径的开放性、类型的开放性。① 空间的开放性是指课程资源的开放不受空间的限制，无论资源来自校内还是校外，城市还是农村，国内还是国外，只要能提高教育教学质量，都应予以开发和利用。途径的开放性是指课程资源的开发方式或途径不应局限于某一种，应探索多样的且能协调配合的途径或方式。类型的开放性是指课程资源的开发类型多种多样，任何有利于提高教育教学质量和效果的课程资源，无论以何种形式存在，都应是开发与利用的对象。

2. 经济性原则

经济性原则是指在进行课程资源开发时，要尽可能用最少的开支和精力达到最优的效果。具体内容主要包括时间的经济性、空间的经济性、开支的经济性与学习的经济性。时间的经济性是指应抓住良好机遇，尽可能地开发对当前教育教学有现实意义的课程资源，避免因为一味等待而错失良机。空间的经济性是指在开发课程资源时要尽量因地、就地取材，不应好高骛远或舍近求远。如校内有的，则不求诸校外；如当地有的，则不求诸外地。开支的经济性是指用最节约的费用成本获取最佳的成果效应，不拿开发课程资源作为大兴土木的借口，尽可能用较低的经费，开发出满意的课程资源。学习的经济性是站在学生作为学习者的角度要求的，是指资源的开发应以激发学生的学习兴趣为主旨，引进的课程资源既要浅显易懂，又要能激发学生的学习动机。教育教学活动的课程资源如果过于晦涩难懂，会增加学生的学习负担。

3. 个性化原则

个性化原则是指课程资源的开发应因地制宜，充分发挥自身地域特色，强化学校资源的优势，扬长避短，突出个性。因为课程资源开发本身就是一项具有创造性的实践活动，如无个性则失去创造性，课程资源的开发也就流于形式主义和机械主义。当前课程资源的开发方面存在一些问题：① 开发视野狭隘，内容多停留于本地的物产资源、革命传统等方面；② 开发形式单一，不能将课程资源与学校资源进行有效结合；③ 对开发内容存在理解偏差，认为开发本地的课程资源就是补充乡土教材。实质上，每一个地区的课程资源都具有独特性。因为不同民族、不同地区孕育出的文化是有差异的。而在学习过程当中，引导学生尊重文化的差异性，是提高学生文化自觉性、拓展学生文化视野的必要条件。因此，在组织综合实践活动时，应让学生多走进当地的现实社会生活，亲身体验和感受本土文化的深刻性与丰富性，不断汲取本土文化的营养，并逐渐形成正确的文化意识和健康的文化价值观。

4. 针对性原则

课程资源开发的针对性原则是指在开发课程资源时要明确与其相对应的课程目标，针

① 肖国刚、胡海燕：《试论课程资源的特征及相应的开发原则》，《内蒙古师范大学学报（教育科学版）》2003 年第 5 期，第 117—119 页。

对不同的课程目标开发与之相对应的课程资源。一般地，每一课程资源的开发都会对特定的课程目标产生不同的作用和功能，不同的课程目标的达成也需要开发不同的课程资源。但是，课程资源本身的多质性特征导致同一课程资源可服务于不同的课程目标。因此，明确课程资源与课程目标之间的关系，并认真分析与课程目标相关的各种各类课程资源及其性质特征，是保障课程资源有效性和针对性的前提。

5. 适度性原则

课程资源的适度性原则是指在资源开发上应考虑开发广度和开发深度的问题，既要考虑在开发课程资源时所选择的对象、汲取的内容，也要考虑所选内容的范围及呈现的方式等问题。这意味着可根据需求开发出多种多样的教育内容和功能的课程资源。针对不同的目标，在开发课程资源时采取与之相适应的策略。若是从课程资源中汲取的同类事物较多，那么所选择的内容则需覆盖面广；若需深度挖掘课程资源中某一相关内容的内涵，那么则应对这些内容进行纵深发展，从而透过表层的内容揭示更深刻的内涵。如可通过参观文化古迹这一事件，让学生更好地了解其中所蕴含的具有教育意义的文化渊源、历史典故等丰富内容。

三、学科课程资源开发与利用的策略

（一）开发与利用学科课程资源时应关注的因素

具体课程资源的开发与利用，实质上集中体现了具体学科的课程意识与课程能力。而教师之所以能够高效、创造性地实现教学目标，完成教学任务，很大程度上归功于课程资源的有效选择。影响学科教师开发与利用课程资源的因素主要有学生因素、教师因素、教学环境因素三个方面。

1. 学生因素

为促进学习者的有效学习，教师在选择课程资源时应将分析学习者的特征置于首位，选择与之相匹配的课程资源。① 教师应根据学生的认知特征和心理发展状况，有方向性、针对性地引入课程资源。② 教师应关注学习者的个体差异性。受家庭背景、社会经历、受教育起点等个体差异影响，学生在学习方面也具有较大的差距。有的学生在入学之前已是一名“小诗人”，或是某一方面的“小专家”了，而有的则是“零起点”。因此教师在选择课程资源时，既要考虑到高水平的学生，也要兼顾低起点的学生，以提高整体的教学效果。③ 教师应重视学习者的学习兴趣与学习态度。受性格、学习风格、逻辑思维等差异的影响，有的学生对文史科目比较感兴趣，有的学生对数理科目比较痴迷，有的学生则更倾心于艺术类科目……所以，教师应选择能激发学生学习动机的课程资源，从而更好地培养学生的学习兴趣。

2. 教师因素

教师作为学科教学的专业人员，其教学能力的大小会直接影响到学科教学水平的高低。由于不同的教师有不同的教育经历、专业背景、学习兴趣及思考方式，因此他们驾驭课程资源的能力会有所不同。而这些不同又直接影响到教师选择课程资源的范畴、利用的程度及发挥成效的水平。因此，学科教师在选择课程资源时，应结合自身专业水平和教学能力，有目的性、针对性地选择出合适的、能推动学科教学进程的课程资源。在课程实施与学科教学中，教师还应根据学科教学目标与学科教学内容，灵活地调试和自主加工处理各种课程资源，保证所选的课程资源能提高课堂教学效率。

3. 教学环境因素

教学环境是影响学生学习效果的重要因素之一。信息化时代的到来，给学校的教学环境带来了翻天覆地的变化，计算机、网络等多媒体设备成为课程实施的物质基础。我国许多中小学都拥有能满足学科教学应需的多媒体教室等信息技术基础设施，但由于我国地域辽阔，各个地区经济发展不平衡，不同地域学校间的信息设备依然存在较大的差异。这就导致发达地区学校的计算机设备硬件配置相对较高，而落后地区学校使用的系统配置较低。考虑到计算机性能、操作系统装置类型及互联网接入方式等因素，都会影响到课程资源的利用效果，所以学科教师在选择课程资源时，应确保所选资源内容能够适应本校的实际教学环境，确保所选的课程资源能在学科教学中发挥积极的推动作用。

（二）开发与利用学科课程资源的途径

课程资源的开发和利用需根据当地各个学校的实际情况，发掘具体的、有针对性、创造性和适应性的课程资源，发挥它们因地制宜的作用。如广泛利用校内外图书馆、博物馆、科技馆、工厂、科研院所等各种社会资源和自然资源，积极开发利用信息化课程资源等。①

1. 立足学生，努力开发学习者中的课程资源

（1）探索激发学生兴趣的学科教学活动方式和工具。探索符合学习者学习兴趣且能带给他们欢乐的活动方式，既能帮助学生树立刻苦学习的信心，也能给教师提供大量与学生交往的经验素材，从而启发教师在与学生互动的过程中，发掘出更多符合青少年年龄阶段的教学方式。教学方式尤其是学习方式本身就是重要的课程资源，可通过特定的调查研究当前中小学学生爱好的种种活动与兴趣，从而归纳出能激发学生强烈求知欲的各种教学方法、工具、方案及布置作业的形式，安排课内外活动的方案等多种因素，帮助学生更好地完成课程目标。如可利用公共设施和社会资源组织学生外出参观，使学生亲眼观察到自己将要接触到或学习到的知识、能力在现实生活中扮演的角色和起到的作用。可运用声像手段向学生演示语言交际、实际工作技能，展示高尚行为等可观察到的动作及行为。可根据学科教学的目标及要求，邀请相关教育专家到学校讲座、讲课甚至参与到学生的日常活动中，这样就拉近了教育专家与学生、教师以及学校之间的距离，有利于他们在交流的基础上增进彼此的了解，从而将学科教学理论应用到实践中。学科教学用具也是重要的课程资源，应根据学科教学需求和学校与学生的实际情况，创造性、有针对性地开发和利用各种学科教学教具和学具，以提升学科教学质量与学科教学水平。学校教具与学具的开发应遵循因地制宜、简便实用的原则，力求与学校和学生的发展水平相适应。②

（2）利用学生个性化的思维方法丰富课程资源。学生个体的思维方式本身就是一项特

---

① 余文森、洪明等：《课程与教学论》，福建教育出版社 2015 年版，第 125—126 页。

② 段兆兵：《课程资源的内涵与有效开发》，《课程・教材・教法》2003 年第 3 期，第 26—30 页。

殊的课程资源，学生个体思维的千差万别决定了这项课程资源的灵活性和再创性。因此，教师应充分尊重和珍惜每位学生充满个性的思考方式，把这些具有独特见解的思维方法作为新的课程资源并加以利用。如数学计算解析、化学物质鉴别、物质合成等这些题目，多数都能一题多解，学生解答这类题目时，常常会探索出较多的解答方法和更简便的捷径。教师应重视这些个性化的思维方法和多样化的探索成果，并将之转化为新的课程资源形式，与学生共同探讨分析每种解答方式的应用环境和优缺点。这样一方面可以肯定和鼓励敢想、敢说的学生，使他们更具探索精神，另一方面也能拓宽其他学生的思维方式，在不断练习和训练中提高他们的思维品质。

2. 以教师为主体，努力开发教师中的课程资源

教师是实施和组织课程的主体，也是课程资源的开发者和研究者。因此，就某种程度而言，教师本身就是重要的课程资源之一。故教师应注意自身资源的开发与利用。

（1）更新学科教学观念，树立现代教育理念。教师要顺应基础教育课程改革的风向，在学科教学思想层面、学科教学方法层面、学科教学管理层面不断完善和调整自我。其中在学科教学思想层面，应转变学科教学重点，将以知识的传授为重点转变为以学生的发展为中心；在学科教学方法上，改变过去单项式的灌输模式，形成以问题解决为驱动任务，以师生对话为主要互动方式的教学模式。在解决问题时，教师要不断激起学生的认知冲突，让学生主动参与到开放式的探究活动过程中，在不断引导和训练中帮助学生掌握解决问题的方法和步骤。与此同时，教师应关注课程资源的创生，除了传授给学生教材上及个人储备的知识外，还应及时关注并充分利用课堂上师生互动所产生的新知识；在学科教学管理层面的转变重点体现在教师对课堂控制方式上的转变上，教师应从强调学生对教材内容记忆的“结构化”“封闭式”“权力型”，转变为注重学生创新品质的“非结构化”“开放式”“非权力型”①。

（2）调查分析学生，及时提供反馈材料。调查分析学生感兴趣的授课类型和学习方式，是了解学生学情，激发学生强烈求知欲，高效优质完成课程目标的重要途径。对学生情况的调查能够更好了解学生之间的差异，制订出有针对性的学习方案、教学活动等。以研究性学习为例，教师可根据学生的不同水平给他们提供不同的课题任务。如在化学知识与实验技能的练习中，教师可按照循序渐进的原则编排不同的梯度水平，指导学生选择使用。这样既能有效避免一部分学生由于书面练习而产生的降低问题敏感度的情况，又能避免另一部分学生因问题梯度太大而丧失了对问题的探究兴趣。给学生提供反馈材料，尤其是那些在学习中出错的题目及原因分析的反馈材料，能及时帮助学生找出学习中的重点、难点、易错点和问题的症结所在，有利于学生厘清学习的思路，清除学习中的障碍。教师还可把学生的作业中常错的题目进行收集和整理，创设各类专门的知识与技能方面的考查表，并对学生适时进行反馈性考查，为他们下一步的学习打牢基础。

（3）善于自省，总结和反思教学经验。教学是一项复杂的工程，教师欲要开发丰富而优质的课程资源，欲要在教学情境中灵活处理各种复杂状况、发挥优势，必须不断地充实

---

① 陈新峰：《新课程理念下化学课程资源的开发和利用》，《课程·教材·教法》2004 年第 5 期，第 62—65 页。

自己，善于总结和反思。实践证明，学科教学新知识、技能、策略来自各式各样的途径，其中教师的自我总结和反思，在提升教师自我学习需要、教学风格方面扮演着不可或缺的作用。教师可借助以下工具不断反省和进行自我总结，如工作日志、录音带、个人教学档案等。这些工具和技术既能为教师记录下真实的教学情况，也能为教师追求自身进步提供长期的分析参照，使其明确自身有待进一步学习的地方。其他方法和技巧需要教师在合作协同中应用，如教师同行们之间的有组织和无组织的相互观摩、研讨和帮助；教师群体组织研究小组开展经验分享会；加入各种专业网络培训等。这些集体活动能使教师更好地了解学科教学的学习研究动态，并逐步成为自己教学知识的生产源。

3. 融教学于社会生活，重视学生的课外实践活动

学科知识尤其是数学、化学、物理等科目的知识普遍存在于日常生活的方方面面，而课外实践活动是联结学科知识与学生日常生活和经验的桥梁。学生通过课外实践活动，能有效将从学校、书本上习得的理论知识和技能应用于社会实践。这不仅大大锻炼了学生运用知识解决实际问题的能力，还能进一步激发学生学习的动机。教师作为学校重要工作人员之一，能够深入了解校内环境、文化、管理等各个方面的运转，这为开发课外实践活动提供了较好的前提条件。而学生日常生活的状态是寻找、推介、开发课外实践活动的重要资源，故教师在发掘学生社会生活经验方面资源的同时，应加强引导学生将书本知识转化为实践的能力，避免学生因学习内容抽象、远离现实生活而失去学习动力，或因“学而无用”而产生厌学情绪。

4. 因势利导，充分利用校内外课程资源

校内的课程资源分为物质资源和人文资源，其中物质资源包括各种设施和场所，如实验室、图书馆、资料室、信息中心、专用教室等；人文资源包括教师群体、师生关系、学生团体、校纪校风、校容校貌以及那些与学科教学活动有关的活动，如社团活动、文艺演出、体育比赛等。校内课程资源是促进学生全面发展最基本、最便利的资源，是实现课程目标的关键。必须给予校内课程资源足够的重视，根据学校自身特点，用现代教育理念对教学实际中的课程资源进行充分挖掘和利用。

校外资源是校内课程资源的补充。校外资源丰富多彩，有社会提供的博物馆、科技馆等社会资源；有各种社区供给的科技馆、博物馆研究所等科普教育基地；有当地高校供应的科学教育资源等；有可作为科学教育的间接社会资源，如农场、化工厂、农业科技示范田等。学生家长也是必要的校外课程资源。因为在家庭当中，家长是接触孩子时间最长的人，也是最了解自己孩子的人。家长作为孩子与教师之间的沟通桥梁，如能及时向教师反映学生的学习状态和心理变化，能有效促进教师因材施教。而且那些接触面广、社会知识丰富、视野开阔的家长们具有各自的教育优势，是一项非常难得的具有多向性的教育资源。为更好地利用校外课程资源，教师应深入调查，积极开展利用这些资源的各种探究活动，建立健全资源档案，并与之建立稳定的联系。

5. 加强信息技术学习，发挥网络资源的作用

当前，现代信息技术的发展突破了时空的限制，使得课程资源的广泛共享与交流成为可能，信息意识与能力也成为现代公民科学素养的重要部分。在学科教学方面，随着多媒体技术的飞速发展，学科教材的内涵和外延不断扩展，形成了以教科书为中心的系列课程

信息资源，给学生带来了大量丰富的数据和材料，在很大程度上激发了学生的学习兴趣。充分开发利用网络信息资源，有助于培养学生的信息意识和处理问题的能力。为此，教师一方面应充分利用网络资源为学科教学工作服务，同时也应积极主动参与到多媒体技术培训和网络资源的建设中，借助网络技术贡献自己的学科教学成果，并使之成为可重复利用、可分享的网络资源的一部分。另一方面，教师应具备授人以渔的精神，教授学生合理利用网络技术查询资料、解决问题的方法，从而丰富学生的知识，拓宽学生的视野，增强学生的学习经验。

下面，以 2001 年教育部颁布的《全日制义务教育科学（7～9 年级）课程标准（实验稿）》（节选）为例，看看学科课程资源的开发与利用：

科学课程资源的开发与利用

科学课程的实施，需要特定的课程资源。校长、教师都应努力建设、开发与利用校内外的课程资源，并争取社会各方面的支持和帮助。对信息资源的开发、利用，应给予足够的重视。本《标准》强调科学探究的地位和作用，要求尽量给学生提供开展科学探究的机会，从而对课程资源的作用、配置与管理提出了新的要求。

（一）校内资源

校内资源的开发和使用要注重实物资源、信息资源和交流渠道。实物资源包括实验室、实验仪器、教学设备、网络设施、标本、模型、挂图以及校园环境和其他活动场所、设施等。通过这些资源，激发学生学习科学的欲望、探究自然的兴趣和好奇心，并设置学生学习的具体情境。信息资源是指学生在学习中可资利用的各种信息资料，它的获取主要来自教科书、学校图书馆和校园网。在科学学习中，每一个学生和教师都是信息源。建立稳定的学生之间、教师之间、师生之间的信息交流渠道，提供交流的机会，是至关重要的。为有效地发挥科学课程校内资源的作用，应加强对它的管理和合理使用，具体要求如下：

1. 根据标准的要求，逐步建立、完善实验室和各种活动场所，配置必要的教学仪器和设备。通过合理配置和有效使用，使资源发挥最大的作用。

2. 开放实验室，让学生能够有机会自主地进行实验活动，为了保证实验安全、有序，实验室的开放必须有一定的管理制度。

3. 学校应积极组织教师开发教学素材，丰富学校科学教育的教学资源，如教学材料、实验方案、教学论文、CAI 课件、图片、录像带、幻灯片、学生优秀作业和小论文等，形成资源库，实现资源共享。

4. 发挥师生的信息源作用，建立稳定的信息交流渠道，如科学讨论会、校园墙报、广播站、学生科学刊物等。

5. 建立资源的维护和管理系统，使学校资源得到充分利用和不断发展。

（二）社会资源

科学课程的校外资源极为丰富。在课程的实施过程中，教师应善于发掘和利用各种社会资源，促进学生的学习。

1. 利用大众传媒，如报刊、广播、电视、互联网等进行科学教育。

2. 与青少年活动场所、社区活动中心、图书馆、科技馆、博物馆（包括动植物园、自然保护区）、电教馆等建立稳定的联系，便于学生进行学习。

3. 参观科研机构、高校实验室、高新技术开发区、示范农场、工厂、农村等；可以聘请有关专家做科学技术报告；有条件的地方，可组织学生在那里劳动和服务；以增加学生的实践经验，培养学生为公众服务的意识。

4. 在学生生活的环境中，还存在很多容易被教师忽视的教育资源，如家庭、街道、商店、森林、河流等都可以为科学教育所利用。对属于教育系统的科学教育社会资源，有关教育行政主管部门要给予必要的支持，并促进其与校内科学教育的配合。对非教育系统的科学教育社会资源，各级教育行政主管部门和学校应从长远考虑，有计划地与之建立必要的联系，使其在制订工作计划、开展各类活动时兼顾学校科学教育的需要。

第三节　新课标学科教科书的编写理念与使用策略

教科书是依据课程标准编制的、系统反映学科内容的教学用书，主要由目录、课文、习题、实验、图表、注释和附录等部分构成。教科书是课程标准的具体化，也是最重要的课程资源。正确地认识学科教科书的编写理念，掌握科学使用教科书的策略，对提高课堂教学质量与育人效果非常关键。

一、新课标学科教科书的编写理念

自新世纪我国第八轮基础教育课程改革实施以来，新课标对学科教科书的编写都有鲜明的指导思想与明确的规定。2001 年教育部印发的《基础教育课程改革纲要（试行）》在“教材开发与管理”部分明确提出：“教材改革应有利于引导学生利用已有的知识与经验，主动探索知识的发生与发展，同时也应有利于教师创造性地进行教学。教材内容的选择应符合课程标准的要求，体现学生身心发展特点，反映社会、政治、经济、科技的发展需求；教材内容的组织应多样、生动，有利于学生探究，并提出观察、实验、操作、调查、讨论的建议。”并且对每门学科的教材编写也作了规定。

普通高中课程方案(2017年版 2020 年修订)

随着教育部推进以核心素养为导向的课程改革，2017 年教育部颁布了普通高中课程方案，要求“教材编写以课程标准为依据，遵循时代性、基础性、选择性和关联性的基本原则精选课程内容，构建支持和促进学生学习的教材体系。教材编写应有利于学校组织安排教学，有利于促进教与学方式的转变”。在这种指导思想下，各学科均编写了突出学科核心素养的教材。

《义务教育课程方案（2022 年版）》指出，“教材编写须落实课程标准的基本要求，基于核心素养精选素材，确保内容的思想性、科学性、适宜性与时代性。创新体例，吸收学习科学的最新成果，强化内容间的内在联系。创新教材呈现方式，注重联系学生学习、生活、思想实际，用小故事说明大道理，用生动案例阐释抽象概念，增强吸引力和感染力。加强情境创设和问题设计，引导学习方式和教学方式变革。充分利用新技术优势，探索数字教材建设。关注学生认知发展特点，强化教材学段衔接”。

新课标对于教科书的编写理念贯彻在各学科教科书的编写要求之中。例如，《义务教育语文课程标准（2022 年版）》对语文教科书编写，有如下要求：

1. 坚持以马克思主义为指导

教材旨在立德树人，体现社会主义核心价值观；应坚持面向现代化、面向世界、面向未来；贯彻国家课程改革的精神，全面落实义务教育语文课程标准要求。

2. 高度重视继承和弘扬中华优秀传统文化、革命文化、社会主义先进文化

教材应赓续红色血脉，自觉维护国家统一和民族团结，理解和尊重多样文化；要有助于学生铸牢中华民族共同体意识，增强中华民族自尊心、爱国情感、集体意识和文化自信，形成正确的世界观、人生观、价值观。

3. 充分体现时代特点和现代意识

教材要适应学生的认知特点和身心发展水平，密切联系学生的经验世界和想象世界；要有助于激发学生学习兴趣，培养创新精神，发展实践能力，形成健全人格。

4. 充分体现义务教育语文学习的基础性、阶段性特征

教材应做好各学段之间的衔接，落实学习任务群要求，致力于学生核心素养的整体提升，以学生生活为基础，以语文实践活动为主线，创设丰富多样的学习情境，设计有意义的学习任务，引导学生自主学习、主动积累和积极探究。

5. 内容编写要系统规划和整体安排

教材要通过学习任务的综合性、挑战性以及学习过程的探究性，体现同一个学习任务群在不同学段的纵向发展过程与进阶。要根据六个学习任务群的特点，通过目标取向、文本选择、学习实践活动方式等体现不同学习任务群的特色；也可设置关联性的学习内容，实现同一学段不同学习任务群内容的整合。

6. 内容要体现正确的政治导向和价值取向，文质兼美，具有典范性，富有文化内涵和时代气息

教材选文题材、体裁、风格要丰富多样，各种类别配置适当，难易适度，适合学生学习。

7. 要把整本书阅读作为教材的重要有机组成部分

教材选文是兼具思想性、艺术性和学段适应性的典范作品，以整本书阅读兴趣、阅读习惯的培养为基础，让学生逐渐建构不同类型整本书阅读经验；教材要组织和选取原著部分文本和辅助性阅读材料，创设综合型、阶梯式的学习问题和交流活动，提高学生理解和评价能力。其他学习任务群阅读材料的选择也要适当兼顾整本书。

8. 内容体例和呈现方式，要围绕学生生活实际和认知需求创设学习情境

教材编写应以问题探究为导向，有机组合选文及辅助性学习资源，循序渐进地设计支架式的学习任务和活动，体现过程性评价，以促进学生自主、合作、探究学习。

9. 内容选材应具有开放性和选择性

在合理安排基本课程内容的基础上，关注不同区域教育实际，给地方、学校和教师留有调整、开发的空间，也给学生留出选择和拓展的空间，满足不同学生学习和发展的需

要。教材编写分为“六三”学制和“五四”学制两种版本。“五四”学制六年级教材体例、要求等应符合初中学生学习、生活特点。

10. 内容编写要有利于师生结合多媒体展开学习

教材要有利于师生运用多种媒介和信息技术呈现学习内容，积极探索信息化环境下的教学变革，发挥传统纸质教材和线上学习资源各自的优势；创设线上与线下学习相结合的机会，引导教师积极调动各种资源创造性地开展教学活动。

二、新课标学科教科书的使用策略

我国著名的教育家叶圣陶先生曾经说：“教材只能作为教课的依据，要教得好，使学生受益，还要靠老师的善于运用。”新课改要求教师要改变传统的教学观念，积极去开发课程资源，学会正确使用教科书，实现从“教教材”向“用教材”的转变。从教学实践看，教师要正确地使用好教材，应注意从以下方面入手：

（一）认真学习领会课程标准的精神与要求

国家课程标准是教材编写、教学、评估和考试命题的依据，是国家管理和评价课程的基础，体现了国家对不同阶段的学生在知识与技能、过程与方法、情感态度与价值观等方面的基本要求，规定了各门课程的性质、目标、内容框架，提出了教学和评价建议。如果教师不深入研究课程标准，势必会造成对教学目标的模糊认识或曲解教材编写者的意图，造成在使用新教材上的困难。因此，教师需要认真学习并领会课程标准的精神与要求。

（二）从不同角度深入钻研教材内容与教学要求

首先是从编者的角度钻研教材，具体方法如下。① 浏览初析教材，整体把握全册教材思路。② 深究细研教材，整体把握每一节教材内容。③ 纵览全册教材，了解教材中所涉及的基本内容，并以编者的身份自我发问：这册教材安排了哪些内容？教材中各章节之间有什么联系？在全册教材中应渗透什么教学方法？通过教学，应培养学生什么能力？

在纵览全册教材的基础上，教师再进行细读分析。细读分析就是在教学之前，把教材中的某一章内容仔细阅读，深入分析本章的各个组成部分，找出贯穿这一章的主线，并以该主线通览全章，从而把握各节内容的内在联系，形成教学内容的整体认识。对每一节的教学内容必须深究细研，并自我设问：① 编排这一节教学的目的是什么？② 本节在本章中所处的地位怎样？③ 怎样把德育目标、知识目标和培养学生能力融入教材，怎样恰到好处地培养学生的情感态度与价值观？

其次是从学生的角度钻研教材，具体做到以下两点。① 像学生一样阅读教材，读准每个字，推敲每个词，体会每一句话：背景了解要宽，内容理解要深。② 要像学生一样提问题，边读边想：本节新旧知识的桥梁是什么？这一节内容的重点、难点是什么？我自己能完全学会什么？

第三是从教者的角度钻研教材，抓住两个统一：① 编者与教者的统一；② 编者与学者的统一。编者的意图实际上就是教师的教学目标，也就是学生的学习目标。

（三）正确处理教科书和课外教学资源的关系

教科书是最重要的课程资源，也是学生学习最重要的知识载体。用好教科书是教师最根本的教学要求，然而，倘若教师的教学仅仅满足于教科书知识的传授，忽视社会生活中丰富多彩的课外资源，这对学生的发展也是不利的。《义务教育课程方案（2022 年版）》在“深化教学改革”中强调：“要强化学科实践。注重‘做中学’，引导学生参与学科探究活动，经历发现问题、解决问题、建构知识、运用知识的过程，体会学科思想方法。加强知识学习与学生经验、现实生活、社会实践之间的联系，注重真实情境的创设，增强学生认识真实世界、解决真实问题的能力。”

具体反映到学科上，例如英语课程标准在实施建议部分明确要求：“在英语教学中，除了合理有效地使用教科书以外，还应该积极利用其他课程资源，特别是广播影视节目、录音录像资料、直观教具和实物、多媒体光盘资料、各种形式的网络资源、报纸杂志等等。”因此，教师要善于处理好教科书和课外教学资源的关系，以教科书的学习为主，以课外教学资源为辅，不断引入社会的“知识活水”，充实、更新与完善教科书的知识内容，增强教科书知识的时代感与趣味性，更好地促进学生的学习发展。

本章小结

1. 广义的学科课程资源指的是一切有利于实现学科课程目标的各种因素。狭义的学科课程资源是指学科课程要素来源以及实施学科课程的必要而直接的因素。

2. 根据课程资源的性质、来源、存在方式、特征、呈现方式，可将课程资源分为自然课程资源与社会课程资源，校内课程资源与校外课程资源，显性课程资源与隐性课程资源，文字资源、实物资源、活动资源与信息化资源，等等。

3. 学科课程资源开发与运用的理念包括：立足三级课程管理，突出课程的校本化；摒弃忠实取向，支持课程的二次开发；走出课程资源开发的认识误区，确立资源建设的主体为教师。

4. 学科课程资源开发是指根据学科课程活动的需求，拓宽现有的课程资源功能，深度挖掘隐形的、潜在的课程资源，使之成为显性的课程资源，从而达到为课程活动提供最大限度且有强大支持力的活动。

5. 学科课程资源开发与利用的原则有开放性原则、经济性原则、个性化原则、针对性原则和适度性原则。

6. 学科课程资源开发与利用的策略主要包括：一是开发与利用课程资源时应关注学生因素、教师因素与教学环境因素；二是立足学生，以教师为主体，融教学于社会生活，重视学生的课外实践活动，因势利导，加强信息技术学习，发挥网络资源的作用。

7. 新课标学科教科书的使用策略有：一是认真学习领会课程标准的精神与要求，二是从不同角度深入钻研教材内容与教学要求，三是正确处理教科书和课外教学资源的关系。

案例研讨

在课堂上，一位同学默写成语时，错将“鸠占鹊巢”中的“鹊”写成了“雀”，老师没有急于纠错，而是先让同学们描述一下自己所见到的斑鸠和麻雀的样子。同学们开始窃窃私语，见过斑鸠的同学立即发现了问题之所在：“斑鸠的块头有鸽子那么大，小小的麻雀窝恐怕连屁股都搁不下，占它有何用？只有那宽敞舒适的喜鹊窝才是斑鸠梦寐以求的天堂。”老师相机点拨，“许多成语（词语）都来自生活，只要我们多联系生活实际想一想，自然就会明白其中的道理。”老师接着列举了两组成语请大家辨别：①“（屈/曲）指可数”“首（屈/曲）一指”“卑躬（屈/曲）膝”“能（屈/曲）能伸”“委（屈/曲）求全”“（屈/曲）意逢迎”；②“口干舌（燥/躁/噪）”“心浮气（燥/躁/噪）”“鼓（燥/躁/噪）而进”。学生反应异常积极：第一组前四个成语中的“qū”都和肢体动作有关，所以都用了“尸”头的“屈”；第二组中“zào”分别和“生活常识（水火相克）”“行为习惯（急得跺脚）”和“相应器官（口、喉）”等有关，所以分别用了“燥”“躁”“噪”。老师接着让学生自己举例，结果一大批常见易错的成语得到了巩固和强化。

结合本章所学学科课程资源知识，谈谈你对该教学课例的认识。

技能训练

请结合本章所学的学科课程资源的知识，从中小学教科书中选择一篇课文进行教学设计，要求：

1. 认真钻研课文内容，注重与课文内容相关的课程资源的开发与利用。
2. 教学设计的要素完整，教学过程逻辑清晰，格式规范。

资源链接

1. 施良方：《课程理论——课程的基础、原理与问题》，教育科学出版社 1996 年版。
2. 段兆兵：《课程资源的内涵与有效开发》，《课程·教材·教法》2003 年第 3 期。
3. 陈新峰：《新课程理念下化学课程资源的开发和利用》，《课程·教材·教法》2004 年第 5 期。

第九章　学科教学评价

学习目标

1. 明确学科教学评价的内涵、定位与功能。
2. 了解学科教学评价的类型及其特点。
3. 学会运用学科教学评价的方法开展课堂教学评价活动。

问题导入

在小学英语三年级的一节词汇课上，一名男生看着教师举起的一张英语单词图片大声说“tiger”，声音响亮，发音正确。教师立刻向他竖起两个大拇指，并向全班学生说：“Good! Good! Verygood!”顿时课堂上立刻响起了齐整又响亮的拍掌声。全班学生一起伸出大拇指，对这位同学说：“Good! Good! Very good!”这样的评论课堂上出现了十几次，课堂气氛非常热闹。

结合自己的中小学课堂学习体验，你如何看待这样的课堂教学评价活动？

第一节　学科教学评价概述

一、学科教学评价的历史沿革与内涵

（一）教育评价及其历史沿革

评价是人类所特有的一种价值判断活动，是对客体满足主体需要程度的一种主观判断。教育评价是指对教育活动（即客体）满足社会和个人（即主体）需要的程度做出判断的活动，它包括对教育活动现实和潜在的价值所做出的判断。而作为一门学科，教育评价学则是以教育学、心理学、心理和教育测量学、统计学、管理学等为基础，对教育活动的准备、过程和结果进行科学、合理、有效的判断所做的专门研究的一个相对独立的教育学科。

教育评价是伴随着教育的产生而产生的，并且随着教育的发展而发展。中国是考试制度的发源地，早在三千多年前的西周社会，就初步建立了考试评价的内容、标准和程序的框架。学校通过对士子的“考核”，将优秀者逐级往上报，直至“献贤能之书于王”。从士以下选出来的贤者与能者，可授予官职，这是乡学。至于中央的“国学”，虽然都是贵族

子弟，但也要通过“考校”，方能分出高低级别，“因其才而用之”。总之，西周社会发展具有重教、尚贤、选士、授官等特点，孕育出早期的考试评价制度，它对后来的学校考试、用人考试，特别对科举考试制度的建立，产生了重要而深远的影响。

春秋战国时期官府办学逐渐被打破，私家讲学之风盛行。私人设教，注重于平日的考察，国家在人才评价方面，较侧重于对士子的日常考察，其评价人才的标准似乎更加道德化与多元化。两汉时期，我国的考试制度正式建立。汉代的察举制，是一种承前启后的任官制。所谓“察举”，就是察其贤能，举以授官。魏晋南北朝时期，淡化了察举制，实行九品中正制的选才制度。

隋炀帝所设置的科举制，是一个“学生学业成就测试”的制度。所谓科举制度，就是“开科取士”的制度，即国家设立许多科目，通过定期的统一考试以选拔人才。科举制度始于隋炀帝大业二年（606），直到清光绪三十一年（1905）才宣告结束。

西方直到1720年才开始试行笔试，在此之前则几乎都是口试。但是，古代中国的科举制尽管延续了1 300年，却由于其自身所存在的缺陷和不足，并没有滋生出近现代教育评价理论和方法。

20世纪三四十年代由美国教育进步协会发起，泰勒主持并负责的“八年研究”，被认为是教育评价学独立于心理和教育测量学的“奠基性”工作，泰勒本人则被教育界人士称为“现代教育评价之父”。在“八年研究”的基础上，泰勒提出了著名的“泰勒评价原理”，即以教育目标为核心的教育评价原理，并明确地提出了“教育评价”这一概念。他于1949年出版的《课程与教学的基本原理》一书中提出了四个基本问题：

（1）学校应该试图达成的教育目标是什么？

（2）为了达成这些教育目标所能提供的教育经验是什么？

（3）这些教育经验如何才能被有效地组织起来？

（4）我们如何确定这些教育目标正在得以实现？

教育评价学就是在“泰勒评价原理”的基础上产生与发展起来的一门独立的教育学科。泰勒提出的这四个基本问题，直到今天依然对人们开展教育教学评价活动有积极启示。

（二）学科教学评价的内涵

学科教学评价是教育评价的一个组成部分。从内涵上讲，它是以学科教学目标为依据，按照科学的评价标准，运用一切有效的技术手段，对学科课堂教学过程及结果进行测量，并给予价值判断的活动过程。学科教学评价是对学科教学工作质量所做的测量、分析和评定。它包括对学生学科学业成绩的评价，对教师学科教学质量的评价和课程评价。

学科教学评价作为教育评价的重要组成部分，其内涵是随着教育评价的发展而发展的。教育评价概念的变化是一个历史的过程，其内涵在不断地扩大、丰富和发展。教育评价的内涵从等同于教育测量、测验，扩大到对课程、教学的关注，再转变为评价本身是学习过程的一个完整的组成部分。教育评价不仅要检测学生的成就，同时也要关注课堂教学过程中课程内容的质量、学生活动的特征、课程形式的吸引力以及学习的多种结果，而不仅仅是一种结果。

随着对课程认识的深入，学科教学评价的范围、内涵得以丰富。我国学科教学评价在目标、理念、内容和标准、方式方法上有了较大发展变化。《义务教育课程方案（2022 年版）》明确提出“改进教育评价”，要求：

> 全面落实新时代教育评价改革要求，改进结果评价，强化过程评价，探索增值评价，健全综合评价，着力推进评价观念、方式方法改革，提升考试评价质量。
>
> 更新教育评价观念。强化素养导向，注重对正确价值观、必备品格和关键能力的考查，开展综合素质评价。倡导评价促进学习的理念，注重提高学生自我评价、自我反思的能力，引导学生合理运用评价结果改进学习。严格遵守评价的伦理规范，尊重学生人格，保护学生自尊心。
>
> 创新评价方式方法。注重对学习过程的观察、记录与分析，倡导基于证据的评价。关注学生真实发生的进步，积极探索增值评价。加强对话交流，增强评价双方自我总结、反思、改进的意识和能力，倡导协商式评价。注重动手操作、作品展示、口头报告等多种方式的综合运用，关注典型行为表现，推进表现性评价。推动考试评价与新技术的深度融合。
>
> 提升考试评价质量。全面推进基于核心素养的考试评价，强化考试评价与课程标准、教学的一致性，促进“教—学—评”有机衔接。增强日常考试评价的育人意识，注重伴随教学过程开展评价，捕捉学生有价值的表现，因时因事因人选择评价方式和手段，增强评价的适宜性、有效性。提高作业设计质量，增强针对性，丰富类型，合理安排难度，有效减轻学生过重学业负担。优化试题结构，增强试题的探究性、开放性、综合性，提高试题信度与效度。

从上述关于教育评价的最新要求可以看出，改革以往的教育教学评价模式，建构新时代以核心素养为导向的学科教学评价成为当前重要的课题。2022 年版的义务教育各科课程标准都设置了学业质量的评价，为有效指导学科课堂教学奠定了基础。当然，学科教学评价的目的不仅是考查学生实现学科课程目标的程度，更重要的是检验和改进学生的学科学习和教师的教学，改善课程设计，完善教学过程，从而有效地促进学生的发展。学科教学评价要以学科课程标准为目标，对学科课程的有关因素，如学科课程方案、学生学业、教师教学质量等诸多方面做出客观描述和价值判断。因此，学科教学评价的范围不仅包括对学科课程本身进行诊断、比较、修订、完善等的评价，也包括对学科学业的评价。此外，学科教师教学质量评价也成为学科课程评价的重要组成部分。

二、学科教学评价的定位

学科教学评价只是教育教学评价的一个类别，与其他评价活动存在着差别。根本的差别在于学科教学评价定位的不同。

（一）学科教学评价是教学过程的有机组成部分

学科教学评价是教师的日常教学实践的重要成分。在教师的日常教学实践中，评价几乎无处不在：教师几乎每天都布置家庭作业，然后批改、讲评作业；有时教师会布置课堂作业或实施课堂小测验，然后当堂讲评；教师也一定会在课堂上提问，其中有些提问就是为了了解学生的学习情况。即使这些活动都没有，教师总会在课堂上观察学生，通过观察了解到学生的学习情况，然后对自己的教学进行调整。所有这些活动都旨在收集关于学生学习的信息，了解学生的学习情况，所以都属于教学评价。同样可以把这些活动看成教学活动，实际上可能大部分教师在实施这些活动的时候会觉得自己在进行教学活动，并没有清晰地意识到自己也是在进行评价。的确，有时很难清楚区分哪些是教学活动哪些是评价活动，因为这些课堂评价活动本身也就是教学活动，任何一本专门讨论教学问题的书籍都不可能不讨论到课堂提问、作业布置与批改之类的问题。

（二）学科教学评价是学科教学决策的基础

教学活动离不开教学评价。教学的情境性、复杂性众所周知，良好的教学需要教师面对特定的复杂的情境，在众多可能的方案或行为中有意识地做出审慎的选择。教学可以看作教师持续做出进而执行影响学生学习的决策的过程，也正是在这一意义上，人们认为“教学即决策”。上课并不是简单地执行上课之前的备课结果，面对动态变化的课堂情境，教师需要即时做出决策。上课过程中对教学内容和教学方法的调整是决策，讲述时一个词的选择也是决策，何时问问题、对学生的回答如何回应，同样需要教师的决策。上课结束之后教师也经常做出诸多决策，例如，是否需要就本堂课的内容进行一些补充性教学，确定哪些学生需要降低或提高作业要求，确定下一堂课如何引入等。

教师的教学活动离不开决策，有效的决策必然是有依据的。尽管不同的教师在教学决策时有不同的决策框架，但对于有效的教学决策，最重要的依据无疑是学生的实际学习情况。整个教学过程中的决策都如此，上课过程中的决策尤其如此。加拿大学者马克斯·范梅南关于教学的一个寓意深刻的比喻很好地说明了这一点：为了来学校学习新知识，学生需要跨过一些障碍（比如一条街）才能来到教师身边（学校），但是一名接近孩子体验的老师可能会意识不到这个学生仍在试图“从街道的另一边”来理解事物，一名机智的教育者认识到要跨过街道走过来的不是孩子，而是教师，教师必须知道“孩子此刻在哪里”。[①]对学生学习情况的准确把握是教学决策的重要基础，要把握学生的学习情况，也要借助于课堂教学评价。教学评价能为教师的教学决策提供最重要的依据。

（三）学科教学评价是学生学习决策的基础

作为一名学生，其学习大多发生于与教师的互动过程之中，需要执行教师所做的决策，但这并不意味着学生不需要做出自己的决策。实际上，学习过程离不开学生的决策，是否执行教师的决策就是学生必须做出的决策之一。学生在教学过程中并非单向接受教师的教，相反，一定会对教师的教做出选择，运用自己已有的知识经验，与教师呈示的内容相互作用，然后建构起自己的理解。学生的课余学习会涉及大量的自主决策，比如学什么，怎么学，何时学，重点放在哪里，时间如何分配，等等。只不过学生在做出这些决策

---

①　范梅南：《教学机智——教育智慧的意蕴》，李树英译，教育科学出版社 2001 年版，第 204 页。

的时候，可能并没有清晰明确的决策意识。

有效的学习决策与教学决策一样，受到众多因素的影响，但其中最重要的因素一定是对自己学习情况的全面了解。基于自我监控的自我反馈是了解自己学习情况的重要途径，可对学生，尤其是年龄比较小的学生而言，自我反馈并不容易，他们可能很难准确全面地了解自己的学习情况。此时，能够提供关于其学习信息的外部反馈就十分关键。对于学生，反馈的主要来源是教师，而教师要提供准确的反馈，课堂评价是重要的前提基础。

（四）学科教学评价也是学生的一种学习机会

学科教学评价是收集学生的学习信息，并运用这些信息来改善学生学习的过程。这一界定隐含着一种观念：学习是评价的对象，也是评价的目的。学生是学习的主体，学习是学生在与新的知识、观念互动时发生的主动的建构过程。为此，学生必须理解信息，将之与已有经验联系起来，并监控自己的学习过程，运用获得的信息来调整自己的学习。例如，加拿大西北教育合作协议发布的一个案例：

> 在学期之初，一个高年级的学生被要求给数学老师写一封信，信的内容涉及他们已有的数学经验、他们的期望、如何最好地学习数学、教师如何最好地帮助他们。首先，他们被要求讨论先前的数学经历，特别关注如何学得最好（单独学习；与他人一起学习；运用具体材料；阅读解决方案）；喜欢和不喜欢数学中的什么内容；然后，描述他们对学习的期望，明确想学什么；需要教师什么样的支持。这种初步的自我反思为教师提供了对学生学习方式、学习投入以及学习能力的理解。在学期中间，学生阶段性地回顾自己最初的信，并给老师写后续的信，包括对自己期望达成程度的描述；对有助于自己学习的教学方式和资源的反馈；对自己作为学习者的了解。这个案例说明学生是评价与学习之间的关键联结者。

学科教学评价本身也可以成为学生的一个重要的学习机会。通常教学评价被看成对学生已学内容的掌握情况的检测，但呈现给学生的评价任务并不完全是学生已经学过、见识过的。例如，语文课堂小测验中运用了学生从未读过的文本，要求学生进行阅读理解；数学课堂小测验中要求学生将知识运用到一个全新的问题情境之中。当学生完成这些任务时，他们关于学习内容的知识得以增长，解决问题的能力得以提高，学习就在这一过程中发生了。如果学生接受评价之后能够得到良好的反馈，能够因为这种反馈了解自己学习上存在的问题，明确当前的学习状况与学习目标之间的差距，进而有效地弥补这种差距，那么对内容的学习也会得到改善。

教学评价中的学习还不仅仅表现在内容的学习上。教学评价关注学生达成学习目标的程度，跟学习目标直接相关，所以评价有助于学生更好地为自己设定学习目标，能够让学生对自己的学习目标有进一步的认识和把握；教学评价要依据一定的标准，评价过程让学生了解或进一步理解评价所依据的具体的评价指标，有助于学生对高质量的学习结果有更好的认识；评价是教师评价学生的学习，但从另一角度理解，这种评价也是一种教学，是向学生示范评价活动，通过这种示范教给学生评价的技能和策略，使之学会自我评价，有效监控并进而调节自己的学习过程。所有这些也都是学习，甚至是比内容学习更为重要、更有价值的学习，因为这些学习导致的是更可持续的学习能力的发展。

加拿大西北教育合作协议提出了“评价即学习”的观念，并从五个方面总结了作为学习的评价的特征如表 9.1 所示。

表 9.1 作为学习的评价的特征

特 征	内 容
为何评	指导每名学生监控、反思自己的学习，并为之提供机会
评什么	每名学生对自己的学习的思考，用以支持或挑战学习的策略，以及用以调整和改进学习的机制
运用何种方法	能够引出学生学习元认知过程的多种方法
质量保证	学生自我反思、自我监控和自我调节的准确性和一致性 学生审视并挑战自己的思考 学生记录自己的学习
信息运用	为每名学生提供准确的、描述性的、有助于其发展独立学习习惯的反馈 让每名学生关注任务和自己的学习（而不是正确答案的获得） 为每名学生提供调整、重新思考和表达自己的学习的建议 为教师和学生提供讨论备择的条件 学生报告自己的学习

三、学科教学评价的功能

当代教学评价除了人们熟知的甄别和选拔功能外，也重视为课程与教学活动提供有效的诊断和反馈，以提升教育质量，更好地促进学校和师生的发展。美国教育心理学家克龙巴赫指出，课程评价的主要功能为以下三个。① 课程改进：判定哪种教材和教法是适当的，需要在何处加以改进。② 针对学生的决定：诊断学生的需要以便规划适用于学生的教学；判断学生的成绩以便对学生进行选择和分组，了解学生的进步或不足。③ 行政法规：判断良好的学校体制是什么，良好的教师有什么特征。[①]

教学评价的核心功能在于促进学生的学习。首先，教学评价的性质决定了评价必须以促进学习为核心功能。教学评价不是凌驾于教学之上的一个孤立的环节，而是镶嵌于教学过程之中，与教学活动紧密地缠绕在一起，是教学的一个有机组成部分。作为一种教学活动，教学评价必须指向学习的改进。其次，教学评价也能够有效承担促进学习的功能。相对于外部评价，教师在课堂层面的教学评价更可能是情境化的，作为被评价者的学生能够

① 李森、陈晓端：《课程与教学论》，北京师范大学出版社 2015 年版，第 235 页。

更好地参与其中，教师也能够更好地回应特定学习内容、特定学生的需求和学习状况，能够持续、及时地发现问题，从而调整自己的教学，并向学生提供反馈，有效地促进学生的学习。

成功的教师都明确知道为何要进行教学评价。他们试图运用教学评价来激励学生的学习积极性，让学生在学习中更有动力，更加投入：在开始时了解学生的背景知识，保证教学能够有效关注学生尚未掌握的东西；了解学生学了什么、未学什么，确定学习目标是否被达成；确定并比较班级中最差和最好的学生的学习情况；诊断学生的长处和弱点、错误理解、兴趣和需要，向学生提供有效的反馈；了解自己教学的效能，为自己的教学调整寻找依据。

概括而言，学科教学评价主要具有导向功能、诊断功能、调节功能、激励功能、管理功能等基本的功能。

（一）导向功能

导向功能是指教学评价所具有的引导评价对象朝着理想目标前进的功效和作用，任何教学评价都是根据一定的评价目标和评价标准进行的。因此，有什么样的评价标准内容，被评价对象就会注重那方面的工作，被评价者就会朝着评价标准努力。因此，教学评价中，评什么、怎么评，将有力引导着被评价对象在实际工作中做什么和怎么做。例如，评价教师的课堂教学质量时，学生的参与程度是一项重要的指标，因此，这一标准就会促使教师在教学过程中积极引导学生动手、动脑、动口，以充分体现学生在教学过程中的主体地位。

要发挥教学评价的导向功能，教师必须做到以下几点：① 在评价前根据教育目标制订出合理、科学的教学目标；树立让学生全面发展的思想；② 在教学内容上要注意联系学生生活，处理好现代科学技术与学生学习内容的关系；③ 在教学方法上要着眼于综合运用多种教育技术和手段，使之更适合于当前教育教学改革的需要。

（二）诊断功能

对课堂教学效果进行评价，可以了解教学各方面的情况，从而判断它的质量和水平、成效和缺陷。不论是何种类型的教学评价，都或多或少地具有诊断的功能。因为通过教学评价，师生不仅可以了解自己的教学和学习的变化与进展，而且能够发现其中存在或可能存在的问题。而这些现实的和潜在的问题，就是我们思考和促进教学和学习的出发点与依据。

教学评价的诊断功能尤其体现在诊断性评价上：“诊断性评价是好的教学工作的一个基本组成部分，进行诊断性评价，是为了使教学（更好地）适合（于）学习者的需要和背景。”① 而且“有效的教学取决于教师对学生的经验、能力、兴趣、动机和情感的了解，这种了解是提出现实的学习目标，并操纵适当学习情境去帮助学生达到既定目标的基础。”②

---

① 布卢姆等：《教育评价》，邱渊等译，华东师范大学出版社 1987 年版，第 174 页。
② 江沼伦：《教与育的心理学》，邵瑞珍译，江西教育出版社 1985 年版，第 42 页。

全面客观地评价工作不仅能估计学生的成绩在多大程度上实现了教学目标，而且能解释成绩不良的原因，并找出主要原因。可见，教学评价如同身体检查，是对教学进行一次严谨的科学的诊断。

（三）调节功能

调节功能是指通过教学评价结果的反馈，让被评价者了解自身发展存在的优势与不足，从而调节自己的课程和教学行为。在社会与学校教育持续变革和发展的背景下，课程与教学活动始终处于不断的调节过程之中，但要确保调节更为科学有效，除了需要诊断出课程的问题所在之外，还必须把这些诊断出的问题及时反馈给被评价者，以促使其对自己的行为做出调节。否则，诊断的结果就会失去意义和价值。

当代课程评价对诊断功能非常强调，认为评价最重要的并不是得出一个客观准确的评价结论，而是要将评价的结果以科学的、恰当的、建设性的方式反馈给被评价者，促使其最大限度地接受，从而针对教学评价中存在的优势和不足，调整教学计划和行为，促使其不断发展和完善。实际上，每一次课程和教学的改革，都是课程与教学评价的结果和促进。不过，要充分发挥教学评价的调节功能，必须保证评价信息反馈的及时传递和科学、完整。只有这样，才能促进教学评价朝着良性的方向发展。

（四）激励功能

激励功能是指通过教学评价，可以让教师、学生和学校在正确认识自身优势和不足的基础上，积极主动地寻求发展和改进。例如，积极的评价可以增强学生的自信心，使之提高学习的兴趣；而适度的否定评价也能引发学生一定的焦虑感，促使其更加勤奋、努力。此外，新课程改革还明确提出，把评价活动和过程当成一个自我展示的平台和机会，鼓励教师、学生和学校展示自己的成绩和努力，从而获得肯定评价而受到激励。

反之，教学评价中不适当的评价方式有时反而会起到消极的作用，产生负面影响。例如，否定性评价的本意在于激发教师和学生的积极性，但是过多使用这一评价方式，也会在一定程度上打击教师和学生的积极性，使他们失去兴趣和动力。另外，长期对教师使用奖惩性评价，也极易引发教师为了获得奖励而弄虚作假。

（五）管理功能

管理功能是指教学评价结果和相应的管理机制有机结合在一起，从而实现对学校、教师和学生的管理和控制。作为一种价值评价，教学评价能对学生的学习和教师的教学起到鉴定和分等的作用，并以此作为对学生、教师和学校进行奖励和惩罚的依据。例如，通过教学评价，学校和教育管理部门可以了解教师的教学质量和工作情况，并以此作为教师晋升和评定优秀的依据。对学生进行评价，不仅是对学生进行表扬、奖励的重要依据，还可以作为学生升级、分组、编班的重要参考，同时也有利于人才选拔。

第二节　学科教学评价的类型

学科教学评价依据不同的标准可以具体分为不同的类型，不同的评价类型的内涵与功能存在一定的差异性。

一、诊断性评价与形成性评价

（一）诊断性评价

1. 诊断性评价的内涵

诊断性评价是指在教学活动开始前，对评价对象的学习准备程度做出鉴定，以便采取相应措施使教学计划顺利、有效实施而进行的测定性评价。其目的是了解和掌握评价对象的基础和情况，为活动的开展和措施的制订提供准备性依据。在课程与教学评价实践中，诊断性评价是为了使课程与教学适合于学习者的需要，在某门课程或某个学习单元开始之前对学习者所具有的认知、情感及技能等方面条件进行的评估，旨在使课程与教学的计划或活动安排更具有针对性，为缺少先决条件的学生设计一种可以排除学习障碍的课程与教学方案，为已掌握一部分或全部教材的学生设计出能发挥其学习准备优势的课程与教学方案。例如，中小学分班前的各种摸底考试、学能测评等，都属于诊断性评价。

诊断具有较为广泛的含义，既包含辨别不足、问题及原因所在的意思，也包含识别各种优点和特殊才能禀赋的意思。因此，诊断性评价的作用是多方面的：既可用于确定学生的入学准备程度，确定学生的原有知识与技能的基础、学习质量、心理发展水平与特点、学习动机、身体状况等方面的学习准备情况；也可用于决定对学生的适当安置，通过对学生的知识、技能、能力、性格与学习积极性等方面差异性的准确判断，进而在课程实施与教学活动中对学生进行合理的分班分组，为学生提供合适的学习环境；还可用于识别造成学生学习困难的原因，以真正对症下药或因材施教。特别是当前新课程改革所强调的诊断性评价理念，不仅重视诊断现状，而且重视指导、改善与发展。

2. 诊断性评价的作用

学年或课程开始之前的诊断性评价，主要用来确定学生的入学准备程度并对学生进行安置；教学进程中的诊断性评价，则主要用来确定妨碍学生学习的原因。

（1）确定学生的入学准备程度。入学准备程度的诊断一般包括对下列因素的确定：家庭背景；前一阶段教育中知识的储备和质量；注意力的稳定性和广度；语言发展水平；认知风格；对本学科的态度；对学校学习生活的态度；身体状况等。教师可以通过研究学生履历，分析学业成绩表，以及实施各种诊断性测试，就上述各个方面或几个方面进行诊断。诊断出学生在入学准备程度上的缺陷或特点后，教师就可据此确定每名学生的教学起点并采取某些补救性措施，选择差异性的教学策略，或给学生以情感方面的关心和支持。

（2）确定对学生的适当安置。同一年级的学生肯定在知识储备、能力和能力倾向、学习风格、志向抱负及性格等方面互有差别。学生的这种多样性必然也要求教学条件和环境具有多样性。因此，了解学生在上述方面的差别和差别程度，为学生提供适合其特点的学习环境，或者说，根据学生的个别差异对学生分班分组，是教师组织教学活动的前提，也是使每名学生能充分发展的必要条件。

需要指出的是，根据诊断结果对学生进行安置并不能完全解决个别差异和因材施教的问题，它只是使教学适应个别差异的一个基本前提，它只能把学生安置在水平大致相当的学生群体中。要解决个别差异问题，促使每名学生都能取得最佳的学习效果，还需组织形式多样的教学活动，给学生提供可以根据自身特点加以选择的多样化的学习方式。

(3) 辨识造成学生学习困难的原因。有些学生虽然已被做了适当安置，但在学习过程中往往效果很差，进步很慢，不能达成教师为其预定的学习目标。在这种情况下，教师必须借助包括诊断性测验在内的各种手段，设法查明学生不能从教学中获益的原因。如果教师估计学生的学习困难产生于教学，那就应通过各种考试（考查）予以确定，然后改进自己的教学。如果教师估计学生的学习困难不是产生于教学，那就应同其他教师一起进行“教育会诊”，分析造成学生学习困难的原因。如果估计学生的学习困难是由非教育方面的原因造成的，那就应由学校出面，请教有关方面的专家（如心理学家、医生等）或送交有关机构进行进一步的诊断。学校和教师如能通过诊断性评价辨识出造成学生学习困难的原因，就有可能设计“治疗”方案，采取有效措施，排除干扰学生学习的因素或尽可能降低其消极影响。

(二) 形成性评价

1. 形成性评价的内涵

形成性评价也称过程性评价，是指在活动开展过程中或事物尚处于发展、完善阶段时所进行的评价。形成性评价的概念源于美国课程评价专家斯克瑞文 1967 年发表的论文，起初的含义为：在编制和试验一门新课程期间，搜集证据，为课程的修改提供参考。其后，著名美国教育评价专家布卢姆将这一概念引入掌握学习理论，并将其内涵进一步引申为：对教师教学和学生学习起重要矫正、指导作用的测验、评定与判断。其主要目的是搜集活动开展过程中各个阶段的优缺点资料，作为进一步修订和完善计划的依据。

在课程与教学评价实践中，形成性评价一般是指课程开发、课程实施与教学过程中对课程编制、教师教学和学生学习等方面动态状况的掌握性系统评价。它在计划方案实施过程各阶段进行，贯穿课程与教学活动过程的始终，旨在及时了解课程与教学活动的效果，了解学生掌握知识与形成技能的情况，并及时反馈信息，以便及时修正、及时调节、及时强化课程与教学活动方案。例如，各种课堂测验、调研性考试、阶段测评等，都属于形成性评价。

2. 形成性评价的作用

形成性评价的作用表现在多方面：为改进课程编制、教师的教学、学生的学习服务和提供帮助；为学生的进一步学习定目标、定步子、定速度；强化学生学习的结果与动机；为教师提供反馈的信息，从而有针对性地改进教学工作等。总之，形成性评价不注重评价等级，只注重发现问题；不注重活动的效果，只注重了解全过程活动的表现情况。为课程与教学提供及时的反馈，为改进课程与教学活动服务，并不与课程质量、教学质量和学习质量挂钩，这是形成性评价与终结性评价的重要区别所在。需要特别指出的是：形成性评价重视质的分析和价值取向的判断，综合考察全过程的活动与表现状况，强调采用客观性和科学性标准对课程与教学活动过程做出解释性描述。

在教学中，形成性评价能及时反馈教学中的不足，能根据不同的情况进行调整改进。不能简单地拿学生的成绩来衡量学生的优劣，这样会扼杀学生的学习信心。形成性评价更要求学生灵活、探究、主动、创新，教师可以开展多方面的活动进行评价，从学生的生活态度、作业、平时小测验、日记等进行多样性评价，关注每一名学生，注重每一个环节，深入学生中了解学生，表扬进步的，鼓励落后的，发挥学生的学习主动性、积极性，要求学生共同进步、平等互助。

二、总结性评价与过程性评价

（一）总结性评价

总结性评价也称终结性评价，是指在活动结束之后所进行的评价。总结性评价的概念最早由美国课程评价专家斯克瑞文于 1967 年提出，其含义与泰勒的目标达成模式相似，其主要目的是搜集资料，对活动的成效做整体判断，为制订下阶段活动计划、优化活动方案提供参考依据。总结性评价一般是在课程实施与教学活动结束之后，为了解并确定其成果而进行，旨在评定成绩，做出结论或者评定措施的有效性，确认课程与教学目标的达成程度。例如各种期末考试、年终考评等，都属于总结性评价。

总结性评价有三个基本特点：① 在目标上，是对整个课程与教学活动或者某一阶段的课程实施与教学活动取得的重大成果做全面的评定，并给学生评定成绩；② 在内容分量上，着眼于学生对某门课程整体内容的把握，分量常常较大；③ 在评价内容的概括性上，概括水平较高，综合性较强。

总结性评价在课程与教学工作中的作用主要表现在：① 为学生评定成绩，确定学生达成课程与教学目标的程度，对学生的学业成就做整体的价值判断，用以证明学生的学业资格；② 概括地反映学生的知识、技能和能力的总体水平，预测学生在后续学习中成功的可能性，帮助教师、学生确定后续学习的起点和前提；③ 为学生提供学习反馈，使学生明确学习效果并对后续学习动机产生影响。

需要指出的是，总结性评价具有事后检验的性质，对学生在学科教学活动中的行为调节和改进作用不大。如果只重视评价的最终结果，就无法了解这个结果形成的原因和过程，从而容易出现虚假现象。而且总结性评价的标准是预先设定的，如果这个标准不够科学或难以检测，也会影响评价的可靠性。因此，应将总结性评价与诊断性评价、形成性评价综合评判，构建一个动态的、发展的、开放的学科学业评价体系。

（二）过程性评价

过程性评价是指对课程计划实施过程与教学活动过程的评价。其目的是从发展的角度去判断课程实施与教学活动的效果，了解课程的创造性生成和学生素质全面发展的情况，并用发展的目光去分析和判断课程与教学问题及其成效。打个比方，如果想评价斧头这一工具，你可能会研究刀刃的设计、重量的分布、所用的合金钢、斧柄木头的质量、使用的方法、影响使用的情况等，或只研究一位好斧匠用其砍物的数量与速度。那么，后一种方法就属于结果评价，前一种方法则是过程性评价。类推至课程评价，过程性评价的旨趣在于课程计划所包括的特定内容、课程内容的正确性和组织方式、课程计划实施过程中的影响因素及其相互作用、教学的方式方法、教学的组织、教学中的互动等。

课堂教学过程性评价要立足于人，着眼于发展。人的本质是在社会关系中得以扩展和丰富的，要评价一节课就要考虑到师生是否都有所收获。课堂教学过程性评价就要在立足于人的基础上着眼于人的发展。对学生而言，在课堂上，要让学生的主体性在教学过程中实现建构与发展，而且既要注重学生的全面完整的主体性发展，又要注重每名学生的个性的和谐发展。要把学生看成不断发展、不断成熟的主体，既承认学生有自我发展的能力，又认识到学生需要教师的引导帮助，才能使自身的能力不断增强和发展。教师要为学生的发展负责，不仅要着眼于学生眼前的具体学习过程，更要从学生进入社会后的未来发展着眼。对教师而言，课堂是他工作的地方，生活的地方，更是不断创新、不断超越、实现自我价值的地方。在课堂上，教师要与学生一起去探索，感受与学生资源共享的愉悦，分享学生获取知识的快乐，体验学生对自己的尊敬，对生活的热爱。师生之间对话交流，相互陶冶和体验，双方充分发挥各自的主体性，在学知的过程中学会交往、学会关心、学会创造、学会选择、学会发展。因此，评价一堂课，既要着眼于师生是否在课堂上都有所提高和发展，也要着眼于师生是否通过课堂教学过程，为自己未来的发展提供了动力、方向等。

（三）形成性评价体系的实施方式

过程性评价和总结性评价是形成性评价体系的两个方面。教研室、任课教师应结合课程的实际需要拟定具体的实施方案，由任课教师在开课时向学生公布本课程的成绩评定办法及考核方式，让学生了解课程的考核评价的内容和方法。

1. 过程性评价的实施

以课程性质为主要依据，结合学生实际，确定课程过程性考核评价体系。过程性考核可推行多种形式（笔试、口试、答辩、上机、测验、论文等）、多个阶段（平时测试、作业测评、课外阅读、社会实践、期末考试等）、多种类型（作品、课堂讨论、课内测试、创作设计、研究性学习报告、文献综述报告、实验报告、设计报告、调查报告、课程论文、课外作业、竞赛等），并贯穿教学全过程和各个方面。同时，应注重学生自评、互评环节，做好考核内容的设计，统一评价标准，减少教师个人在认识方面的偏差和随意性，及时、准确、公正地给予评价并做好记录。不同课程的考核指标和赋值可根据需要自行调整。

每次过程性考核结束后，教师应对考核结果进行科学分析，并将结果及时进行记录和反馈。

2. 总结性评价的实施

期末考试是总结性考核评价的实施主体。总结性考核评价以教考分离为核心，试题除了考查学生对该门课程知识（概念、原理）的记忆和理解能力外，更要侧重考查学生的知识应用能力、实践能力、解决问题能力和创新能力，并加强考试结果的分析与反馈，实现考试的科学化、规范化。

3. 成绩构成

将总评成绩分为过程性考核成绩和期末总结性考核成绩进行综合评定。根据课程目标、课程性质（必修、选修）、课程类别（公共基础课、学科基础课、专业课）、难易程度等不同，合理设置过程性考核成绩和期末总结性考核成绩在总评成绩中所占的比例，原则上过程性考核占30%～40%，总结性考核占60%～70%，具体比例由各任课教师根据实际情况确定。

三、单项评价和综合评价

（一）单项评价

单项评价是指直接用某学科单项指标的报告期数值与基准期数值对比，或用不同学科的同一指标实际数值对比得出相应的结论。它的特点是从某一方面反映教师与学生在某学科的教与学的情况，非常直观、明确，操作起来也比较简单，只要数据准确，排序比较是很简单的。

单项评价的局限性也是明显的，因为一个指标再重要也不能把课堂教与学的情况全面反映出来。

（二）综合评价

综合评价也叫综合评价方法或多指标综合评价方法，是指使用比较系统的、规范的方法对多个指标、多个单位同时进行评价的方法。它不仅是一种方法，更是一个方法系统，是对多指标进行综合评价的一系列有效方法的总称。进行综合评价的顺序如下：

1. 制订出评价等级和标准

先制订出各项评价指标统一的评价等级或分值范围，然后制订出每项评价指标每个等级的标准，以便打分时掌握。这项标准，一般是定性与定量相结合，但也可以是以定量为主或以定性为主，根据具体情况而定。

2. 制订评分表

评分表内容包括所有的评价指标及其等级区分和打分。

3. 根据指标和等级评出分数值

评价者收集和指标相关的资料，给评价对象打分，填入表格。打分的方法，一般是先对某项指标达到的成绩做出等级判断，然后进一步细化，在这个等级的分数范围内打上一个具体分数。这时往往要对不同评价对象进行横向比较。

4. 数据处理和评价

数据处理和评价工作包括：① 确定各单项评价指标得分；② 计算各组的综合评分和评价对象的总评分；③ 评价结果的运用。将各评价对象的综合评分进行分析，按原先确定的评价目的，予以运用。

第三节　学科教学评价的内容

从学科教学评价的内涵可以看出，学科教学评价的内容是多方面的。其中，在教学活动中经常进行的是教师课堂教学评价和学生学业质量评价。

一、教师课堂教学评价

课堂教学评价是指对在课堂教学实施过程中出现的客体对象所进行的评价活动，其评价范围包括教与学两个方面，其价值在于课堂教学。课堂教学评价是促进学生成长、教师专业发展和提高课堂教学质量的重要手段。

从一堂课的教学活动及其过程看，课堂教学评价的内容维度主要包括教学的目的与任务、教学内容的安排、教学手段与方法、教学的形式与结构、教师的教学态度、教师教学基本功和课堂教学效果共七大方面。围绕每个评价的内容维度，进一步细化内容维度评价的指标点，并赋予一定的分值，形成一个可观测、可操作、可评价的指标体系，为教师进行课堂教学评价的实施提供良好的基础。从当前看到的课堂教学评价量表看，中小学实际运用的课堂教学评价量表在格式与指标上存在着一定的差异性。新课改以来，中小学常见的教师课堂教学评价量表如表 9.2 所示。

表 9.2　教师课堂教学评价量表

<table>
<tr><td>姓名</td><td></td><td>学科</td><td></td><td>授课班级</td><td></td><td>课型</td><td></td><td colspan="4">时间</td><td></td></tr>
<tr><td>课题</td><td colspan="7"></td><td colspan="4">课时</td><td></td></tr>
<tr><td colspan="7" rowspan="2">课堂评价指标</td><td rowspan="2">权重</td><td colspan="4">等级评价</td><td>得分</td></tr>
<tr><td>A</td><td>B</td><td>C</td><td>D</td><td></td></tr>
<tr><td rowspan="2">教学目标
10 分</td><td colspan="6">① 符合学科课程标准和教材的基本要求及学生的实际，包括知识与技能、过程与方法、情感态度价值观等方面，与学生的心理特征和认知水平相适应，关注学生差异</td><td>5</td><td>5</td><td>4</td><td>3</td><td>2</td><td></td></tr>
<tr><td colspan="6">② 教学目标明确、具体、可操作性强</td><td>5</td><td>5</td><td>4</td><td>3</td><td>2</td><td></td></tr>
<tr><td rowspan="3">教学内容
15 分</td><td colspan="6">① 结构化：形成合理的知识结构，突出重点、兴趣点，难易适度</td><td>5</td><td>5</td><td>4</td><td>3</td><td>2</td><td></td></tr>
<tr><td colspan="6">② 生活化：学习内容融入学生经验之中，联系生活和社会实际，适时拓展，强化实践，贯穿体验与感悟</td><td>5</td><td>5</td><td>4</td><td>3</td><td>2</td><td></td></tr>
<tr><td colspan="6">③ 整合化：正确把握学科和知识、思想和方法，重视教学资源的开发与整合</td><td>5</td><td>5</td><td>4</td><td>3</td><td>2</td><td></td></tr>
</table>

续　表

课堂评价指标		权重	等级评价				得分
			A	B	C	D	
教学过程15分	① 课堂气氛宽松、和谐、活跃、有序、师生关系融洽，尊重每一名学生	5	5	4	3	2	
	② 为每名学生提供平等参与的机会，引导学生主动、合作学习，组织多种形式的探究、讨论、交流等活动	5	5	4	3	2	
	③ 鼓励学生大胆质疑，发表不同的意见，以学生问题为出发点，实现动态生成的教学过程，善于鼓励学生参与，点评适宜	5	5	4	3	2	
教学方法15分	① 寓学法指导、德育于教学之中，指导具有针对性、启发性、实效性	5	5	4	3	2	
	② 因课制宜，因材施教，教法择优组合，为学生的学习设计并提供合理的学习资源，学习活动所需的相关材料充足	5	5	4	3	2	
	③ 现代教育技术应用适时适度，操作准确、熟练	5	5	4	3	2	
学生活动15分	① 学生对问题情境关注，参与活动积极主动	5	5	4	3	2	
	② 学生参与活动的人数较多，参与学习活动方式多，参与活动的时间充分	5	5	4	3	2	
	③ 学生能提有意义的问题或能发表个人见解，大多数学生能按要求进行操作，能够倾听、协作、分享	5	5	4	3	2	
教师素养10分	① 有较强的组织协调能力、应变能力和即时性评价能力，有教改创新精神，有独特良好的教学风格	5	5	4	3	2	
	② 教师情绪饱满、语言生动准确，教态亲切有感染力，板书工整、规范，教案规范	5	5	4	3	2	
教学效果20分	① 基本实现教学目标，多数学生能完成学习任务，每名学生都有不同程度的收获，课堂练习与检测效果好	7	7	5	4	3	
	② 学生在学习和解决问题过程中形成一定的能力和方法	7	7	5	4	3	
	③ 学生体验到学习和成功的愉悦，有进一步学习的愿望	6	6	4	3	2	
评语				总分			
				等级			
改进建议							

教育部最新颁布的2022年版义务教育课程标准中，对不同学科的课堂教学评价都提出了指导性建议，教师要认真去学习和掌握，从而有效地开展课堂教学评价活动。例如，在《义务教育语文课程标准（2022年版）》中，对于课堂教学评价的建议为：

> 课堂教学评价是过程性评价的主渠道。教师应树立“教—学—评”一体化的意识，科学选择评价方式，合理使用评价工具，妥善运用评价语言，注重鼓励学生，激发学习积极性。
>
> 在小组合作、汇报展示过程中，教师应提前设计评价量表，告知评价标准，引导学生合理使用评价工具，形成评价结果；要注意观察小组成员的分工方式、讨论程序和对不同意见的处理，关注学生在发言和倾听发言时的规则意识和交际修养，借助评价引导学生反思学习过程。组织学生互相评价时，教师要对同伴评价进行再评价，提出指导意见，引导学生内化评价标准、把握评价尺度，在评价中学会评价。
>
> 课堂互动中，教师要关注学生知识基础、认知过程、思维方式、态度情感等方面的表现，深入分析这些表现及其影响因素，及时给予有针对性的指导。

二、学生学业质量评价

学生学业质量评价是对学生在完成课程阶段性学习后的学业成就表现的一种评价，反映学科核心素养的要求。2001年我国开始实施的新课程改革，在学业成绩之外提出了新的学业评价标准，强调“评价不仅要关注学生的学业成绩，而且要发现和发展学生多方面的潜能，了解学生发展中的需求，帮助学生认识自我、建立自信，发挥评价的教育功能”。在实践中引入综合素质评定，并逐渐与升学挂钩。这种过程性评价、表现性评价的理念虽然得到了老师和学生的认同，但评价内容仍然单薄，主要体现在：① 对教育质量中的核心指标“学生学业质量”的评价主要停留在书面层面，以“学业成绩”代替“学业质量”；② 评价功能仍以结果证明为主，不利于发现教学实施过程中的问题并加以改进；③ 基于课程标准的评价虽然可以在不同学生、不同学校、不同地区间进行横向比较，确定学业质量在同辈群体中的位置，但由于缺少常模和统一的底线质量标准，而无法对学业质量水平做出客观评价，也无法在不同年份间进行纵向比较。

2003年，为了加强对基础教育质量的检测，对教学过程进行管理和指导，教育部基础教育课程教材发展中心与上海市教委启动了“建立中小学生学业质量分析、反馈与指导系统”项目，并通过学业测试和问卷的形式在全国展开。学业质量“绿色指标”分为学生学业水平指数、学生学习动力指数、学生学业负担指数、师生关系指数、教师教学方式指数、校长教学管理能力指数、学生社会经济背景与学业成绩相关指数、学生品德行为指数、身心健康指数，以及上述各项指标的跨年度进步指数。这些指标指数的内容如表9.3所示。

表 9.3　《上海市中小学生学业质量绿色指标》核心指数①

<table>
<tr><td rowspan="6">学生学业水平指数</td><td>学生学业成绩的标准达成度</td><td colspan="2">学生学业水平标准是依据课程标准，确定学生在某一学科、某一阶段应该掌握的基本内容与核心能力的标准等级。学业成绩的标准达成度指的是学生在各学科达到合格水平以上的人数比例</td></tr>
<tr><td>学生高层次思维能力</td><td colspan="2">在关注学生标准达成度的同时，也要关注学生的高层次思维能力。高层次思维能力主要包括知识迁移的能力，预测、观察和解释能力，推理能力，问题解决能力，批判性思维和创造性思维能力等</td></tr>
<tr><td rowspan="4">学生学业成绩均衡度</td><td>学生学业成绩总体均衡度</td><td>指的是测试地区学生学业成绩总体差异的大小</td></tr>
<tr><td>学生学业成绩区县间均衡度</td><td>指的是测试地区中各区县之间学生学业成绩差异的大小</td></tr>
<tr><td>学生学业成绩学校间均衡度</td><td>指的是各学校之间学生学业成绩差异的大小</td></tr>
<tr><td>不同群体学生学业成绩均衡度</td><td>指的是不同群体（如城市与农村等）学生学业成绩差异的大小</td></tr>
<tr><td rowspan="4">学生学习动力指数</td><td>学习自信心</td><td colspan="2">主要指学生对自我学习能力的评价、尝试解决困难问题的意愿、对取得优异学习成绩和完成学习目标的预期等</td></tr>
<tr><td>内部学习动机</td><td colspan="2">主要指学生对学习本身的兴趣、对于学习目的和意义的认识等</td></tr>
<tr><td>学习压力</td><td colspan="2">主要指学生在学习过程中产生的心理负担和焦虑</td></tr>
<tr><td>学生对学校的认同度</td><td colspan="2">主要指学生的同学关系、是否愿意参加学校集体活动、是否喜欢学校以及在学校是否会感到孤独等</td></tr>
<tr><td>学生学业负担指数</td><td colspan="3">学业负担指数是对通过问卷调查所获得的学生睡眠时间、作业时间和补课时间等数据进行分析合成得到的结果</td></tr>
<tr><td>师生关系指数</td><td colspan="3">师生关系的调查主要包含教师是否尊重学生，是否公正、平等地对待学生，是否信任学生等。师生关系指数是对通过采集学生问卷而获得的数据进行分析得到的结果，其中包括总体状况及分学科的状况</td></tr>
<tr><td rowspan="2">教师教学方式指数</td><td>教师对教学方式的自评</td><td colspan="2">教师对教学方式的自评主要有三个指标，分别为因材施教、互动教学和探究与发展能力。它们是通过采集教师问卷数据，并对数据进行分析而得到的结果</td></tr>
<tr><td>学生对教师教学方式的评价</td><td colspan="2">学生对教师教学方式的评价是通过采集学生问卷数据，运用统计方法进行分析得到的结果。问卷内容主要包括教师是否进行情境教学、是否鼓励学生动手实践等问题</td></tr>
</table>

① 刘广宇：《中小学生学业质量综合评价体系改革的探索——以上海市为例》。

续　表

校长教学管理能力指数	校长教学管理能力调查分析包含三个方面，分别为课程决策与计划、课程组织与实施、课程管理与评价
学生社会经济背景与学业成绩相关指数	该指数是通过问卷采集学生父母受教育程度、职业、家庭文化资源等数据进行统计分析合成的结果。将学生社会经济背景指数与学生学业成绩进行相关分析，可分析家庭对学生学业成绩的影响，也可从中看出学校教育的作为
品德行为指数	良好的品德包括热爱祖国、自尊自爱、尊重他人、有诚信和责任心、遵守公德以及拥有关怀之心和公正之心。品德行为指数是通过采集学生问卷数据，进行数据分析得到的结果
身心健康指数	学生的身心健康主要通过调查学生近视率、肥胖率、身体素质及幸福感等指标来反映。身心健康指数是通过采集学生问卷数据和相关部门的调查，进行数据分析得到的结果
进步指数	通过大规模测试中历年数据的纵向比较，可以反映以上各项指标的变化情况，即进步或退步。进步指数包括学习动力进步指数、师生关系进步指数、学业负担进步指数等

第四节　学科教学评价的方法与原则

学科教学评价是一项比较复杂的工作，要想使评价结果达到科学性、可靠性和有效性，教师需要掌握一些科学的教学评价方法，遵循一定的教学评价原则。

一、学科教学评价的方法

学科教学评价的方法是为了完成教学评价任务、实现教学评价目的而采用的办法和手段。在教学过程中，教师常用的学科教学评价方法有纸笔测试、量表评价和成长档案袋等。

（一）纸笔测试

纸笔测试就是以学生集体，如班级、年级或整个学区等为对象，让每名学生共同回答事先仔细拟定的题目。对于规模较小的测试或测验，一般由作为评价者的教师自行掌握，灵活性较大。规模较大的考试，包括试卷的印制、考场的安排、考试的组织等系列工作，这是学生学业成绩评价中最常用的方法。根据测验范围的不同可以是班级内课堂测试，也可以是单元结束时的阶段测验，或学期末的年级考试、跨学校的统考等。

纸笔测试是传统的却又是最常用的学生学科学业评价的方法。学业评价不等于考试，考试只是评价的方式之一，它们是两个既有联系又有区别的不同概念。纸笔测试或考试是学业评价的重要组成部分；纸笔测试或考试作为一种测量的结果，只是学业评价中的一个依据；而学业评价则是对学生学业的整体性评价。“任何考试都不能完全真实地反映学生学业成就的整体面貌，过于迷信分数和简单追求分数，容易导致分数主义，甚至出现以分数取代教学目的和目标的现象，从而对正常教学形成冲击。”① 学科测试是评定教师教学水平和学生学习效果的重要手段，课程改革并不排斥纸笔测试和考试，关键是测试内容和方式的改革要符合课程的要求，应该正确认识其评价作用。

纸笔测试具有较大的灵活性，可以用于教学的各个阶段。纸笔测试如果编制得当，实施得法，能够在很大程度上了解学生学习的水平，把握学生的学习变化状态。为了增加纸笔测试的科学性，避免纸笔测试中极易出现的命题的客观性差、评分标准不一致等方面的问题，按照学科课程标准的要求，教师可以遵循编制试卷的基本步骤做好测试工作：

1. 进行总体构思，确定命题计划

总体构思包括：明确考试的目的性质，是学期前预备性（摸底、预测、分组）的，或是学期中形成性（诊断、激励）的，还是学期末总结性（评定）的；确定考试的内容、范围和要求。命题计划是编制试题的依据，是科学设计试题、周密安排考试内容、便于命题有章可循的蓝图。要依据课程标准、考试大纲确定考试范围和考点。命题计划包括两项内容：① 编制试题的原则和要求，说明考试的内容范围、方法目标、试题类型、编制试题和组配试卷的要求；② 规定试卷中试题的分布，即具体考试内容中各部分试题的数量分布和所占比例，使考试内容难、中、易比例适当，既考虑大部分学生考试成绩要达标，又考虑各档次学生考试成绩要拉开距离。

2. 选择题型，实施编制

试题是组成试卷的基本单位，试题有的考查知识与能力，有的考查过程与方法，还有的考查情感态度与价值观，目标不同，试题的要求不同。以语文试题为例。语文试题的题型可分为两大类。一类是客观题（又称封闭式题），题量大，覆盖面广，答案唯一，评分客观、准确。要考查学生的记忆、理解能力，试题编制时间较多而阅卷时间较少者，可多选客观题，如填空、判断与选择题等。其局限是难以考核表达能力、发散思维能力，难以反映解题的思维过程。另一类是主观题（又称开放式题），这类试题利于诊断性考试和进行整体性的综合考试，能提高考查的深度，能反映出学生的观点和语言表达能力，考核学生的分析问题、解决问题的能力。

一套试题究竟要用哪几种题型，每种题型要出多少道题，要根据测量目标、各种题型的特点和功能、测量内容的特点、学生的情况、测验的时间等各方面的因素，灵活确定。但所有纸笔测试都应体现以下要求：题型多样，分值合理；要有难度区分；表述严密，没有知识性错误；有明确的评分标准。

（二）量表评价

量表评价也称评定量表评价法。评定量表是用来对评价对象进行量化观察的一种测量

---

① 黄甫全、王本陆：《现代教学论学程》（修订版），教育科学出版社 2003 年版，第 347—348 页。

工具，它可以有效收集客观实际情况资料，适合对学生表现性行为或者作业进行评定。常见的量表评价类型有如下几种：

1. 数字等级评定量表

数字等级评定量表是用圈画数字的形式来评定所列行为的等级。行为特性一般分为三至五个等级，用数字 1、2、3、4、5 来表示并对数字等级做简单的文字说明。

例如，为评价学生在课堂讨论中所表现出的积极程度，以及学生所谈内容与课堂讨论主题联系的密切程度等项目，可以用“5、4、3、2、1”分别表示行为特性的“很高”“较高”“一般”“较低”“很低”五个等级程度。

学生演讲评定量表如表 9.4 所示。

表 9.4　学生演讲评定量表

说明：根据学生演讲时表现的行为特性程度选择适当的数字等级。
1—从未，2—很少，3—偶尔，4—总是。

		从未	很少	偶尔	总是
肢体表达方面	1. 站立姿势自然，并且面对听众	1	2	3	4
	2. 随着说话音调的高低而变化面部的表情	1	2	3	4
	3. 保持与听众目光接触	1	2	3	4
声音表达方面	4. 说话声调稳定、清晰	1	2	3	4
	5. 变化音调，以强调说话的重点	1	2	3	4
	6. 说话的音量能使听众听清楚	1	2	3	4
	7. 每一个字都能正确发音	1	2	3	4
语言表达方面	8. 使用能清楚表达意思的精确词语	1	2	3	4
	9. 避免不必要的重复	1	2	3	4
	10. 用完整的语句表达意思	1	2	3	4
	11. 信息表达有逻辑性	1	2	3	4
	12. 下结论时，能扼要重复重点	1	2	3	4

等级评定量表一般适用于过程评价。学生在许多课程或者专题（如学生说话的能力、辩论的技巧、实验设备与仪器的操作、体育运动的动作技能、体操技能技巧等）上的成就会通过行为表现出来，这些学习内容与活动用书面测验很难充分体现，只有以直接或者间接的方式，从活动表现的全过程或者部分过程去观察评价，才会客观真实。这种评价的方法也适用于成果评价，如学生的写作能力、绘图能力、归纳主题能力、网页制作能力、程

序设计能力、数学建模能力等，最好是通过学生的作品与成果进行评价。

2. 图示等级评定量表

图示等级评定量表是在每个行为特性项目的下边或者右边，给出水平横线图尺的等级刻度，图示等级量表法和数字等级量表法有很多相同的地方，但是数字等级量表法只能是整数等级，而图示等级量表法可以在连续的水平线上任意取值。

3. 标准评定量表

将观察对象的行为与总体做比较，以标准分数或百分位数等相对分数加以评价判断。如为申请人写推荐信，可将申请人与相应的群体相比较而做出判断。

总之，等级评定是一种与特定背景和情境相关，有多方面作用的复杂过程，具有评价、交流、激励和组织等作用。教师在运用等级评定时，首先要设定等级评定过程，即确定适用于等级评定的作业或任务；其次，在等级评定过程中，既要注意激发学生的学习动机，又要建立等级评定的标准。

（三）成长档案袋评价

成长档案袋评价，是指通过汇集学生作品、样品的形式来展示学生的学习和进步状况。它是“根据教育教学目标，有意识地将学生的相关作品以及其他有关证据收集起来，通过合理的分析与解释，反映学生在学习与发展过程中的优势与不足，反映学生在达到目标过程中付出的努力和进步，并通过学生的自我反思激励学生取得更高的成就”。

档案袋提供了反映学生学业发展历程的代表性作品，是一个不断丰富的学生作品集，突出学生的特长和优点，展现学生在某一时期内所取得的进步。通过这种方式，学生可以直观地看到自己努力学习的结果，并能进行自身发展的纵向比较；这种方式帮助每一名学生都留下成长进步的足迹，从而增强自信心。成长档案袋评价是最能体现人文性教育理念的教学评价方法。

从理论和实践角度看，成长档案袋法有以下几个特征：

1. 学生档案袋的创造者是学生

学生档案袋的形成过程就是学生对于学习过程的总结和反思的过程，成长记录的基本成分是学生作品。

成长记录主要收集学生在学习过程中生成的各种作品（作业、论文、手工作品、表演录像等），用以展现学生的努力、成就与进步，描述学生学习的过程与结果，这是它与传统评价的最大不同，也是它的一大特色。可以说学生作品是重要的评价信息来源，是构成成长记录内容的主体。只要是能反映学生发展情况的资料，就可以不分主次地收集起来。

2. 学生档案袋中的内容选择是有目的的，不是随意的

学生档案袋的形成对于学生来说是一个收集、选择和反思的过程，也就是说，学生档案袋的内容往往是根据使用成长记录的目的而收集的。如果创建成长记录的目的是展示学生的最优成果，那么收集的内容就是学生认为最满意或者最重要的作品；如果创建成长记录的目的是描述学生在某一个时期内学习与发展的过程，那么收集的内容就不仅是最终的

作品，还要有过程性的东西。

3. 教师要对学生档案袋的内容进行随机的反馈

教师的反馈对于学生档案袋来说是一个必不可少的内容。教师的反馈不仅能对学生的作品收集加以分析、指导，还是促进学生自我反思与成长的一种重要手段。重视学生在成长记录创建与使用中的参与，尤其是学生的自我评价和反思，是成长记录的一个重要特色。例如，北京市育英小学四年级语文教师张育红在把学生档案袋应用于写作时，就利用两篇文章与学生一起讨论可以从哪些方面对文章进行评价，并如何将自己的评价用语言表述出来，结果发现学生的评价水平有了明显的提高。

作为质性评价的方法，成长档案袋法本身没有标准化限制。因此，教师、学生和研究者都可以根据课程与教学目标，在实际中运用各种类型的成长档案袋，是记录某一学生在一个特殊时期内的系列成长故事，是评价学生进步过程、努力程度、反省能力以及最终发展水平的最理想方式。各学科档案袋内容示例如表 9.5 所示：

表 9.5　各学科档案袋内容示例①

课程领域	可收集的内容
语文	优秀的作业、最佳书法作品、最好的单元测验试卷、最满意的手抄报、最满意的作文、最佳的口语交际活动的录音、最得意的阅读笔记及评论等
数学	优秀的作业、最好的测验试卷、最喜爱的教学小制作、印象深刻的问题解决过程的记录、最佳活动报告或数学小论文、自己特有的解题方法等
英语	优秀的作业、最好的测验试卷、最满意的口语录音、参加角色扮演和英语剧演出的录像、最满意的英语句子或作文、最满意的英文手抄报等
艺术	自己创作的音乐曲谱，最满意的海报或宣传画，最喜欢的自拍照片，最满意的手工制作，最满意的其他美术作品，参加音乐、舞蹈、戏剧等的录音或录像等

档案袋的建设由学生及其同伴、教师与家长共同参与。在建立档案袋之初，师生都应明确选择档案袋内容的标准。根据入选材料性质的不同，可以分为最佳作品档案袋和学习过程档案袋。最佳作品档案袋主要是学生学习中产生的最佳或最终的作品。以数学学习为例，最佳作品包括：学生对问题的最佳解答；学生开发出的最佳原创数学理论；对数学期刊的最佳评论或学生撰写的数学家传记；对问题解决的最佳描写（描写问题解决的过程）；学生探究过的数学理念的一张照片、图解或概念图。②

学习过程档案袋重点通过档案袋监测学生的学习和思维能力的进步，诊断学习和思维困难并协助探索解决策略。它要求学生一步步检查自己在一定领域中学习进步的成果，提交的内容可以由教师确定，但学生要负责收集自身必要的成果，成为自身进步和成果的积极评价者。

① 田慧生：《课堂评价的理论与实践》，远方出版社 2004 年版，第 139 页。

② 赵必华、查啸虎：《课程改革与教育评价》，安徽教育出版社 2007 年版，第 91 页。

当然，在学生学业成就评价实施过程中，重视档案袋等评价方式应用的同时，不可忽视书面检测、师生交流等传统评价方式。在实践中应根据评价目标和内容、学校和师生的实际情况等多种因素，综合运用多种评价方法。无论采取何种评价方式，师生在运用这些方法的过程中都要关注评价的信度、效度和实效。信度是指通过这些评价方法所获取的信息的真实性和可靠性。效度是指评价结果所做的推论的准确性和有效性。实效则关注评价是否真正起到了促进学生学业发展的实际作用，以保证评价的科学性和实用性。

二、学科教学评价的原则

（一）客观性原则

客观性原则是指在进行教学评价时，从测量的标准和方法到评价者所持有的态度，特别是最终的评价结果，都应该符合客观实际，不能主观臆断或掺入个人情感。因为教学评价的目的在于给学生的学和教师的教以客观的价值判断，如果缺乏客观性就失去了意义，甚至会导致教学决策的错误。

（二）整体性原则

整体性原则是指在进行教学评价时，要对组成教学活动的各方面做多角度、全方位的评价，而不能以点代面，一概而论。教学系统的复杂性和教学任务的多样化，使得教学质量往往从不同的侧面反映出来，表现为一个由多因素组成的综合体。因此，为了反映真实的教学效果，必须把定性评价和定量评价综合起来，使之相互参照，以求全面准确地判断评价客体的实际效果，同时要把握主次，区分轻重，抓住主要的矛盾，在决定教学质量的主导因素上花大力气。

（三）指导性原则

指导性原则是指在进行教学评价时，不能就事论事，而是要把评价和指导结合起来，要对评价的结果进行认真分析，从不同的角度找出因果关系，确认产生的原因，并通过及时的、具体的、启发性的信息反馈，使被评价者明确今后的努力方向。

（四）科学性原则

科学性原则是指在进行教学评价时，要从教与学相统一的角度出发，以教学目标体系为依据，确定合理的统一的评价标准，认真编制、预试、修订评价工具；在此基础上，使用先进的测量手段和统计方法，依据科学的评价程序和方法，对获得的各种数据进行严格的处理，而不是依靠经验和直觉进行主观判断。

（五）发展性原则

发展性原则是指在进行教学评价时，要采用鼓励师生、促进教学的手段，因此教学评价应着眼于学生的学习进步和动态发展，着眼于教师的教学改进和能力提高，以调动师生的积极性，提高教学质量。

本章小结

1. 学科教学评价是以学科教学目标为依据，按照科学的评价标准，运用一切有效的技术手段，对学科课堂教学过程及结果进行测量，并给予价值判断的活动过程。

2. 学科教学评价是教学过程的有机组成部分、学科教学决策的基础、学生学习决策的基础、学生的一种学习机会。它具有导向、诊断、调节、激励、管理等功能。

3. 学科教学评价依据不同的标准可以具体分为不同的类型，这些类型主要包括诊断性评价与形成性评价、总结性评价与过程性评价、单向评价与综合评价。

4. 在教学活动中经常进行的是教师课堂教学评价和学生学业质量评价。

5. 在教学过程中，教师常用的学科教学评价方法有纸笔测试、量表评价和成长档案袋评价。

6. 学科教学评价的原则包括客观性原则、整体性原则、指导性原则、科学性原则，以及发展性原则。

案例研讨

佳欣是一个内向憨厚的女孩。由于只接受了一年多的学前教育，刚步入小学一年级，就在识字量上与同班学生有了差距。就拿每次“开火车”认读生字来说吧，“火车”只要开到她那里就肯定停滞不前。一次，二次，三次……每次都这样，同组的同学就对她有抱怨了，有的说：“都怪你，我们组每次开火车都是最慢的。”有的说：“你真笨，这么简单的字都不认识。”还有的说：“你真是个小笨猪。”同学们的歧视和挖苦，让佳欣觉得自己一点用都没有，更失去了求知的欲望和学习的信心。我知道像佳欣这样的孩子若不能在群体中得到善待和友爱，很容易会自暴自弃，不求上进。于是，我有了一个设想：如果每天放学后利用一点课外时间提前把第二天要认读的生字帮她认牢，那么第二天“火车”开到她那里时不就能顺利通过了吗？于是我在一个有利的时机实施了我的想法。第二天，当“火车”开到佳欣那里时，我看到了她的紧张。于是，我赶紧向她投去信任的目光。我知道她看懂了，因为她成功了。我带头为她鼓掌。第二天，第三天……我都会以热烈的掌声来为她加油，而她也用自己的努力证明了自身的价值。终于有一天，同学们自发地给了她热烈的掌声。那天，我送给全班同学一句话：“老师真高兴，因为你们学会了欣赏自己的同伴。”

结合本章所学的知识，对案例中教师的做法进行分析评价。

技能训练

下面是某小学教师的一堂课的教学实录，请结合本章所学的知识，对该授课教师的课堂教学进行评价。

《小　书　架》

执教者：黄桂鑫

一、课前游戏

师：和老师一起做个游戏怎么样？伸出你的小手来，我说你做：左手搓，右手拍，左手右手一起来。

生：（跟老师口令反复做）

师：玩好这个游戏，不但要动脑，还需要两只小手相互合作。上好这节课啊，也需要同学们积极动脑和学习伙伴们相互合作好，表现好的同学教师要把这漂亮的小星星送给他，有信心得到它吗？

生：有。

师：上课！（师生问好）

二、激趣导入

师：看老师给你们带来了什么礼物！

生：小书架。

师：（出示书架画图）对，小书架啊与我们的生活密不可分，丁丁家就有个好习惯，每天晚饭后全家人都要围坐在一起读书看报，我刚刚接到了丁丁的邀请，他想请我们全班同学去参观他家的小书架，你们想去看看吗？

生：想。

师：这节课我们就来学习这首很好听的儿歌《小书架》（板书，生齐读）。

三、初读感知

师：让我们一同走进丁丁家的小书架，请小朋友们轻轻地打开书，翻到第25页，认真听老师读课文，小手小手——

生：（快指上）

师：听完后，你想对老师说点什么啊？

生1：老师您的声音真好听！

生2：您读得很有感情，我也要向您学习。

师：谢谢小朋友们的夸奖，那你想学着老师的样子来读读课文吗？别忘了，把课文中你不认识的和感到陌生的字宝宝，用笔画个圈。

生：（自读课文，画不认识的字。）

师：谁能勇敢地站起来读给大家听啊？其他小朋友认真听，你们来当小评委。

师：（指名读）他读得怎么样啊？

生1：他的声音很响亮！

生2：他平翘舌分得很准确，读得又有感情。

四、合作识字

师：小书架很神奇，它知道小朋友们在书中都画了哪些字宝宝，不信你来看。（师边读字边贴板书）想和他们成为好朋友吗？生字宝宝早已飞到小组长的书桌上了，各位小组长，你想用什么方法带领大家学习呢？

生 1：我想和组员拼音识字。

生 2：我想用打电话的方法和大家边做游戏边识字。

生 3：先一起读几遍再相互考一考。

师：你们的方法都不错，快快行动吧！

生：（小组合作识字。）

师：小朋友们学得很认真，老师知道有些字是你原来就会的，那通过刚才的学习，你新学会了哪些字呢？

生 1：我学会了“给”“间”“要”“放”四个字。

生 2：小书架上的 10 个生字我都学会了！

师：那你是怎样学会的呢？

生 2：是小组长把我教会的。

生 3：我认识了“放”“要”“间”“给”“每”“我”这几个字。

师：你又是怎样学会的呢？

生 3：我是通过拼音识字学会的！

师：你们的收获可真大，丁丁这个热情好客的好孩子，看到你们来到他家别提有多高兴了，他很想和大家一起玩开火车的游戏，你们愿意吗？

生：愿意！

师：太好了！现在我们就请一、二、三组的同学分别开火车，先请第一组出发！

生：（第一组同学开火车读字）每每，每是我的好朋友。（拍手唱读）

师：这列火车的速度真挺快，但是现在火车都提速了，第二组的同学能不能超过他们呢？

生：能！（第二组拍手轮读）

师：第三组同学老师希望你们能以最快的速度把火车开到终点，有信心吗？

生：有！（第三组热情高涨拍手唱读）

师：你们都很棒！火车已经到站了，可字宝宝们仍孤独地站在这里，他们好想找到自己的好邻居，你们愿意帮助字宝宝组词找邻居吗？

生：愿意。（生自由选字组词）

师：（一生组词说到“我们”）这个词组得好！下面老师要考考大家，（课件出示：我们一起）你能把它变成一句完整的话吗？

生 1：我们一起做游戏。

生 2：我们一起学习。

生 3：我们一起唱歌。

师：是啊，我们一起可以做很多快乐的事。那你能用“我们”说一句话吗？

生 1：我们是祖国的花朵！

生 2：我们每天都要看书！

生 3：我们都很喜欢黄老师。

师：同学们的语言可真丰富，来看看这些字宝宝哪两个与众不同呢？发现了吗？（板书字时“上下”与其他字颜色不同）

生：我发现“上”和“下”是蓝色的。

师：你很善于观察，请大家用小手指指上面，再指指下面，“上下”是一对反义词，看看我们的教室哪些物品摆放在上面，哪些又放在下面呢？

生 1：电脑在桌子的上面，桌子在电脑的下面。

生 2：椅子在我的下面，我在椅子的上面。

生 3：橡皮在书的上面，书在橡皮的下面。（动手摆着说）

师：同学们不但观察得仔细，说得也很棒！再来看看这些可爱的字宝宝，你能用其中的两个或三个说一句话吗？

生 1：我每天放学都和小红一起走。

师：用上了三个字宝宝，“我”“每”“放”，真不错！

生 2：我要给妈妈买一间房子。

师：你真是个懂事的好孩子，而且用上了四个字宝宝，老师奖给你一颗小星星，继续努力！让我们接着为字宝宝找邻居。

（间休）师：小朋友们帮字宝宝找到了这么多好邻居，字宝宝非常感谢大家。下面让我们来轻松轻松吧，找到你的好朋友，一起唱起来跳起来，看谁的笑容最甜美。

五、读中升华

师：轻松过后跟我来看看电脑博士给我们带来了什么礼物？（出示课件）哦，是词语卡片，谁想当小老师领着大家读啊？

生：（指名领读）

师：小老师的声音真响亮！让我们把电脑博士的礼物送回课文，用你喜欢的方式来读读课文。

生：（用自己喜欢的方式自由读课文）

师：老师突然想起一句话，“别看书架小，里面全是宝！”为什么说小书架里全是宝呢？

生 1：因为小书架里全是书，书里有很多知识。

生 2：小书架的作用很大，它可以保护书，使书变得更加整齐。

生 3：我的小书架上就有很多课外书，我在上面学到了很多知识，认识了很多字，还学会讲好多故事。

师：小书架是如此的神奇，它可以装载无穷无尽的知识，你们喜欢这神奇的小书架吗？

生：喜欢。

师：带着你对小书架的喜爱之情，把这首儿歌再读一读，如果能加上动作，再把它背下来，那就更好了！一会我要请你们来当小演员。

生：（练读）

师：现在是演艺擂台时间，让我们伴着优美的音乐，把这首儿歌表演给你喜欢的同学或老师看一看，别忘了还要让观众给你评一评啊！

生：（伴着课件音乐表演）

师：丁丁家的小书架我们已经参观完了，你有哪些感想和收获呢？

生 1：我认识了很多字宝宝，很高兴！

生 2：我也要向丁丁学习，每天放学都看课外书。

生 3：以后看完书后，我要把书放到书架上，这样书就不会脏了。

师：老师希望同学们也能像丁丁一样，每天都看课外书，多学知识，养成良好的读书习惯，做一个爱读书、爱动脑的好孩子，好吗？

六、动手作业

师：回家后请小朋友们开动脑筋，设计一个既神奇又漂亮的小书架，然后把你的想法画出来，明天我们来比一比，看谁的设计最有创意！

资源链接

1. 徐继存、徐文彬、孙宽宁：《课程与教学论》（第 2 版），高等教育出版社 2021 年版。

2. 王少非：《课堂评价》，华东师范大学出版社 2013 年版。

3. 周兴国、段兆兵：《课程与教学论》，中国科学技术大学出版社 2012 年版。

4. 张传燧：《课程与教学论》，人民教育出版社 2008 年版。

5. 钟启泉、汪霞、王文静：《课程与教学论》，华东师范大学出版社 2008 年版。

第十章　学科教学技能

学习目标

1. 明确备课、说课、评课等学科教学技能的含义与作用。
2. 掌握备课、说课、评课等学科教学技能的方法与策略。
3. 学会撰写规范的备课、说课、评课和教学反思。

问题导入

英语课文 Lesson 4 “*How many books are there?*” 的教学内容是：数词 forty、fifty、sixty …及交际句型 How many … are there? There are …在导入环节，教师设计了“Listen and do”游戏，要求学生听指令做出相应动作，学生积极性很高。可是，当学生期待教师讲授有关动作方面的知识时，授课教师却话题一转，进入课文主题，活动用时近 8 分钟。

结合学科教学技能的相关知识，你如何评价这位英语教师的教学？

第一节　备课与导学案编制

古语云：“凡事预则立，不预则废。”在学科教学活动中，备课是整个教学过程中必不可少的环节之一，也是一节课能否成功的重要保证。对于教师而言，要想上好一节课，首先必须做好充分的准备工作，这样才能在课堂游刃有余，同时也能使教学具有针对性和目的性，提高课堂教学的效率与质量。

一、备课的内涵、内容与意义

（一）备课的内涵

从概念内涵上讲，备课就是教师课前依据学科课程标准的要求和教材内容特点，结合学生的具体学情，融入自身对课堂教学的理解与思考，选择有效的教学方式、方法，进行规划课堂教学活动的过程。

（二）备课的内容

教师备课的内容主要包括：

1. 研究课标

课程标准是规定某一学科的课程性质、课程目标、内容目标、实施建议的教学指导性文件，是教师进行课堂教学的重要依据。钻研学科课程标准是指教师要清楚本学科的教学目的、教材体系、结构、基本内容和教学法的基本要求，特别是要弄清楚所教学的教材内容在课程标准的学段目标要求及教学建议，从而保证课堂教学能够符合课程标准的规范。

2. 钻研教材

教材是根据课程标准所规定的知识、内容和要求编写而成的，是教师进行教学的重要依据。钻研教材主要是把教科书的内容实质理解透彻，弄清重点难点所在。除了教学大纲和教科书以外，还要钻研教学参考书，搜集、学习其他资料，如阅读图书、报纸、杂志，听广播，看电视、文件等，旨在扩充知识，帮助教师深入领会课程标准和教科书的内容。

3. 了解学生

学生是学习的主体，也是“以学定教”的关键，只有不断激发学生的学习兴趣和学习动机，充分调动学生学习的积极性、主动性，才能把课上好。因此，教师必须了解学生，了解的内容包括年龄、性别、家庭情况、身体状况、心理特点、原有知识水平、兴趣爱好、接受能力、学习态度、学习方法等。

4. 考虑教法

俗话讲“教学有法，教无定法，贵在得法”，教学方法是多种多样的，诸如传统的讲授法、提问法、讨论法、演示法、参观法、实验法、练习法，新课程倡导的自主、合作、探究的教学法等。教师考虑教法就是依据教学要求，对课程的类型、结构和教学方法进行设计。教法是否恰当，是教学能否取得成效的重要一环。年级越低，教学方法越是重要。

5. 准备教具

教具是用来讲解说明某事物的模型、实物、标本、仪器、图表、幻灯片等，包括教学设备、教学仪器、实训设备、教育装备、实验设备、教学标本、教学模型等。为了提高课堂教学效果，应该充分利用各种教具。教具必须事前准备好。

（三）备课的意义

备好课是上好课的前提。对教师而言，备好课可以加强教学的计划性和针对性，有利于教师充分发挥主导作用。通过认真备课，教师熟悉教学内容，掌握教材的重点、难点、关键点，确立教法，准备好教具，设计好教学进程、板书及作业，做到胸有成竹，从根本上保证了教学的质量。

同时，备课有利于提高教师的业务能力和敬业精神。例如，全国著名的语文特级教师于漪老师做到“用一生去备课”，长期坚持“一篇课文，三次备课，两次反思”：

第一次备课——不看任何参考书与文献，全按个人见解准备教案；个人的见解来源于哪里？首先是你对教材与课程标准的理解，它会告诉你该教什么，教到什么程度；其次是关于教学方式、方法，要借助你的课堂教学经验与习惯，它告诉你怎么教；还有一个不能忽视的因素，就是你的学生，他们教你如何因材施教，设计合理的学习过程。

第二次备课——广泛涉猎，仔细对照。查阅名师教案以及相关内容的教学建议，观看名师的课堂实录和录像资料，看一看哪些东西我想到了，人家也想到了；哪些东西我没有想到，但人家想到了，学习理解后补进自己的教案；哪些东西我想到了，但人家没想到，我要到课堂上去用一用，是否我想的真有道理，这些可能会成为我以后的特色。

第三次备课——边教边改，在设想与上课的不同细节中，区别顺利与困难之处，课后再次“备课”，修改教案。

从于漪老师的备课经验可以看出，备课的过程，就是一位教师钻研和学习的过程，是教师能力不断加强和提高的过程，也是教师自我教育的过程，更是教师在思想境界上不断提高，养成一种崇高的敬业精神的过程。因此，坚持做好备课工作，能提高教师自身的专业能力，陶冶自己的品德，净化自己的灵魂，提高自己的修养。

二、备课的类型与策略

（一）备课的类型

教师的备课可以从不同的维度进行分类，按时间维度，备课一般可以分为学期（或学年）备课、单元（或课题）备课和课时备课三种。三种备课要制订三种不同的教学计划。

1. 学期（或学年）教学计划，在学期（或学年）开始之前制订

学期（或学年）教学计划的作用在于明确整个学期（或学年）教学工作的任务和范围，并做出通盘的安排。它一般由两部分组成：一是总的说明，包括教材与学生基本情况的分析、教学目的、教学总时数，以及预定复习、考试和考查时间等；二是教学进行计划表。

2. 单元（或课题）教学计划，在一个单元（或课题）的教学开始之前制订

单元（或课题）教学计划的作用在于对一个单元的教学工作进度做全面安排，一般包括单元（或课题）名称、教学目的、课时分配、课的类型、教学方法、电化教学手段和教具的利用等项目。

3. 课时计划（教案）

课时计划在上每节课之前制订。它对每一节课进行严密的设计，是教师讲课的依据，直接关系到课的质量，一般包括以下几个项目：班级、学科、课题、教学目的、上课时间、课的类型、教学方法、课的进程和时间分配等。有的还列有教具、板书设计和课后自我分析等项目。上课进程中，有时可根据具体情况对原定课时计划做适当调整。

按照个人或集体维度分，可以分为个人备课和集体备课两种。

（1）个人备课。教师个人依据学科课程标准的要求和教材的内容特点，结合学生的具体学情，融入自身的教学思考，选择有效的教学方式方法，规划教学活动。教师个人备课时间上很自由，但备课不一定很全面、很深入。

（2）集体备课是以教研组为单位，组织教师开展集体研读大纲和教材、分析学情、制订学科教学计划、分解备课任务、审定备课提纲、反馈教学实践信息等系列活动。集体备课强调发挥每位教师的智慧，集思广益。其备课过程有研究教材、理解教材、尝试教法的过程，也有教师交流搜集到的材料、钻研教材、提高备课能力的过程，更重要的是，有教师教学理念的交锋过程。集体备课使教师在争论、交流中不断明确认识，实现自身专业素质不断成长。事实证明，“货真价实”的集体备课，能够起到以老促新、以

老带新、以新促老的作用。通过备课组成员之间的思维碰撞，可形成对课堂教学的共识，实现教学资源的共享，在聚力打造高效精品课堂的同时，实现教师专业水平和能力的发展。

（二）备课的策略

新课改强调“以学定教”，对传统的备课从理念到方法上有新的要求。新课改倡导有效备课，要求教师的备课实现新的转变：从学科知识教学转换为考虑如何促进学生主动发展的学科能力教学；从机械地“教教材”转变为自主地开发教材“用教材教”；从课时目标的制订进一步拓展到总体目标、主题目标、单元目标的系列设计；从展示教师的教学技巧转变为提供学生发展的机会；从简单的案头备课转变为优秀教案；从教师组织活动转变为师生多向互动；从依从教参的一次备课转变为研究课堂的二次开发。因此，教师在进行备课时，无论是教师个人备课，还是集体备课，必须立足于学生的学，更新传统备课的观念，从五方面去下功夫：

1. 领悟课标要求，明确学科教学目标方向

课程标准体现国家对不同阶段的学生在知识与技能、过程与方法、情感态度与价值观等方面的基本要求，规定各门课程的性质、目标、内容框架，提出教学和评价建议。它是教材编写、教学、评估和考试命题的依据，是国家管理和评价课程的基础。新课标强调学科教学要依据各门课程的特点，结合具体内容，加强德育工作的针对性、实效性和主动性，对学生进行爱国主义、集体主义和社会主义教育，加强中华民族优良传统、革命传统教育和国防教育，加强思想品质和道德教育，引导学生树立正确的世界观、人生观和价值观；要倡导科学精神、科学态度和科学方法，引导学生创新与实践。这些新的目标要求需要教师认真去学习、领会，将它们变成课堂教学目标，并且在教学活动中实现课标的预期目标。

2. 钻研教材内容，挖掘教材的关键价值

教材是学生学习和教师教学的重要内容和手段。教材融入了先进的学习与教学的理念和方法，教师要考虑的是怎样利用教材。教师只有认真细致地研究教材，对教材有一个全面的、正确的理解和把握，才能设计一个比较合理的教学设计。教学的过程是教师“用教科书教”的过程，而不是“教教科书”的过程。要让学生学得好，学得生动有趣，作为教师，就必须充分挖掘教材的学习价值关键所在，并且采用生动形象的方式加以呈现，让学生对课堂感兴趣，变“苦学”为“乐学”。一切方法，只要有利于激发学生的兴趣，有利于培养良好的学习习惯，都应该采用。

备课时，教师要钻进教材之中，但同时必须有自己的钻研、解读和思考，讲出新意和深意。教师要跳出教材，超越教材，灵活变通教材中与学生的口味不相符或滞后于学生发展的内容，及时关注时代发展的新动向，吸收生活中鲜活的素材，把它及时地整理、融入到自己的教学中。教师要把自己变成教材的主人，充分发挥教材的功能，这样才能使学生得到充分的发展。

作为教师，必须在上课之前有效地备好课。此外，还要明确每节课教学的重点与难点，体会学生学习过程中的困难之处，重点加以突破，而不是面面俱到，胡子眉毛一把

抓；要合理地安排讲练时间，每节课都要有比较深入的信息反馈与调整，确保每节课中目标的达成度。

3. 分析学生学情，创建有效的课堂学习氛围

学生是课堂的学习主体和发展主体，在备课时，要考虑到学生的实际水平，做到“以学定教”，提高课堂的教学效率。以往的教学以传授知识为中心，因而备课的重点往往放在知识的习得、技能的训练上。在新课程的课堂教学中，备课的重点应转移到学生的发展上来。教师不仅要考虑让学生课堂上学什么，怎样学，更应考虑这样的学习对学生的发展有什么作用，要时时把学生的需要放在首位。如对教材的处理是否能吸引学生学习；问题的设计是否能激活学生的思维；教学方式是否有利于学生主动探究。教师要做学生的贴心人，要了解他们的心理特点，关心他们的学习和身心健康，尊重学生的思想，善于激励他们。只有站在学生的立场上，对学生的鼓励和批评才具有实际效果，否则反而产生负效益。总之，只要从学生的发展着眼，真正在备课的每一环节都想着学生的发展，想着为学生的健康成长服务，那么我们的课堂教学就会回归教育的真实。

4. 选择教学方法，引导学生积极主动学习

教无定法，教无止境，应追求教学方法的精致、教学效益的最大化。更何况，学生群体不同、教学背景各异，都可能制约方法的选择。因此，我们要善于向自己质疑，要挑剔每一个教学细节，要敢于否定自我。好的教学方法不仅可以使课堂通畅有序，也可以充分发挥学生学习的主动性，挖掘出学生自主学习的潜力，从而创造出高效率的教学。如对于一些理论性较强的知识，应该是层层渐进，逐步突破，或是给学生一个任务驱动学生自主去探索。学生必须通过自主地探索，不断地分析，最终才能自己解决问题。通过学生的自主参与，锻炼学生的能力，提高学生的学习效率。

教师在选用教学方法时，要把握教学目的和任务，要选择和运用与教学目的和任务相适应的能够实现教学目的和任务的教学方法。教学方法的选择还要把握好不同教学内容的不同性质和特点，把握好每节课的重点和难点。各种教学方法都是在一定的教学实践中产生的，都是为一定的教学目的和教学内容服务的，因而都有自己的优点和局限性。教师在运用教学方法时不能单一化，必须在正确的教学思想的指导下，从教材的需要出发，采用多种多样的教学方法。

5. 设计课堂习题，促进知识向能力的转化

适当的练习是教学中不可缺少的链条，练习设计是教学过程中的重要一环，它起着监控、巩固、反馈的作用。在备课时我们要重视习题的设计，避免机械、重复、单调。习题训练应该有目标、有层次、有重点、有拓展，具体说来就是要目的明确，必须服务于教学目标，必须与教学内容相关，数量要适当，难易要适中，要有变化性、多样性，丰富学生的学习体验。例如，在英语练习课中，许多知识的掌握和能力的培养不是靠教师“教”出来的，而是靠学生“练”出来的。组织课堂小组活动的目的是要让全体学生在小组中积极、充分地进行“谈、说、评、议”等言语表达活动，从而达到学生个体听、说、读、写能力的全面发展。在设计课堂练习时，最好采用分层练习，一些基础知识要求学生全做，对于一些较难的练习让学生选做。

三、常规教案的设计与案例

教案是教师为顺利而有效地开展教学活动，根据课程标准、教学大纲和教科书要求及学生的实际情况，以课时或课题为单位，对教学内容、教学步骤、教学方法等进行的具体设计和安排的一种实用性教学文书。教案包括教材简析和学生分析、教学目的、重难点、教学准备、教学过程及练习设计等要素。

常规教案的设计有叙述式、表格式和主题式等不同类型。不同类型的教案在表现形式上是有差异性的。

（一）叙述式教案与案例

叙述式教案是一种以语言叙述的方式对教案的构成要素进行描述的设计方案。它包括概述、教学目标分析、学习者特征分析、教学策略选择与设计、教学资源与工具设计、教学过程、教学评价设计、帮助与总结共八个要素。

叙述式教案的设计模板为：

课 题 名 称

设计者（姓名、通信地址）

1. 概述

说明学科（数学、语言艺术等）和年级（中学、小学、学前等）；简要描述课题来源和所需课时；概述学习内容；概述这节课的价值以及学习内容的重要性。

2. 教学目标分析

从知识与技能、过程与方法、情感态度与价值观三个维度对该课题预计要达到的教学目标做出一个整体描述。

3. 学习者特征分析

说明学习者在知识与技能、过程与方法、情感态度与价值观等三方面的学习准备（学习起点），以及学生的学习风格。要注意结合特定的情境，切忌空泛。

说明教师是以何种方式进行学习者特征分析，比如说是通过平时的观察、了解，或是通过预测题目的编制使用等。

4. 教学策略选择与设计

说明本课题设计的基本理念、主要采用的教学与活动策略，以及这些策略实施过程中的关键问题。

5. 教学资源与工具设计

教学资源与工具包括两方面：一是支持教师教的资源；二是支持学生学习的资源和工具，包括学习的环境、多媒体教学资源、特定的参考资料、参考网址、认知工具以及其他需要特别说明的传统媒体。

如果是其他专题性学习、研究性学习方面的课程，可能还需要描述需要的人力支持及可获得的结果。

6. 教学过程

教学过程是教学设计方案的关键。要说明教学的环节及所需的资源支持、具体的活动及其设计意图，以及那些需要特别说明的教师引导语。

最后，画出教学过程流程图。同时，流程图中需要清楚标注每一个阶段的教学目标、媒体和相应的评价方式。

7. 教学评价设计

创建量规，向学生展示他们将被如何评价（来自教师和小组其他成员的评价）。另外，可以创建一个自我评价表，这样学生可以用它对自己的学习进行评价。

8. 帮助与总结

说明教师以何种方式向学生提供帮助和指导，可以针对不同的学习阶段设计相应的不同帮助和指导，针对不同的学生提出不同水平的要求，给予不同的帮助。

在学习结束后，对学生的学习做出简要总结。可以布置一些思考或练习题以强化学习效果，也可以提出一些问题或补充的链接鼓励学生超越这门课，把思路拓展到其他领域。

叙述式教案案例《金色的秋天》（有所修改）：

金色的秋天

设计者　王金

一、概述

• 一年级语文。

• 本篇课文所需课时为 2 课时，共 80 分钟，本课时是第一课时。

• 《金色的秋天》是语文出版社义务教育课程标准实验教科书第一册的一篇课文。

• 《金色的秋天》是一篇描写秋天美景的短文。

本课的教学目标是：借助形象直观的画面和生动的多媒体音像创设情境，激起学生学习的兴趣。让学生在了解课文内容的基础上，感受到秋天的美丽，培养审美情趣。

二、教学目标分析

（一）知识与能力

1. 会认“色、秋、风、吹”等 13 个生字，会写“风、气、飞、九”等 8 个生字。

2. 正确、流利、有感情地朗读课文，背诵课文。

3. 养成自主积累词语的习惯和收集信息、资料的习惯。

4. 在朗读、表演等活动中让学生感悟秋天的美。

（二）过程与方法

1. 自主式、合作式和探究性学习掌握生字。

2. 就课文相关内容自主收集相关信息，如找秋天等。

3. 重视指导学生按笔顺写字，渗透生字的笔顺规则。

4. 运用朗读、表演等方法让学生感悟秋天的美、大自然的美。

（三）情感态度与价值观

1. 在自主、合作、探究的学习过程中培养学生对语文的兴趣。

2. 在自由朗读、表演读、小组活动和实践活动中培养热爱大自然的良好情趣。

三、学习者特征分析

1. 学生是 7～8 岁的儿童，思维活跃，课堂上喜欢表现自己，对语文学习有浓厚的兴趣。

2. 学生在学习中随意性非常明显，渴望得到教师或同学的赞许。

3. 学生已有一定的拼读能力，能借助汉语拼音阅读拓展材料。

4. 学生对于识字兴趣很高，识字方法已有所掌握，能采用自己喜欢的方式来识记生字，并且能自己创设情境来巩固、应用生字。

5. 学生能根据提示，仿、续或创编写故事，并乐于表达。

四、教学策略选择与设计

1. 以问题解决为主的教学策略：① 学生通过朗读课文，自己提出不认识的生字或生僻字（问题），在其他同学的帮助或教师的提示下自主运用谜语、儿歌、组词造句、加减、同音、形近等方法识记不认识的字（解决问题）；② 学生通过朗读课文，自己提出问题（树叶飘落下来是什么样的?），通过同桌讨论和教师对重点词句（如：请你把这些漂亮的小树叶送给春、夏、秋、冬四个季节，你又会把它送给谁呢？为什么?）的点拨，学生自己找出问题的答案并和全班同学交流（问题解决）。

2. 自主学习策略：学生通过自主阅读拓展资料和进行创新写作，在深入理解课文主题的基础上，提高阅读识字能力和写作水平，促进思维的深层次加工。

五、教学资源与工具设计

1. 教学环境：多媒体环境。

2. 资源准备：教学 PPT、打印的拓展资源、自制教学图片。

六、教学过程

第一课时

（一）谈话激趣、导入新课

教师活动　学生活动

1. 师导：今天老师给你们带来了许多的礼物，想知道是什么吗？师出示各种各样的树叶。

2. 如果要请你把这些漂亮的小树叶送给春、夏、秋、冬四个季节，你又会把它送给谁呢？为什么？

3. 是呀！秋天是金色的秋天，今天老师就要带你们去金色的秋天里走走看看，不过你可要带好自己的行囊，说说你准备带上什么？

4. 师总结学生的回答后揭题：请你用上你的行囊来读一读（出示课题：8. 金色的秋天）

（二）随文识字，感受秋天

教师活动　学生活动

1. 播放课文录音，提出要求：课文介绍了金色秋天里的什么景色？秋天又有些什么变化呢？

2. 课文把秋天写得真美呀！你想美美地来读这篇课文吗？现在就请小朋友们自己把课文读一读，注意遇到生字别紧张，想个办法和它成为好朋友。如果不认识就给它作个记号，待会儿可以和小组同学一起想办法。

3. 小组交流识字情况，师巡视指导解决疑难。

4. 游戏：我和秋天拉拉手。游戏规则：出示飘着落叶的课件，请学生上来选一片落叶，然后读出落叶上的生字，读对的奖励一片小树叶，能说出好的识记方法的奖励三片小树叶。教师随机指导正音。

（1）学生边听边思考。

（2）学生自读课文，并用自己喜欢的方式学生字。

（3）小组长组织汇报、交流、记录。

（4）学生进行游戏。

（三）朗读课文，感悟秋天

教师活动　学生活动

1.“秋天来了。”我们一起来把这句话说三遍。是的，秋天来了，已经来到了我们身边，我们赶快来找找秋天吧！

2. 秋天她在哪儿呢？师总结板书：秋风起、天气凉、树叶落。

3. 指导朗读第一段。

（1）是的！秋天来了，白云也悠悠地飘着（出示第一段），这句话请你试着读一读。

（2）小朋友们真能干，把第一段读得这么棒（第一节较为简单）。谁愿意读给大家听一听？

（3）齐读第一段。

4. 指导朗读第二段。

（1）秋天，天气凉了，秋风把秋姑娘也带来了。她来到田野里，田野里一片金黄，金灿灿的水稻笑弯了腰。她来到了山坡上，金黄色的野菊花笑开了颜。她来到了小树林，小树叶们穿上了漂亮的衣服，你瞧！他们来了。（出示树叶在风中飘舞的课件）说说小树叶在干什么？

（2）教师总结并范读第二段。你们也来读读这一段。

（3）小朋友们读得真认真，老师要奖励你们一些小树叶，不过在拿走你的奖品前你得说出小树叶的颜色，不然你可拿不到奖品了。

（4）多漂亮的小树叶呀！他们飞呀，飘哇，正要离开他们的妈妈呢！如果小朋友们要离开妈妈，会怎么向妈妈告别？

（5）表演：小树叶怎样在秋风中向树妈妈告别？① 师扮树妈妈，生演小树叶。② 同桌之间互演。

（6）多么懂事的小树叶，请你读一读第二段吧！

（7）看着小朋友们读得这么投入，老师也想来试一试。师范读课文第二段。

5. 朗读小擂台：以小组为单位参加朗读课文活动

6. 配乐朗读全文。

7. 学生在课文中找秋天。

学生可能回答：秋天，天气凉了；秋天，白云更白了；秋天，树叶落了。

（1）学生自由读课文第一段。

(2) 学生练习有感情地朗读。

8. 学生活动与探究。

① 学生观察描述秋天的小树叶。② 学生在小组里熟读第二段。③ 学生选树叶，说树叶的颜色：红的、黄的，半黄半绿的。④ 学生思考问题。可能会回答：妈妈，再见；妈妈，你放心，我会乖乖的……⑤ 学生表演。⑥ 学生读课文。⑦ 学生评价后读。⑧ 学生评、学生比。

(四) 总结课文布置作业

秋天是美丽的，秋天的小树叶更惹人喜爱，希望小朋友们能把这份美丽送给你的爸爸妈妈，然后再和你的爸爸妈妈一起欣赏秋天的美。

最后，画出教学过程流程图。同时，流程图中需要清楚标注每一个阶段的教学目标、媒体和相应的评价方式。

七、教学评价设计

创建量规，向学生展示他们将被如何评价（来自教师和小组其他成员的评价）。另外，可以创建一个自我评价表，这样学生可以用它对自己的学习进行评价。

八、帮助与总结

说明教师以何种方式向学生提供帮助和指导，可以针对不同的学习阶段设计相应的不同帮助和指导，针对不同的学生提出不同水平的要求，给予不同的帮助。

在学习结束后，对学生的学习做出简要总结。可以布置一些思考或练习题以强化学习效果，也可以提出一些问题或补充的链接鼓励学生超越这门课，把思路拓展到其他领域。

(二) 表格式教案与案例

表格式教案是一种以表格的形式将教案的构成要素具体表现出来的设计方案，它通常包括概述（案例名称、科目、教学对象、授课者、课时）、教材内容分析、教学目标、学习者特征分析、教学策略选择与设计、教学环境与资源准备、教学过程、教学评价设计、帮助与总结等要素。示例如表 10.1 所示：

表 10.1　表格式教案设计基本模式

案例名称					
科　目		教学对象		授课者	
课　时					
一、教材内容分析					

续　表

二、教学目标（知识与技能，过程与方法、情感态度、价值观）			
三、学习者特征分析			
四、教学策略选择与设计			
五、教学环境与资源准备			
六、教学过程			
教学过程	教师活动	学生活动	设计意图及资源准备
教学流程图			
七、教学评价设计			
八、帮助与总结			

表格式教学教案的一个案例如表 10.2 所示：

表 10.2　人教版小学语文二年级下册《雷雨》 教案（ 有修改 ）

案例名称	人教版小学语文二年级下册第 16 课《雷雨》				
科　目	语　文	教学对象	二年级	提供者	潘丽芹
课　时	2 课时				
一、教材内容分析					
《雷雨》是人教版小学语文二年级下册第五组中的课文，本组课文是围绕自然现象、自然景观来编排的，好似一幅多姿多彩的画卷，向我们展示了美丽、神奇的自然景象。炎热的夏日，骄阳似火，一场雷雨，送来一阵凉爽，呼吸着清新的空气，欣赏着美丽的彩虹，耳边送来蛙鸣，是多么令人舒畅。本文共有 8 个自然段，用较为简练又充满浪漫主义色彩的文字，为我们描绘了雷雨前、雷雨中、雷雨后的自然景象。语言形象、优美，是本文的一个重要特点。因此，在学习这篇文章时，要引导学生在反复诵读中理解内容，体会语言的美感，积累丰富的语言，同时感受大自然之美，激发热爱大自然的情操。					

续　表

二、教学目标（知识、技能、情感态度、价值观）

1. 知识与技能
　（1）会认 4 个生字，会写 12 个生字。
　（2）默读课文，能边读边想象。有感情地朗读课文，通过声音表现雷雨前后的不同景象。
　（3）有留心观察天气的兴趣，能写观察日记。
2. 过程与方法
　在课前通过观看 CAI 课件，让学生对雷雨有形象的感受、体验；通过自学，互相交流，让学生掌握生字；看图与课文有机结合起来，去感受雨前、雨中和雨后的不同特点。
3. 情感态度与价值观
　懂得气象的重要性，并有观察的兴趣。

三、学习者特征分析

二年级的学生具有好奇、探索、易感染的心理特点，容易被新鲜的事物吸引住。这一学段的学生已经能说一段较完整的话，并能在老师创设的情境中体验、感受，达到情感的共鸣，同时也积累了不少与本课有关的生活素材。此外，我们在南方，雷雨是很常见的自然现象，这也是学习本课的有利因素。

四、教学策略选择与设计

1. 朗读感悟为主
　新课标指出：学生是学习的主体。在教学中不能以教师的分析代替学生的阅读实践，要珍视学生的独特感受。阅读也是低年级教学最常用的方法，学生在读中积累，在读中感悟，在读中形成语感。而本课语言精练而生动，适合学生在读中去感悟。
2. 合作探究法
　新课标明确指出：要变单一、被动、接受的学习方式为合作、主动、探究的学习方式。《雷雨》这一篇课文结构清晰，很明确地分为雨前、雨中、雨后三部分，所以我会在组织全班学习完第一部分后，就组织学生小组合作学习探究第二、第三部分。

五、教学环境与资源准备

1. 教学环境：多媒体环境。
2. 资源准备：教学 PPT、图片、绳子。

六、教学过程

教学过程	教师活动	学生活动	设计意图及资源准备
一、课件引入，初步感知	课件展示课文第一幅插图。 1. 同学们，你们看到了什么？听到了什么？ 2. 同学们观察得很仔细，说得更好。今天，我们就来学习课文《雷雨》。谁对雷雨有了解？向大家介绍介绍。 3. 同学们的课外知识真丰富	看课件展示的插图。 1. 我看到了满天的乌云。我看到了闪电很亮。我看到树上的叶子一动不动。我听到了轰隆隆的雷声。 2. 我知道雷雨多在夏季下。我知道雷雨来得快，下的时间不长。雷雨过后，天上会有一道彩虹……	心理学告诉我们：小学生形象思维占主体地位，雷雨可以说是学生记忆中的一个影像。采用多媒体组合的方式，营造了教学氛围，创设生动、形象、富有感染力的学习情境，把语言能力、观察能力、想象能力、思维能力的训练融为一体，激发了学生学习的兴趣和主动探究的积极性，提高了教学效率

续　表

教学过程	教　师　活　动	学　生　活　动	设计意图及资源准备
二、初读感知，合作学习	1. 自由读课文，画出不认识和不会读的字。 2. 同桌互助读课文，把课文读正确、通顺。 3. 我们来玩游戏“采蘑菇”。课件出示本课要认的字（一个个蘑菇）。你认识了什么字？是用什么方法认识字？看看谁会采蘑菇，采得好。 4. 同学们的识字方法真好，一个个蘑菇都被采走了。 5. 分小组合作：想想、画画，哪些自然段写雷雨前，哪些自然段写雷雨中，哪些自然段写雷雨后的景象？ 6. 各小组汇报。 7. 各小组学得很认真，都说对了	1. 自读课文，识记生字，画出不认识的字。 2. 同桌一个读一个听。 3. 我认识“垂”，运用“减一减”的方法，我以前就认识“睡觉”的“睡”，“睡”字去掉目字旁，就是垂下来的“垂”…… 4. 小组合作学习。 5. 1—3 自然段写雷雨前，4—6 自然段写雷雨中，7—8 自然段写雷雨后的景象	对低年级学生来说，这里与其采用命令式的要求，不如教给学生读书的方法：你遇到不认识的字怎么办呢？让学生自己去发现去说，把主动权交给学生，让学生更乐意去读。 这里四个生字的读音对学生来说相对较容易，可以适当减少教学时间。 学生的识字方法很多，教师要适当总结，以便学生在今后的识字中有“法”可依，进而丰富识字经验，提高识字能力
三、再读课文，读中感悟	1. 谁愿意读雷雨前的段落？ 2. 谁来当小老师评评他读得怎么样？ 3. 好，你来读一读。 4. 这个同学读得很有感情，同学们就学着他的语气，把雷雨前的景象读一读。 5. 谁来说说雷雨前的景象？ 6. 自由读雷雨中的段落。 7. 谁来说说雷雨中的景象？ 8. 同学们观察得很仔细，说得非常好，请看屏幕（展示课文第二幅图的课件）。 9. 这时，如果你就是图中的小朋友，你有怎样的感觉？ 10. 同学的想象真丰富。请一位同学读 7—8 自然段。 11. 谁来说说课文中是怎样描写雨后景象的？	1. 点名读。 2. 读对了，但狂风吹来时的语气没有读出来。 3. 学生读。 4. 自由读，仿读，找同伴读。 5. 乌云很厚很低，一丝风也没有，接着刮起大风，树枝乱摆，蜘蛛逃走了。接着是电闪雷鸣。 6. 自读 4—6 自然段。 7. 雨下起来→雨越下越大→渐渐变小。 8. 看屏幕。 9. 我觉得雨后空气好清新呀！我觉得雨后小草长得更快，花儿更艳，到处一派生机勃勃的景象…… 10. 读 7—8 自然段。 11. 空气很清新，太阳出来了，彩虹挂在天空，蝉叫了，蜘蛛又回来坐在网上……	通过各种形式的朗读，让学生在掌握字词的同时，充分接触熟悉文本内容。 这句话的朗读指导是重点，通过联系生活实际感受“压”，图文结合增强学生的想象感受，这里老师的语言渲染直接影响学生的回忆感受，老师必须入情入境地引导学生朗读。 学生对“垂”字的理解有困难，用文字解释也比较复杂，所以采用多媒体直观手段，让学生一看就明白了蜘蛛是怎样垂下来快速逃走的。 这儿让学生来扮演角色朗读，学生很感兴趣，能够带着自己的见解进入角色朗读句子
四、趣味练习，积累运用	课件展示：“小猴学样”。 A. 黑沉沉、绿油油、红艳艳、（　　）。 B. 闪电越来越亮。雷声越来越响。雨越下越大。 （　　）越（　　）越（　　）	积极表达： A. 红彤彤、金灿灿、光闪闪…… B. 我越长越高。小明越跑越快……	这个句式不是难点，是对知识的复习，学生在以前接触过这个知识点，相对较容易，学生发言积极，增强自信心

续　表

教学过程	教　师　活　动	学　生　活　动	设计意图及资源准备
五、课后延伸	1.“闪电越来越亮，雷声越来越响。”课文为什么先写闪电，后写雷声？ 2.彩虹是怎样形成的？ 3.你的课外知识真丰富，这篇课文是作者仔细观察天气后写的。你们以后也要留心观察天气的变化，把它写在日记里，好吗？	1.光的传播速度比声音快，所以先出现闪电，后听见雷声。 2.雷雨过后，阳光照射空气中的小水珠，光线被折射及反射，就形成了彩虹。 3.好！	通过看形象的画面，引导学生想象，训练学生的语言表达能力。教师借用多媒体展示了雨过天晴的美景。孩子们被雨后的美景吸引住了，抒发了自己的感受，展开了丰富的联想
六、本课小结	通过看图与读文相结合，读中感悟，感受雷雨前、中、后的不同特点，给学生留下深刻的印象	这篇课文形象生动地记叙了雷雨前、雷雨中、雷雨后不同的自然景象	引导学生回到整体

教学流程图（略）

七、教学评价设计

从知识与技能、过程与方法、情感态度与价值观三个方面对学生进行夺星评价。

八、帮助与总结（略）

（三）主题式教案与案例

主题式教学是指提供一个良好的学习情境，学生在这样具有高度动机的环境中，可以接触和主题相关的各种领域的学习内容，教师的教材有时可以像联络教学的方式，横向编选和该主题相关的教学材料，有时更可直接打破学科之间的限制，在教学中整合不同领域的内容和策略。因此，主题式教案的设计与前面两种教案的设计有一定的差异，主要表现在教学内容的选择、教学过程分阶段、教学评价量表设计方面。

小学六年级数学课“比例”主题式教案（有省略）

设计者：谢春波　　设计者单位：通榆县实验小学

1.概述

本主题活动是在学习人教版六年级数学下册第三单元的过程中展开的。本单元包括比例的意义和基本性质、正比例和反比例的意义、比例的应用。所需课时为5课时。

本课题是在学习了比的有关知识并掌握了一些常见数量关系的基础上，学习比例的有关知识及其应用。比例在生活和生产中有着广泛的应用，如：绘制地图需要应用比例尺的知识；比例的知识是进一步学习中学数学、物理、化学等知识的基础；另外通过对正比例与反比例知识的学习，还可以加深学生对数量之间关系的认识，渗透函数思想，进行辩证唯物主义观点的启蒙教育。

2. 学习目标分析

知识与能力：学生前面已经学习了除法商不变的性质和分数的基本性质，本节课的知识点是比例的意义和基本性质、正比例和反比例的意义、比例的应用。这一知识是学生学习比例以及其他知识的重要基础。

过程与方法：这节课是比例的意义和基本性质、正比例和反比例的意义、比例的应用 3 个专题中的 5 课时之一，结合并进一步运用了以前学过的分数基本性质推导过程中蕴含的“根据一定的条件和方法将未知转化为已知”的数学思想和方法。

情感态度与价值观：本节课把学生的探索活动与学生的生活情景紧密结合，需要学生亲手操作，所以我将此作为挖掘学生学习动力的内在力量，让学习活动成为学生的一件有价值的脑力与体力的兴趣活动。由于探索活动离不开与他人的交流，学习的合作过程可以让学生在数学活动中体验到合作成功的快乐。

3. 学习者特征分析

六年级学生已经积累了不少知识，他们有一定的认知能力，有比较高的求知欲，学生自主学习能力比较强，具有一定的加工、处理和应用信息的能力。

4. 学习任务分析

利用实例提出数学问题，使学生感受到在实际的生活中需要比，从而调动学生学习这一知识的内因。

(1) 探究“哪杯水更甜”，体验比在生活中的需要，观察对比发现关系。

(2) 分组研讨分数、除法、比的探究方法和特点。

(3) 感知商不变性质，通过自制蜂蜜这一过程培养学生一定的分析能力和空间想象力。

(4) 指导从除法、分数、比三个方面进行观察对比，发现它们的关系。得到结论：① 比与除法、分数的联系以及区别；② 比例的基本性质。

5. 教学资源列表

学具类：水杯、量筒、量杯。

说明：通过学生亲手操作，体验运用比的基本性质化简比，让学生在数学活动中体验到合作成功的快乐。

教具类：课件，实物投影仪以及与学具相应的教具，用于针对学困生的探索指导和教学总结。

6. 教学实施过程

(1) 第一阶段。

教师活动：利用实例提出数学问题，使学生感受到在实际的生活中需要比，从而调动学生学习这一知识的内因。

学生活动：动手操作。

资源使用：课件情境导入——开课阶段的问题："哪杯水更甜?"

成果描述：体验比在生活中的需要，调动探索学习的积极性。

（2）第二阶段。

教师活动：提出问题。

学生活动：在提出的问题下，采用集体对比，分组研讨探究方法（分数、除法、比）。再根据它们的特点，结合已有的经验，一起研讨即将采用的探究方法。

资源使用：课件展示，体现认知规律。

成果描述：逐步培养学生根据研究对象的特点，结合自己的经验，有目的、有计划地进行探究活动的能力，减少探究的盲目性和随意性。

（3）第三阶段。

教师活动：教师协助指导学困生的操作，帮助他们提高操作的速度和效果。

学生活动：学生按照既定的方案独立动手实施，按照教材中介绍的两种兑法来操作。

资源使用：学生充分利用学具动手操作体验转化，结合小组探讨，让学生感知到商不变性质是化简比的重要依据。

成果描述：通过自制蜂蜜这一过程培养学生一定的分析能力和空间想象力。

（4）第四阶段。

教师活动：教师协助指导学困生的操作，帮助他们从除法、分数、比三个方面进行观察对比，发现它们的关系。

学生活动：观察对比发现关系。方式：独立观察，小组研讨。

资源使用：学生充分利用学具，结合小组探讨，保证研究过程的完整。

成果描述：在这个阶段学生可以得到两个结论：① 比与除法、分数的联系以及区别；② 比例的基本性质。

7. 评价

方法：

（1）加强评价语言的运用。

教师对学生在活动中的精彩表现及独特的思维方法要及时给予评价，激发学生参与学习活动的积极性，增强自信心，明确努力的方向。在自我评价、小组评价方面，也应进一步深入研究。

（2）在独立思考的基础上再进行小组交流。

在教师让学生小组讨论比的性质这个环节，应该给学生一个独立思考的时间，让学生经历了独立思考的过程之后，再给他们交流的机会。这样，既培养了学生与人交流合作的能力，又让学生学会独立学习，独立思考。

（3）练习的设计再贴近生活些。

课后的问题："两个圆的直径比是多少？周长比是多少？面积比是多少?"让学生能更深刻地体会到，应用所学知识确实能解决生活中的一些实际问题。

（4）填写学生课堂表现评价量表，如表 10.3 所示。

表 10.3 学生课堂表现评价量表

项目	A级	B级	C级	个人评价	同学评价	教师评价
认真	上课认真听讲，作业认真，参与讨论态度认真	上课能认真听讲，作业依时完成，有参与讨论	上课无心听讲，经常欠交作业，极少参与讨论			
积极	积极举手发言，积极参与讨论与交流，大量阅读课外读物	能举手发言，有参与讨论与交流，有阅读课外读物	很少举手，极少参与讨论与交流，没有阅读课外读物			
自信	大胆提出和别人不同的问题，大胆尝试并表达自己的想法	有提出自己的不同看法，并做出尝试	不敢提出和别人不同的问题，不敢尝试表达自己的想法			
善于与人合作	善于与人合作，虚心听取别人的意见	能与人合作，能接受别人的意见	缺乏与人合作的精神，难以听进别人的意见			
思维的条理性	能有条理地表达自己的意见，解决问题的过程清楚，做事有计划	能表达自己的意见，有解决问题的能力，但条理性差些	不能准确表达自己的意思，做事缺乏计划性、条理性，不能独立解决问题			
思维的创造性	具有创造性思维，能用不同的方法解决问题，独立思考	能用老师提供的方法解决问题，有一定的思考能力和创造性	思考能力差，缺乏创造性，不能独立解决问题			
我这样评价自己：						
伙伴眼里的我：						
老师的话：						

注：

1. 本评价表针对学生课堂表现情况做评价。
2. 本评价表分为定性评价部分和定量评价部分。
3. 定量评价部分总分为 100 分，最后取值为教师评、同学评和自评分数按比例取均值。
4. 定性评价部分分为“我这样评价自己”“伙伴眼里的我”和“老师的话”，都是针对被评价者做概括性描述和建议，以帮助被评学生改进与提高。

说明：

在本案例开展的过程中，可以做以下调整：搜索比例资源的途径可以更广泛一些，教师提供比例资源网址，让学生以小组为单位，进行搜索和整理，以提高学生搜集和处理信息的水平。

四、新课程导学案的编制

（一）导学案的内涵、要素与作用

新课改强调“以学定教”，促使教师的备课及教案的设计发生了新变化，一种新的教学设计方案——“导学案”应运而生。导学案是教师为指导学生进行主动学习而编制的有学习目标、学习内容、学习流程的学习活动方案，是指引学生自主、高效学习的路线图，用于引导学生自主学习、主动参与、合作探究、优化发展，具有“导读、导思、导做”的功能。

导学案的构成要素包括：学习目标、学习重点、学习难点、自主预习、合作探究、教师精点、自主测评、学习反思、拓展延伸、存在的问题等环节。

导学案注重以学生为本，以三维目标的达成为出发点和落脚点，配合教师科学的评价，帮助学生学会学习、学会创新、学会合作、自主发展。导学案实施的高级目标是培养学生的学习能力，为学生的终身学习奠定基础。

（二）导学案的编制基本原则

1. 课时化原则

尽可能将一课时的内容写成一份学案，按课时时限确定导学案的内容编写。这样有利于调控课时学习的知识量，加强授课的计划性、针对性、时效性，构建高效课堂。

2. 问题化原则

将教材中的知识点、德育点隐入创设的一个个具体的材料情境（生活场景）或课堂活动中，通过一个个具有探索性的问题，引导学生自主学习。在解决问题的过程中，培养学生的能力。问题的设置应当由浅入深，由易到难，充分考虑学生的个性和认知规律，学科信息要准确，问题的针对性要强。设置的问题应当既有利于扎扎实实打好基础，又有利于加强知识的拓展，强化与生活的联系，具有较强的思考性，从而有效地把学生引入课本，把生活纳入课堂，激发学生自主学习，引导学生间交流讨论，并使之学会看书。

3. 方法化原则

在学生读书、思考、解答问题等环节的学习中，教师都要站在学生的角度去考虑问题，以便能够及时、适时地点拨学生应该如何去做。学案中学习目标设计、疑难问题提示、解题思路、方法、技巧等指导性内容和要素，构成一条明晰的学生学习方法路线。

4. 层次化、递进性原则

导学案的设计，要体现教师对学生的因材施教，要让优等生看到挑战，中等生看到激励，学困生看到成长，不同层次的学生都能得到发展。无论在哪个层面上，都要让学生在最近发展区内去自主探究，获取知识。设疑应首先考虑学生知识的层次性和个性的差异性，导学导练要有适当的梯度。要做到这一点，教师必须对自己学生的学习水平和知识状况有一个清楚的了解。

（三）导学案编制的模板与案例

一个好的导学案应该包括如下内容：本节课的学习目标、学习重难点、问题化设计、合作探究、及时检测等。它的编制模板如表 10.4 所示：

表 10.4　新课程导学案编制模板

<table>
<tr><td>课　　题</td><td colspan="4"></td><td colspan="2">年级</td><td colspan="2"></td></tr>
<tr><td>课　　型</td><td></td><td>时间</td><td></td><td>设计老师</td><td colspan="4"></td></tr>
<tr><td>授课教师</td><td></td><td>授课时间</td><td colspan="2"></td><td>班级</td><td></td><td>课时</td><td></td></tr>
<tr><td>导学目标</td><td colspan="8"></td></tr>
<tr><td>重点、难点</td><td colspan="8"></td></tr>
<tr><td>学具准备</td><td colspan="8"></td></tr>
<tr><td colspan="9">导　学　过　程</td></tr>
<tr><td>导学环节</td><td colspan="6">学　　案</td><td colspan="2">导　案</td></tr>
<tr><td>温故互查</td><td colspan="6"></td><td colspan="2"></td></tr>
<tr><td>自主学习
独立尝试</td><td colspan="6"></td><td colspan="2"></td></tr>
<tr><td>合作探究
交流解惑</td><td colspan="6"></td><td colspan="2"></td></tr>
<tr><td>自我检测
巩固练习</td><td colspan="6"></td><td colspan="2"></td></tr>
<tr><td>拓展延伸</td><td colspan="6"></td><td colspan="2"></td></tr>
<tr><td>教学反思</td><td colspan="6"></td><td colspan="2"></td></tr>
</table>

导学案的案例：

高中物理必修 2“向心力”导学案（有省略）

【学习目标】

1. 能说出什么是向心力，在具体实例中会分析向心力的作用及向心力的来源。

2. 通过实验理解向心力的大小与哪些因素有关，能运用向心力的公式进行计算。

3. 知道向心加速度及其公式，能运用牛顿第二定律分析匀速圆周运动的向心力和向心加速度。

重点：能运用向心力的公式进行计算。

难点：在具体实例中会分析向心力的来源。

【导入学习】

我们知道，当物体受到的合外力为零时，将保持静止或匀速直线运动；当物体受到的合外力方向与运动方向位于同一直线上时，物体做变速直线运动；当物体受到的合外力方向与运动方向不在同一条直线上时，物体将做曲线运动。圆周运动是一种特殊的曲线运动。做圆周运动的物体受力有什么特点呢？

【自主学习】

学习活动一 向心力的定义与方向

情境分析 1：如图 10.1 所示，一个用绳子拴住的小球 m，在光滑水平面上绕 O 点作匀速圆周运动。

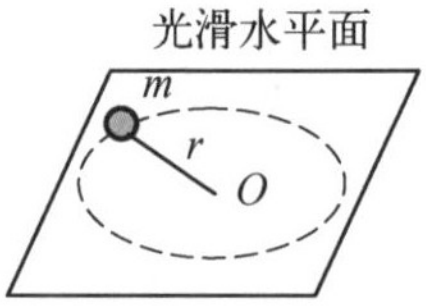

图 10.1

(1) 对小球进行受力分析，小球受到哪些力？

(2) 从作用效果上分析，哪个力使物体不沿直线飞出去，而是老老实实地绕 O 点作圆周运动？

(3) 绳子的拉力方向指向哪里？

情境分析 2：如图 10.2 所示，一个用绳子拉住的小球 m，在水平面内绕 O 点做匀速圆周运动。

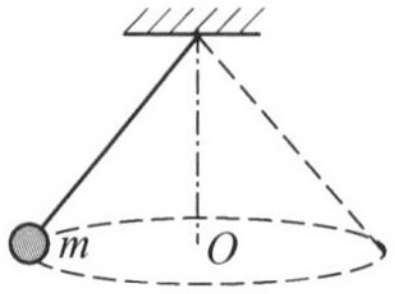

图 10.2

(1) 对小球进行受力分析，小球受到哪些力？

(2) 从作用效果上分析，哪个力（或哪个力的分力）使物体不飞出去，而是老老实实地绕 O 点做圆周运动？

(3) 拉力的分力方向指向哪里？

根据以上情境分析回答以下问题：

问题 1：比较情境 1 和情境 2 中的两个物体，使其做圆周运动的关键力有什么共同点？

问题 2：阅读课本第 71 页。回答：什么是向心力？向心力的方向有什么特点？

问题 3：在图 10.3 中画出物体经过 A、B 两点时的速度方向，以及物体在 A、B 两点时所受向心力的方向。回答：向心力的方向与速度的方向有什么关系？向心力能改变速度的大小吗？

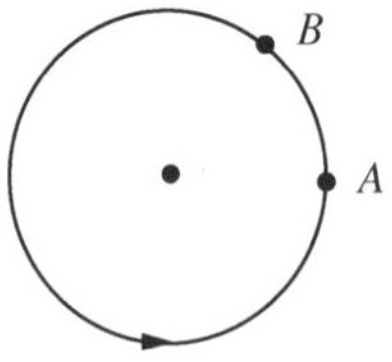

图 10.3

问题 4：向心力是由物体原来受到的力提供的，还是由除了重力、弹力、摩擦力以外的其他力提供的？

针对训练 1：关于做圆周运动的物体所需要的向心力，下列说法正确的是（ ）。

A. 向心力方向与物体的速度方向相同

B. 向心力方向与物体的速度方向相反

C. 向心力方向总是保持不变

D. 向心力只改变速度方向，不改变速度大小

针对训练 2：分别对图 10.4 中各情境中的物体进行受力分析，指出什么力提供了向心力？

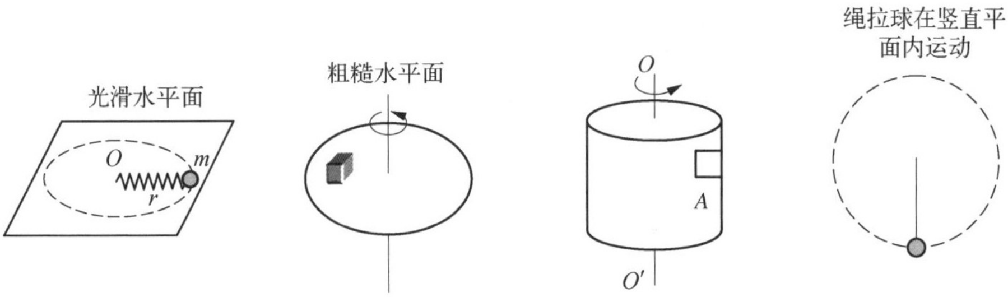

图 10.4

学习活动二　向心力的大小

情境创设：如图 10.5，绳子的一端拴一个小沙袋或其他小物体，绳上离小沙袋重心 40 cm 的地方打一个绳结 A，80 cm 的地方打另一个绳结 B，请一位同学帮助计时。

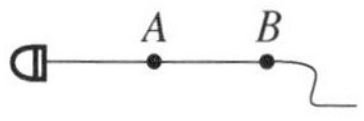

图 10.5

操作一：手握绳结 A，如图 10.6，使沙袋在水平方向做匀速圆周运动，每秒运动 1 周。体会此时绳子拉力大小。

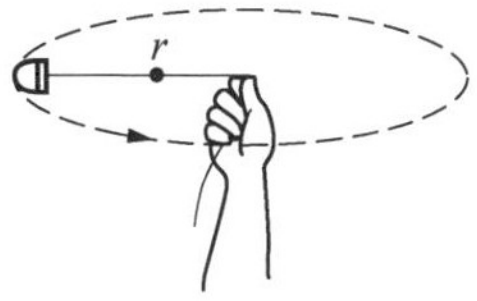

图 10.6

操作二：手握绳结 A，使沙袋在水平方向上每秒运动 2 周。体会此时绳子拉力大小。

操作三：改为手握绳结 B，使沙袋在水平方向上每秒运动 2 周。体会此时绳子拉力大小。

根据以上情境体验，分析并回答以下问题：

问题 1：物体做圆周运动所需要的向心力大小可能会与哪些因素有关？

问题 2：要研究向心力大小与几个物理量的关系，应采用什么实验方法？

问题 3：观看实验视频 2 遍。回答：在控制变量的情况下，向心力大小与各相关因素分别有什么关系？写出向心力的计算公式。

问题 4：根据 $\omega=\dfrac{v}{r}$ 推导，向心力与线速度的关系式是什么？

针对训练 3：如图 10.7，要使一个 3 千克的物体，在半径为 2 米的圆周上以 4 m/s 的速度运动，需要多大的向心力？

针对训练 4：用长短不同、材料相同的同样粗细的绳子，各拴着一个质量相同的小球在光水平面上做匀速圆周运动，那么（　　）。

A. 两小球以相同的线速度运动时，长绳易断

B. 两小球以相同的角速度运动时，长绳易断

C. 两小球以相同的角速度运动时，短绳易断

D. 不管怎样，都是短绳易断

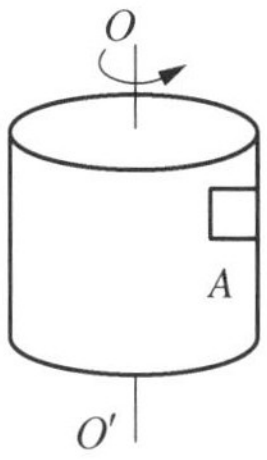

图 10.7

【应用学习】（略）

（四）导学案编制应注意的两个问题

1. 导学案应是教师个人与集体共同智慧的结晶

教案是教师个人的艺术，学案设计既是个人的艺术又是集体的智慧。教师最开始编写导学案，经常会出现一个作者编写设计的内容并不被其他教师在教学中采用的情况，原因是缺乏集体共识：对用学案实现课堂导学存在分歧，对教材的理解不一致，对教学目标和学生学情的把握差异较大。因此，编制导学案时，需要把编写导学案的老师分成小组进行审核，对每一个教学目标必须达成共识。

2. 导学案设计应方便教师开展课堂教学

(1) 每堂导学案以两页设计为最佳，第一页页码为双数，为书的左面，第二页页码为单数，当学生打开一份导学案后将不再翻页。

(2) 按学习活动的顺序进行依次编号，教学环节前的顺序符号应用图标表示，以便于

教师课堂组织教学，学生也能根据教师要求准确定位学习活动。

（3）应重视行距，以 1.5 倍行距最为适宜，以便于学生顺利阅读而不至于上下文混淆。

（4）应为教师的个性化教学留有空间。可供参考的经验是：在每课第一页左边留 1/5 空白，供师生在教学过程中进行备注。

第二节　说课与说课稿撰写

说课作为一种教学教研改革的手段，最早是由河南新乡红旗区教研室于 1987 年提出来的。新课改以来，说课日益成为学科教学研讨、赛课、教师资格认证等教师专业活动的重要内容与环节。它有效地调动了教师投身教学改革，学习教育理论，钻研课堂教学的积极性，是提高教师综合素质，促进教师专业成长的有效途径之一。

一、说课的含义与作用

（一）说课的含义

说课是指教师在备课的基础上，面对评委或同行，在规定的时间内，以口头讲述的方式说明自己对教材、学生、教学过程等内容的理解，系统地表述自己的教学设计及其理论依据，然后由听者评说，达到相互交流、共同提高的目的的一种教学研究形式。

说课与讲课是既有联系，又有区别的。具体而言，说课是一种课前行为，讲课是一种课堂行为。说课在于说明对一定的教学课题“怎样教”和“为什么这样教”的教学设计思想的分析、概括，原则上是对教案的设计阐述。讲课是通过现场课堂教学实践来体现教学设计、分析与教学技能。也就是说，说课是指教学的设计及其分析，讲课是指教学的设计及其分析的实施；说课重在阐述、说明，讲课重在讲述、解疑；说课的对象是教师、教研人员，讲课的对象是学生；说课的听课人数和场地不一定严格受限，讲课的听课人数和场地严格受限；说课花费时间较少（不超过 20 分钟），讲课用的时间较长（一节课的时间）；说课属于教学研究范畴，讲课属于课堂教学范畴等。

（二）说课的作用

1. 说课有利于提高教研活动的实效

以往的教研活动一般都停留在上几节课，再请相关人员评评课的阶段。上课的老师处在一种完全被动的地位，听课的老师也不一定能理解授课教师的意图，导致了教研实效低下。通过说课，让授课教师说说自己教学的意图，说说自己处理教材的方法和目的，让听课教师更加明白应该怎样去教，为什么要这样教，从而使教研的主题更明确，重点更突出，提高教研活动的实效。另外，教师还可以通过对某一专题的说课，统一思想认识，探讨教学方法，提高教学效率。

2. 说课有利于提高教师备课的质量

从总体上看，教师的备课都是很认真的。但是老师都只是备怎样教，很少有人会去想为什么要这样备，备课缺乏理论依据，导致了备课质量不高。通过说课活动，可以引导教师去思考为什么要这样教学，这就能从根本上提高教师备课的质量。

3. 说课有利于提高课堂教学的效率

教师通过说课，可以进一步明确教学的重点、难点，厘清教学的思路。这样就可以克服教学中重点不突出、训练不到位等问题，提高课堂教学的效率。

4. 说课有利于提高教师的自身素质

说课要求教师具备一定的理论素养，这就促使教师不断地去学习教育教学的理论，提高自己的理论水平。同时，说课也要求教师能够用语言把自己的教学思路及设想表达出来，这就在无形中提高了教师的组织能力和表达能力，提高了自身的素质。

二、说课的基本内容和要求

从教学实践上看，说课的基本内容一般来说包括说课标、说教材、说学法、说教法、说教学过程共五个方面，每个方面的内容都有相应的规范要求：

（一）说课标

说课标就是要把课程标准中的课程目标（三维目标）作为本课题教学的指导思想和教学依据，从课程论的高度驾驭教材和指导教学设计。

说课标要重点说明有关课题教学目标、教学内容及教学操作等在课程标准中的原则性要求，从而为自己的教学设计寻找到有力的依据。

（二）说教材

教材是课程的载体。能否准确而深刻地理解教材，高屋建瓴地驾驭教材，合乎实际地处理教材，科学合理地组织教材，是备好课、上好课的前提，也是说课的首要环节。

说教材的要求有：

（1）说清楚本节教材内容在本单元甚至本册教材中的地位和作用，即弄清教材的编排意图或知识结构体系。

（2）说明如何依据教材内容（并结合课程标准和学生）来确定本节课的教学目标或任务。课时目标是课时备课时所规划的课时结束时要实现的教学结果。课时目标越明确、越具体，反映教师的备课认识越充分，教法的设计安排越合理。分析教学目标要从知识与技能、过程与方法、情感态度与价值观三个方面加以说明。

（3）说明如何精选教材内容，并合理地扩展或加深教材内容，通过一定的加工将其转化为教学内容，即搞清各个知识点及其相互之间的联系。

（4）说明如何确定教学重点和教学难点。

（5）说明教材处理上值得注意和探讨的问题。

（三）说学法

现代教育对受教育者的要求，不仅是学到了什么，更主要的是学会怎样学习。实施新课程标准后，要求教师转换角色，基于这一转变，说课者就必须说明如何根据教学内容、围绕教学目标指导学生学习，教给学生怎样的学习方法，培养学生哪些能力，如何调动学生积极思维，怎样激发学生学习兴趣等。说课活动中虽然没有学生，看不到师生之间和学生之间的多边活动，但教师在说课过程中要体现以学生为主体，充分发挥学生在学习活动中的作用，调动学生的学习积极性，在最大程度上体现课改精神——教师是课堂教学的组织者、引导者、参与者、启发者。

在说学法环节，具体要说清两大问题：

（1）针对本节教材特点及教学目的，学生宜采用怎样的学习方法来学习它，这种学法的特点怎样？如何在课堂上操作？

（2）在本节课中，教师要做怎样的学法指导？怎样使学生在学会过程中达到会学？怎样在教学过程中恰到好处地融进学法指导？

（四）说教法

说教法，应说出“怎么教”的办法以及“为什么这样教”的根据，具体要做到以下几个方面：

（1）要说出本节课所采用的最基本或最主要的教法及其所依据的教学原理或原则。

（2）要说出本节课所选择的一组教学方法、手段，对它们的优化组合及其依据。无论以哪种教法为主，都是结合学校的设备条件以及教师本人的特长而定的。要注意实效，不要生搬硬套某一种教学方法，要注意多种方法的有机结合，提倡教学方法的百花齐放。

（3）要说明教师的教法与学生应采用的学法之间的联系。

（4）要重点说说突出重点、化解难点的方法。

（五）说教学过程

说教学过程是说课的重点部分，因为通过这一过程的分析才能看到说课者独具匠心的教学安排，它反映了教师的教学思想、教学个性与风格。也只有通过对教学过程设计的阐述，才能让听讲人看到其教学安排是否合理、科学，是否具有艺术性。说教学过程要求做到：

（1）说出教学全程的总体结构设计，即起始—过程—收束的内容安排。说教学程序要把教学过程所设计的基本环节说清楚，但具体内容只需概括介绍，只要听讲人能听清楚“教的是什么”“怎样教的”就行了。不能按教案像给学生上课那样讲。

另外需要注意的一点是，在介绍教学过程时不仅要讲教学内容的安排，还要讲清“为什么这样教”的理论依据（包括大纲依据、课程标准依据、教学法依据、教育学和心理学依据等）。

（2）重点说明教材展开的逻辑顺序、主要环节、过渡衔接及时间安排。

（3）说明如何针对课型特点及教学法要求，使不同教学阶段的师与生、教与学、讲与练达到协调统一。

（4）要对教学过程做出动态性预测，考虑到可能发生的变化及其调整对策。

以上五个方面，只是为说课内容提供一个大致的范围，并不意味着具体说课时都要面面俱到，逐项说来。相反，应该突出重点、抓住关键，以便在有限时间内进行有效的陈述，该展开的内容充分地展开，该说透的道理尽量去说透，这样才能取得良好的效果。

三、说课稿的撰写与案例

说课稿是为进行说课准备的文稿，它不同于教案，教案只说“怎样教”，说课稿则重点说清“为什么要这样教”。教师在吃透教材，简析教材内容、教学目的、教学重难点的基础上，遵循整体构思、融为一体、综合论述的原则，分块写清、分步阐述教学内容，以进一步提高教学效果。

教师撰写一篇好的说课稿，应注意从以下几方面去进行[①]：

（一）简析教材

教材是进行教学的评判依据，是学生获取知识的重要来源。教师要吃透教材，简析教材内容、教学目的、教学重难点。

简析教材可以从以下几点出发：

（1）教材内容部分要求说明讲稿内容的科目、册数、所在的单元或章节。

（2）教学内容是什么？包含哪些知识点？

（3）本课内容在教材中的地位、作用和前后联系。

（4）教学大纲对这部分内容的要求是什么？

（5）教学目标的确定。

教学重点是教材中起决定作用的内容，确定教学重点一般从知识目标、智能目标、德育目标几方面来进行；教学的重点、难点和关键点的确定，要遵循教学大纲、教学内容和教学目的。教学的难点是学生学习时的困难所在，它要依据各学科特点和学生的认识水平而定。

（二）阐述教法

教师在熟悉教材的前提下，怎样运用教材、引导学生搞好学习，这就是教法问题。教学得法往往能事半功倍。在撰写说课稿时应简要地说明：

（1）教法的总体构造及依据。

（2）具体采用了哪些教学方法、教学手段及理由。

（3）所用的教具、学具。

教学实践证明，一堂课根据教材特点选用几种不同的教法结合使用，可增强教学效果。

（三）指导学法

学法包括学习方法的选择、学习方法的指导和良好的学习习惯的培养。在撰写这部分内容时应突出地说明：

---

① 张廷均：《怎样撰写说课稿》，《教学与管理》2002 年第 8 期，第 31—32 页。

（1）学法指导的重点及依据。

（2）学法指导的具体安排及实施途径。

（3）教给学生哪些学习方法，培养学生的哪些能力，如何激发学生的学习兴趣、调动学生的学习积极性等。

(四) 概说教学程序

这部分内容实际就是课堂教学设计，但要与流水账式的条款罗列区别开，既要有具体步骤安排，又要把针对性的理论依据阐述融会其中。撰写时应科学地阐述：

（1）课前预习准备情况。

（2）完整的教学程序（主要包括怎样铺垫、如何导入、新课怎样进行、练习设计安排、如何小结、时间如何支配、如何通过多媒体辅助教学加大课堂的密度、强化认知效果等）。

（3）扼要说明作业布置和板书设计。

（4）教学过程中双边活动的组织及调控反馈措施。

（5）教学方法、教学技术手段的运用以及学法指导的落实。

（6）如何突出重点、突破难点以及实现各项教学目的。

在撰写时应重点讲清楚每个环节安排的基本思路及其理论依据，还要做到前后呼应，使前三个方面的内容落到实处。

(五) 分析教学效果

分析教学效果是指对学生参与教学活动的主动性、深广度的估计，以及学生达成教学目标状况的评估。说课活动分课前说课和课后说课两种形式，不论是课前说课还是课后说课，教师对上述内容必须阐述清楚。课前说课还应说疑点，说明在备课中自己拿不准的疑点，求教于其他教师；课后说课还应包括“学生学得怎样”的教学效果评估。

撰写说课稿不必拘泥于一个固定、呆板的模式。可以分块写清，按部分阐述；也可以按照整体构思融为一体，综合论述。另外，在语言表述上，既要把问题论述清楚，又切忌过长，避免陈词滥调、泛泛而谈，要力求言简意赅、文辞准确、语言针对性强。

下面是一个说课稿的案例：

牛津英语 9A Unit 3《*Teenage problems*》说课稿

一、说教材

说课内容是江苏牛津中学英语教材 9A 第 3 单元 *Teenage problems* 中的 Integrated skills 部分。本单元通过青少年中存在的问题和困扰这一主题，引出话题，谈论话题。由于学生对这一话题极感兴趣，教师在教学中准备使用多种教学手段设置情景，有效地把单词和句型情境相结合，注重听说训练，使语言点的训练密切联系生活实际，达到灵活运用、学以致用的目的。

二、说学情

本节课授课对象是本校八年级的 31 名学生，年龄在 14～15 岁之间，正处于青春叛逆期，有自己的主见和思考能力。在平时的英语学习过程中，学生能够在教师的引导下积极落实语言基础，能根据教师所提问题和所设任务进行自主思考。

三、说教学目标

（一）教学目标

依据英语新课标所提出的总目标并根据本年段学生认知水平，制订了如下教学目标：

（1）能听懂、会说、会读和会拼写单词和词组。

（2）能听懂、会说、会读和会写句型。

（3）能正确地听懂、掌握A板块前半部分听力内容，能以较好的语音语调流畅地朗读后半部分的课文填空。

（4）能用本课所学语言讨论青少年中存在的问题。

（二）教学重点、难点

教学重点：正确拼读本课四会单词和句型，能流利地用所学句型进行情境会话。

教学难点：如何有效解决青少年在实际生活中的问题。

四、说教法和学法

根据对英语课程标准的理解和九年级学生的生理和心理特点，将教学本课的指导思想确定为：让学生主体参与，主动探究，合作互动，充分发展。具体采用如下教学方法：

1. 情境教学法

通过设置较为真实的情境，使学生产生身临其境的感觉，激起学生情感上的共鸣，从而引导学生从整体上理解和运用语言，促进学生的语言能力及情感、意志、想象力、创造力等整体发展。

2. 小组学习法

每4人一组，可两两交流，也可自由选择，在互动中互相启发，形成思维的碰撞。同时注意保证每名学生都有机会参与学习，培养学生与伙伴合作的意识和策略，提高人际交往能力。

3. 练习法

把大多课堂时间留给学生，使学生在多信息、高密度、快节奏的灵活操练中拓宽学习渠道。

此外，考虑到B板块为对话教学部分，在这一环节的教学中主要侧重于学生朗读能力的培养，在训练听说的同时加强朗读指导，一方面可以培养学生朗读的基本技巧，另一方面也可以检查学生对课文理解的情况，进而培养学生的自主学习能力。

五、说教学过程

（一）对话导入，学习新知

（1）以“Teenage problems”为主题及线索组织教学。课前在教室里头稍作布置，背景音乐的选择体现了牛津初中英语板块之间的自由组合，也为后面的教学做了一个提早渗透。这样，学生在轻松愉快的气氛中进入本课的学习，接着我向学生展示课件，引出青少年问题的话题，同时教授新词。由介绍学生自己的问题入手，无形中拉近了与学生的距离，使学生倍感亲切。

（2）在学生展示自己作品的语境中，用多种手段如作品、图片、照片、简笔画等呈现。学生边学边进行听、说、拼读及运用训练，坚持循序渐进、由易而难的原则教学新知识。

（二）巩固拓展，强化新知

（1）在情境中不断使用新句型，学生不仅学会了新的词组，而且不可避免地涉及了旧知。同时也激发了学生的求知欲，想学更多的相关词汇来介绍自己的问题，并向他人寻求有效的建议和意见，达到了学中用、用中学的目的，给予他们成功的乐趣。

（2）仍以“Teenage problems”为场景，由学生分小组自创小对话进行表演。要求问到前面所学句型并用到本课时所学的交际用语。通过这样的练习形式让学生主体参与，使学生的思维处于积极兴奋的状态，有利于提高课堂学习效率。

（三）指导朗读，感知课文

（1）在小对话表演告一段落时，自然导入 A 部分对话教学。然后播放多媒体课件让学生感知课文。为了让学生在听的过程中有所侧重，引起他们的有意注意，让他们带着问题去听。

（2）播放录音再感知课文，以选择题的形式检查学生理解课文的情况。

（3）跟读课文，为避免反复朗读时过于枯燥，设计小小配音员的训练环节。

（4）学生分角色朗读对话，指导学生在朗读时利用手势、表情、动作、声音等手法，以加强语言的表现力，更生动地传达说话人的思想和感情，使学生能在熟练朗读的基础上深入理解对话内容。

（四）面向全体，作业分层

为了满足不同类型、不同层次学生的需求，在作业布置上我尝试进行分层教学，即让程度较差的学生做 a 类作业，程度中等的学生做 b 类作业，程度较好的学生做 c 类作业。当然，学生也可以根据自己的兴趣特长进行自由选择。

（1）朗读并抄写要求四会掌握的单词和词组。

（2）听录音，朗读课文，并根据所学话题进行自由交谈并形成文字稿。

通过这样的作业形式，争取让每一个孩子都学有所获，从而达到激励全体学生努力学习的目的。

四、说课的原则、技巧与注意要点

（一）说课应遵循如下几条原则

1. 说理精辟，突出理论性

说课不是宣讲教案，不是浓缩课堂教学过程。说课的核心在于说理，在于说清“为什么这样教”。因为没有在理论指导下的教学实践，只知道做什么，不了解为什么这样做，永远是经验型的教学，只能是高耗低效的。因此，执教者必须认真学习教育教学理论，主动接受教育教学改革的新信息、新成果，并应用到课堂教学之中。

2. 客观再现，具有可操作性

说课的内容必须客观真实、科学合理，不能故弄玄虚、故作艰深，不能生搬硬套一些教育教学理论的专业术语。教师在说课时，要真实地反映自己是怎样做的，为什么这样做。哪怕是并非科学、完整的做法和想法，也要如实地说出来，引起听者的思考，通过相互切磋，形成共识，进而完善说者的教学设计。

说课是为课堂教学实践服务的，说课中的一招一式、每一环节都应具有可操作性。如果说课仅仅是为说而说，不能在实际的教学中落实，那就是纸上谈兵、夸夸其谈的“花架子”，使说课流于形式。

3. 不拘形式，富有灵活性

说课可以针对某一节课的内容进行，也可以围绕某一单元、某一章节展开；可以同时说出目标的确定、教法的选择、学法的指导、进行程序的全部内容，也可只说其中的一项内容；还可只说某一概念是如何引出的，或某一规律是如何得出的，或某个演示实验是如何设计的；等等。要做到说主不说次，说大不说小，说精不说粗，说难不说易；要坚持有话则长、无话则短、不拘形式的原则，防止囿于成规的教条式的倾向。同时，说课需要体现教学设计的特色，展示自己的教学特长。

（二）说课的技巧

1. 要在说课前准备好各种课型的框架

这里的框架包含目标框架、理论框架。比如计算课，就要讲“理解算理、掌握算法”“培养估算意识、通过算法多样化发散学生思维”“让学生经历探究的过程，培养探究能力”“培养初步的抽象概括能力”等。

2. 要合理安排好时间

目标一般 2～3 分钟要确定下来，重点去考虑教学设计的框架，以纲要的形式写下来，特别要记下学生的几种情况和你的对策。不要一字一句去写。

3. 正确对待不熟悉的教材

这时你首先要吃准教材，目标不要定错。可以将提供给你的材料（题目）很快地做一遍，这样你就心中有底了，然后回想同种课型的课你通常是怎样处理的，可进行套用，当然这是无奈之举。

4. 课堂设计要精美

因为这里的说课是课前的预案，不是课后的反思性说课，想象的空间较大，所以你可以将课堂设计得精美一些。

5. 赋予基本思想

要给自己的说课赋予一些基本思想，如教学设计的基本教学理念，新课标精神在你的设计中的体现；你的教学整体思路是在什么教育理论支撑下展开的，也就是教学理论依据；你这样设计的意图和目的，在实施中可能会产生的问题及你的解决之道；你觉得这节课的教材对学习主体来说，是否要进行处理，阐述你处理的理由，通过你的处理学生可能在学习中避免了哪些学习障碍，有什么优点等。

（三）在说课中要注意几个要点

1. 说课整体要流畅，不要作报告式

干货式说课往往缺乏对学生的吸引力，应减少单调的“123”式说课。说课环节过渡要自然。例如，教材分析后，要确定目标时，可以这样说："基于对教材的理解和分析，本人将该节课的教学目标定位为……""下面我侧重谈谈对这节课重难点的处理。"

2. 说课要有层次感，不要面面俱到

说课重在逻辑与核心内容的展示，应避免将说课说得很细，我们要说的都是一些教学预案，所以要多谈谈学生学习中可能碰到的困难和教师的教学策略。层次对每一教学环节来说都很重要。例如，在重难点处理上，教师应多反思自己在说课的设计上存在哪些问题，如果第一套方案不行，备选方案应怎样安排等；又或者，在练习环节的设计中，看看自己安排了哪些练习，有没有体现出层次性等。

3. 说课要自信，要富有激情和个性

正如法国作家雨果所说："语言就是力量。"既然是说课，说的成分很重要。最好能说得神采飞扬，激情澎湃感染听众。擅长书法的教师可将你的整体框架进行板书，这样既使听众思路清晰，又能增加你的印象分。

第三节　上课及其基本环节规范

上课是学科课堂教学工作的中心环节，也是最能体现教师综合素养与业务水平的关键环节。著名教育家于漪老师强调"教育家是上课上出来的"，精辟地道出了上课对教师的专业成长具有极其重要的意义。因此，教师要重视上课，掌握上课的规范，认真上好每一堂课。

一、上课的含义、基本要素与意义

（一）上课的含义

上课又称课堂教学，是指在规定的时间内，通过班级集体授课的教学形式，在课堂上围绕学科教材而展开的教师的教和学生的学的双边教育教学活动。

（二）上课的基本要素

上课的基本要素包括教师、学生、教学信息、教学媒体。教师既是教学过程的设计者，也是学习过程的指导者；学生是学习活动的主人，是课堂教学的发展的主体；教学信息是学科教学内容及相关要求的反映；教学媒体是教学信息的载体和学习的工具。

（三）上课的意义

课堂教学是学校教育教学的主阵地，是落实立德树人教育根本目标任务的关键所在，对促进学生德智体美劳全面发展和教师的专业成长具有重要的意义。具体而言，上课的意义表现为以下几个方面：

1. 能够有效实现新课改的三维教学目标

新课改强调课堂教学要围绕知识与能力、过程与方法、情感态度与价值观三个维度去设计教学目标，开展相关的教学活动。教师通过精心组织课堂教学，有效指导学生进行知识学习、能力训练、情感熏陶，将有助于落实新课改的三维教学目标。

2. 可以促进学生的德智体美劳全面发展

赫尔巴特认为，教学是具有教育性意义的。加德纳的多元智能理论也主张人的智能是发展的、多元化的，包括语言智能、数理智能、空间智能、动觉智能、音乐智能、人际交往智能等。因此，课堂教学不仅能发展学生的智力，也会促进学生在道德认知、审美能力乃至动作技能等方面的整体性发展。

3. 引领学生实现知识向能力、智慧的转变

教师在课堂教学中向学生传授知识，提问启发，指导练习等，目的就是通过引导学生不断吸纳知识，内化知识，化知为能，促进知识向能力的不断转化，同时发展学生的高阶思维，不断提升学生的智慧水平。

4. 提升教师的教育教学能力和专业化发展水平

课堂教学是学校课程实施的主渠道。课堂改变了，学校教育才会改变；课堂优质，学生才会优质；课堂创新，学生才会创新；课堂进步，教师才会成长。因此，教师只有重视课堂教学，积极进行课堂教学方法或模式的探索，不断提高自己的教学技能与教学艺术，形成自己的教学风格，才能够在教学中有效地提升自己的教育教学能力和专业化发展水平。

二、上课的基本环节及其规范

从上课的教学过程看，它的基本环节主要包括导入、讲解、提问、讨论、板书和结课。每个环节都有一定的教学规范要求，教师只有熟悉并掌握好每个教学基本环节，才能够有效地开展课堂教学，提高课堂教学效率与质量水平。

（一）课堂导入及其规范

1. 课堂导入的含义与作用

课堂导入是指教师在进入新课题时，运用有效的方法引起学生注意，激发学生兴趣和学习动机，明确学习目的并建立知识间联系的一种教学行为方式。

在课堂教学中，导入的作用在于引起学生注意，确定目标，激发兴趣，以及加强知识之间的联系。

2. 课堂导入的类型与方法

(1) 激发兴趣的导入。以激发兴趣为主的导入类型，在方法上包括谜语导入法、歌谣导入法、故事导入法、游戏导入法等。

(2) 启迪思维的导入。以启迪思维为主的导入类型，在方法上有温故知新法、巧设悬念法、类比求异法、标题分析法、智力游戏竞赛法等。

(3) 创设情境的导入。这种课堂导入类型在方法上有实境描摹法、音乐渲染法、多媒体音像法等。

3. 课堂导入的规范要求

课堂导入环节时间一般是控制在 3～5 分钟，为此要求教师必须做到：

(1) 要有目的性、针对性，突出一个“准”字。

（2）要把新旧知识衔接起来，突出一个“用”字。

（3）要有直观性，突出一个“形”字。

（4）要有启发性，突出一个“奇”字。

（5）要有趣味性、艺术性，突出一个“巧”字。

（6）要有概括性，突出一个“精”字。

4. 课堂导入的案例及分析

小学数学课“认识数学中的角”教学片段及分析

师：一年级的时候，我们已经认识了各种各样的图形，同学们还记得吗？

生：记得，有长方形和正方形。

生：还有圆形、平行四边形和五边形。

师：老师这儿就带来了这些平面图形，不过，它们都藏在这个信封里，你能从中把圆形给摸出来吗？

（学生甲、乙上台都成功摸出圆形）

师：（从信封里拿出三角形）奇怪，他们摸出的为什么不是这个图形？

生：因为这是三角形，三角形有角，而圆形没有角！

师：（继续从信封里拿出五边形）那么会不会摸出这个图形呢？

生：也不会，因为它也有角。

生：（迫不及待）因为信封里其他图形都有角，摸出来尖尖的，有点戳手，而圆形没有角。

师：看来，有角和没角，摸起来还真不一样。

分析：围绕着“角”的概念，这位老师采用悬念导入法，从学生的实际出发，充分兼顾学生的年龄特点、心理状态和知识能力基础，故设悬疑，层层推进，开课就显露出重点教学内容的“庐山真面目”，可谓匠心独运。这种导入方法容易引起学生的认知冲突，打破学生的心理平衡，激发学生的学习兴趣、好奇心和求知欲，让学生思维处于最佳的活动状态，为整堂课的和谐自然发展定下基调，从而有助于实现有效教学。

（二）课堂讲解及其规范

1. 课堂讲解的含义与作用

课堂讲解是教师通过语言对知识的分析，揭示事物及其构成要素的发展过程，使学生把握事物的内在联系和规律，向学生传授知识和技能、方法和技巧，以及启发思维、表达思想情感的教学行为。

教师课堂讲解的作用主要表现为：有助于系统传授学科知识；有助于激发学生的学习兴趣和强烈的求知欲望，启发学生积极思维；有助于突出教学重点，化解难点；有助于把握教学节奏，提高教学效率。

2. 课堂讲解的类型

（1）解释式讲解，是指教师教学中通过讲解把未知和已知联系起来，向学生进行知识转述、意义交代、程序说明、结构提示和符号传译的讲解。

(2) 描述式讲解，是指教师在教学中运用形象生动的语言进行内容陈述、细节描述、形象分析、材料显示等的讲解。

(3) 原理中心式讲解，是指教师以概念、原理、规律为中心内容，使学生能正确理解掌握有关概念和规律的讲解。

(4) 问题中心式讲解，是指教师以解答问题为中心的讲解。其过程主要分为引出问题、明确标准、选择方法、解决问题和得出结果五个环节。

3. 课堂讲解的规范要求

(1) 讲解要有目的性。讲解的目标要明确，内容要具体，重点要突出，难点要突破，分析要透彻。

(2) 讲解要有针对性。讲解符合学生的年龄特点、知识水平和认识能力；能够切中学生学习中的薄弱点。

(3) 讲解要有科学性。讲解要结构合理、框架清晰；条理清楚，层次分明；观点正确，证据、例证充分，并能透彻分析例证与新概念之间的联系；讲解时间控制得当，避免以讲代练。

(4) 讲解要有艺术性。讲解的语言流畅、准确、明白、生动；善于启发学生思考；注意形成知识之间的连接；善于收集学生的反馈信息，及时调整讲解的方式和程序。

(5) 讲解要有协同性。讲解最忌讳教师"满堂灌"式的一讲到底，因此，讲解要注意同演示、提问、板书等其他技能有机配合。

4. 课堂讲解的案例及其分析

初中历史课"欧洲第二战场的开辟"教学片段及分析

有位历史教师在讲解"欧洲第二战场的开辟"时，他是这样描述的："1944 年 6 月 1 日开始，英美盟军的气象军官格外繁忙，工作显得异乎寻常地紧张，他们经过复杂的计算和反复核对了各种数据之后，预测到 6 月 6 日到 7 日两天，在波涛汹涌的英吉利海峡会出现风平浪静的难得日子。于是盟军统帅部做出果断决定，在 6 月 6 日和 7 日两天，以一千艘军舰运载一百万军队，横渡英吉利海峡。结果盟军在没有遇到敌方任何阻击的情况下，顺利登上了诺曼底海滩……"教师运用富有感情色彩的语言描述，使同学们听得津津有味，简直入了神。

这个教学片段中，教师采用描述式讲解方法，注意语言的生动性、形象性和情感性。历史教材本身为历史思维的发展提供了丰富的材料，但课文上的文字往往比较抽象，因此，教师在讲解时必须尽一切可能科学运用语言艺术，把历史人物和事件生动逼真地"再现"到学生面前，把学生的思维引到当时的氛围中，使学生产生如临其境、如见其人的感觉，从而激发起浓厚的学习兴趣。

(三) 课堂提问及其规范

1. 课堂提问的含义与作用

从概念内涵上讲，课堂提问是指教师在课堂教学过程中，根据教学目标、教学内容和学生学情提出思考问题，进行师生教学问答的一种教学形式。它是中小学课堂教学最为常见的教学方式之一。

课堂提问在学科教学中具有积极的作用，主要表现为：

（1）集中学生注意力，激发学习兴趣。当教师提出问题时，往往会使学生的注意力处于高度集中的状态。好的提问，好比水中投石，激起千层浪花，能打破学生脑海里思维的平静，使之涟漪阵阵，甚至波澜迭起，处于非常活跃的状态。

（2）开阔学生思路，启迪学生思维。朱熹说："读书无疑者须教有疑，有疑，却要无疑，到这里方是长进。"提问是开启学生思维器官的钥匙，是思维启发剂。课堂教学提问，能打开学生的思路，启迪学生的思维，发展学生的智力和能力。在课堂教学中，倘若没有提问，学生限于知识不足而不能提出问题，就会对自己所学知识的重点、难点、关键点视而不见、听而不闻，久而久之就会形成思维惰性，使学习成为被动的行为。

（3）增进师生交流，活跃课堂气氛。新课改强调教学是师生之间的"对话"活动。实现教学过程师生互动、双向交流的方法很多，其中常用且有效的就是恰当地进行课堂提问。一个好的问题犹如一条纽带，会将师生间的认识和感情紧密联系起来，架起师生双向交流的桥梁，而且能活跃课堂气氛，促进课堂上教与学的和谐发展，实现教学相长。

（4）促进信息反馈，提高教学质量。通过教学提问活动，教师和学生可分别从中获得对各自有益的反馈信息，以作为进一步调整教与学活动的重要参考。如教师可以通过提问了解学生掌握知识的情况，探明学生知识链条上的漏洞和产生错误的原因，从而针对每名学生和自己教学中存在的问题，对症下药，因材施教，切实地改进和提高教学质量。同时，学生也可以通过答问，从老师那里获取评价自己学习状况的反馈信息，在学习中不断审视自己，改进自己的学习态度、方式等，使自己后继的学习活动更富有成效。

2. 课堂提问的类型

课堂提问可以从不同的维度去分类，当前教育界比较经典的课堂提问类型是美国教育家特尼创设的"布卢姆—特尼"提问设计模式。在这种设计模式中，课堂提问按照知识学习要求由低到高，分为六个不同的层次水平：知识（回忆）水平、理解水平、应用水平、分析水平、综合水平、评价水平。每个水平的提问都与学生不同类型的思维活动相对应。

（1）知识（回忆）水平提问。这类提问要求学生通过回忆检索已有知识来回答问题。问题的答案教师先前已给出，学生不需要深入思考，只需从记忆中提取材料，就可以回答此类问题，如"三角形的计算公式是什么？""哈尔滨位于哪个省？"

（2）理解水平提问。这类提问要求学生用自己的话对事实或事件进行叙述，对照、比较事实或事件的异同，能把知识由一种形式转变为另一种形式。

（3）应用水平提问。应用水平提问要求学生把所学的概念、规则、理论等知识应用于某些问题。学生要能把先前所学知识迁移到新问题情境之中。这种提问类型在理科教学中经常使用，如利用加法来学习乘法，从三角形的面积公式切入来学习平行四边形的面积计算公式等。它可以用来考查学生对程序性知识掌握的情况，一般在课堂中讲授、练习新内容时使用此类提问。

（4）分析水平提问。要求学生运用已学过的知识来分析新学知识的结构、因素，厘清事物的关系和前因后果。如"西安事变发生的原因是什么？"这种问题没有现成的答案，学生要根据所学内容，分析资料，理解知识结构，找出事物间的联系，以确定原因，进行推论。因此，此类提问对学生的要求较高，一般适合年龄稍大、具有一定的分析能力和批判性思维能力的学生。教师在学生回答这类提问时，应给予鼓励和帮助，使学生在教师的帮助下不断提高分析能力。

（5）综合水平提问。这类提问要求学生在记忆中检索与问题有关的知识，对知识进行整体性的理解，并将这些知识以一种新的有创造性的方式结合起来，形成一种新的联系。

（6）评价水平提问。这种提问要求学生对教师所提供的材料给出自己的价值判断和选择。这类提问是最高水平的提问，它能帮助学生根据一定的标准评判事物的价值，从不同角度认识和分析问题、评价事物。

3. 课堂提问的方法

课堂提问也有不同的方法，教学过程中常见的提问方法有如下几种：

（1）直接式提问。教师就某个内容知识点开门见山，直接提出问题。如“元素周期律的实质是什么?”“第一次鸦片战争是什么时候爆发的?”这种提问方法多用于简单的记忆水平的内容知识学习。

（2）转弯式提问。教师没有对某个内容知识进行直接提问，而是采用“问在此而意在彼”的方式，让学生开动脑筋通过一番思考从而找到问题的答案。

（3）比较式提问。教师通过比较，发现事物之间的异同及相互关系，提出问题。这种提问方法能够解决学生不能从联系的角度去发现和提出问题的难题，促进学生深入思考，从而有所发现，有所进步。例如，语文中“同样是反映科举考试下古代知识分子的命运，孔乙己和范进的人物形象及其意义有什么不同?”化学中“同样是碳元素，石墨与金刚石的性质有什么不同?”等问题。

（4）辐散式提问。教师以某一个问题为中心，派生出若干小问题，从各个角度或不同侧面引导学生去思考。这种提问有助于突出重点，突破难点，使学生对知识有比较全面的理解。

（5）悬念式提问。教师依据学生的好奇心和求知欲，提出某个新颖的问题，吸引学生的注意力，激发学生的好奇心，使学生产生跃跃欲试、急于求知的心理，为整堂课的主动学习埋下伏笔。

（6）递进式提问。教师围绕某个核心问题，通过一连串的问题，环环相扣，步步推进，由此及彼，由表及里，拓宽思路，抓住本质。这样不但能挖掘知识信息间的落差，而且能展示教师思维的全过程，给学生一顿思维的套餐，师生之间产生共鸣。

（7）拓展式提问。在学生回答问题时，教师引导学生拓展思维空间，不局限于某一方面或某一角度，从多方面、多角度去分析思考，探求多种解决问题的方法。这种教学方法有利于学生对各种知识的融会贯通，有利于培养和提高学生的发散思维能力。这种教学方法多用于横向扩展某一知识的理解范围，从一个问题生发出去，开阔思路，扩展知识，以提高学生的思维能力。

4. 课堂提问的规范要求

教师在课堂教学中进行提问，不管是哪种知识学习水平的提问，或者是运用哪种提问方法，都需要注意问题的规范性。

（1）教师要精心设计筛选问题。教师对课堂提问的重要性要有充分地认识，不能随心所欲地提问。教师的提问一定要经过精心地筛选，问题提得得当，能激发学生的思维共鸣，激发学生的求知欲望。如果问题选择不当，也许会毁了一堂原本很好的教学课。因此教师在备课时要考虑到课堂提问的设计，制订切实可行的教案。

（2）要做到问题简明扼要。教师提问要考虑到学生的年龄特点，注意语句简短。很多教师在提出一个很简单的问题时，担心学生听不懂，故特意用其他的一些语句加以补充说明，使一个问题听起来有好几句话组成，其实这样做反而会使学生找不到问题的关键，影响教学。

（3）要难易适度，面向全体学生。提问的难易要适度，要符合学生的实际水平。教师应在深入钻研教材的基础上，针对学生的实际情况，把握准提问的难易程度，既不能让学生答不出来，也不能只是简单地答对与不对，要使学生“跳一跳才摸得着”，提问难度应控制在多数学生通过努力都能解答。难度大的问题要注意设计铺垫性问题。在提问中，教师还要针对不同学生设计不同的问题，对于学习较弱的，多提一些简单、容易的问题激发他们的求知欲，增强学习动力。对一般难度的问题，可以先让学习不太理想的学生回答，然后其他学生补充，以便调动全体学生的学习积极性。要防止只提问好学生，因为这样会打击一般学生的学习积极性和自尊心。

（4）要把握好提问时机。在课堂教学过程中，教师提问要注意时机，最大限度地调动学生的兴趣，以起到事半功倍的效果。俗话说，良好的开端是成功的一半。在一堂课开始时设疑提问，这时学生的注意力最集中，可以起到快速激发学生的求知心理的效果。课中提问，应根据课堂教学实际需要，选择学生注意力最集中、兴趣最浓厚时实施，因为此时学生新的需要与原有心理之间产生矛盾，急切需要教师通过各种途径激起疑问的火花，以触发学生的思维共鸣。在课尾提问，既可以考查学生对本课所学知识的掌握程度，及时认识到所讲授内容的不足，以便查漏补缺，同时又可以引导学生预习下一节新课内容，一举两得。

（5）要采用灵活多变的提问方式。教师在提问过程中，不能拘泥于某一特定的模式之中，要善于灵活运用多种方式，使学生与教师密切配合，让学生的主体作用得到发挥。例如，让学生自由讨论，自由发言，不点名提问，可以活跃课堂气氛，调动学生学习的积极性，提高学生的口头表达能力；遇到比较复杂的问题，可以将问题分解为几个比较简单的问题让学生思考，引导学生得出正确的答案，从而培养学生的分析与综合的思维能力；也可以先提出一个问题，然后随之提供一些材料以供学生思考，让学生从材料中得到启示，从而锻炼学生的思维能力，培养学生的成就感，提高学习的积极性。

（6）课堂提问要及时积极评价。提问手段本身能鼓励和督促学生对课程进行及时的消化，认真复习。提问能够优化学生原有的认知结构：回答正确，其原有的认知结构就得到了肯定和强化；回答错误，就能及时调整、改变有欠缺的认知结构。在整个提问的过程中，每一句回答都伴随着师生的判断，学生是否掌握了相应的知识，掌握的程度如何，教师都应公开及时地进行评价。

5. 课堂提问教学案例及分析

小学课文《共同的家园》教学片段

为了让学生感知地球生物的多样性，从中认识到保护地球生物是每个公民必备的素养之一，并能结合实际践行公民责任，教师简单介绍了地球与太阳系的关系后，播放视频《美丽的蓝色世界——地球》，介绍地球上丰富多样的生物。然后便出现了下面的课堂对话：

师：同学们，看完视频，你知道了地球的哪些秘密？地球给你什么印象呢？

生 1：我知道地球拥有丰富的水，在太空中呈现出蔚蓝色。

生 2：地球上有海洋、大气层、无水的沙漠，还有很多生命。

生 3：地球上有各种各样的动物、植物。

师：你觉得她美在哪儿？

生 1：我觉得她的颜色很美。

生 2：我觉得她的美在于有很多动物、植物，充满生机。

师：我赞同大家的意见，地球真的很美。美在有生命的存在，美在有丰富多样的生物。那么，你有什么办法能使地球永远都保持美丽呢？

生 1：我们要留给动物生存的环境，让它们不受人类生活的影响，不要去打扰它们的生活。

生 2：我们要保护野生动物，不滥捕杀野生动物。

生 3：我们不能乱砍树木，多步行，少开汽车，减少废气。

生 4：我们要与其他生物和谐相处，践行社会主义核心价值观中的“和谐”理念。

生 5：保护地球环境，减少污染，不滥用资源。

这个教学片段中，教师的提问具有开放性，问题由浅入深，层层递进，拓宽了学生的思维空间。学生的思维已经完全被激发起来，能够有话可说，形成热烈回答问题的课堂氛围。学生在回答教师提问的过程中，不知不觉强化了保护地球的公民责任意识，促进了教学目标的达成。

（四）课堂讨论及其规范

1. 课堂讨论的含义与作用

课堂讨论是指学生在教师的指导下，就教材中的内容知识或主要疑难问题，在独立钻研的基础上，共同进行讨论、辩论的教学组织形式，可以全班进行，也可分小组进行。

在教学活动中，课堂讨论可以加深学生对理论知识的理解，有助于启发学生独立思考，相互交流意见，培养他们独立分析问题、解决问题的能力和训练口头表达能力。在课堂讨论之前，教师根据教学目的确定讨论的题目并提出具体要求，指导学生搜集有关资料，认真准备讨论意见和写出发言提纲。讨论进行时，教师应充分启发学生独立思考，鼓励他们各抒己见，大胆发言，引导他们逐步深入到问题的实质，并就分歧的意见进行辩论，培养学生实事求是的精神和创造性地解决问题的能力。当前，课堂讨论已经成为新课改倡导的自主、合作、探究学习方式中的小组合作学习重要的表现形式之一。

2. 课堂讨论的类型

新课改倡导自主、合作、探究的学习方式，教师在课堂教学过程中有效开展各种讨论活动，可以充分发挥学生在教学活动中的主体性和能动性作用，使之进行合作学习和探究学习。课堂教学中常见的讨论有如下几种形式：

（1）专题讨论和随机讨论。按照讨论内容在教学目标中的地位以及讨论教学法采用的预见性程度，可以把讨论划分为专题讨论和随机讨论。如果讨论的内容复杂且有系统性，比较抽象，讨论的主题是课堂教学的基本内容，讨论法教学是教师备课时拟选择的主要教学方法，这种形式的讨论就是专题讨论；如果讨论的内容比较简单，是否采用讨论法教学在教学过程中具有不确定性，这种讨论就是随机讨论。

（2）分组讨论和集体讨论。以讨论的组织形式为标准，可以把讨论分为分组讨论和集体讨论。分组讨论是把全班同学划分为若干小组，以小组为单位进行讨论。分组讨论有时候是按照座位关系自然分组，有时候按照学习程度和接受层次统一搭配分组。如果是全班同学集体参与讨论，提出问题，集中讨论解决问题，这种形式的讨论就是集体讨论。无论是分组讨论还是集体讨论，它们都不是独立存在的，而是经常结合在一起进行。分组讨论是集体讨论的前提，集体讨论是分组讨论的综合。两种讨论形式的综合使用，有助于各种层次的学生在解决问题时相互补充，相互促进，合作学习，共同提高。

（3）发散式讨论和定向式讨论。讨论过程总是在一定的思维状态中展开的，论题的结论就是这种思维状态的结果。以讨论过程中的思维形式为标准，可以把课堂讨论划分为发散式讨论和定向式讨论。发散式讨论是指讨论的结论是不确定或不唯一的，学生的思维可以自由发散，从不同角度对讨论论题做出解释和说明。反之，如果论题的结论是确定的、唯一的，而且这种确定的结论是由确定的逻辑思维讨论得出的，那么这种定向思维形式下进行的讨论就是定向式讨论。

3. 课堂讨论的规范要求

课堂教学过程中，教师要组织一次有效的课堂讨论，必须注意从以下几个方面去把握：

（1）教师要明确讨论的目的。明确的讨论目的是课堂讨论取得成功的首要前提。就一堂课来说，明确的目的就是指讨论的目的既要为教学目标服务，又要考虑到学生的知识结构、认知差异。教师在考虑运用课堂讨论这一教学方式时，要根据整节课或整个单元的教学目标，来预先设想讨论要达到的目的，并针对学生的差异预想每名学生在讨论中可能会达成的目标，在此基础上进行精心设计。

（2）讨论的主题要有价值。讨论主题要有价值就是指讨论的问题必须能激发学生思考，发展学生的能力，能够通过讨论达到一定的教学目的。讨论主题的价值首先体现在课程内容的性质上。事实上，并不是所有的课程内容都适合课堂讨论。对于那些经典的、基础的、理论性的知识，学生的知识结构力不能及的，更适合由教师讲授；而对于那些现实的、综合的、复杂的实际问题，需用学过的理论知识综合处理才能解决，没有统一的解决途径、没有固定答案的问题，运用课堂讨论才更有效。

（3）课堂讨论的准备要充分。准备充分是课堂讨论取得成功的基础条件。教师要把讨论的问题和有关材料提前呈现给学生，让每名学生都明确讨论的任务和目的，做好充分的准备。如果学生不知道哪些是老师心中所认为的好的讨论，或者老师没有预先让学生明确知晓在讨论中应当做的事情，很难想象学生在讨论中会兴趣高昂、思维积极、见解深刻。

（4）要引导学生积极有效地参与。学生参与程度是衡量课堂讨论成功与否的一项重要指标。积极地提问、倾听、回应是判断学生有效参与的核心。教师要想方设法引导所有的学生参与讨论，尤其是让性格内向、沉默寡言的学生也能够有发言的机会。同时，在讨论活动中要注意保持师生发言机会的平衡，既要避免限于几个优秀的同学，又要避免教师发言过多，否则就失去了讨论的意义。

（5）要注意分组合理，分工明确。新课改注重小组合作学习，教师分组应该满足两个基本条件：一是小组讨论人数不宜过多或过少。人数过多可能会使讨论不够广泛、充分；人数过少则会降低讨论的效率和水平。理想的小组人数应该在 5 人左右。二是分组要考虑到讨论的目的、内容以及学生的差异性，多采用异质分组的方法，并且小组的每个成员都应该有明确的任务。

（6）发挥教师的角色和作用。教师在课堂讨论中起着不可忽视的作用，教师的行为直接影响着课堂讨论的质量。在班级讨论中，教师应该是讨论的组织者和指导者，教师在讨论开始时要向学生讲明讨论规则和注意事项。在讨论过程中，教师既要善于邀请过于沉默的学生积极发言，又要适当控制喜欢长篇大论的学生发言过多。讨论结束时，教师要对讨论做出总结和评价。

（7）讨论应达到的效果。任何教学活动都是为教学效果服务的，效果好才是教学活动的根本。因此，教师要注意课堂讨论是否有效促进了学生在知识、能力、情感态度等方面的发展。

4. 课堂讨论案例及分析

高中地理课“流域的综合开发”教学片段①（有修改）

环节 1：新课导入

教师引导：播放视频录像——奔腾的黄河，和黄河有关的灾难，黄河的治理。

学生活动：通过视觉、听觉的感受，加之煽情的话语，在形象和意境上营造了一个想去探究的氛围。

环节 2：自学成果交流，认识流域、水系等的概念

教师引导：（1）图片展示。流域的示意图，组成部分先不要用文字显示。

（2）讲述。河流开发利用当中经常要用到以下一些概念：干流、支流、流域、水系。同学们已经查阅过资料了，那就让我们先来交流一下大家自学的成果。

学生活动：各小组选派代表，根据课前搜集的资料来讲解相关概念，并在展示图片上指出来。

环节 3：分组探讨各河流流域开发的自然背景和开发现状

教师引导：组织学生分组讨论。

学生活动：学生通过自己的分析、探究，获得关于案例问题的见解后，在这一阶段进行组内讨论。

（1）小组按照讨论记录表开始活动，先设定一名记录员，再确定所属小组研究的

---

① 齐本莹：《论区域地理案例教学中“小组讨论法”的应用——以〈流域的综合开发〉为例》，《新课程导学》2016 年第 2 期，第 71—73 页。

流域名称。

(2) 确定议题，例如流域的自然条件（地理位置、气候、地形、水文、矿产资源等），现有的开发项目，开发中存在的问题等，列举得越细越好，分条目分层次呈现。

(3) 各人发言，组内讨论，由记录员负责整理各人的发言要点。

环节4：小组展示讨论结果，班内交流

教师引导：组织小组代表按序上讲台汇报讨论结果，并把讨论引导到问题解决上去。

学生活动：(1) 小组派代表展示本组对问题讨论的结果和本小组提出的问题和想法。

(2) 全班讨论各个小组提出的问题和想法，并且对其他小组讨论的结果进行评价和质疑。

环节5：教师进行评价、总结、提升

教师引导：(1) 首先对各个小组进行评价，主要以正面激励为主。

(2) 对流域的综合开发的一般规律进行归纳总结。

学生活动：学生听取教师的评价，发现自身问题。

从这个教学案例可以看出，教师在认真研究教材内容与学生学情的基础上，选择了明确的讨论主题，创设了良好的教学情境，逐步引导学生分小组进行讨论，每个小组的学生分工明确，任务清晰。在小组讨论的基础上，教师又组织全班讨论，最后教师进行评价、总结，达成了本次教学预设的教学目标。

(五) 课堂板书及其规范

1. 课堂板书的含义、内容与作用

课堂板书是指教师上课时为帮助学生理解掌握知识，在黑板上书写的凝结简练的文字、图形、符号等，它是用来传递教学信息的一种言语活动方式。

在教学活动中，并非什么内容都要成为板书的对象，实际上，教师主要是围绕三个方面的内容进行板书的：① 教学内容的内在逻辑结构；② 教学的重点和难点；③ 教学内容的补充知识。

教师课堂板书就如教师的微型教案或导学图，它的作用主要体现为有利于教师知识传授，有利于学生智力开发、能力培养，有利于学生情操陶冶，有利于活跃课堂气氛，有利于学生记忆知识。

2. 课堂板书的类型

课堂板书的类型是多样的，归纳起来主要有以下几种：

(1) 提纲式板书。它是指教师根据教学重点内容的内在联系和教学设计程序，用大小括号和编号编排成的一个系统。这种板书的优点在于条理清楚，重点突出，字句简洁，教学思路清晰，是各科教学常用的板书形式。

(2) 对比式板书。它是指根据教学内容和学生已有的相关知识，运用对比方法显示出知识的异同的板书。这种板书对比强烈，有利于指导学生分清知识的共性与个性，有利于学生求异思维能力训练。

（3）词语式板书。它是指根据对教学内容的分析研究，从中提炼出关键的重点字、词组成板书提纲。这种板书多用于语文学科，它的特点是能帮助学生分析理解重点词语，进一步明确教学的主要内容。

（4）线索式板书。它是指根据教学内容的某种联系，按照一定顺序，反映教学主要内容的板书形式。这种板书的特征是能够显示出事情发生、发展的过程，能够突出知识形成的过程，有利于学生学会学习。

（5）图画式板书。它是指根据教学内容显现出的特征，采用图中夹文或文中夹图的办法形象地勾画出事物间的内在联系的板书。这种板书生动、形象、直观，事物的内在关系显现得淋漓尽致，能有效激发学生的学习兴趣，促进抽象思维能力的发展。

（6）分析综合式板书。它是指运用分析、综合等思维方式，揭示教学内容，展示思维过程的一种板书。它的基本特征是思路清晰，逻辑严密，启发性强，是小学数学、语文教学中常用的板书方式。

3. 课堂板书的规范要求

课堂板书是教师教学过程的重要环节之一，也是促进学生学习知识、启迪思维、陶冶情感的有效手段。教师要重视课堂板书的规范性，必须遵循以下要求：

（1）明确的目的性。书写板书是为了帮助学生了解课文的中心内容及知识的结构层次，学生通过板书可以掌握教师讲授的顺序和思维过程，了解教材的重点、难点。板书也是学生复习的重要依据。因此，书写板书必须做到内容完整、目的明确。板书切不可过于简单，否则达不到板书的目的；也不要过于繁杂，喧宾夺主。

（2）周密的计划性。板书的内容确定之后，什么时候书写，写在什么位置，绝不能随心所欲，要根据讲课的方式而定。讲授与板书的前后顺序有四种情况：先板书后讲授；写一个分题讲一个分题；讲完一段再板书；全课讲完再板书。总的说来，什么时候写板书，怎样写，并无定法，教师可根据教学需要灵活运用。一般来说，板书从黑板左侧开始，整个板书约占黑板的 1/2 或 2/3。黑板右侧是教师根据需要写一些较重要的名词术语、易错的字等内容的地方，这种板书常称作“副板书”。为了强调板书的完整性、系统性，教师应在课堂结束前把副板书擦去。

（3）高度的概括性。板书的内容不能过多，既不是课本的搬家又不是教案的缩写。书写过多，反使教师忙于写板书而减弱了师生的联系；学生也因忙于抄笔记而分散注意力，影响听课效果。过于详细的板书也会影响学生看书用书的积极性。因此，板书必须做到结构严谨，语言精练，画龙点睛，富于启发性。板书一般应包括课题、分题、中心要点和结论。

（4）较强的针对性。板书应具有针对性，不同的班级板书内容不尽相同，有的班可以简单些，有的班可以详细些。板书内容的繁简是由学生的接受能力、班集体纪律好坏等因素决定的。因此，板书应从学生的实际出发，符合学生的年龄特点、知识水平和实际状况。学生接受能力强、课堂纪律好的班，学生注意力集中，板书应简单些、概括性强些。学生接受能力差、课堂纪律差的班，板书可详细些，一方面利于学生掌握所学知识，另一方面因教师书写速度快于学生，可借此时间组织教学。总之，板书要做到信息量适中。

(5) 清晰的条理性。板书是一节课中教师留给学生的重要学习资料。它是教师对教材进行深入钻研后写成的，突出了知识的本质和内在联系，使教材内容条理化、系统化。为此，教师在备课时除了备大纲、备教材之外，必须反复推敲板书的结构层次，使其条理清晰。板书时切忌边讲边写边擦，使板书失去完整性和条理性。

(6) 严谨的科学性。科学性是指板书的内容要准确无误、结构合理。板书的科学性至关重要，它对学生有潜移默化的影响，因此，凡书写内容时都必须做到知识要正确、内容要完整、用词要准确、书写要工整、字体要清晰。板书除注意防止出现科学性错误外，还应注意专业术语的完整性，如切不可把新陈代谢简写为“新代”。写字要规范，不写错别字，如有氧呼吸不能写成“有养呼吸”。应与语文教师联系，做到书写、读音规范化，减少或消灭科学性错误。此外，板书中各种文字、符号、图表还要按一定的形式结构组合起来，做到结构合理、简明扼要、形象直观。

(7) 有效的启发性。启发学生积极思维，发展学生智力，培养学生分析问题、解决问题的能力，是教学的重要任务之一。在课堂教学中，教师除了运用语言、教具等手段进行启发外，充分运用富有启发性的板书，也不失为一种重要的方法和不可忽视的途径。板书的启发性主要体现在两个方面：一是板书内容设计要有启发性，二是板书的形式和布局要有启发性。

(8) 鲜明的美感性。板书要做到不空不繁，不错不杂，纲目层次清楚，内容准确无误，形式结构合理，文字工整流畅，图像符号清晰美观，布局匀称得体，大小颜色适度（适当用彩色粉笔书写）。所有这些都是板书美感的重要内容。好的板书使学生产生一种羡慕的情感，从而激发起模仿、学习的欲望。相反，那种条理不清、版面设计紊乱、内容繁杂、残缺不全的板书，必然使学生产生学习上的厌烦心理，从而失去板书在教学中应起的积极作用。

4. 课堂板书案例及分析

小学语文四年级下册课文《白鹅》的板书设计

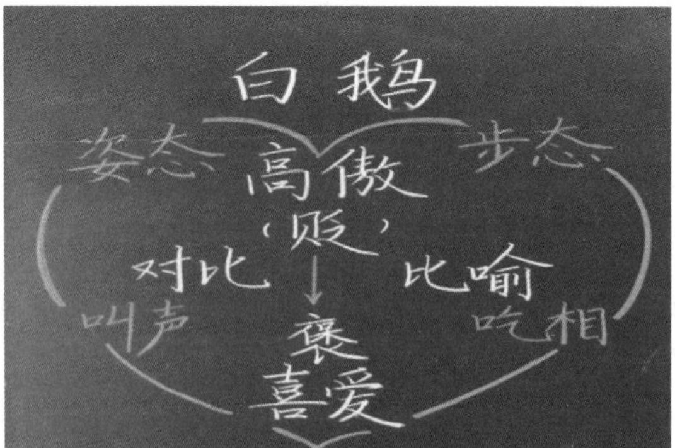

从这个案例板书设计可以看出，教师依据小学生的认识心理特点和课文的内容，采用图画式板书的方式，运用图中夹文或文中夹图的办法，设计了一颗爱心的图形，形象地勾画出白鹅“姿态”“步态”“吃相”“叫声”的特点，揭示出作家对白鹅由“贬”到“褒”

的情感变化过程。这种板书生动、形象、直观，事物的内在关系显现得淋漓尽致，有助于小学生理解课文的内容主旨，获得良好的审美体验，同时又激发小学生的形象思维。

（六）课堂结课及其规范

有效的课堂教学不仅应当有良好的开端，还应该有耐人寻味的结尾。教师应当合理安排课堂教学的结束，精心设计一个“言有尽而意无穷”的课堂结束语，做到善始善终，给课堂教学画上完整的句号。

1. 结课的含义与作用

从概念内涵上讲，结课是教师在一个教学内容结束或一节课的教学任务终了时，有目的、有计划地通过归纳总结、重复强调、实践等活动，使学生对所学的新知识、新技能进行及时的巩固、概括、运用，把新知识、新技能纳入原有的认知结构，使学生形成新的完整的认知结构，并为以后的教学做好过渡的一类教学行为。

结课在课堂教学中发挥着举足轻重的作用，概括起来有以下几个方面：

（1）使知识条理化系统化。一堂课要经历几个教学阶段，每一阶段都有各自的特点和任务，其中有主有次，而且后面的教学活动往往冲淡了前面的学习内容，学生一时难以形成完善的知识结构。通过恰当的结课，可以帮助学生做一番简要的回忆和整理，厘清知识脉络，便于学生把握教学重点，使学生得以从复杂的教学内容中简化储存的信息。

（2）有助于知识的巩固强化。课堂结束其实是一种“及时回忆”。知识的再次重复、深化，会加深记忆。依据教育心理学家的研究，课堂及时回忆要比 6 小时后回忆，效率高出 4 倍。

（3）帮助学生激趣开智。有激情的小结会使学生在感情上得到启迪、诱发，领会到新感觉、新意趣。同时，结课是对知识的归纳总结，有助于发展学生的抽象的归纳思维能力。

（4）便于课堂教学过渡。有时，课堂教学要利用几个课时才能讲完一个完整的教学内容，这就要求教师进行教学设计时，既要通过结课对本节课的教学内容进行总结概括，又要为下一节或以后的教学内容做好铺垫。

2. 课堂结课的类型和方法

课堂教学结课的类型和方法是多种多样的，概括起来有如下几种：

（1）归纳总结式。归纳总结式结课是教学艺术中最常用的一种结课方法，它要求用准确、精炼、简洁的语言，提纲挈领地把整个课的主要内容、难点和重点加以总结概括归纳，进一步突出强调，给学生以系统、完整的印象，促使学生加深对所学知识的理解和记忆，培养其综合概括能力。总结固然可以由教师来做，但更要引导学生自己来做，教师只是在必要的时候加以补充和完善。使用总结归纳的结课方式要因势利导，因人而异，恰到好处。总结绝不是前面教学内容的简单重复，而要变化角度，增加深度，可以从思想内容和艺术特色两个方面入手。如《陋室铭》的结课：这篇铭文通过赞美简陋的居室，表达了作者不慕荣利、不求闻达、安贫乐道的生活情趣。这样的结课，既有对课文内容的总结，又有对课文思想特色的归纳，能够加深学生的印象，起到强化和深化的作用。

（2）迁移扩展式。教是为了不教，也就是要求学生运用已有的知识去探求新知识，解决新问题。在课堂教学结束时，教师要多设计出一些练习题，让学生动脑、动口、动手，在实践中触类旁通，真正实现知识与能力的迁移。一堂有品位的好课，不只是学生学习的结束，更是把结束作为一种新的开始，即把结课作为引导学生联系课堂内外的桥梁，让他们把学到的知识能力在课外延伸、扩展、充实，真正培养学生的知识运用能力。

(3) 巧设悬念式。结课，不仅仅是一堂课的结束，也可以是另一堂课的序幕。有经验的教师常常在教学结课时运用设置悬念的方法，使学生在“欲知后事如何”的探究欲望产生的时候戛然而止，从而给学生留下一个有待探索的未知空间，激发学生探求新知识的迫切愿望，使“且听下回分解”成为学生的一种学习期待。这种方法既可用于两篇课文之间的教学衔接上（它要求两者的内容或形式有某种内在的联系），也可以用于一篇容量较大，不能用一课时结束分析的文章的课文教学的跨课堂连缀处。为避免割裂文意，保持原作品的完整性，教师可就下一堂课要分析的内容，提出一些富有思考性的问题，设下悬念，激发学生探究的好奇心，促使学生关注课文，顺理成章地引出下堂课的内容，有效地延续他们的学习热情。

(4) 对照比较式。有比较，才有鉴别。对照比较式结课通常用在一篇课文或一个单元教学的结束阶段。教师扣住文章的思想、结构、语言等方面内容，有所侧重地与以前学过的一篇课文或某一单元课文进行对照比较。同中求异，异中求同，分析概括出它们的相似点、不同点，从而更清晰地把握它们的特点，总结出同一题型的解题规律，深化学生对课文的理解。

(5) 激发感情式。如果在一篇文章教学结课时，教师的语言平淡无味，那么势必人人都不喜欢，反之则会人见人爱。因而，语文教师在结束语文篇章教学时，尤其要注意展现语文教师的激情，要把自己对文章的艺术理解、作者的人格魅力、篇章中蕴含的积极价值取向等与课文巧妙结合，用自己的激情去倾注、去浇灌，用自己的颂扬去感召、去激励，让学生在课堂上接收到激情的信息，激励学生在生活中尽力展现为自己的理想而执着追求的精神。这些激情的言语，这些激情的颂扬，会激励学生产生一种积极向上的勇气，更会激发学生的情感。因此教师必须把自己的全部激情灌注结课中，尽可能地用激情来增加自己语文课堂的吸引力、黏合力。如果教师的结课语言充满激情，既言简意赅又情深意长，往往能拨动学生的情思之弦，激发他们的美好感情，收到发人深省的艺术效果。

(6) 巧妙幽默式。如有位老师结课时不小心滑了一跤，他就顺势说：“同学们今天的表现很出色，老师也为之倾倒了。”还有位老师在教《中国石拱桥》时，一幅挂图突然掉了下来，巧的是这时下课铃声刚好响起，老师恰到好处地来了句：“看来挂图也要休息了，下课。”教师语言诙谐，充满情趣，一堂课就这样在轻松愉快的气氛中结束了。

(7) 诱发想象式。根据学生喜欢幻想、想象、好向心强的心理特点，在结课时，先诱导学生展开丰富的想象，创设良好的课堂教学氛围，然后话锋突转，制造悬念，让学生有一种“山穷水尽”的感觉，进而巧妙地引导学生进入课外阅读。通过阅读让学生自己寻求问题的答案，又达到“柳暗花明”的目的。

(8) 检查巩固式。在课堂教学结束前，抓住一堂课或一篇课文的教学重点、难点，设计一些精巧的问题，通过学生的动脑、动口、动手，强化和巩固所学内容，以实现知识和技能的迁移。

3. 课堂结课的规范要求

(1) 要科学准确。课堂小结最基本的要求是保证科学性、思想性，同整堂课的前几个环节一样，向学生传授科学的文化知识，并结合各学科的特点实行思想教育。

(2) 要目的明确。课堂小结必须从教材本身出发，结合教学目的和学生的实际情况，具有明确的目的性，或从重点、难点实行提示，或从学生智力开发、思想教育方面予以引导。

(3) 要言简意赅。课堂小结要做到重点突出、切中要害、画龙点睛、恰到好处，要在教学时做到干净利索，语言精练。

(4) 要富有启发性。结课要给学生以思维启发，以激起学生努力探索的积极性，做到“点而不透、含而不露、意味无穷”。如果把一节好课比作“凤头、猪肚、豹尾”，那么结课就像豹尾那样强劲有力。

(5) 要承前启后。课堂教学知识具有一定的系统性和条理性，往往前一个结论是后一个规律的基础。只有通过适当的方式引导学生将所学内容与前后的知识相联系，学生才能学得活、学得好，才能真正掌握所学的内容。因此，课堂小结时教师应抓住知识之间的内在联系，激疑设悬，让学生课下自愿地去探索、探究，起到课断而思持续、言尽而意不尽的效果，同时也能为下一节课做好铺垫。

(6) 要陶冶情感。课堂小结教学要富有思想性和感染力，使学生在准确掌握知识的同时，受到思想和情感上的陶冶。

4. 课堂结课案例及其分析

初中数学课“三角形的内角和”结课案例

在教学“三角形的内角和”一课结课时，教师给学生出示三角形、四边形、五边形和六边形。然后提问：“同学们，通过本节课的学习，我们已经知道了三角形的内角和是180°。那么四边形、五边形和六边形的内角和分别是多少度呢?”对于这个问题，学生刚开始有一点困难。于是教师又启发学生：“我们在计算三角形的内角和时，采用了什么方法呀?”生：“采用了剪和拼的方法。”师：“那么，求四边形、五边形和六边形的内角和时，我们是不是也可以运用这些方法呢?”这时，学生的思路打开了。他们纷纷动手。

过了一分钟左右，学生开始发言。

生1：四边形的内角和应该是360°。

师：为什么呢？你能上台给大家进行说明吗?

生1：(边演示边说) 我们可以把一个四边形分成两个三角形。一个三角形的内角和是180°，那么四边形的内角和应该是$180^\circ \times 2 = 360^\circ$。

其他学生对这个同学的方法表示了赞赏，并在他的启发下，求出了五边形、六边形的内角和。

师：同学们，看来一个多边形可以把它分成几个三角形。那么照这样计算，七边形、八边形和九边形的内角和又是多少度呢？会存在什么规律？这个问题请大家课后去探究。

这个课堂结课案例中，教师在结课时通过设置疑问、留下悬念来激发学生的学习兴趣和求知欲望，启发学生思考，使学生在“欲知后事如何”时戛然而止，给学生留下一个有待探索的未知数，激发学生的学习兴趣和继续思考的热情，让“且听下回分解”成为学生的学习期待和探索动力。

第四节　评课及其策略运用

评课是学校教学教研活动常见的形式之一，是加强教学常规管理，开展教育科研活动，深化课堂教学改革，促进学生发展与教师专业水平提高的重要手段。教师应该熟悉并掌握评课技能，能够运用评课策略科学、规范地开展评课活动。

一、评课的含义与作用

（一）评课的含义

评课是指对授课教师课堂教学成败得失及其原因做中肯的分析和评估，并且能够从教育理论的高度对课堂上的教育行为做出正确的解释。具体地说，是指评者对照课堂教学目标，对教师和学生在课堂教学中的活动以及由此所引起的变化进行价值的判断。

（二）评课的作用

评课对探讨课堂教学规律、提高课堂教学效率、促进学生全面发展、促进教师专业成长、深化课程改革有着十分重要的作用。

1. 促进教师转变教育思想，更新教育观念，确立课改新理念

教育思想是教师对教育的认识或主张。教育思想有层次之分：教育认识、教育观念、教育理念。教育理念是教育思想的最高境界，是一种理想化、信仰化了的教育观念。教师一定要确立自己的教育理念，它是教师的主心骨。先进的教育思想不仅是课堂教学的灵魂，也是评好课的前提。因此，评课者要评好课，必须研究教育思想。在评课中，评课者只有用先进的教育思想、超前的课改意识去分析、透视每一节课，才能对课的优劣做出客观、正确、科学的判断，才能给授课者以正确的指导，从而促进授课者转变教育思想，更新教育观念，揭示教育规律，促进学生发展。若用传统陈旧的、僵化的教育思想去评课，不仅不能给授课者以帮助，反而可能会产生误导。

2. 帮助教师不断总结教学经验，形成教学风格，提高教育教学水平

在学科教学活动中，同样的一个学科，同样的一节课或同样的教学内容，不同的教师表现出的教学风格并不同。有的教师的教学风格是精雕细刻，把课上得天衣无缝；有的教师的教学风格是大刀阔斧，紧紧抓住重点、难点，使疑难问题迎刃而解；有的教师的教学风格是善于归纳推理，用逻辑思维本身的魅力把学生吸引进去；有的教师的教学风格是运用直观、形象、幽默的优势，使学生在课堂上感到轻松愉快，充满学习的乐趣。同时，同一个班的学生，面对不同的教师上课，会有不同的表现。平时表现异常活跃的班级，面对

新教师时，可能会沉默寡言；而平时不愿参与课堂教学的班级，却可能在新教师的引导下，变得积极、主动地学习。因此，在评课中，评课者必须十分注意去发现和总结授课者的教学经验和教学个性，要对授课者所表现出来的教学特点给予鼓励，帮助总结。让授课者的教学个性由弱到强，由不成熟到成熟，使其逐步形成自己的教学风格。

3. 及时信息反馈、评价与调控，调动教师教育教学的积极性和主动性

通过评课，可以把教学活动的有关信息及时提供给师生，以便调节教学活动，使之始终目的明确、方向正确、方法得当、行之有效。首先，通过评课的反馈信息，可以调节教师的教学工作，了解、掌握教学实施的效果，反省成功与失败的原因之所在，激发教师的教学积极性、创造性，及时修正、调整和改进教学工作。其次，通过评课的反馈信息，可以调节学生的学习活动。心理学研究表明，肯定的评价一般会对学生的学习起鼓励作用。通过评价，学生学习上的进步获得肯定，心理上得到满足，强化了学习的积极性；否定的评价虽会使学生产生焦虑，但一定程度的焦虑也具有积极的动力作用，可以成为学生学习的内动力。学生从评课中获得自己学习的有关信息，可以加深对自我的了解，为下一步的学习提供帮助，同时有助于纠正以往学习中的错误行为，坚持和发扬正确的学习方法与作风，提高学习效率。

二、评课的内容与类型

（一）评课的内容

从评课实践上看，教师评课的内容主要包括教学目标、教材处理、教学程序、教学方法与手段、教师教学基本功、教学效果这六大方面。

1. 教学目标

教学目标是教学的出发点和归宿，它的正确制订和达成，是衡量一节课好坏的主要尺度，所以分析课首先要分析教学目标。新课改教学目标体系是由知识与技能、过程与方法、情感态度与价值观三个维度组成的，体现了以学生发展为本的价值追求。正确理解这三个目标之间的关系，也就成了准确把握教学目标、正确评价课堂教学的关键。

2. 教材处理

评析一节课的好与坏不仅要看教学目标的制订和落实，还要看教师对教材的组织和处理。我们在评析一节课时，既要看教师知识教授得准确科学与否，也要注意分析教师在教材处理和教法选择上是否突出了教学重点，突破了教学难点，抓住了教学关键。

3. 教学程序

教学目标要在教学程序中完成，教学目标能不能实现，要看教师教学程序的设计和运作。因此，评课就必须对教学程序做出评析。教学程序评析包括以下两个主要方面：一看教学思路设计；二看课堂结构安排。

4. 教学方法与手段

评析教师教学方法、教学手段的选择和运用，是评课的又一重要内容。教学方法是教师在教学过程中为完成教学目的、任务而采取的活动方式的总称。教学方法不是教师孤立的单一活动方式，它不仅包括教师的教学活动方式，还包括学生在教师指导下“学”的方

式，是“教”的方法与“学”的方法的统一。评析教学方法与手段可从以下几个方面入手：一看是不是量体裁衣，优选活用；二看教学方法是否多样化；三看教学方法是否有创新。

5. 教师教学基本功

教学基本功是教师上好课的一个重要方面，所以评课还要看教师的教学基本功。通常，教师的教学基本功主要包括板书、教态、语言、教具操作四个方面。

6. 教学效果

课堂教学效果是评价课堂教学的重要依据。要取得良好的课堂教学效果，应做到以下几个方面：一是教学效率高，学生思维活跃，气氛热烈；二是学生受益面大，不同程度的学生在原有基础上都有进步；三是有效利用课堂 40 分钟，学生学得轻松愉快，积极性高，当堂问题当堂解决，学生负担合理。

（二）评课的类型

评课可以从不同的维度进行分类。有的研究者根据目前国内开展评课活动的情况，将评课大致分为经验性评课、指标性评课和环节性评课三类①：

1. 经验性评课

经验性评课，又称传统评课，是指评课教师根据听课印象和记录结合自身或他人的教学经验及评课常识，从教学目标、教材处理、教法运用、学法指导、教学过程、教学效果和教师素质等方面进行口头评议。其特点在于评课教师在随堂听课的基础上，对授课教师课堂教学行为有所侧重地做出一分为二的定性评价，肯定优点，指出存在的不足。经验性评课通常偏重对授课教师课堂教学过程进行形成性定性评价，一般采用“评议结合法”进行评价，虽然形成性定性评价不如总结性定量评价精确，但便于评价者和被评价者双方沟通交流。这类评课方式是在学校教研组进行观摩教学时，使用得最为广泛的一种。

2. 指标性评课

指标性评课是指把课堂教学过程列出若干评价指标，并依据评价因素的内涵进行具体的量化评价。它是在经验性评课的基础上发展起来的，能有效地克服经验性评课中的个人主观因素，能对课堂教学进行比较公正、直观的评价。因此，它广泛应用于示范课、研究课、汇报课和评优课等不同课型的评价之中。

当前较为流行的课堂教学评价指标体系的一般范式是“指标体系、权重系数、量化测定、加权平均”，其主要部分是对评价指标体系进行准确的量化测定。在进行指标性评价时，评课人员要能正确把握评价指标体系，对评价指标体系有较完整的理解，另外还需要有较高的学科专业知识、教学水平，敏锐的观察能力，扎实的教育教学理论功底。因此，评课人员一般都是由那些高学历、高职称及教学教研经验丰富的教师来担任。为使评价效果科学、合理，在实际评课中，往往采取小组式（一般 5～7 人）集体评价的方式。小组需要对评价指标体系进行探讨和学习，并结合所需评课内容制订出切合实际的课堂教学评价表。

---

①　陈火弟、赖琏：《评课的常见类型》，《成才之路》2007 年第 19 期，第 52—53 页。

3. 环节性评课

环节性评课是指以课堂教学过程的环节为对象，逐个进行口头或量化评价。其特点是评价过程层次分明，易于掌握，且最容易被教师尤其是青年教师接受。由于环节性评课易受教学方法及其课堂教学结构等因素的影响，因此评价人员必须善于学习，了解当前课堂教学方法存在的现状，掌握多种课堂教学结构模式及其特点。

三、评课的方法与原则

（一）评课的方法

新课改实施以来，课堂教学注重“以学定教”，注重教学过程中学生学习的主动性和主体地位。因此，学生在教学过程中的学习活动成为课堂评价重要的关注点之一。在评课活动中，教师通常是采用评价量表的方法去开展评课。评价量表的主要观测指标包括教学目标、教学内容、教学过程、教学方法、学生活动、教师素养和教学效果七个方面。

教师课堂教学评价量表如表 10.5 所示。

表 10.5　教师课堂教学评价量表

<table>
<tr><td>姓名</td><td></td><td>学科</td><td></td><td>授课班级</td><td></td><td>课型</td><td></td><td colspan="3">时间</td><td></td></tr>
<tr><td>课题</td><td colspan="7"></td><td colspan="3">课时</td><td></td></tr>
<tr><td colspan="6" rowspan="2">课堂评价指标</td><td colspan="6">等级评价得分</td></tr>
<tr><td></td><td>A</td><td>B</td><td>C</td><td>D</td><td></td></tr>
<tr><td rowspan="2">教学目标（10 分）</td><td colspan="5">① 符合学科课程标准和教材的基本要求，契合学生在知识与技能、过程与方法、情感态度与价值观等方面的实际情况，与学生的心理特征和认知水平相适应，关注学生差异</td><td>5</td><td>5</td><td>4</td><td>3</td><td>2</td><td></td></tr>
<tr><td colspan="5">② 教学目标明确、具体、可操作性强</td><td>5</td><td>5</td><td>4</td><td>3</td><td>2</td><td></td></tr>
<tr><td rowspan="3">教学内容（15 分）</td><td colspan="5">① 结构化：形成合理的知识结构，突出重点、兴趣点，难易适度</td><td>5</td><td>5</td><td>4</td><td>3</td><td>2</td><td></td></tr>
<tr><td colspan="5">② 生活化：学习内容融入学生经验之中，联系生活和社会实际，适时拓展，强化实践贯穿体验与感悟</td><td>5</td><td>5</td><td>4</td><td>3</td><td>2</td><td></td></tr>
<tr><td colspan="5">③ 整合化：正确把握学科知识、思想和方法，重视教学资源的开发与整合</td><td>5</td><td>5</td><td>4</td><td>3</td><td>2</td><td></td></tr>
<tr><td rowspan="2">教学过程（15 分）</td><td colspan="5">① 课堂气氛宽松、和谐、活跃、有序，师生关系融洽，尊重每一名学生</td><td>5</td><td>5</td><td>4</td><td>3</td><td>2</td><td></td></tr>
<tr><td colspan="5">② 为每名学生提供平等参与的机会，引导学生主动、合作学习，组织多种形式的探究讨论、交流等活动</td><td>5</td><td>5</td><td>4</td><td>3</td><td>2</td><td></td></tr>
</table>

续　表

课堂评价指标		等级评价得分					
			A	B	C	D	
教学过程（15 分）	③ 鼓励学生大胆质疑，发表不同的意见，以学生所提问题为出发点，实现动态生成的教学过程。善于鼓励学生参与，点评适宜	5	5	4	3	2	
教学方法（15 分）	① 寓学法指导、德育于教学之中，指导具有针对性、启发性、实效性	5	5	4	3	2	
	② 因课制宜，因材施教，教法择优组合，为学生的学习活动设计并提供合理的、充足的学习资源和相关材料	5	5	4	3	2	
	③ 现代教育技术应用适时适度，操作准确、熟练	5	5	4	3	2	
学生活动（15 分）	① 学生对问题情境关注，参与活动积极主动	5	5	4	3	2	
	② 学生参与学习活动的人数较多方式多样，时间充分	5	5	4	3	2	
	③ 学生能提出有意义的问题或能发表个人见解，大多数学生能按要求进行操作，能够倾听、协作、分享	5	5	4	3	2	
教师素养（10 分）	① 有较强的组织协调能力、应变能力和即时性评价能力，有教改创新精神，有独特良好的教学风格	5	5	4	3	2	
	② 教师情绪饱满，语言生动准确，教态亲切有感染力，板书工整、规范，教案规范	5	5	4	3	2	
教学效果（20 分）	① 基本实现教学目标，多数学生能完成学习任务，每名学生都有不同程度的收获，课堂练习与检测效果好	7	7	5	4	3	
	② 学生在学习和解决问题过程中形成一定的能力和方法	7	7	5	4	3	
	③ 学生体验到学习和成功的愉悦，有进一步学习的愿望	6	6	4	3	2	
评语				总分			
				等级			
改进建议							

注：在课堂教学中应用多媒体、学案导学等新的教学手段者，适量加 5 分左右。

（二）评课的原则

1. 平等性原则

要充分尊重授课教师的劳动，不论课讲得如何，教师毕竟付出了辛勤劳动，在这一点上应给以充分肯定。遇到问题时要以探讨的口吻与授课教师交流，不要以指手画脚的态度、语言对待教师，更不要摆出居高临下、盛气凌人的架势。相反，应该善于创设一种民主、平等、和谐的评课氛围。

2. 求实性原则

在评课时，要恰如其分地做出评价，褒贬要得当，既不能过分地褒奖，也不能明显地贬斥。要从实际出发，从该教师已有的水平出发，从学生的实际出发，不要不切实际地提过高要求。要优点看得准，问题提得准，解决问题的办法可行。

3. 提高性原则

评课的目的就是要帮助教师提高教学水平，并始终以此为出发点和归宿，不要为评课而评课。因此，评课时要着眼于提高性原则，有针对性地提出问题，提出改进的具体建议和方法，真正帮助教师提高教育教学水平。

4. 激励性原则

俗话说："水不激不活，人不激不奋。"现代行为科学研究者认为：一个人在没有受到激励的情况下，其能力发挥仅为20%～30%，如果受到正确而充分的激励，能力就可能发挥到80%，请将不如激将。因此，评课时要激励教师积极探索教学规律，提高教学水平。要充分发掘优点、肯定优点，给教师以足够的信心和希望，调动教师研究教学的积极性和主动性。

四、评课案例及分析

小学语文课文《学弈》教学实录及点评（有删减）

一、故事导入，激发情趣

师：下面老师给大家一个挑战性的任务，听好了！请大家快速阅览老师发给大家的小故事材料，并熟记心中，2分钟后看谁能用自己的话讲给大家听。好，开始！

……

师：同学们，这个小故事有110多个字，其实它是一篇古文的翻译。古人写文章是用文言文，那么用文言文记叙这个故事用多少个字呢？只用70个字。来，我们一起看看古人是怎样用文言文来记叙这个故事的。

点评：给学生看译文故事—熟记—讲故事，教师所采取的这样的教学导入方式，是独显匠心的。先出示现代文，再学文言文，既能激发学生学习文言文的兴趣，又为下一步感悟文言文进行铺垫。

二、初读感知，读通读顺

师：请同学们自学5分钟，争取把这篇文言文读通，然后对照课后的注释和刚才发的译文，了解每句话的意思。

（板书课题，巡视指导读书）

师：把课文读过三遍的举手，看来大家都反复读了课文。平时班里谁书读得较好，请你来推荐一位同学，好吗？

（一位女同学站起来推荐）

师：谢谢你，你推荐他人读书有功，老师奖励你一次读书的机会，你就来读读课题吧！

生：学弈。（读课题）

（一位被推荐的男同学站起来读全文）

点评：新课标提出：注意通过诗文的声调、节奏等体味作品的内容和情感。文言文同古诗文有相近之处，教学时教师的范读是很有必要的，这有利于学生较好的感悟到文言文的音韵、节奏、停顿。

师：好，学着老师的办法，再练习读一读。

点评：让学生充分地自读课文，并放手让他们结合注释和译文来感悟文言文大意，大大降低了学生初次学文言文的难度，也体现了教师充分尊重学生学习的主动性和积极性。

三、在读中悟，在悟中读

师：我们继续来研读后面四句话，你可以自己读，也可以和同桌读，要读好、读懂，不懂的地方可以问老师、问同学、看注释，开始研究吧。

（学生有的自己读，有的同桌合作研读）

师：谁愿意读第二句？

（一位女同学读了第二句，但读得不是很好）

师：老师建议你再读慢一些，有信心读得更好吗？再来，给她掌声。

（这位女同学再一次读课文第二句，这回读得有进步了）

师：读得更好了，会读了还不行，还要读懂。老师想看看你读懂了哪些，同学们可以就这句话问她一些问题，就像答辩一样，一问一答。

点评：教师巧设“答辩”情境，鼓励学生互动学习。在互动中，教师顺学而导，不留痕迹地让学生自己教会自己，学会研究，学会提问，学会合作互助、取长补短。

师：好的，我们一起来把这句话读好。

（学生齐读）

师：课文基本读懂了，老师想看看你们读好了没有，注意语速放慢些。

（学生齐读全文）

师：效果好多了，还不行。古人读书讲究吟咏，读得入情后还要摇头晃脑，甚至身子也跟着节奏晃动。

（师示范：“弈秋，通国之善弈者也。”生笑。）

师：你们别笑，读出滋味来的人都是这样。你们也试一试，看看能否读出滋味来。

师：来，配上动作，读出韵味来。

（学生配动作朗读）

师：下面，老师和大家对读，老师读一句白话文（也就是一句翻译），你们就读一句文言文，能背就更好了。

（师生对读）

点评：纵观上面的教学片段可以看到，学生多读、品读、熟读代替了以往教师法所多余的串讲和串问，以读为本、以读代讲、在读中悟、在悟中读得到了充分地展现。

四、交流感受

师：同学们刚才在读文言文时，感觉和白话文（现在的文章）有什么不一样吗？

生1：文言文比现在的白话文字数少，表达比较简洁。

生2：朗读时感觉韵味不一样。

……

师：我们通过文白（文言文和白话文）对读，初步感受了文言文的一些特点，下一节课我们进一步把这篇文言文读好背好，并交流感悟文中的道理。

（下课）

点评：通过对比交流，让学生进一步感受文言文的一些特点。

【总评】

新课标指出：阅读是学生个性化行为，不应以教师的分析来代替学生的阅读实践，应让学生在主动积极思维的情感活动中加深理解和体验，有所感悟，有所思考。《学弈》这节课整个教学中遵循了自主性、扎实性、探索性的统一，既注重激发学生学习文言文的兴趣，又重视培养学生体验探究的能力。

1. 体现以读为本，在读中悟，在悟中读

新课程标准明确要求学生要“具有独立阅读的能力，注重情感体验，有较丰富的积累，形成良好的语感”。古人说：“读书百遍，其义自见。”在该教学案例中，教师能树立“朗读是第一位”的观念，以读贯穿始终，让学生通过多形式、多角度地朗读，如自由读、对比读、配动作读等，使学生读得有味，读得有神，有效地培养了学生的语感。

2. 注重激发学生的阅读期待

阅读期待是面对文本产生的一种期待心理和期待视野。本课通过讲译文故事导入，让学生产生了较强烈的阅读期待，他们急于去领略文言文的风采，急于去感受文言文的韵味。这种期待过程，外在的表现是阅读的兴趣、欲望，内在的表现是已引发了学生对文言文的感悟。

3. 文白对读，降低难度

教师引导学生先读白话文，再读文言文，最后文白对读。这样既降低了学生学习文言文的难度，激发了他们学习的兴趣，同时又强化对比，便于学生对文言文形成感性的认识，使学生读懂文言文的过程变成接触、感受、发现的过程，丰富了学生学习的层面，也为学生今后学习文言文开了一个好头。

第五节　教学反思与表达

教学反思是教师教学工作的重要组成部分，是促使教师的教学参与更为主动、专业发展更为积极的一种手段和工具，是改进教学、促进教学质量提高的有效途径。我国著名教育家叶澜曾经说过：“一个教师写一辈子教案不一定能成为名师，写三年教学反思则可能成为名师。”可见，教学反思是教师提高个人业务水平的一种有效手段，教育上有成就的教师一直对之非常重视。

一、教学反思的内涵、特征与作用

（一）教学反思的内涵

反思，是指以自己的实践过程为思考对象，对自己所做出的行动、决策以及由此产生的结果进行审视和分析。从反思的内涵可以看出，顾名思义，教学反思就是指教师在教学实践中，在一定的教学理论指导下，批判地考查自身的主体行为表现及其依据，通过回顾、诊断、自我监控等方式，或给予肯定与强化，或给予否定与修正，从而不断提高自身教学效能和素质的过程。

没有反思的经验是狭隘的经验，至多只能形成肤浅的知识，教师如果仅仅满足于获得经验而不对经验进行深入的思考，其发展将大受限制。教学反思是教师自觉地把自己的课堂教学实践作为认识对象，进行全面的、深入的、冷静的思考和总结，以进入更优化的教学状态，使学生得到更充分的发展。

（二）教学反思的特征

教师的教学反思有以下四个特征：

1. 实践性

无论教学效果怎样，都可进行反复实验，且这种实验表现了一定的自觉性。不断进行教学反思，不仅是教师个人的思想需要、成长需要，而且是一种高尚的精神活动，是精神产品的再生产。

2. 反思性

“反”就是反反复复、正反结合。教师能立足自我之外，对自己的实践情境和经验做多角度、多层面及正反两面的思考，也可打破常规进行反常思考、逆向思考。

3. 超越性

教师要进行反思，就必须超越自我，敢于质疑自己，正视自己的弱点和不足，并寻找解决的良方，从而达到不断发展自己的目的。反思是一种手段，反思可催人奋进。存在问题须整改，发现问题则深思，找到经验就升华。教学反思的真谛就在于教师要敢于怀疑自己，敢于和善于突破、超越自我，不断地向高层次迈进。

4. 个性化

教学反思是教师自觉地把自己的教学实践作为认识对象进行反观自照，属于“个人奋斗”。或晨起望蓝天，或灯下静夜思，或课后寻不足，或掩卷研究时，这些教学反思活动都具有别人不可替代的个性化特征，它有助于教师形成个性化的教学模式。

（三）教学反思的作用

1. 教学反思有利于教案的改进

教案编写很重要，但课后反思，进行二次备课，更有利于教师的专业成长与提高。教师在课后认真反思吸取教训，捕捉课堂教学中的感悟点，其实也是在备课。教师将教学感受记录下来，这是最有价值的资料，既可以及时纠正错误，又可以为第二次备课或研究提供素材，从而不断提高自己的备课能力与科研能力。

2. 教学反思为撰写教学研究论文提供丰富的素材

教学反思能够提高教师的问题意识，培养教师的批判性思维，提升自己理性分析问题的能力，提升教师的理论水平，实现由“经验型”向“研究型”和“创造型”角色的转变。

3. 教学反思有助于实现教师专业发展

教学反思是教学实践中一个过程的结束，又是新的教学实践的开始。只要教师对教学活动坚持不懈地进行反思，一定能不断提高对教学的认识，发展教学实践智慧，在“反思—实践—反思”的螺旋式上升中，实现自己的专业成长。

二、教学反思的内容与要求

从对一堂课教学过程的反思看，教师教学反思包括教学前反思、教学中反思、教学后反思。不同阶段的教学反思的内容是有差异的。

教学前反思的内容包含反思确定内容、阶段及具体实施方法对学生的需要和满足这些需要的具体目标，以及达到这些目标所需要的动机、教学模式和教学策略。还要对本学科、本册教材、本单元、本课时进行教学计划时列出反思的关键项目。例如，需要教给学生哪些关键概念、结论和事实，教学重点、难点的确定是否准确，教学内容的深度和范围对学生是否适度，所设计的活动哪些有助于达到教学目标，教学内容的呈现方式是否符合学生的年龄和心理特征，哪些学生需要特别关注，哪些条件会影响上课的效果，等等。

教学中反思是教师在教学过程中，对不可预料的情况发生进行的反思，以及教师在和学生互动的过程中，根据学生的学习效果反馈，对教学计划进行的调整。不可预料的情况发生时，教师要善于抓住有利于教学计划实施的因素，因势利导，不可让学生牵着鼻子走。教师根据学生的反馈对教学计划的修改和调整要适当，不可大修大改，避免影响整个课堂教学的效果。

教学中反思要求教师全身心地投入到教学活动中，调动各种感官捕捉反馈信息，快速、灵活地做出调整和反应。教学中反思教师可运用录音和录像技术，与观察手段一起为以后的教学后反思提供信息。

教学后反思须围绕教学内容、教学过程、教学策略进行，具体为：

（1）教学内容。

① 确定教学目标的适用性。

② 对现目标所采取的教学策略做出判断。

（2）教学过程。

① 回忆教学是怎样进行的。

② 对教学目标的反思，看是否达到预期的教学效果。

③ 对教学理论的反思，看是否符合教与学的基本规律。

④ 对学生的评价与反思，看各类学生是否达到了预定目标。

⑤ 对执行教学计划情况的反思，看改变计划的原因和方法是否有效，采用别的活动和方法是否更有效。

⑥ 对改进措施的反思，看教学计划怎样修改会更有效。

（3）教学策略。

① 感知环节：教师要意识到教学中存在问题与自己密切相关。

② 理解环节：教师要对自己的教学活动与倡导的理论，行为结果与期望进行比较，明确问题根源。

③ 重组环节：教师要重审教学思想，寻求新策略。

④ 验证环节：检验新思想、新策略、新方案是否更有效，形成新感知，发现新问题，开始新循环。

从上述教学反思的内容与要求看，教师教学反思的过程，是教师借助行动研究，不断探讨与解决教学目的、教学工具和自身方面的问题，不断提升教学实践的合理性，不断提高教学效益和教科研能力，促进教师专业化的过程；也是教师直接探究和解决教学中的实际问题，不断追求教学实践合理性的过程。

三、教学反思的类型与方法

教学反思的类型有纵向反思、横向反思、个体反思和集体反思等，反思方法有行动研究法、比较法、总结法、对话法、录像法、档案袋法等。

（一）纵向反思和行动研究法

纵向反思是指把自己的教学实践作为一个认识对象，放在历史过程中进行思考和梳理。同时不断地获取学生的反馈意见，并把它作为另一个认识对象进行分析，最后把两个具体的认识对象糅合在一块儿整合思考。教学反思应贯穿教师的教学生涯，而不是某一阶段的特殊任务。

（二）横向反思和比较法

教学反思需要跳出自我，反思自我。所谓跳出自我就是经常地开展听课交流，研究别人的教学长处，他山之石，可以攻玉，通过学习比较，找出理念上的差距，解析手段、方法上的差异，从而提升自己。当然，无论是运用行动研究法还是比较法，教师都需要学习先进的教育教学理论，提高自己的理论水平，达到“会当凌绝顶，一览众山小”的境界。

（三）个体反思和总结法

教师的个体反思可以依据时间进一步细分。“课后思”：一场课下来就总结思考，写好课后一得或教学日记，这对新教师非常重要。“周后思”或“单元思”：一周课下来或一个单元讲完后反思，摸着石头过河，发现问题及时纠正。“月后思”：对于自己一个月的教学活动进行梳理。“期中思”：即通行的期中质量分析，通过期中考试，召开学生座谈会，听取意见，从而进行完整的整合思考，这是比较完整的阶段性分析。教师也可以以一个学期、一个学年或一届学生教学为时间段进行宏观反思。

（四）集体反思和对话法

集体反思是指与同事一起观察自己的、同事的教学实践，与他们就实践问题进行对话、讨论，是一种互动式的活动。它注重教师间成功的分享、合作学习和共同提高，有助于建立合作学习的共同体。俗话说“旁观者清，当局者迷”，以旁人的眼光来审视自己的教学实践，能使自己对问题有更明确的认识，并获得解决问题的广泛途径。在这一过程中，教师应互相观摩彼此的教学，详细记录所看到的情境，还可以用摄像机将教学活动拍下来，组织观看。每个观摩的教师都要写教学反思，都要以自己的教学实践去分析，促使大家各自思考，然后共同研讨，重在针对教学中普遍存在的困惑进行团队反思，每位教师都要发表自己的见解，提出解决问题的思路。“即使出现认识上的冲突，也是一个智慧碰撞和切磋学习的机会。”注重教师之间的合作与对话是反思性教学的一个重要特征，反思不仅仅是“闭门思过”，与外界的沟通与交流也是进行教学反思的重要途径，这是由教与学的社会性本质所决定的。除了同事之间的集体反思外，还可请教育教研学者介入，提出有促进性、针对性的建议，促使教师不断反思，从而获得更新、更全面的认识。

四、教学反思的表达

（一）教学反思的表达要点

1. 写教学成功之处

将教学过程中达到预先设计的教学目的、引起教学共振效应的做法，课堂教学中临时应变得当的措施，层次清楚、条理分明的板书，某些教学思想方法的渗透与应用的过程，教育学、心理学中一些基本原理的应用感触，教学方法上的改革与创新等，详细得当地记录下来，供以后教学时参考使用，并可在此基础上不断改进、持续完善、推陈出新，增强课堂教学能力。

2. 写教学不足之处

即使是成功的课堂教学也难免有疏漏失误之处，对它们进行系统的回顾、梳理，并对其做深刻的反思、探究和剖析，使之促使自己今后在教学上吸取教训，更上一层楼。

3. 写课堂教学机智

课堂教学中，随着教学内容的展开，师生的思维发展及情感交流的融洽，往往会因为一些偶发事件而产生瞬间灵感，这些“智慧的火花”常常是不由自主、突然而至的，若不及时利用课后反思去捕捉，便会因时过境迁而烟消云散，令人遗憾不已。

4. 写学生思维创新

在课堂教学过程中，学生是学习的主体，学生总会有“创新的火花”在闪烁，教师应当充分肯定学生在课堂上提出的一些独特的见解，这样不仅使学生的好方法、好思路得以推广，而且对学生也是一种赞赏和激励。同时，这些难能可贵的见解也是对课堂教学的补充与完善，可以拓宽教师的教学思路，提高教学水平。因此，将之记录下来，可以补充今后教学的丰富材料养分。

5. 写教学再设计

上完一节课下来，教师需静心沉思，认真反思：摸索出了哪些教学规律；教法上有哪些创新；知识点上有什么发现；组织教学方面有何新招；解题的诸多误区有无突破；启迪是否得当；训练是否到位等。教师及时记下这些得失，并进行必要的归类与取舍，考虑一下再教这部分内容时应该如何做，写出“再设计”，这样可以做到扬长避短、精益求精，把自己的教学水平提高到一个新的境界和高度。

（二）教学反思表达案例及分析

教师教学反思的书写没有固定的格式。通常，教师先简明扼要地描述一堂课教学的基本情况，进而对课堂教学过程成功之处和不足之处进行分析，最后提出教学再设计的新想法。以下是高中语文课“涉江采芙蓉”的教学反思案例：

求索知孔见，砥砺敦实行——“涉江采芙蓉”教后记

湖南师大二附中　杨立业

教学是一门遗憾的艺术。每一次公开课都是展示，既是对自己教学的闪光点的展示，也是对自己教学上瑕疵的暴露。学贵有疑，小疑则小进，大疑则大进，教学同样如此。从文本的解读、课堂教学的构思与预设，到具体的课堂实施，每一个环节都是对过去教学经验的提炼，也是对教学上困惑、不足的一种显化，从而指引未来教学的成长的方向。

一、课堂内容概述

本节课为古诗新授课，内容来源于部编版高中语文必修上册古诗词诵读部分的《涉江采芙蓉》篇。本堂课的主要教学目标是：

(1) 通过画面想象，理解诗歌中的羁旅之愁和思远之忧。诗歌重在解情，而情感的理解离不开对意象和意境的把握。想象就是其中一种有效的方法。以想象来构建诗歌的整体画面，进而就能通过形象化的方式理解诗人在诗歌中蕴含的情感。学生如果掌握了这种具有普遍性的方法，对于他们真正理解诗歌是大有裨益的。

(2) 以群文阅读的方式，理解诗歌中的对写手法。对写手法的赏析，一直都是诗歌教学中的一大重点。理解清楚了对写手法，也就对诗歌的艺术效果有了更深入的体会。此外，群文阅读的方式，能够为学生进行知识迁移提供素材，同时也在课堂学习中实现了对古诗的进一步积累。

(3) 以对写手法表达情感。语言实践重在表达，对于知识的领悟不能仅停留在思维体验上，更要诉诸笔端，在具体的运用中积累实际经验，从而反哺对于知识的领会。

二、课堂亮点与收获

在经过认真的准备后，虽然教学的过程中肯定还有不完善的地方，但本堂课的学习目标基本达成，我也从中收获了一些经验和心得。

(1) 合理地扩充了课堂的容量。在解读《涉江采芙蓉》时，没有停留在疏通诗意、理解情感的层面，而是能够在理解文本的基础上，对诗歌的表达技巧进行进一步的突破和点拨，且在探究过程中联系了其他相似诗歌，如《九月九日忆山东兄弟》《邯郸冬至夜思家》和《月夜》。这种群文式阅读有利于学生在课堂学习中获取更多的课外积累，拓展他们的视野。同时，探究同一手法在课外古诗中的运用，也是一种知识迁移和思维能力上的锻炼。

（2）在具体的教学实施中对学生进行了恰当地追问，课堂的生成性得到了较好的体现。学生在学习的过程中产生的疑问往往会与教学预设有所出入，对于探究问题的回答不一定符合预设的期待。教师的追问有利于挖掘出学生的问题所在，随后加以具体化的引导，这就能够灵活地解决学生具体的、时效的问题，实现一课有所得。

三、课堂反映出的问题和反思

本次课堂还有许多不足的地方亟待改进。

（1）教学过程中，前置的铺垫过长，围绕《涉江采芙蓉》的文本分析做了太多文章，挤压了后续对于对写手法突破的时间。这实际上也是教学尺度把握不合理的体现：在探究深入的过程中，没有设置更加有效的引导路径，学生的思维过程不够通畅，让文本的分析挤占过多的课堂时间。

（2）教学心态上还不够从容。在前期的问题探究中，因为文本的解读存在一定难度，在急于实现课堂教学目标的心理下，对学生的引导和讲解过多，使学生在上半部分课堂中缺少了参与感。这提示我更要时刻牢记以学生为学习主体，坚持一课一得，做到心态不疾不徐，让课堂更具实际效果。

从上述教学反思案例中可以看到，教师先简要地概述了课堂教学内容，说明了课堂教学目标与实现教学目标的方法，接着对课堂教学亮点进行分析，包括教学内容的扩充和追问方法的运用，这两点是课堂教学的成功之处。最后指明了课堂教学存在的问题，为后续的教学改进提供了参考。

本章小结

1. 备课的内容包括研究课标、钻研教材、了解学生、考虑教法、准备教具。

2. 常规教案的设计有叙述式、表格式和主题式等不同类型。

3. 导学案是教师为指导学生进行主动学习而编制的有学习目标、学习内容、学习流程的学习活动方案。其构成要素包括学习目标、学习重点、学习难点、自主预习、合作探究、教师精点、自主测评、学习反思、拓展延伸、存在的问题等环节。

4. 导学案的编制基本原则有课时化原则、问题化原则、方法化原则、层次化原则、递进性原则。

5. 说课的基本内容包括说课标、说教材、说学法、说教法、说教学过程等五个方面。

6. 说课应遵循三条原则：一是说理精辟，突出理论性；二是客观再现，具有可操作性；三是不拘形式，富有灵活性。

7. 上课的基本要素包括教师、学生、教学信息、教学媒体。从上课的教学过程看，它的基本环节主要包括导入、讲解、提问、讨论、板书和结课。

8. 教师评课的内容主要包括教学目标、教材处理、教学程序、教学方法与手段、教师教学基本功、教学效果等六个方面。

9. 评课大致可分为经验性评课、指标性评课和环节性评课三类。其原则有平等性原则、求实性原则、提高性原则、激励性原则等。

10. 教学反思有实践性、反思性、超越性、个性化四个特征。从对一堂课教学过程的反思看，教师教学反思包括教学前反思、教学中反思、教学后反思。

11. 教学反思的类型有纵向反思、横向反思、个体反思和集体反思等，反思方法有行动研究法、比较法、总结法、对话法、录像法、档案袋法等。

案例研讨

某日去初中听一节九年级的数学课，我发现老师花了大半节课怎么也解不出那道所谓的典型例题。他最后只好搔着头发望着我苦笑。课后我翻看他的教案，并没有看到这道题。他说，这是新买的一套试卷中的题，他自己课前并没有做过。在听课过程中我还发现：有的数学老师怎么也配不平方程式；有的老师做演示实验怎么做也不成功；有的老师讲评试卷“从一而终”，既没有重点也没有针对性；还有的老师经常上课上到一半，让课代表去拿教具、学生作业等。这些不认真做好课前准备的行为，都会增加课堂教学的不确定感，造成课堂教学的低效。

结合本章所学的知识，谈谈你是如何评价这位数学教师的教学的。

技能训练

1. 结合自己所学的专业，从初中教科书中选择一篇课文进行说课稿的设计与撰写，并以小组为单位到微课教室进行说课训练。要求：

（1）在认真钻研课标要求、教材内容和学生学情的基础上撰写说课稿，说课稿的要素完整，语言通顺，格式规范。

（2）说课训练时要衣着整洁，教态自然大方，语言表达规范。

（3）录制自己的说课过程，并在教师指导下进行观摩评价。

2. 结合自己所学的知识，观摩一次中小学课堂教学的教学视频或教学录像，利用课堂教学评价量表，完成对所观摩教学视频或教学录像的评课。

资源链接

1. 沈毅、崔允漷：《课堂观察：走向专业的听评课》，华东师范大学出版社 2008 年版。

2. 吴萍：《新编教师教学技能训练教程》，北京师范大学出版社2011年版。
3. 王桂波、王国君：《教师职业技能训练教程》，清华大学出版社2012年版。
4. 郭英、张雳：《教学技能训练教程》，科学出版社2012年版。

主要参考文献

[1] 王策三. 教学论稿［M］. 北京：人民教育出版社，1995.
[2] 陈学恂. 中国近代教育史教学参考资料：上册［M］. 北京：人民教育出版社，1986.
[3] 李秉德. 教学论［M］. 北京：人民教育出版社，1991.
[4] 田慧生，李如密. 教学论［M］. 石家庄：河北教育出版社，1996.
[5] 夸美纽斯. 大教学论［M］. 傅任敢，译. 北京：教育科学出版社，1999.
[6] 张传燧. 中国教学论史纲［M］. 长沙：湖南教育出版社，1999.
[7] 施良方，崔允漷. 教学理论：课堂教学的原理、策略与研究［M］. 上海：华东师范大学出版社，1999.
[8] 熊明安. 中国近现代教学改革史［M］. 重庆：重庆出版社，1999.
[9] 皮连生. 教学设计［M］. 2版. 北京：高等教育出版社，2009.
[10] 李定仁，徐继存. 教学论研究二十年：1979—1999［M］. 北京：人民教育出版社，2001.
[11] 钟启泉，崔允漷，张华. 为了中华民族的复兴　为了每位学生的发展　《基础教育课程改革纲要（试行）》解读［M］. 上海：华东师范大学出版社，2001.
[12] 叶澜，白益民，王枬，等. 教师角色与教师发展新探［M］. 北京：教育科学出版社，2001.
[13] 黄甫全，王本陆. 现代教学论学程［M］. 2版. 北京：教育科学出版社，2003.
[14] 张大均. 教与学的策略［M］. 北京：人民教育出版社，2003.
[15] 周军. 教学策略［M］. 北京：教育科学出版社，2003.
[16] 杨小微. 现代教学论［M］. 太原：山西教育出版社，2010.
[17] 巨瑛梅，刘旭东. 当代国外教学理论［M］. 北京：教育科学出版社，2004.
[18] 王小明. 教学论：心理学取向［M］. 上海：上海教育出版社，2005.
[19] 李森. 现代教学论纲要［M］. 北京：人民教育出版社，2005.
[20] 樊豫陇. 现代教学论［M］. 郑州：河南人民出版社，2006.
[21] 汪刘生. 现代教学论研究的新视域［M］. 长春：吉林人民出版社，2006.
[22] 费德恩，沃格尔. 教学方法：应用认知科学，促进学生学习［M］. 王锦，曹军，徐彬，译. 上海：华东师范大学出版社，2007.
[23] 加涅，韦杰，戈勒斯，等. 教学设计原理［M］. 5版. 王小明，庞维国，陈保华，等译. 上海：华东师范大学出版社，2013.
[24] 陈琦，刘儒德. 当代教育心理学［M］. 2版. 北京：北京师范大学出版社，2009.
[25] 德里斯科尔. 学习心理学：一种面向教学的取向［M］. 3版. 王小明，等译. 上海：华东师范大学出版社，2008.

［26］李森．课堂教学创新策略研究［M］．重庆：西南师范大学出版社，2008．
［27］沈毅，崔允漷．课堂观察：走向专业的听评课［M］．上海：华东师范大学出版社，2008．
［28］崔允漷．有效教学［M］．上海：华东师范大学出版社，2009．
［29］王本陆．课程与教学论［M］．3 版．北京：高等教育出版社，2018．
［30］熊川武．教学通论［M］．北京：人民教育出版社，2010．
［31］迈尔．课堂教学方法：理论篇［M］．尤岚岚，余茜，译．上海：华东师范大学出版社，2011．
［32］吴萍．新编教师教学技能训练教程［M］．北京：北京师范大学出版社，2011．
［33］王艳玲．教师教育课程论［M］．上海：华东师范大学出版社，2011．
［34］吴中民．构建高效课堂的理念与方法［M］．长春：吉林大学出版社，2013．
［35］布兰思福特，布朗，科金，等．人是如何学习的：大脑、心理、经验及学校：扩展版［M］．程可拉，孙亚玲，王旭卿，译．上海：华东师范大学出版社，2013．
［36］鲁宏飞．课堂教学艺术研究［M］．长春：吉林大学出版社，2013．
［37］李锋．基于标准的教学设计：理论、实践与案例［M］．上海：华东师范大学出版社，2013．
［38］孙杰远，叶蓓蓓．有效教学的设计原理、策略与评价［M］．北京：教育科学出版社，2013．
［39］郭英，张雳．教学技能训练教程［M］．北京：科学出版社，2012．
［40］裴娣娜．现代教学论基础［M］．北京：人民教育出版社，2015．
［41］杜成宪，王保星．中外教育简史［M］．北京：北京师范大学出版社，2015．
［42］李森，陈晓端．课程与教学论［M］．北京：北京师范大学出版社，2015．
［43］王云生．课堂转型与学科核心素养培养［M］．上海：上海教育出版社，2016．
［44］林崇德．21 世纪学生发展核心素养研究［M］．北京：北京师范大学出版社，2016．
［45］余文森．核心素养导向的课堂教学［M］．上海：上海教育出版社，2017．
［46］威金斯，麦克泰格．追求理解的教学设计［M］．闫寒冰，宋雪莲，赖平，译．上海：华东师范大学出版社，2017．
［47］钟启泉，崔允漷．核心素养与教学改革［M］．上海：华东师范大学出版社，2018．
［48］李文萱．聚焦学科核心素养的课堂教学［M］．上海：华东师范大学出版社，2018．
［49］科斯塔，卡利克．聚焦素养：重构学习与教学［M］．滕梅芳，陆琦，沈宁，译．福州：福建教育出版社，2018．
［50］杨小微，张天宝．教学论［M］．北京：人民教育出版社，2019．
［51］刘国平．学科育人：深度教学的行动研究［M］．福州：福建教育出版社，2019．
［52］中华人民共和国教育部．义务教育课程方案：2022 年版［M］．北京：北京师范大学出版社，2022．

教学资源服务指南

扫描下方二维码，关注微信公众号“高教社极简通识”，学生可学习名校通识课，教师可学习教师培训课程、免费申请课件和样书、观看直播回放等。

名校通识课

点击导航栏中的“名校通识”，点击子菜单中的“课程专栏”，即可选择相应课程进行学习。

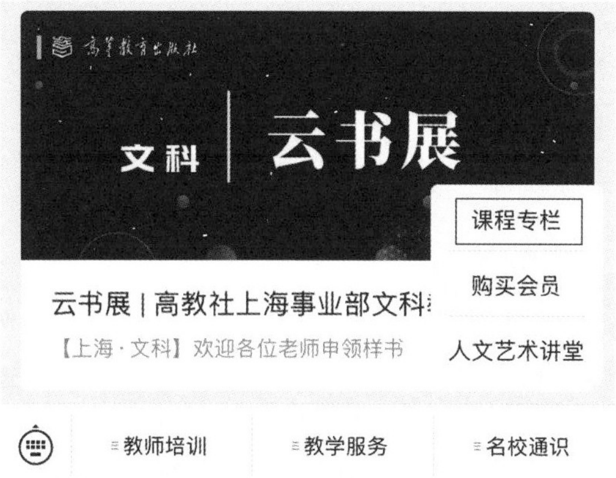

教师培训

点击导航栏中的“教师培训”，点击子菜单中的“培训课程”，即可选择相应课程进行学习。

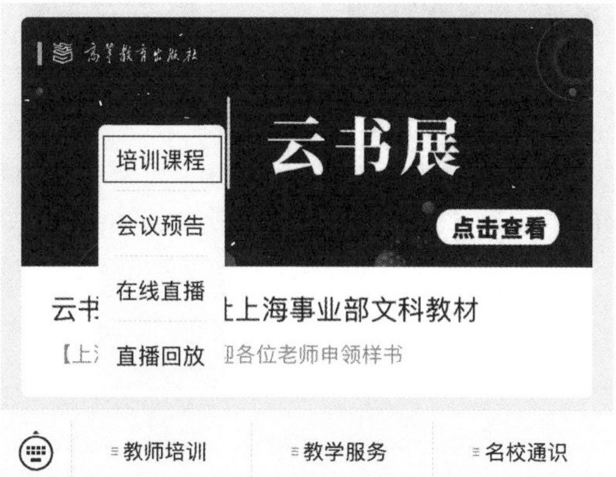

教学资源服务指南

课件申请

点击导航栏中的“教学服务”，点击子菜单中的“资源下载”，填写相关信息即可申请课件。

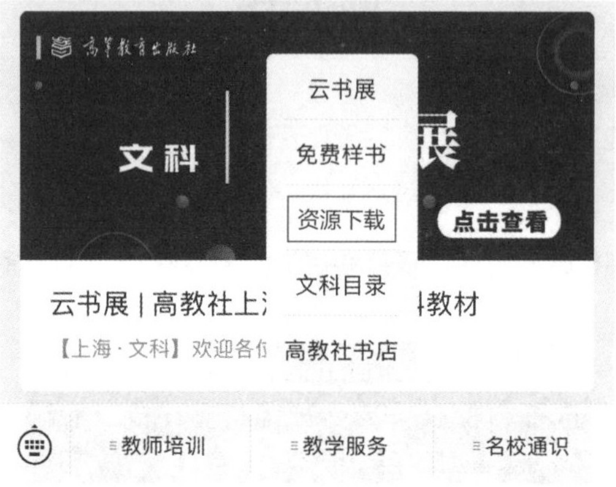

样书申请

点击导航栏中的“教学服务”，点击子菜单中的“免费样书”，填写相关信息即可免费申请样书。

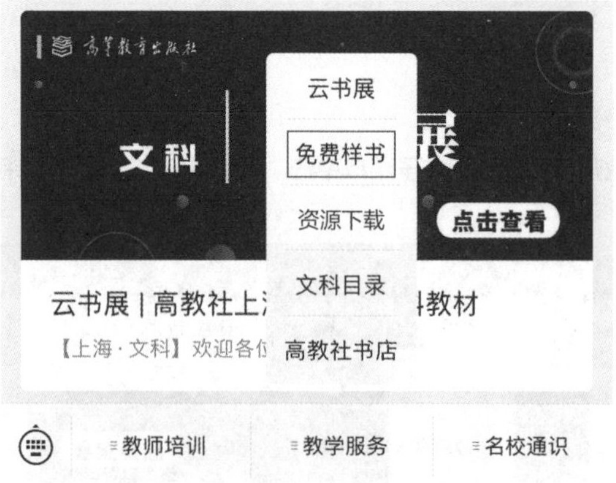